LACAN

JEAN-MICHEL RABATÉ (ORG.)

LACAN

DIREÇÃO EDITORIAL
Edvaldo M. Araújo

PREPARAÇÃO E REVISÃO
Hanna Késia dos Santos Lima
Thalita de Paula

CONSELHO EDITORIAL
Fábio E. R. Silva
Jonas Luiz de Pádua
Márcio Fabri dos Anjos
Marco Lucas Tomaz

DIAGRAMAÇÃO E CAPA
Danielly de Jesus Teles

TRADUÇÃO
Lana Lim

Coleção Companions & Companions

Todos os direitos em língua portuguesa, para o Brasil, reservados à Editora Ideias & Letras, 2022.

1ª impressão

EDITORA
IDEIAS&
LETRAS

Avenida São Gabriel, 495
Conjunto 42 - 4º andar
Jardim Paulista – São Paulo/SP
Cep: 01435-001
Televendas: 0800 777 6004
vendas@ideiaseletras.com.br
www.ideiaseletras.com.br

Dados Internacionais de Catalogação na Publicação (CIP)
(Câmara Brasileira do Livro, SP, Brasil)

L129
    Lacan / organizado por Jean-Michel Rabaté; traduzido por Lana Lim. — São Paulo: Ideias & Letras, 2022.
    440 p.: il.; 15,7 cm x 23cm. - (Companions & Companions)

Tradução de: The Cambridge Companion to Lacan
Inclui bibliografia e índice
ISBN 978-65-87295-26-8

1. Psicanálise. 2. Lacan. 3. Teoria lacaniana. I. Lim, Lana. II. Título. III. Série

2021-4487

CDD 150.195
CDU 159.964.2

Elaborado por Vagner Rodolfo da Silva - CRB-8/9410
Índices para catálogo sistemático:
1. Psicanálise 150.195
2. Psicanálise 159.964.2

Sumário

Agradecimentos – 7

Notas sobre os colaboradores – 9

Lista de abreviações – 13

Cronologia da vida de Lacan – 15

Prefácio à edição brasileira – 29
 Christian Dunker

Prefácio – 51

1. O caminho de Lacan até Freud – 59
 Jean-Michel Rabaté

2. O estádio do espelho: um arquivo apagado – 91
 Elisabeth Roudinesco

3. Os mitos de Lacan – 103
 Darian Leader

4. A ciência do sujeito de Lacan: entre a linguística e a topologia – 123
 Dany Nobus

5. Da letra ao matema: os métodos científicos de Lacan – 147
 Bernard Burgoyne

6. Os paradoxos do sintoma na psicanálise – 169
 Colette Soler

7. Desejo e gozo nos ensinamentos de Lacan – 189
 Néstor A. Braunstein

8. Lacan e a filosofia – 207
   CHARLES SHEPHERDSON

9. O marxismo de Lacan, o Lacan do marxismo – 253
   (de Žižek a Althusser)
   JOSEPH VALENTE

10. Ética e tragédia em Lacan – 279
    ALENKA ZUPANČIČ

11. Uma abordagem lacaniana para a lógica da perversão – 301
    JUDITH FEHER-GUREWICH

12. O que é uma clínica lacaniana? – 323
    DIANA RABINOVICH

13. Para além do falo: Lacan e o feminismo – 341
    DEBORAH LUEPNITZ

14. Lacan e a teoria *queer* – 363
    TIM DEAN

15. O pós-vida de Lacan: Jacques Lacan encontra Andy Warhol – 383
    CATHERINE LIU

Leitura complementar – 409

Índice remissivo – 427

Agradecimentos

Quero agradecer a Ray Ryan, que acreditou no projeto desde o início e contribuiu muito para a consistência deste *Companion*, e a Paul Kintzele, que me ajudou a editar a maioria das contribuições.

Notas sobre os colaboradores

NÉSTOR BRAUNSTEIN é psicanalista, professor universitário e diretor do Centro de Pesquisas e Estudos Psicanalíticos (CIEP) da Cidade do México, onde leciona. Seus livros incluem *Psiquiatría, teoria del sujeto, psicoanálisis (hacia Lacan)* (1980), *Goce* (1990), *La jouissance: Un concept lacanien* (1992), *Por el camino de Freud* (2001), e *Ficcioniaro de psicoanálisis* (2001). Editou onze volumes dos *Coloquios de la fundación*.

BERNARD BURGOYNE é psicanalista e membro da École Européenne de Psychanalyse. É professor universitário de psicanálise e chefe do Centro de Psicanálise no Instituto de Ciências Sociais e Pesquisa em Saúde da Universidade de Middlesex. Junto com Mary Sullivan, coeditou os *The Klein-Lacan Dialogues* (1997) e também foi o editor de *Drawing the Soul: Schemas and Models in Psychoanalysis* (2000).

TIM DEAN é professor de inglês na Universidade de Buffalo, onde leciona psicanálise, teoria *queer* e modernismo poético. É autor de *Gary Snyder and the American Unconscious* (1991) e de *Beyond Sexuality* (2000), além de coeditor de *Homosexuality and Psychoanalysis* (2001).

JUDITH FEHER-GUREWICH é psicanalista, diretora do Lacan Seminar no Centro de Humanidades da Universidade de Harvard e professora no programa de doutorado em psicanálise e psicoterapia da Universidade de Nova Iorque. É também editora de séries da Other Press, de Nova Iorque. Editou, juntamente com Michel Tort, *Lacan avec la psychanalyse américaine* (1996) e *Lacan and the New Wave of American Psychoanalysis* (1999), e é membro do Espace Analytique, Centre de Recherches Freudiennes, em Paris.

DARIAN LEADER é psicanalista praticante em Londres. É coautor, juntamente com Judy Groves, de *Lacan for Beginners* (1995) e *Introducing Lacan* (1996). Também publicou *Why Do Women Write More Letters Than They Send? A Meditation on the Loneliness of the Sexes* (1996, publicado no Reino Unido como *Why Do Women Write More Letters Then They Post?*), *Promises Lovers Make When It Gets Late* (1997) e *Freud's Footnotes* (2000).

CATHERINE LIU é professora de francês, estudos culturais e literatura comparada na Universidade de Minnesota. Autora de *Copying Machines: Taking Notes for the Automaton* (2000). Seu primeiro romance publicado, *Oriental Girls Desire Romance* (1997), será seguido de *Suicide of an Assistant Professor* (2004). Está em processo de finalização de *Under the Star of Paranoia: Astrology, Conspiracy, Celebrity*.

DEBORAH ANNA LUEPNITZ é membro do corpo docente clínico do departamento de psiquiatria da Faculdade de Medicina da Universidade da Pensilvânia. É autora de *The Family Interpreted: Psychoanalysis, Feminism, and Family Therapy* (1988) e *Schopenhauer's Porcupines: Intimacy and Its Dilemmas* (2002), e atua como psicanalista na Filadélfia.

DANY NOBUS é professor associado de psicologia e estudos psicanalíticos na Universidade de Brunel e professor visitante na Boston Graduate School for Psychoanalysis. É editor de *Key Concepts of Lacanian Psychoanalysis* (1999) e autor de *Jacques Lacan and the Freudian Practice of Psychoanalysis* (2000).

JEAN-MICHEL RABATÉ é professor de inglês e literatura comparada na Universidade da Pensilvânia e publicou livros sobre Joyce, Pound, Beckett, modernismo e teoria literária. Entre suas publicações recentes estão a antologia *Lacan in America* (2000), *James Joyce and the Politics of Egoism* (2001), *Jacques Lacan and the Subject of Literature* (2001) e *The Future of Theory* (2002).

DIANA RABINOVICH é psicanalista e professora da Universidade de Buenos Aires, onde é diretora e fundadora do departamento de metodologia psicanalítica. Seus livros incluem *Sexualidad y significante* (1986), *El concepto de objeto en la teoríua psicoanalítica* (1988), *Una clínica de la pulsión: Las impulsiones* (1989), *La angustia y el deseo del Otro* (1993), *Modos lógicos del amor de transferência* (1992), *El deseo del psicoanalista: Libertad y determinación en psicoanálisis* (1999).

ELISABETH ROUDINESCO é psicanalista, historiadora e diretora de estudos na Universidade de Paris VII. Seus livros incluem *Jacques Lacan & Co.: A History of Psychoanalysis in France 1925-1985* (1990), *Jacques Lacan, Esquisse d'une vie, histoire d'un système de pensée* (1993; em inglês, *Jacques Lacan*, 1997), *Généalogies* (1994) e *Pourquoi la psychanalyse?* (1999; em inglês, *Why Psychoanalysis?*, 2002). É coautora, junto com Michel Plon, do *Dictionnaire de la psychanalyse* (1997), e com Jacques Derrida, de *De quoi demain... Dialogue* (2001).

CHARLES SHEPHERDSON, professor de inglês e literatura comparada na Universidade de Nova Iorque em Albany, é autor de *Vital Signs: Nature, Culture, Psychoanalysis* (2000). Publicou diversos artigos sobre fenomenologia, teoria, tragédia e Lacan, e está concluindo um livro sobre Lacan e Merleau-Ponty.

COLETTE SOLER é professora de filosofia, psicanalista e doutora em psicologia. É membro da Associação Internacional dos Fóruns do Campo Lacaniano e da Ecole de Psychanalyse du Champ Lacanien. Publicou *La maldición sobre el sexo* (2000), *L'Aventure littéraire ou la psychose inspirée: Rousseau, Joyce, Pessoa* (2001) e *Ce que Lacan disait des Femmes* (2003). É coautora e editora de *Psychanalyse, pas la pensée unique: Histoire d'une crise singulière* (2000).

JOSEPH VALENTE é professor de inglês e teoria crítica na Universidade de Illinois. Autor de *James Joyce and the Problem of Justice: Negotiating Sexual and Colonial Difference* (1992) e de *Dracula's Crypt: Bram Stoker, Irishness and the Question of Blood* (2002). Ainda, editou *Quare Joyce* (1998) e coeditou

Disciplinarity at the Fin de Siecle (2002). Seu trabalho em teoria crítica foi publicado nos periódicos *Diacritics, Critical Inquiry, College Literature* e em *Gender and Psychoanalysis*.

ALENKA ZUPANČIČ é pesquisadora no Instituto de Filosofia do Centro de Pesquisas Científicas da Academia Eslovena de Ciências e Artes. É autora de *Ethics of the Real: Kant, Lacan* (2000), *Das Reale einer Illusion* (2001) e *Esthétique du désir, éthique de la jouissance* (2002).

Lista de abreviações

Nota: as traduções para o inglês, que citam textos sem qualquer menção a uma tradução publicada em língua inglesa, são do original em francês e fornecidas pelos colaboradores.

AE   Jacques Lacan, *Autres écrits*, editado por Jacques-Alain Miller (Paris: Seuil, 2001).

E   Jacques Lacan, *Ecrits* (Paris: Seuil, 1966).

E/S   Jacques Lacan, *Ecrits: A selection*, traduzido por Alan Sheridan (Londres: Tavistock Publications, 1977).

PP   Jacques Lacan, *De la psychose paranoïaque dans ses rapports avec la personnalité, suivi de Premiers écrits sur la paranoia* (Paris: Seuil, 1975).

SI   Jacques Lacan, *Seminar I: Freud's Papers on Technique*, editado por Jacques-Alain Miller, traduzido e comentado por John Forrester (Nova Iorque: Norton, 1998).

SII   Jacques Lacan, *Seminar II: The Ego in Freud's Theory and in the Technique of Psychoanalysis*, editado por Jacques-Alain Miller, traduzido por Sylvana Tomaselli e comentado por John Forrester (Nova Iorque: Norton, 1998).

SIII   Jacques Lacan, *Seminar III: Psychoses*, editado por Jacques-Alain Miller, traduzido e comentado por Russell Grigg (Nova Iorque: Norton, 1993).

SVII   Jacques Lacan, *Seminar VII: The Ethics of Psychoanalysis*, editado por Jacques-Alain Miller, traduzido e comentado por Dennis Porter (Nova Iorque: Norton, 1992).

SXI   Jacques Lacan, *Seminar XI: The Four Fundamental Concepts of Psychoanalysis*, editado por Jacques-Alain Miller, traduzido por Alan Sheridan (Londres: The Hogarth Press and the Institute of Psycho-Analysis, 1977).

SXX   Jacques Lacan, *On Feminine Sexuality: The Limits of Love and Knowledge 1972-1973. Encore, the Seminar of Jacques Lacan, Book XX*, editado por Jacques-Alain Miller, traduzido e comentado por Bruce Fink (Nova Iorque: Norton, 1998).

SE   Sigmund Freud, *The Standard Edition of the Complete Psychological Works of Sigmund Freud*, traduzido do alemão sob edição geral de James Strachey, em colaboração com Anna Freud, Alix Strachey e Alan Tyson, 24 volumes (Londres: The Hogarth Press and the Institute of Psycho-Analysis, 1955).

T   *Television*. Editado por Joan Copjec, traduzido por Denis Hollier, Rosalind Krauss e Annette Michelson, e *A Challenge to the Psychoanalytic Establishment*, traduzido por Jeffrey Mehlman (Nova Iorque: Norton, 1990).

Cronologia da vida de Lacan

1901 *13 de abril* - Nasce Jacques-Marie Émile Lacan, primeiro filho de Alfred Lacan (1873-1960) e Emilie Baudry (1876-1948).

A família católica de classe média se instala no número 95 do Boulevard Beaumarchais, em Paris. O pai administra um próspero negócio na área de alimentação fundado por sua família, um século antes, com uma renomada fábrica de vinagre, que mais tarde se expande para o comércio de conservas, mostarda, *brandy*, rum e café.

1902 Nasce Raymond, irmão de Lacan, que morre dois anos mais tarde.

1903 *25 de dezembro* - Nasce Madeleine, irmã de Lacan.

1907 Lacan ingressa no seleto Collège Stanislas, um colégio marista que atende a burguesia parisiense, um ano antes de Charles de Gaulle, que estudou na instituição em 1908-9. No Collège Stanislas, Lacan recebe uma sólida educação primária e secundária, com forte ênfase religiosa e tradicionalista. Ele termina seus estudos em 1919.

25 de dezembro - Nasce Marc-Marie, segundo irmão de Lacan.

1915 Alfred Lacan é convocado para a guerra como sargento, e partes do Collège Stanislas são convertidas em um hospital para soldados feridos. Lacan começa a ler Spinoza.

1917-8 Lacan aprende filosofia com Jean Baruzi, um notável pensador católico que escreveu sua tese sobre São João da Cruz.

1918 Lacan perde a virgindade e começa a frequentar livrarias intelectuais como a Maison des Amis des Livres, de Adrienne Monnier, e a Shakespeare and Company, de Sylvia Beach, na rue de l'Odéon. Começa a se interessar pelo Dadaísmo e pela *avant-garde*.

1919   *Outono* - Lacan ingressa na faculdade de medicina de Paris.

1920   Lacan conhece André Breton e entra em contato com o movimento surrealista.

1921   Lacan é dispensado do serviço militar por excesso de magreza.

7 de dezembro - Lacan ouve a palestra de Valéry Larbaud sobre o *Ulysses* de Joyce com leituras do texto, evento organizado pela La Maison des Amis des Livres, no qual James Joyce está presente.

1925   *20 de janeiro* - Madeleine, irmã de Lacan, se casa com Jacques Houlon.

Logo em seguida, eles se mudam para a Indochina.

1926   *4 de novembro* - É criada a primeira sociedade freudiana francesa, a Société Psychanalytique de Paris. Por uma curiosa coincidência, é o dia da primeira apresentação clínica de Lacan diante de Théophile Alajouanine e de outros médicos. Lacan escreve em coautoria seu primeiro artigo com Alajouanine e Delafontaine sobre a síndrome de Parinaud, publicado na *Revue neurologique*.

1927-8 Formação clínica em psiquiatria na Clinique des Maladies Mentales et de l'Encéphale, serviço ligado ao hospital Sainte-Anne, em Paris, e dirigido por Henri Claude.

1928   Lacan escreve, em coautoria com M. Trénel, o artigo "Abasia em um caso de trauma de guerra", publicado na *Revue neurologique*. Ele publica, juntamente com J. Lévy-Valensi e M. Meignant, um artigo sobre "delírio alucinatório". No total, entre 1928 e 1930, ele escreve em coautoria cinco outros estudos neurológicos baseados em casos psiquiátricos.

Torna-se noivo de Marie-Thérèse Bergerot, a quem dedicará sua tese de doutorado de 1932 com um agradecimento em grego, na qual também inclui seu irmão. Formação clínica na Enfermaria

	Especial dos Alienados da Polícia de Paris sob supervisão de Gaëtan Gatian de Clerambault, cujo estilo pouco convencional de ensino exercerá uma influência duradoura sobre Lacan.
1929	Apesar da desaprovação de Lacan, seu irmão entra para a ordem beneditina na abadia de Hautecombe às margens do Lago Bourget. Ele faz seus votos no dia 8 de setembro, e muda seu primeiro nome para Marc-François.
1929-31	Formação clínica no Hospital Henri Rousselle.
1930	*Julho* - Marca um encontro com Salvador Dalí, que publicou *O asno podre* em julho de 1930. Seu louvor poético à paranoia chamou a atenção de Lacan. Lacan e Salvador Dalí permanecem amigos até o final de suas vidas. Amizade com o romancista Pierre Drieu La Rochelle. De 1929 a 1933, Lacan tem como amante Olesia Sienkiewicz, segunda mulher de Drieu, de quem estava separada. *Agosto-Setembro* - Lacan faz um curso de dois meses na clínica Burghölzli em Zurique.
1931	*18 de junho* - Lacan examina Marguerite Pantaine-Anzieu, que foi internada no hospital Sainte-Anne depois de esfaquear a atriz Huguette Duflos. Lacan a chama de Aimée e faz de seu caso a pedra fundamental de sua tese de doutorado.
1932	Publicação da tradução de Lacan para o texto de Freud *Alguns mecanismos neuróticos no ciúme, na paranoia e na homossexualidade* para a *Revue française de psychanalyse*. *Junho* - Lacan inicia sua análise com Rudolph Loewenstein. *Novembro* - Lacan defende sua tese sobre a paranoia, publicada como *De la psychose paranoïaque dans ses rapports avec la personnalité* (Paris: Le François, 1932).
1933	Lacan publica um soneto, *Hiatus Irrationalis*, em *Le Phare de Neuilly 3/4*. Ele conhece Marie-Louise Blondin, irmã de seu amigo Sylvain Blondin.

Outubro - Lacan assiste ao seminário de Alexandre Kojève sobre a *Fenomenologia do Espírito* de Hegel na École Pratique des Hautes Études. Ali ele conhece Georges Bataille e Raymond Queneau e mantém amizade com ambos até o final da vida. Ele publica *O problema do estilo e a concepção psiquiátrica das formas paranoicas da experiência* e *Motivações do crime paranoico: O crime das irmãs Papin* no periódico surrealista *Le Minotaure*, números 1 e 3-4.

1934   Lacan atende seu primeiro paciente.

29 de janeiro - Casa-se com Marie-Louise Blondin.

Novembro - Lacan se candidata a membro da Société Psychanalytique de Paris.

1936   *3 de agosto* - Lacan participa do 14° Congresso da Associação Internacional de Psicanálise, em Marienbad, ocasião em que apresenta seu artigo sobre o estádio do espelho. Passados dez minutos, ele é brutalmente interrompido por Ernest Jones. Bastante transtornado, Lacan deixa a conferência. Ele nunca chega a enviar seu texto para publicação.

1937   *8 de janeiro* - Nasce Caroline, primeira filha de Lacan e Marie-Louise Blondin.

1938   Lacan escreve um longo artigo sobre a família para a *Encyclopédie française*. O ensaio, encomendado por Henri Wallon e Lucien Febvre, é considerado denso demais e precisa ser reescrito diversas vezes. Seu título final é *Os complexos familiares na formação do indivíduo: Tentativa de análise de uma função na psicologia* ("*Les Complexes familiaux dans la formation de l'individu: Essai d'analyse d'une function en psychologie*", *AE*, p. 23-84).

Lacan começa uma relação com Sylvia Maklès-Bataille, que havia se separado de Georges Bataille em 1934.

Dezembro - Lacan encerra sua análise com Loewenstein e se torna membro titular da Société Psychanalytique de Paris.

1939	*27 de agosto* - Nasce Thibaut, segundo filho de Lacan com Marie-Louise Blondin.
1940	*Junho* - Quando o governo de Vichy é instaurado, a Société Psychanalytique de Paris (apesar de algumas tentativas de imitar a Sociedade Alemã de Psicanálise) suspende todas as suas atividades.
	26 de novembro - Nasce Sibylle Lacan, terceira filha de Lacan e Marie-Louise Blondin.
1941	*Primavera* - Lacan se muda para o número 5 da rue de Lille, endereço de seu consultório até o final de sua vida. Após sua morte, é colocada uma placa comemorativa na fachada.
	3 de julho - Nasce Judith Bataille, filha de Lacan e Sylvia Maklès-Bataille.
	15 de dezembro - Lacan e Marie-Louise Blondin se divorciam oficialmente.
1944	Lacan conhece Jean-Paul Sartre, Maurice Merleau-Ponty e Pablo Picasso. Ele permanece muito próximo de Merleau-Ponty.
1945	*Setembro* - Lacan viaja para a Inglaterra, onde permanece por cinco semanas para estudar a prática da psiquiatria britânica durante a guerra. Ele conhece W. R. Bion e fica muito impressionado. Dois anos mais tarde, ao escrever sobre esse encontro, Lacan elogia o heroísmo do povo britânico durante a guerra.
1946	A Société Psychanalytique de Paris retoma suas atividades.
	9 de agosto - Sylvia Maklès-Bataille e Georges Bataille se divorciam oficialmente.
1948	Lacan se torna membro do comitê de ensino da Société Psychanalytique de Paris.
	21 de novembro - Morre a mãe de Lacan.
1949	Lacan conhece Claude Lévi-Strauss. Início de uma longa amizade.

17 de julho - Lacan participa do 16º Congresso da Associação Internacional de Psicanálise em Zurique. Ele apresenta a segunda versão de seu artigo sobre o estádio do espelho (*E/S*, p. 1-7). Em clima de guerra ideológica entre os kleinianos britânicos e os "anna-freudianos" americanos (uma clara maioria), a segunda geração francesa, seguindo a filosofia de Marie Bonaparte, tenta ocupar um espaço diferente. Luminares dissidentes incluem Daniel Lagache, Sacha Nacht e Lacan, muitas vezes auxiliado por sua amiga Françoise Dolto. Lacan domina o grupo francês e reúne em torno de si teóricos brilhantes como Wladimir Granoff, Serge Leclaire e François Perrier. Ele apresenta um seminário sobre o caso Dora, de Freud.

1951   Lacan introduz sessões de psicanálise de durações variáveis em sua prática, uma inovação técnica que é condenada assim que se torna conhecida pelos outros membros da Société Psychanalytique de Paris. Ele começa a realizar seminários semanais no número 3 da rue de Lille.

2 de maio - Lacan lê "Algumas reflexões sobre o ego" para os membros da Sociedade Britânica de Psicanálise. Essa será sua primeira publicação em inglês no *International Journal of Psychoanalysis* (1953).

1951-2 Lacan realiza um seminário sobre o caso do "Homem dos Lobos", de Freud.

1952   Sacha Nacht, então presidente da Société Psychanalytique de Paris, propõe que um novo instituto de formação seja criado. Ele renuncia como diretor do instituto em dezembro e Lacan é eleito diretor interino.

1952-3 Lacan realiza um seminário sobre o caso do "Homem dos Ratos", de Freud.

1953   *20 de janeiro* - Lacan é eleito presidente da Société Psychanalytique de Paris.

16 de junho - Lacan renuncia à presidência da Société Psychanalytique de Paris. Criação da Société Française de Psychanalyse (SFP) por Daniel Lagache, Françoise Dolto e Juliette Boutonnier. Logo depois, Lacan entra para a SFP.

Julho - Os membros da SFP descobrem que foram excluídos da Sociedade Internacional de Psicanálise.

Apresentado por Lagache, Lacan faz a palestra de abertura na SFP sobre os três registros do Imaginário, do Simbólico e do Real.

17 de julho - Lacan se casa com Sylvia Maklès.

26 de setembro - Em seu "discurso de Roma", Lacan apresenta "Função e campo da fala e da linguagem em psicanálise" (*E/S*, p. 30-113, palestra original em *AE*, p. 133-64), um verdadeiro manifesto. Nessa demonstração pirotécnica que mostra todas as facetas de sua cultura, Lacan introduz a doutrina do significante.

Entre muitos manifestos teóricos cruciais, o "discurso de Roma" justifica a prática da sessão de duração variável.

Françoise Dolto fala depois de Lacan e de Lagache, e manifesta seu apoio ao novo movimento.

18 de novembro - Lacan começa seu seminário público no hospital de Sainte-Anne com uma leitura aprofundada dos textos de Freud sobre técnica (final do *SI*). Ele também conduz apresentações clínicas semanais de pacientes.

1954   Lacan visita Carl Gustav Jung em Küssnacht, perto de Zurique. Jung conta a Lacan como Freud havia declarado que ele e Jung estavam "trazendo a peste" para os Estados Unidos quando chegaram a Nova Iorque, em 1909, uma anedota que mais tarde foi recontada diversas vezes por Lacan.

1955   *Páscoa* - Acompanhado por seu analisando Jean Beaufret, discípulo e tradutor de Heidegger, Lacan faz uma visita a Martin

Heidegger em Friburgo e Beaufret serve de intérprete entre os dois pensadores.

Julho - A Associação Internacional de Psicanálise nega o pedido de afiliação à SFP.

Setembro - Na ocasião da conferência de Cerisy, dedicada à obra de Heidegger, Lacan convida o filósofo alemão e sua esposa a passarem alguns dias em sua casa de campo em Guitrancourt.

7 de novembro - Lacan lê "A coisa freudiana, ou o sentido do retorno a Freud em psicanálise" na clínica neuropsiquiátrica de Viena (*E*, p. 401-36).

1956   *Inverno* - Publicação da primeira edição de *La Psychanalyse* com o "discurso de Roma" de Lacan e sua tradução da primeira parte do ensaio de Heidegger *Logos*, um comentário sobre o fragmento de número cinquenta de Heráclito.

1957   *9 de maio* - Lacan apresenta "A instância da letra no inconsciente ou a razão desde Freud" (*E/S*, p. 146-78) a um grupo de estudantes de filosofia na Sorbonne, mais tarde publicado em *La Psychanalyse* (1958). Menos heideggeriano e mais linguístico, o artigo esboça uma retórica do inconsciente baseada na relação entre significante e significado e gera os algoritmos da metáfora e da metonímia que correspondem à condensação e ao deslocamento de Freud.

1958   Lacan apresenta em alemão "Die Bedeutung des Phallus" ("A significação do falo", em *E/S*, p. 281-91) no Instituto Max Planck, em Munique.

1959   *Julho* - A SFP reitera seu pedido de afiliação à Associação Internacional de Psicanálise, que nomeia uma comissão para investigar a questão.

1960   *15 de outubro* - Morre o pai de Lacan.

1961   *Agosto* - Uma reintegração progressiva da SFP à Associação Internacional de Psicanálise é aceita sob a condição de que

Françoise Dolto e Lacan sejam demovidos de suas posições de analistas didatas.

1963 *Abril* - Lacan publica "Kant com Sade" na revista *Critique*, um de seus mais importantes textos teóricos dedicados ao desejo, à lei e à perversão (*E*, p. 765-90).

2 de agosto - A Associação Internacional de Psicanálise reafirma que a SFP perderá seu *status* de afiliada caso Lacan permaneça como analista didata.

19 de novembro - A maioria dos analistas da SFP aceita o ultimato da Associação Internacional de Psicanálise. Após dez anos ministrando seu seminário no Sainte-Anne, Lacan é obrigado a parar. Ele realiza uma última sessão sobre "Os nomes do pai" (*T*, p. 80-95).

1964 *Janeiro* - Lacan começa seu seminário na École Normale Supérieure, na rue d'Ulm, sob o controle administrativo da École Pratique des Hautes Études. Claude Lévi-Strauss e Louis Althusser intervêm em seu nome para garantir a sala. Esse seminário, dedicado aos *Quatro conceitos fundamentais da psicanálise*, encontra uma plateia mais ampla e mais filosófica.

Junho - Lacan funda a École Française de Psychanalyse. Seu *Ato de Fundação* dramatiza seu sentimento de heroica solidão ("Fundo – tão só quanto sempre estive em minha relação com a causa psicanalítica – a École Française de Psychanalyse, cuja direção assumirei pessoalmente pelos próximos quatro anos, pois nada no presente me impede de responder por ela"). Três meses depois, ele muda seu nome para École Freudienne de Paris. Lacan lança um novo modelo associativo para sua escola; são constituídos grupos de estudos chamados "cartéis", compostos de quatro ou cinco pessoas, incluindo uma pessoa que relata o progresso do grupo.

1965 *19 de janeiro* - Dissolução da SFP.

Junho - Lacan marca um encontro com Marguerite Duras após a publicação de *O arrebatamento de Lol V. Stein*, romance que descreve a psicose em termos similares aos seus. Quando eles se encontram tarde da noite em um bar, Lacan diz a ela, empolgadamente, querendo parabenizá-la: "Você não sabe o que está dizendo!".

1966

Janeiro - Primeira edição da *Cahiers pour l'analyse*, uma revista produzida por epistemologistas mais jovens da École Normale Supérieure que publicam artigos sérios sobre os conceitos de Lacan.

Fevereiro-março - Lacan realiza uma série de palestras em seis universidades norte-americanas, incluindo Columbia, Harvard e MIT.

18 a 21 de outubro - Lacan participa de um simpósio internacional intitulado "As Linguagens da Crítica e as Ciências do Homem", na Universidade John Hopkins. Ele participa ativamente do debate sobre o estruturalismo e apresenta seu artigo "Da estrutura como intromistura de um pré-requisito de alteridade e um sujeito qualquer". Em um texto tão denso quanto seu título, Lacan cita Frege e Russell, explicando que seu lema de que o inconsciente é "estruturado como uma linguagem" seria na verdade uma tautologia, uma vez que "estruturado" e "como uma linguagem" são sinônimos. Ele declara memoravelmente: "A imagem que melhor resume o inconsciente é Baltimore ao amanhecer".

Novembro - Publicação de *Ecrits*. Surpreendentemente, o livro com espessura de 924 páginas vende muito bem.

Dezembro - Casamento de Judith Lacan e Jacques-Alain Miller.

1967

9 de outubro - Lacan lança o novo procedimento do "passe" (*la passe*) como um exame final que permite que uma pessoa se torne analista didata em sua escola.

1968	*Outono* - Publicação da primeira edição de *Scilicet*, periódico cujo lema é "Você pode saber o que pensa a École Freudienne de Paris", no qual todos os artigos são anônimos, exceto pelos de Lacan.

Dezembro - O departamento de psicanálise é criado na Universidade de Vincennes (mais tarde, Paris VIII) com Serge Leclaire como seu diretor. |
| 1969 | *Março* - A introdução da prática do "passe" como uma espécie de exame final provoca uma rebelião na École Freudienne de Paris e um grupo dissidente é criado por "barões" lacanianos, como François Perrier e Piera Aulagnier.

Novembro - Forçado a deixar a École Normale Supérieure, Lacan agora realiza seu seminário semanal na faculdade de direito na praça do Panteão, atraindo plateias ainda maiores. |
| 1970 | *Setembro* - Leclaire renuncia como chefe do departamento de psicanálise da Paris VIII, sendo substituído por Jean Clavreul. |
| 1972 | *9 de fevereiro* - Lacan introduz o nó borromeano durante seu seminário e começa a refletir sobre formas nas quais os três círculos podem ser entrelaçados. |
| 1973 | Publicação do *Seminário XI*, primeiro de uma série organizada por Jacques-Alain Miller, pela Éditions du Seuil.

Março - Incitado por um número crescente de feministas entre seus alunos, Lacan introduz em seu seminário as "fórmulas da sexuação", que demonstram que a sexualidade não é determinada pela biologia, já que outra suposta posição "feminina" (isto é, não determinada pelo falo) também está disponível a todos os sujeitos falantes ao lado da lei fálica que dá acesso à universalidade.

30 de maio - Morre Caroline Roger-Lacan em um acidente de carro. |

1974	O departmento de psicanálise é reorganizado com Jacques-Alain Miller como seu diretor.
1975	Primeira edição do periódico *Ornicar?*, que publica artigos lacanianos e os textos de alguns seminários.
	16 de junho - A convite de Jacques Aubert, Lacan faz a palestra de abertura no Simpósio Internacional de James Joyce em Paris. Ele propõe a ideia de "Joyce, o sinthoma."
	Novembro-dezembro - Segunda turnê de palestras nos Estados Unidos.
	Lacan vai para Yale, Columbia e para o MIT, onde participa de debates com Quine e Chomsky.
1978	*Outono* - Após um acidente de carro sem gravidade, Lacan aparenta cansaço e passa, frequentemente, longos períodos de tempo em silêncio mesmo em seus seminários, nos quais seu discurso tende a ser substituído por demonstrações mudas de novas variações dos nós borromeanos.
1979	Criação da Fondation du Champ Freudien, dirigida por Judith Miller.
1980	*Janeiro* - Lacan dissolve a École Freudienne de Paris por meio de uma "Carta de Dissolução" enviada a todos os membros com a data de 5 de janeiro de 1980. Ela apresenta Lacan como um "*père sévère*" (pai severo) que pode "*persévérer*" (perseverar) sozinho. Todos os membros da escola são convidados a escrever uma carta diretamente para ele caso queiram segui-lo na criação de uma nova instituição. Ele menciona o preço que Freud "teve de pagar por ter permitido que o grupo psicanalítico prevalecesse sobre o discurso, tornando-se uma igreja" (*T*, p. 130). A Cause Freudienne é criada.
	12 a 15 de julho - Lacan preside a primeira Conferência Internacional da Fondation du Champ Freudien, em Caracas.
	Outubro - Criação da École de la Cause Freudienne.

1981   *9 de setembro* - Lacan morre em Paris aos oitenta anos de idade por complicações de câncer do cólon.

1985   Jacques-Alain Miller vence uma disputa legal confirmando seus direitos como editor dos *Seminários* de Lacan e seu único executor literário. Vinte anos após a morte de Lacan, a França tem a maior proporção de psicanalistas *per capita* do mundo, com cerca de cinco mil analistas. Existem mais de vinte associações psicanalíticas na França, sendo pelo menos quinze delas de inspiração lacaniana.

Prefácio à edição brasileira

CHRISTIAN DUNKER

O magistral volume que o leitor tem em mãos representa um retrato amplo e rigoroso do pensamento e da clínica do psicanalista Jacques Lacan (1901-1981). Ele cobre quase todas as zonas de impacto das ideias lacanianas na teoria da cultura, na crítica social, na epistemologia e na ética, bem como na concepção do tratamento. Há, de certo, um novo interesse nas universidades e na pesquisa científica em torno da psicanálise em geral e da perspectiva de Lacan em particular. Isso pode ser atribuído, em parte, ao declínio das promessas neurocientíficas em se traduzirem em práticas psicoterapêuticas eficazes, ao desgaste das abordagens puramente farmacológicas, mas, também, à percepção cada vez mais incontornável de que nossos sintomas estão ligados e são covariantes com nossas formas de vida. Portanto, abordagens clínicas devem ser, ao mesmo tempo, capazes de ler criticamente as condições sociais indutoras de sofrimento.

O retrato aqui apresentado é sobretudo um retrato anglo-saxônico. Sabemos que, na América Latina, o pensamento de Lacan encontra-se vigorosamente vinculado com a prática clínica da escuta de pacientes e em processo cada vez maior de ampliação de capilarização nas instituições e nos espaços públicos. O fenômeno contrasta com o universo anglo-saxônico, onde Lacan sobrevive como uma peça entre outras nos departamentos de literatura ou filosofia, ligado à tradição crítica francesa e ao pós-estruturalismo. A recepção particular que essa tradição de pensamento encontrou, principalmente nos Estados Unidos, acabou deixando para trás inclusive o ensino de Freud, que cada vez ficou mais concentrado nas instituições de formação ou *training*.

Um Lacan de face anglo-saxônica, longe de ser supérfluo ao leitor brasileiro, mais acostumado com a versão francesa do autor dos *Escritos*, permite extrair efeitos comparativos sumamente importantes quando se trata da análise da relação entre o estilo de transmissão lacaniano, seus conceitos e suas práticas, clínicas e formativas, bem como suas estratégias de justificação ética e epistemológica. Perceber como Lacan se infiltra nos debates sociais e estéticos, como ele possui uma ressonância política cujo destino ainda não se definiu completamente, nos ajuda certamente a reconhecer um possível e potencial Lacan latino.

Nesse sentido, o leitor brasileiro deveria ter em conta que o ritmo de tradução e a assimilação das ideias lacanianas em nosso país acabaram cumprindo uma função de abertura e de suporte para outras tradições críticas. Dada a forte presença da psicanálise na cultura brasileira, desde os modernistas da década de 1920 até os pensadores institucionalistas e desenvolvimentistas dos anos 1960, formou-se por aqui um público consumidor consistente das ideias psicanalíticas. Isso garantiu certa agilidade editorial por meio da qual autores de tradição crítica, que mobilizavam conceitos psicanalíticos, foram sendo traduzidos, renovando e irrigando o debate crítico brasileiro indiretamente. Esse foi o caso de Juliet Mitchel e Judith Butler, quanto ao feminismo, de Žižek e Badiou, quanto ao pós-marxismo, de Julia Kristeva e Derrida, quanto ao pós-estruturalismo, e mesmo de Agamben, entre os herdeiros de Foucault. Estratégias críticas mais associadas com a psicologia social ou com a crítica literária, como a teoria pós-colonial de Fanon e Spivak ou o pensamento decolonial de Homi Baba, bem como os *Cultural Studies* de Stuart Hall e Bernard Wiliams, tiveram uma recepção de certa forma mais lenta, apesar de sua relevância global. Algo análogo se pode dizer do impacto do lacanismo nas teorias do cinema, incomparavelmente menor do que nos teóricos dos *Cahiers pour Cinema* ou na revista britânica *Screen*. Caso inverso se verifica entre os teóricos da linguagem aproximados da semiótica, nos quais, logo nos anos 1980, encontrávamos esse mesmo sistema de dupla importação por meio do qual a atualização psicanalítica se fazia acompanhar de um suplemento crítico. Por isso, parecerá estranho ao leitor brasileiro que uma introdução profunda e circunstanciada da obra de Lacan tenha que passar, tantas vezes, pela obra de Slavoj Žižek. O que seria para nós um comentador entre outros, é um acontecimento cultural sem precedentes desde *Eros e Civilização*, de Herbert Marcuse, pois Žižek conseguiu introduzir o pensamento de Marx, junto com o de Hegel e o de Lacan, a partir de uma interpretação da cultura popular americana que chegou ao grande público como contraface crítica da guerra ao terror e ao consenso neoliberal dos anos 2000.

Esse sistema está na raiz da diferença que queremos salientar entre o retrato corrente de Lacan no Brasil e essa nova perspectiva trazida pelo presente volume. A começar pelo fato de que integrar um volume organizado pela prestigiosa Universidade de Cambridge significa um reconhecimento bem-vindo em um momento obscuro da história intelectual do país, no qual muitos acusam Lacan de inconsistência e charlatanismo, senão de conivência com ideias esquerdistas. Se verá aqui muitos autores discutirem o impacto das ideias de Lacan na teoria política sem que isso represente uma degradação da pureza metodológica ou uma mistura indesejável com impurezas ideológicas. Aquele que se pergunta se a força da psicanálise de Lacan no Brasil não representaria um sintoma provinciano de nossa aderência identificatória aos franceses poderá ler, com cuidado, os capítulos de Judith Feher-Gurewich, professora em Harvard, de Catherine Liu, professora de literatura na Universidade de Minessota, de Deborah Luepnitz, docente no departamento de Psiquiatria da Universidade da Pensilvânia, de Joseph Valente, que ensina teoria crítica na Universidade de Illinois, de Tim Dean, da Universidade de Buffalo ou de Charles Shepherdson, professor de literatura na Universidade de Nova Iorque.

Além desses seis autores norte-americanos, o volume conta com dois ingleses muito representativos do lacanismo naquele país: Darian Leader, que vem sendo consistentemente traduzido no Brasil, dotado de prosa acessível e vasto alcance popular, apesar de sua erudição, bem como Dany Nobus, que é um dos mais consagrados *Scholars* lacanianos. Diana Rabinovich e Néstor Braunstein representam o lacanismo argentino, ainda que o segundo tenha feito uma carreira exemplar no México. Ambos são reconhecidos como grandes teóricos da clínica, tendo sido traduzidos ao longo do tempo de forma esporádica, com destaque para o texto sobre o gozo, do segundo, e o trabalho sobre liberdade em psicanálise, da primeira. A escola eslovena está bem representada por Alenka Zupančič e sua sagacidade característica na leitura das inflexões da tragédia e da comédia na obra de Lacan.

Fecham o volume quatro autores franceses: Elisabeth Roudinesco, autora da biografia de Lacan e do monumental *História da Psicanálise na França: A batalha dos cem anos*, além de inúmeros textos de introdução à psicanálise em debate com a filosofia e com os direitos humanos, muitos deles traduzidos e disponíveis em português; Bernard Burgoyne, professor em Middlesex, autor de *Diálogos Klein-Lacan*, que representa a linhagem milleriana do lacanismo e vem tendo um papel de destaque nas discussões sobre a psicanálise e a ciência, particularmente no contexto da regulamentação da prática profissional; Jean-Michel Rabaté, cuja produção, de excelente qualidade, particularmente no campo da estética e das inflexões literárias de Lacan, é quase desconhecida do público brasileiro; e Colette Soler, intensamente traduzida no Brasil, que fecha o time francês representando um movimento de retorno à clínica com a valorização das noções de sintoma e *sinthome* e preservando um estilo literário-matemático mais próximo de Lacan do que a maior parte de seus comentadores.

Nesse sistema de importação, novas ideias psicanalíticas chegavam ao Brasil, no contexto da redemocratização do país pós-ditadura, a partir do fim dos anos 1970, com uma diferença substancial em relação ao universo anglo-saxônico: a extensa prática clínica estava pressionada a traduzir "a guinada linguística iniciada por Lacan provocada por uma recusa da psicologização da psicanálise", a "revitalização da psicanálise a partir da epistemologia" e a necessidade de "um método diferente de formação e uma nova pedagogia". Portanto, em nenhum lugar deste livro se verá argumentos clínicos tampando incompreensões teóricas e pouca tolerância com os acerbos estilísticos que não servem ao que se poderia chamar de uma transmissão integral sob o espírito das luzes.

Esse retrato lacaniano "à inglesa" tem baixos teores de institucionalidade, o que revela um segundo traço de nossa perspectiva de recepção, predominantemente francesa: recebemos os comentadores, intérpretes e continuadores da perspectiva inaugurada por Lacan impregnados das controvérsias que atravessam a geopolítica e as diferentes escolas lacanianas, inicialmente na França, mas que, ao longo do tempo, ganharam dimensão mundial. As descontinuidades no debate, as omissões bibliográficas, os aparecimentos e desaparecimentos de autores, as supervalorizações hermenêuticas, como a que se popularizou entre o primeiro Lacan, o "do simbólico", e o último Lacan, o "do real", estão ausentes neste trabalho. Emerge, ao contrário, a integração dos temas e movimentos da obra de Lacan com suas condições de possibilidade epistemológicas, históricas e conceituais. Nesse sentido, temos aqui uma abordagem que se preocupa em enfrentar o conjunto dos textos e intervenções orais de Lacan como uma obra, e não apenas como uma série determinada pelos objetivos internalistas de um ensino.

Jean-Michel Rabaté abre o livro com uma saborosa descrição da vida social em torno dos seminários de Lacan nos anos em torno da revolução cultural do maio de 1968 francês, explorando as origens do estilo lacaniano no antibretonismo e no "renascimento invertido do projeto freudiano".[1] Do *páthos* do sujeito sofredor do inconsciente para o modo lógico-linguístico do significante há mais do que um retorno. Por isso, quanto à recepção de Freud, Lacan descenderia mais das divisões surrealistas, entre Breton e Dali, Bataille e Éluard, das tensões do paradigma da histeria, no primeiro manifesto, e da paranoia, no segundo, e da arqueologia em Jacob Boehme, Rimbaud e Heráclito, do que do freudo-marxismo institucional ou do que da própria linguística estrutural.

Examinando os arquivos do artigo sobre o estádio do espelho, Elisabeth Roudinesco recupera as raízes do hegelianismo lacaniano, valorizando a distinção, recebida de Wallon, da tripartição especular, do imaginário e do simbólico, bem como a herança kleiniana da noção de estádio (e não estágio ou fase) para traduzir o termo *Einstellung* (posição). Mas a principal descoberta desse estudo comparativo, entre as versões de 1936 e 1949, é que, nesse meio tempo, Lacan introduz o problema cartesiano do sujeito, da exclusão do sonho e da loucura e da dissimulação da "identidade interior".

Darian Leader aborda comparativamente, em Freud e Lacan, o tema do mito. Refazendo as ligações com Lévi-Strauss até chegar na fórmula indeterminada de que a neurose é um mito individual, ele mostra como a estratégia de fundamentação matemática da estrutura já estava presente

---

1 "[...] um renascimento invertido [*reprise par l'énvers*] do projeto freudiano caracterizou o nosso" (E. 68).

no autor de *As Estruturas Elementares do Parentesco*, e do caso modelo examinado por André Weil, do grupo Bourbaki. Corroborando os achados de nossas pesquisas,[2] ele sugere que a fórmula matemática, presente na última página de *Estrutura dos Mitos*, é trazida por Lacan para decifrar o caso do Homem dos Ratos. Percebe-se, assim, que a noção de sujeito impossível, presente no antropólogo, se desdobrará no real da estrutura (impossível) e na posição do sujeito como lugar (vazio). O mito, como sistema de contradições necessário para a transmissão de uma verdade, atravessará a análise das tragédias modernas (*Hamlet* e *Claudel*) e antigas (*Antígona*) e reaparecerá na figura da lamela e na grande discussão do estatuto (universal ou local) desse mito moderno, introduzido por Freud a partir de *Totem e Tabu*. A tensão entre formas proposicionais ou narrativas e fórmulas relacionais ou discursivas,[3] bem como a dedução de existências não relacionais, discussão típica dos momentos finais da obra, mostram-se, assim, pré-determinadas pela persistência do estruturalismo e do tema do mito em Lacan.

Dany Nobus aborda o problema da ciência do sujeito em Lacan refazendo o caminho de recepção da linguística e da topologia. Entre o texto de Saussure e as críticas de Derrida, Lacan parece estar mais comprometido com a versão de Jakobson sobre o funcionamento da linguagem. Na "fronteira real a ser saltada, entre o significante flutuante e o significado fluido", o verdadeiro movimento metafísico é o salto, onde reaparecem as categorias de ser, verdade e Real. Não se trata de uma separação (entre inconsciente e consciente), de uma negação (como o recalcamento) ou de uma unidade, equivalência ou paralelismo (como em Saussure), mas de um obstáculo. O que está em causa aqui é o pressuposto troquista e a suposição

---

2 "[...] hoje a noção de equiparação de uma neurose a um mito individual muitas vezes é aceita apenas como um interesse histórico. Até onde eu sei, não existe nenhum caso clínico publicado na literatura lacaniana que use o modelo proposto por Lacan para entender o material de uma forma que não seja superficial". Para exemplos concretos dessa tentativa, ver DUNKER, C. I. L. *Mal-Estar, Sofrimento e Sintoma*. São Paulo: Boitempo, 2015 e DUNKER, C. I. L.; ASSADI, T.; RAMIREZ, H. (Orgs.). *Construção de Casos Clínicos em Psicanálise*. São Paulo: Annablume, 2017.

3 "[...] quando algo não pode ser expresso como uma proposta significativa, tal coisa assumirá a forma de uma relação entre dois conjuntos de elementos [...] ou dois conjuntos de contradições".

do inconsciente como mediação, já problematizado por Lévi-Strauss em *Introdução à obra de Marcel Mauss*, ou seja, entre significante e significado interpõe-se uma teoria subjacente sobre a realidade, que "transborda" ou justifica sua "inadequação" crônica. É por isso, também, que Lacan resistirá contra Derrida nos poderes da fala e contra a permanência continuísta da escrita. Essa razão obstaculizadora coloca-se como uma interessante condição para pensar a prática clínica da psicanálise como uma prática de leitura, bem como sua potencial redução à inteligência artificial. Ao final, é o problema dos invariantes mentais e a natureza formal de sua montagem que explicam a diversidade empírica das formações do inconsciente, o que permitiria afirmar que a psicanálise é um "empreendimento científico", e não "uma ciência, no sentido tradicional (positivista, experimentalista)". A situação muda de figura quando passamos da linguística para a topologia e, portanto, do círculo ou elipse do signo para superfícies não esféricas. Elas não explicam mais a insistência das formações do inconsciente, mas a repetição de seu fracasso no plano da escrita e da letra. A topologia pode ser usada metaforicamente, mas, nesse caso, seus ganhos são pouco justificáveis. Paradoxalmente, é com o avanço de uma perspectiva mais próxima das ciências duras, como a matemática e a topologia, que Lacan parece se afastar de seu projeto de inscrever a psicanálise no campo da "ciência da linguagem habitada pelo sujeito".

Bernard Burgoyne dedica-se à continuidade desse problema, mas agora no campo da filosofia e da epistemologia das ciências. Contra Putnam, Freud não queria subordinar a psicanálise à filosofia, pois achava que esta se inscrevia entre "os métodos das ciências" e seria composta por "explicações do mundo testadas de maneira crítica". A "ciência da linguagem" habitada pelo sujeito parece inscrever-se neste paradigma freudiano, mas a "ciência da letra", que emerge a partir dos anos 1969, não. "Nenhuma ciência foi constituída por um conceito, mas sim pela formulação que ela dá de um problema", "a ciência não se aplica às letras, ela às pressupõe". Voltamos, assim, ao problema da explicitação da epistemologia lacaniana, confirmando não apenas a persistência do estruturalismo de Lévi-Strauss, mas da filosofia da ciência de Meyerson e de seus conceitos operativos problemáticos de repetição, revolução e iteração, e da epistemologia histórica de Alexandre Koyré e sua hipótese sobre a emergência da ciência moderna como dependente de um sistema de escrita, que confirmam que a "filosofia pode servir como uma estrutura orientadora para a ciência". Isso serviria para Lacan justificar que, eventualmente, os problemas de justificação de um programa científico poderiam remeter a dificuldades de explicitação dessa filosofia, seja por meio de impasses de formalização lógica, de contradição de conceitos ou de limites dos sistemas de escrita e linguagem. Nesse sentido, o programa de Lacan não confluiria com a ambição de fundamentação da lógica, como Alonzo Church, nem de axiomatização da matemática, como Frege e Zermelo Fraenkel, mas de Koyré e Paul Valéry. Para o primeiro, existem estruturas de significação criadas no passado e operatoriamente disponíveis, logo, a história da lógica e da matemática importam tanto quanto suas últimas realizações e problemas. Para o segundo, seria possível pensar em um sistema de escrita sem depender da anterioridade intencional do autor, desde que se imaginasse uma "ciência matemática, deligada de suas aplicações e reduzida à álgebra" (como sistema transformacional). Valéry apoiava-se na topologia (*analisis situs*) e desenvolve seu trabalho em colaboração com Borel (cujo paradoxo será importante para entender as fórmulas da sexuação), Brunschwig (do qual Lacan extrai o problema da contradição entre a particular máxima e mínima em Aristóteles) e Meyerson (do qual Lacan extrai a noção de lei). Poderia-se dizer, também, que é um programa análogo ao do grupo OuLiPo (Ouvroir de Littérature Potentielle), liderado por Raymond Queneau, com quem Lacan partilhou os cursos sobre Hegel com Kojéve, nos anos 1934-1936. Mas seria importante não confundir a pesquisa de Lacan, a procura de uma relação específica entre ciência e filosofia, ciências da linguagem e lógica, crítica da metafísica e topologia, com o desconhecimento ou a negação de sua face empírica. Neste ponto deve ficar claro que a fundamentação da psicanálise nunca passa apenas pela lógica e pela matemática, mas emana também dos estudos sobre o sofrimento e "suas texturas de linguagem".

Colette Soler nos apresenta um percurso sobre o sintoma, este um conceito fundamental e primário de toda clínica possível. Ela o faz adiantando a complexidade de sua conclusão: a heterossexualidade normativa é um sintoma e os parceiros sexuais são sintomas uns para os outros. Sintoma não é apenas um oráculo significante em estrutura de metáfora, mas gozo, repositório de pulsões e Real: "o mistério do corpo falante, o mistério do inconsciente". Nesse segundo retorno a Freud, feito por Lacan a partir do fim dos anos 1960, o sintoma é uma solução sem qualquer paradoxo. Isso faz a noção de sintoma se fundir com a de sublimação e recoloca o problema da identidade de gozo, cujo suporte é a letra, no quadro de um sistema de diferenças representado pelo significante. O sistema conceitual lacaniano poderia ser redescrito completamente a partir da tripartição gozo da letra (Real – Simbólico), gozo do sentido ou da significação (Simbólico – Real) e gozo do Outro (Real – Imaginário), tripartição homóloga das formas de amar, pelas quais a primeira faz Um e a última só existe como subtração das duas anteriores. O grande mérito de Soler é ter percebido que nos últimos escritos de Lacan não havia uma nova clínica, mas uma nova diagnóstica formada por sintomas de estrutura borromeana (neurose e perversão), por sintomas não borromeanos (psicose) e por *sinthomas* como erros de montagem entre os registros, como é o caso do uso subjetivo que Joyce encontra para sua obra, como autopromoção (escabelo), doença da mentalidade e hibridização da letra, entre poesia e romance, entre significação (determinada pela sintaxe e pela gramática) e sentido (a criação e a poesia do dizer). Tudo se passa como se, uma vez admitido que é sintoma e um fato de ilegibilidade para o próprio sujeito que dele sofre, precisássemos mapear as formas possíveis de ilegibilidade para inferir os tipos de sintoma. Dessa maneira, as homofonias, epifanias e autografias de Joyce poderiam ser comparadas ao inconsciente múltiplo de Fernando Pessoa e suas despersonalizações, sentimentos apocalípticos da vida, e inominações da existência. O fracasso do ego de Joyce entra em contraste com a melancolia e o exílio da vida de Pessoa.

Néstor Braunstein traz um recorrido de uma das noções mais problemáticas e inconclusas da obra de Lacan: o gozo (*jouissance*). Único ôntico e única substância com a qual trabalhamos em psicanálise, ele envolve (1) algo que o corpo experiencia em relação a si mesmo; (2) a tensão entre explorar, gastar e forçar o uso até o abuso; e (3) a negação paradoxal da dor, da satisfação e do prazer. Atendo-se a uma equivalência incompleta entre a noção freudiana de pulsão e o conceito lacaniano de gozo, ele parece comparar o kantismo energético do corpo com o indivíduo à intersubjetividade demandada pela noção de gozo. Se o desejo vem do Outro, o gozo vem da Coisa. Se o desejo convoca o sujeito, o gozo é a substância pela qual "o sujeito se esquece de si mesmo no objeto". O desejo é simétrico do sacrifício e da transgressão, e o gozo aparece na culpa, no remorso e na confissão. Contrariamente a um certo consenso entre os comentadores, chegamos à conclusão de que existe, sim, uma dialética entre desejo e gozo. São, ao todo, vinte teses sobre o gozo: gozo do ser; desnaturalização do gozo pela linguagem; gozo perdido e excedente de gozo; gozo no luto; acesso ao gozo pela escala invertida da lei do desejo; o gozo como equivalente do mal-estar; a suposição do gozo do Outro; o gozo do sexo do Outro; o gozo antes, durante e aquém da palavra; o gozo proibido; o gozo além do Real, Simbólico e Imaginário; o diafragma de gozo e a angústia e o amor como oposições internas do gozo.

Charles Shepherdson faz uma apreciação circunstanciada da presença da filosofia em Lacan. Seguindo uma rota conhecida pelos que frequentam os cenários da filosofia francesa do século XIX, ele explora a maneira singular como Lacan se equilibra entre Hegel, Husserl e Heidegger. Entre o homem do cuidado e o sujeito do saber absoluto, ele descreverá a estratégia lacaniana como uma espécie de balanço entre o recurso aos antigos (principalmente Aristóteles) e as derivações contemporâneas (antropologia e ciências da linguagem). Isso permitirá mostrar porque Foucault, Derrida e até mesmo Deleuze estarão sempre com e contra Lacan. Ali, onde procuramos os impasses do sujeito individual e moderno, de matriz cartesiana, Lacan nos leva à afânise do sujeito nas tragédias antigas e nos mitos coletivos das sociedades pré-modernas. Ali, onde interpelamos as dificuldades do objeto da psicanálise, seja ele pensado a partir do inconsciente, seja ele inferido a partir da pulsão, Lacan nos remete ao impensável da ciência. Portanto, não se trata de ilustração, tradução ou subordinação filosófica de conceitos e problemas psicanalíticos, mas de uma espécie de método de descoberta na qual algumas respostas devem ser procuradas no passado, segundo a posição possível da pergunta, e outras devem ser remetidas a conjecturas possíveis e ainda não formalizadas. Pois é somente pelo contato "com estes *outros* domínios que os psicanalistas podem encontrar *seu próprio caminho* de modo mais rigoroso". Isso decorre do papel decisivo, senão central, para a psicanálise do que se poderia chamar problemática do negativo. Da teoria diferencial das defesas ao problema do gozo como grandeza negativa, na negação do belo na sublimação à oposição temporal entre saber e verdade, da lógica das relações entre desejo, angústia e gozo, do tema heideggeriano da morte até a própria experiência clínica da perda e da patologia e a relação com o Outro e com a falta de objeto, há um núcleo constante de questões que deriva de uma lógica das negações. Com seu valor transversal na teoria da linguagem, na antropologia, na lógica e na teoria dos conceitos éticos, estéticos e epistêmicos, encontramos o núcleo de derivação essencial e metodológico de Lacan na filosofia. Não seria por outro motivo que seu uso da filosofia é, sobretudo, crítico e local, e não dogmático ou sistêmico. Isso funciona como uma espécie de ponto de partida não só para a apresentação da lógica da sexuação e como uma proposição de alto impacto para os estudos feministas (na releitura dos impasses freudianos), mas também para a teoria política e para a clínica psicanalítica em geral. Aproximando o "Há um" (*il y a un*) lacaniano do "*es gibt*" (há algo) heideggeriano, presumindo e indeterminando o possível com o necessário, critica-se a tese freudiana de que "só há uma libido, e ela é masculina". É um desafio ontológico e teológico pelo qual, ainda que "a lei do pai não seja a completa verdade", há uma incidência diferencial da negatividade em "a mulher não existe" e em "não existe nenhuma mulher que não". É possível existir ou aparecer apenas segundo um certo registo da negatividade, por isso, se a mulher não existe, isso não impede que a feminilidade exista. Ela não existe no domínio do que pode ou não ser escrito. Ora, olhando para a história da matemática vemos que ela foi usada pela ciência para descrever estados de mundo, propriedades de objeto e relações entre elementos, mas ela foi também usada pela filosofia para criar problemas e impor a exigência de conceitos, ainda que nestes não encontremos paridade com o mundo em sua realidade. É este segundo uso que encontramos em Lacan, daí a temeridade representada pelo uso da lógica sem a filosofia, ou da filosofia sem seu núcleo problemático de paradoxalidades em torno do negativo. Se a primeira volta da filosofia em Lacan, condensada em sua teoria da sexuação, tem a ver com negação diferencial entre a função predicativa (letra) e a dimensão significante (fala), a segunda volta envolve a equivocação e a hipótese do ser condicional. Aqui vemos Lacan trabalhar com indeterminações da expressão hipotético condicional "se... então". Expressões como "se existir outro gozo", "se houvesse outro gozo que não o fálico", e até mesmo "se houvesse outro", são mobilizadas pela equivocação entre dois verbos, *ser necessário*, *dever* (*falloir*) e *falhar* (*faillir*), e, observando que ambos têm a mesma expressão na terceira pessoa (*il faut*), Lacan afirma que "o gozo que deve ser excluído ou proibido nunca falha (*il ne faut pas*) em chegar". Somos lançados na formulação indecidível da fórmula "nunca falha", que remete a *necessário*, ou "nunca falha" no sentido de *fale*, que vai à falência, fracassa? Isso nos leva à terceira volta filosófica da sexuação: aquele que questiona a prevalência dos modos de ser, entre o ser necessário e o ser possível, sendo impossível a negação do necessário e o contingente a negação do possível. Equivocando a expressão francesa para necessidade (*necessaire*) para a forma escandida *"ne cesse"* (não cessa de), e observando que toda necessidade é necessidade de discurso e que discurso é uma forma de escrita, ele conclui, contraintuitivamente, que o necessário é a negação do contingente (o que cessa de não se escrever) e que o possível (o que cessa de se escrever) é a negação do impossível (o que não cessa de não se escrever). Lembremos que, para Aristóteles, a noção de contingência prende-se à experiência da amizade e do reconhecimento, assim como, para Lacan, corresponde ao signo de amor, que move a transferência. Disso decorre que o amor-amizade não é nem necessário, nem meramente possível. Ele exprime dois modos de ser: a contingência e a impossibilidade, que não existem e não são para todos (*parêtre*). Eles são não-todos (*pas-tout*).

Joseph Valente aborda o problema emergente do marxismo de Lacan como uma espécie de homologia fundamental entre dois territórios de alta densidade na França do pós-guerra, redivivos em uma nova formulação pela escola eslovena, representada por Slavoj Žižek em particular. O ponto de referência é, naturalmente, a afirmação lacaniana de que o verdadeiro inventor do sintoma é Marx. Entre o sintoma marxista, representado textualmente pelo proletariado, e o sintoma psicanalítico opera um excedente (em você mais do que você), uma contradição material e a extração de um excedente: a mais valia (*Mehrlust*), em Marx, e o mais-de-gozar (*plus-de-jouir*), em Lacan. O conflito entre as forças produtivas e os interesses apropriativos torna o sintoma uma superestrutura que cria uma falsa conformidade. Mas a tese de Žižek sobre a existência de "uma força que ocasiona uma reforma perpetuamente revolucionária do sistema que antecipa a revolução contra o sistema" parece mais foucaultiana ou deleuziana do que marxista em si mesma. Se em Marx a mais valia é uma necessidade estrutural que levará o sistema ao colapso, o sintoma em psicanálise é uma necessidade contingente e retroativa. Isso oporia uma noção de estrutura mais antropológica e linguística em Lacan a uma noção mais econômica e histórica em Marx. Por isso não haveria espaço para a noção de insurgência e revolução em Lacan, bem como para uma concepção de agência (ativismo). Apesar de ter o psicologismo, o humanismo, o positivismo e a psicoterapia adaptativo conformista como adversários, o marxismo de Lacan estaria excessivamente filtrado pela parasitagem de Althusser por vagas "analogias" de Lacan com Marx, feitas para cativar o público dividido entre os dois. Contudo, as relações se aprofundam quando se trata de olhar para os pontos lacunares tanto da teoria de Lacan quanto do marxismo francês dos anos 1960. Althusser busca na teoria do estádio do espelho um modelo melhor, ainda que não incompatível, com a falsa consciência em Marx. A ilusão performativa, a inversão e a mistificação ganham, assim, uma explicação que concorda com a tese do eu como lugar de alienação e desconhecimento, de compensação e saturação entre imaginário e real. A consequência disso seria um novo modelo de ação política, o que estaria longe de ser o caso, dado o caráter conservador e apenas retroativamente histórico do sujeito lacaniano. Ou seja, o sujeito lacaniano permite criticar a consciência unificada, autotransparente, autocentrada e soberana, mas traz consigo uma cumplicidade com interesses ideológicos da sociedade burguesa. Sem a perspectiva de uma "assunção jubilatória" e sem a "armadura de uma identidade alienante", o sujeito lacaniano poderia esperar da perspectiva marxista uma "inversão a ontologia política de Lacan", baseada no Imaginário (como lógica da identidade), no Simbólico (como lógica da relação diferencial) e no Real (como lógica da contingência radical). Sem isso, o não prescritivo (*non*) e o nome autorizador (*nom*), fundidos na experiência da interpelação althusseriana do "*ei, você aí!*" (sentido como acusação), tornaram-se códigos incapazes de afetar o direito positivo, os poderes de comando concreto e os poderes de apropriação necessários. Isso nos levaria a uma ideologia da lei paterna (patriarcalismo). Curiosamente, Althusser nunca pensou em aplicar a própria noção de inconsciente ao estudo crítico da ideologia, pois, ao final, "houve muito pouca relação teórica entre marxismo e Lacan", em seus momentos de afinidade "a retroversão foi reduzida à contradição (Althusser) ou a contradição foi subordinada à retroversão (Žižek)".

Alenka Zupančič enfrenta o tópico da ética em Lacan, focalizado nos anos 1958-1961. Se "a tragédia está na vanguarda de nossas experiências como analistas", a comédia será sempre um modelo alternativo para o funcionamento do desejo. Não se trata aqui da resignação ou da consolação como *páthos* histórico, ou seja, de que o herói trágico se encontra dividido, mas na atitude de investir, voluntária ou involuntariamente, contra a divisão. Em vez de renunciar ao seu desejo e acomodar-se ao bem comum, o herói trágico, como um dos modelos para o desejo de analista, não deve "se fazer fiador do sonho burguês". Não é pelo engano com a felicidade que o sujeito se contenta, mas, como Édipo, é ainda mais por um "desejo de saber" que ele chega ao seu desejo. A verdadeira oposição não está entre prazer ou felicidade e sacrifícios ou deveres, mas entre o desejo, o medo e essa escravidão que nos faz aceitar todo tipo de sacrifício, pois é muito mais fácil "aceitar a interdição do que correr o risco da castração". Por isso, a interdição, ao localizar a imagem da Coisa e isolar a Coisa impossível, criando um objeto que lhe é correlativo, tem um efeito de pacificação. Em vez de se resignar com a lei seria preciso avançar para encontrar a própria lei, já que, diante dessa tarefa, a renúncia aos bens e ao poder não se colocaria mais como um sacrifício, pois, como afirma Lacan, "o homem não é simplesmente possuído por seu desejo, ele precisa encontrá-lo à sua custa e com muita dor". Hamlet hesita diante de ter que cumprir a demanda de vingança posta por seu pai, não por causa de seu "desejo pela mãe, mas pelo desejo de sua mãe", ou seja, sem antes saber sobre esse desejo, ele não poderá encontrar-se diante do seu. Como ela pôde fazer o que fez? O que queria com isso? Hamlet, como retrato do intelectual moderno e, por extensão, do psicanalista, não tem problema em agir, nem em saber. Sua questão é o que fazer com o seu saber sobre o que seu pai sabe (que ele está morto). Por isso, ele desencadeia seus atos em sucessão depois de inferir um novo saber a partir do luto que ele percebe em Laertes, com relação à irmã Ofélia. A tragédia do desejo em *Hamlet* é que o desejo perdeu seu suporte no Outro e precisa de uma espécie de desdobramento da peça sobre a peça ou da peça sobre o real para ser recuperado. Assim, também, em *A Refém*, tragédia de Paul Claudel, Sygne de Coufontaine se vê diante da tarefa de medir o desejo infinito, de chegar a uma conclusão sobre sua magnitude. Nesse caso, trata-se de criar um objeto para o desejo, como uma medida infinita da falta ou do vazio. Se em *Antígona* estamos lidando com a representação limite do desejo pela morte, ao modo de uma perda de tudo ou de nada, de tudo o que ela poderia ter tido (filhos, um laço conjugal, um patrimônio), Sygne está lidando com "as falsas metáforas do ente [*l'etant*], distintas da posição do Ser [*l'être*] em si", com o esgar e o esplendor que ela já perdeu ao ser privada de toda a razão de viver, sendo obrigada a vivenciar essa ressureição perpétua de estar casada com aquele que assassinou sua causa e seus pais. Sygne não pôde morrer: assim como Rachel Whiteread, ela é obrigada a esculpir o nada. Sygne, ao não poder reconhecer-se como Aquiles e como Antígona, como alguém que não pôde alcançar o objeto de desejo (a tartaruga), precisa suportar ter ultrapassado seu destino e ultrapassado a tartaruga.

Judith Feher-Gurewitch aborda o controverso tema da perversão em Lacan. Partindo das equivalências lacanianas entre desejo e perversão e da fantasia com a perversão, ela definirá como "pervertido" aquele que se dedica a ser instrumento da fantasia alheia. Ao gozar de todo ponto de angústia que a fantasia neurótica comporta, a missão dos pervertidos não é a da felicidade, mas a de fornecer uma "tradução do desejo incompreensível da mãe". Dessa forma, a perversão se caracterizaria pela negação específica da diferença sexual, eventualmente deslocando-a para o gênero. Ele sabe que existe uma diferença entre ele mesmo e o falo e não tem meios simbólicos de subjetivar essa discrepância. Por isso, o desejo pervertido se concentra na construção de uma realidade mais forte e mais consistente, na qual a lei poderá ser propriamente administrada. O texto acaba caindo em duas dificuldades recorrentes no enfrentamento desta matéria: primeiro, identifica estratégias perversas com orientações de identidade e de sexualidade, como *queer*, *drag* e *gay*, associação esta que não possui base clínica sólida nem demonstração circunstanciada; segundo, recorre à exemplos de narrativas literárias, no caso de *Lolita*, de Nabokov, para descrever o processo do fantasiar perverso. É verdade que ela traz um caso clínico de uma paciente que lhe entrega uma carta descrevendo um possível assassinato que ela vai realizar. Mas seria realmente esse tipo de ato cruel um sinal suficiente para descrever um desejo perverso? Caímos, assim, na cilada de pensar que a perversão seria apenas a realização concreta dos devaneios e fantasias neuróticas, senão uma ficção teórica cuja necessidade não fica muita clara.

Diana Rabinovich apresenta um retrato da clínica lacaniana ligando várias de suas exigências e elencando inúmeros de seus traços característicos sem ser prescritiva nem normativa. Partimos da valorização da associação livre como meio de produzir e localizar o efeito-sujeito, decorrente da interação dos significantes no inconsciente, em um processo de substancialização simbólica. Conta-se, para isso, com o poder discricionário de quem escuta, capaz de decidir a significação ao vergar a valência dos significantes observando a base estrutural da transferência. A transferência, como forma de amor e como realidade sexual do inconsciente posta em ato, permite isolar, também, o sujeito suposto saber e o objeto a que obtura sua estrutura lacunar. Vemos, então, que o processo do tratamento se desenvolve entre a verdade e o real. A reconstrução da história do sujeito, sustentada pela interpretação, permite elaborar a estrutura de ficção na qual se fixa a verdade neurótica do sujeito. A análise da repetição e da insistência permite elaborar a estrutura e a lógica do desejo e da demanda naquele sujeito. Entre essas duas vertentes da clínica está a abertura e o fechamento do inconsciente, os momentos de escuta e transformação e os tempos de resistência e defesa. Daí também percebemos que o lugar do analista como morto no jogo de *bridge* se alterna com as "vacilações calculadas de seu desejo" em relação a neutralidade e a escuta isotônica. O instante do corte, como queda ou extração do objeto, deveria ser "esquecido pelo psicanalista", pois não é a elaboração do saber sobre seu ato que faz o tratamento progredir, mas sim os efeitos de lacuna e de falta que este provoca no analisante. Outra alternância característica do tratamento se dá entre o processo de luto, pela elaboração da perda e da castração, e os momentos de recuperação e de mais-de-gozar. Verdade e real ligam-se, também, com a oposição entre o falo e o *objeto a*, este último habitado pela falta do primeiro. O percurso analítico conduz a uma elaboração das formas de amor e das modalidades da sexuação, da contingência até a necessidade. Se os dizeres do analisante aderem a uma lógica modal, característica da demanda (subjuntiva, preteritiva, imperativa), os ditos do analista recortam esse dizer de modo apofântico (afirmativo ou negativo). As figuras da castração são apresentadas e representadas pelas cartas de amor: o amor cortês, o amor e a carta de amor, o amor ao mítico pai morto, o amor no pacto entre os irmãos. Cada uma dessas formas de amor implica uma economia de gozo que, ao final, a análise visa isolar e fazer reconhecer ao sujeito.

Em "Para além do falo: Lacan e o feminismo", Deborah Luepnitz refaz o complexo sistema de infiltrações e recusas que caracterizam a relação de Lacan com o feminismo anglo-saxônico. Se no pico da segunda onda, em 1970, Freud era o homem que as mulheres adoravam odiar, em 2020 Lacan se tornou o homem que muitas mulheres odeiam amar. A retomada parece muito atual se lembrarmos que desde 1974 Juliet Mitchell já afirmava que "a psicanálise não era a confirmação *de uma* sociedade patriarcal, mas a análise *de uma*". Menos do que Édipo, Lacan teria nos levado a *Antígona* ou a *Colono*. No mesmo ano, Luce Irigaray seria destituída de suas funções docentes, na escola de Lacan, em função da publicação de *Speculum of Other Woman*, em que ela defende uma ética da diferença sexual. Em 1992 surgia o *Dicionário de Feminismo Psicanalítico*, já absorvendo as temáticas do "olhar" e do "gênero" como construção significante e discursiva. Até mesmo Simone de Beauvoir incorporou o estádio do espelho lacaniano para pensar o tornar-se mulher. O antigo texto de 1938 sobre *Os Complexos Familiares* seria um protótipo da incorporação de variedades antropológicas e sociológicas da família para pensar a constituição do sujeito, em contraposição à preocupação materna primária de Winnicott e de outras narrativas neutralizantes da função materna. Outro ponto a ser lembrado inspira o chamado feminismo pós-identitário, que acredita que "para Lacan a identidade é necessariamente um estado alienado e instável", o que explica porque a relação com o corpo é sempre, de certa forma, precária e aberta à retomada das fantasias de fragmentação e desmembramento. Menos do que representar uma psicanálise inteiramente subordinada ao conceito de falo e à metáfora paterna, a psicanálise de Lacan permitiria entender o falo como falta e negatividade, e não como presença e função de poder. Outro elemento que corrobora a fertilidade histórica da relação entre o feminismo e a teoria de Lacan é o fato de que esta última teria sido afetada profundamente pelas críticas e objeções contra a universalidade da libido masculina e o caráter compulsório do gozo fálico, levando Lacan a propor a sua concepção de sexuação entre 1969-1973. Nela, ressurge o valor de certas exceções históricas da posição da mulher, particularmente na tradição mística renana do século XII, que já havia sido salientada por Beauvoir no final de *O Segundo Sexo:* "O misticismo não é tudo que não seja política" é a frase que antecede a colocação de que São Juan de La Cruz se colocaria do lado feminino das fórmulas da sexuação, dissociando-as completamente, desde então, da anatomia. Também a crítica renovada do amor romântico e das predicações neoconfucionistas de gênero do tipo "mulheres são mais afetivas, homens mais racionais" se coloca como um ponto a favor do feminismo lacaniano. Mais além do dispositivo sexo-gênero e biológico-cultural, a abordagem lacaniana centrada no Real, Simbólico e Imaginário, ainda que apoiada na noção de significante, é irredutivelmente não binária.

Tim Dean segue uma estratégia semelhante para falar das aproximações ainda maiores entre o pensamento de Lacan e a teoria *queer*. A descrição lacaniana do antropomorfismo projetivo, atravessado pelo dismorfismo corporal e pelo estranhamento sistemático do ego em relação a si mesmo, parece cair como uma luva para descrever modos de identificação e de presença no mundo que não apresentam uma unidade centrada e permanente da representação egomórfica de si. A crítica da heteronormatividade parece confluir com a recusa lacaniana do estado de conclusão genital da libido.

Os pontos de controvérsia deveriam se focalizar na grande importância de Foucault para o pensamento *queer* e a sua inconstante relação com o lacanismo. Surgida como recusa à identificação ativa com um grupo minoritário, no contexto dos movimentos pelos direitos humanos nos Estados Unidos dos anos 1970, e aprofundada pela crise da AIDS nos anos 1980 e atravessada pela emergência da cultura pós-moderna, a teoria *queer* parecia um movimento interno de crítica ao identitarismo, no qual o lacanismo seria sua face externa. Definido pela experiência da exclusão, da imigração e da contra-normalização do ativismo *queer*, "oferece à política progressista a promessa de que podemos pensar e agir para além dos limites da identidade, inclusive da identidade de grupos, e o risco de ao fazê-lo, as especificidades de raça, gênero, classe, sexualidade e etnia podem ser ignoradas ou perdidas". O texto chave da *História da Sexualidade* mostrará, contudo, que Lacan e Foucault concordam com a inexistência de uma realidade pré-discursiva, ainda que o segundo entenda que o desejo é produzido pela lei e não pelo conflito com ela. Se é certo que Foucault atacará o programa de Reich ou de Marcuse em torno da liberação do desejo, fica difícil incluir Lacan, que definiu a atitude neurótica como um desejo de não saber, por uma incitação a falar, e a construir, social e historicamente, a sexualidade como a verdade do sujeito. As "verdades sexuais", descritas por Foucault a partir de seus tipos básicos, estariam mais próximas do que Lacan chamaria de saber e de falso saber. Também a sequência identificação-interpelação-internalização não se mostra compatível com a genealogia do poder que Foucault tem em mente, que parece se aplicar melhor ao sujeito psicológico, como indivíduo interiorizado pela norma, do que ao sujeito psicanalítico. Mas, no fundo, ainda remanesce o conceito de desejo como um conceito limite entre a psicologia e a teoria do poder, entre seu fundamento na linguagem ou sua origem na ideologia. Para Lacan, o objeto do desejo é *extra-discursivo*, ou seja, excedente e retrospectivo, e não *pré-discursivo*, como parece ser o objeto da crítica foucaultiana, mas além disso, e de forma inteiramente foucaultiana, o desejo para Lacan é não identitário. Ele é irredutível e incompatível com algo como a "vontade de saber" ou com a "vontade de poder", com o "uso dos prazeres" ou qualquer utopismo erotológico. Não há, para o desejo lacaniano, qualquer autoensinamento afrodisíaco ou com uma hermenêutica do sujeito. Por outro lado, sem a aproximação com Lacan, a teoria *queer* pode cair em um entendimento annafreudiano, senão popular de ego, de alta infiltração e de manipulação ideológica, bem como em uma redução naturalista do gozo ao prazer e satisfação que se podem nomear e administrar.

Encerra o nosso volume o trabalho de Catherine Liu sobre as referências cruzadas entre Lacan e a cena *pop* de Nova Iorque nos anos 1970, comandada por Andy Warhol. Ambos teriam descoberto fórmulas e práticas análogas de refazer os caminhos institucionais da psicanálise, no primeiro caso, e da arte, no segundo. Diante de uma nova configuração da indústria cultural capaz de combinar, de forma cada vez mais surpreendente, alta cultura erudita e cultura popular e a reprodução da arte, enquanto Warhol desprezava o elitismo do sistema das artes, tendo o abstracionismo concreto à sua frente e apresentando seu modo de produção como uma fábrica (*Factory*), Lacan se debatia com o elitismo segregativo da Associação Internacional de Psicanálise, retornando a um tipo de erudição barroca, mas, de certo modo, surrealista e errática, ao combinar referências precisas fora do discurso universitário padrão e autores completamente antagônicos na mesma frase, e ao citar, de modo incompreensível, literatos e cientistas. A afirmação lacaniana, hoje esquecida, de que "não existe propriedade intelectual", assim como sua recusa a adaptar o texto dos *Escritos* para a tradução subsidiada pela fundação Ford, o estilo de se vestir e a teatralidade do falar são gestos de clara descendência duchampiana. Quando olhamos especialmente para os seminários posteriores a 1974, percebemos que a apresentação oral, com forte "fluxo de consciência" em estilo James Joyce, parece ter cativado Lacan e Warhol. Ambos empregaram, inclusive, fitas magnéticas para reter seu material. No fundo, o texto de Liu é uma reposta cruzada às críticas de Rosalind Krauss ao excesso de visualidade e de reprodutibilidade da teoria lacaniana. Nesse sentido, teria sido o próprio Lacan, e não Žižek, o inventor de uma espécie de mimese entre o acadêmico e o popular, ao gosto dos *Cultural Studies*, orientando-se no conjunto para os novos tempos de consumo cultural: "Krauss conclui que os lacanianos vinham conspirando com os Estudos Culturais e a estética modernista para produzir servos mais fieis do capitalismo global, iniciados nos prazeres da imagem desmaterializada". Ainda, estão presentes os aforismos, a glosa repetitiva dos textos de Lacan, a imitação de seu estilo, o citacionismo, a ignorância dos "suportes materiais" na análise da arte (partilhada por lacanianos, foucaultianos e althusserianos), a pseudocontradição entre significante e imagem, assim como o surgimento recorrente de um "*underground* lacaniano" que adora se sentir alternativo, fora do *establishment* e das estruturas institucionais de formação. Tanto Lacan quanto Warhol eram fãs de geringonças. O primeiro tinha fascinação por carros e dirigia erraticamente: "Se você quiser saber tudo sobre Andy Warhol, é só olhar para a superfície de minhas pinturas, dos meus filmes e de mim, e lá estou eu. Não há nada por trás disso". Essa declaração poderia ser de Lacan em sua crítica sistemática às noções de autenticidade e de intersubjetividade e em seu notório desapego ao texto como obra. Ambos, Warhol e Lacan, eram péssimos escritores, ou assim se declaravam, mas conseguiram substituir essa limitação pela fita magnética, pelas versões reescritas de textos e sínteses de seminários e, além, é claro, do recurso ao gravador, à transcrição e à estenografia. O caos de seus espaços de trabalho "semipúblicos e semiprivados", com portas abertas a qualquer um, reunindo membros de origens diversas, às vezes suspeitas e, francamente, problemáticas, podem fazer parte de um experimento social análogo: a Escola de Lacan e a *Factory* de Warhol. O último ponto de curiosa convergência é a relativa apatia declarada com os temas políticos e o posicionamento inerme de um em relação ao Vietnã e de outro em relação à guerra na Argélia e, depois, reticente em relação ao maio de 1968.

Prefácio

Depois de Freud, Lacan é provavelmente o mais importante teórico da psicanálise. Assim como Freud, ele é continuamente debatido, e sua controversa personalidade, seu estilo enigmático e suas declarações ambiciosas a respeito de cultura, ética, filosofia e sexualidade, sem mencionar seus métodos de ensino e tratamentos pouco ortodoxos, provocam tanto rejeições enfáticas quanto adulações exaltadas. A controvérsia não diminuiu desde sua morte em 1981, aos oitenta anos de idade. Talvez isso se deva ao fato de que sua influência não se limitou à França, seu país de origem, um país no qual, graças a seus esforços incansáveis em pedagogia, o número de psicanalistas *per capita* é o mais alto do mundo. Seus ensinamentos e sua filosofia se espalharam pelo mundo inteiro, primeiro em países latinos como Itália, Espanha, Argentina e Brasil, e depois para a América do Norte, antes de chegar a países asiáticos, em especial a China. Isso aconteceu exatamente em um momento em que se podia observar um declínio geral na prática tradicional da psicanálise no mundo todo.

Lacan foi um dos primeiros teóricos da psicanálise a prestar atenção àquilo que Herbert Marcuse chamou de "obsolescência" da psicanálise, uma obsolescência que era perceptível na metade do último século e inegável ao final do século, quando a psicanálise, por um lado, foi incorporada e trivializada pela cultura popular, e, por outro, viu-se apanhada ao mesmo tempo entre alegações e objetivos científicos incompatíveis, tentada ou por um neurocientificismo biológico, ou por um melhorismo psicológico adaptável. A originalidade de Lacan consistia em sua recusa a "modernizar" a psicanálise atualizando o tratamento médico ou contando com novos fármacos, ou até mesmo usando uma terapia simplificada, supostamente mais adaptada às necessidades da sociedade moderna. Ele, na verdade, foi ainda mais longe ao postular firmemente a psicanálise pós-freudiana primeiro como uma terapia baseada em um uso particular da linguagem, na qual o silêncio comedido do analista invocaria uma alteridade radical, e depois como um discurso rigoroso que só conseguiria encontrar verdadeiros nortes conceituais nos escritos de seu inventor e que se beneficiaria de novos avanços científicos em domínios como a linguística, a matemática ou a lógica simbólica. Ele via o inconsciente não como um porão escuro cheio de demônios libidinais escondidos atrás de uma vontade racional e planejando incursões insalubres, mas como o "discurso do Outro", ou seja, como uma formação social sistêmica, um acúmulo de palavras, nomes e frases dos quais seriam feitos proferimentos coletivos; esse acúmulo de palavras também representa minha própria singularidade, graças à ação da condensação específica de significantes que aparece como um sintoma, ou melhor, o *meu* sintoma.

Por muitas vezes, Lacan foi chamado de "filósofo da psicanálise", mas está claro que ele nunca teria conseguido a refundação radical da psicanálise que pretendia se não tivesse sido psiquiatra primeiro, alguém com formação na escola francesa que produziu Charcot, Janet, Babinski e Gatian de Clérambault – este último ainda chamado de "mestre" por Lacan em 1966, ao lado do único outro "mestre" citado por ele, o filósofo russo Alexandre Kojève. Foi graças a uma sólida base clínica na realidade da loucura hospitalizada que Lacan pôde fazer incursões pela filosofia especulativa de Hegel, da mesma forma que foi devido à sua formação como filósofo que ele pôde denunciar a falta de cultura e de rigor conceitual entre seus contemporâneos que eram ativos na psiquiatria ou na psicanálise. O resultado dessa dupla postulação foi a exploração incansável de um único campo, o do id falante – em outras palavras, a interação entre o corpo sofredor, em seus múltiplos sintomas, e a mente sofredora, quando se depara com atos falhos e ilusões inconscientes. Fiel a essa percepção central, Lacan sempre considerou que o corpo e a "alma" (não nos esqueçamos de que a "psicanálise", pelo menos no sentido etimológico, implica a abordagem das doenças da alma) eram conectados não através da glândula pineal de Descartes, mas simplesmente pela linguagem. É comum Lacan ser associado a uma "guinada linguística" na psicanálise, ou seja, um afastamento da biologia na terapia e na metapsicologia, de forma a enfatizar o elemento da linguagem como dominante, tanto na prática clínica quanto na teoria. A guinada linguística iniciada por Lacan foi provocada por uma recusa da psicologização da psicanálise que dominava na época da morte de Freud, especialmente por influência de Anna, filha de Freud (desafeto de Lacan). Nesse sentido, o que ele fez pelo pós-freudianismo foi análogo à revisão da fenomenologia husserliana realizada por Heidegger – que também exerceu uma influência persistente sobre Lacan. No entanto, a visão de Heidegger de uma linguagem poética, que leva a um lugar onde a ontologia se transforma em linguagem, logo foi substituída por uma perspectiva mais técnica que adaptava livremente a linguística estrutural de Ferdinand de Saussure para apurar e sistematizar as percepções freudianas a respeito da linguagem. A linguística saussuriana não é a única ciência aduzida por Lacan, que pontuava seus seminários com referências a campos como antropologia, religião comparada, lógica, matemática, topologia ou teoria dos conjuntos. Pode-se dizer que existe um mito muito forte da ciência em Lacan, embora sua ciência não seja em nada idêntica à ciência adotada por Freud como modelo.

Seu objetivo, portanto, era revitalizar a psicanálise por meio da epistemologia, que evoca outro importante teórico da psicanálise que tentou fornecer o mesmo tipo de esclarecimento conceitual, mas dentro do campo traçado por Melanie Klein: W. R. Bion (1897-1979, contemporâneo exato de Lacan). Assim como Bion, Lacan inventou conceitos idiossincráticos compostos de elementos emprestados por ele de diferentes tradições, mas suas referências continuaram sendo freudianas. Assim como Bion, ele acreditava que precisava formalizar seus conceitos com uma estenografia teórica particular (Bion usava letras gregas e uma grade conceitual anexada em todos os seus livros, enquanto Lacan inventou todo um grupo de esquemas, "grafos" e "matemas") para transmiti-los da forma o mais fiel possível. Assim como Bion, ele enfatizava a necessidade de um método diferente de formação e de uma nova pedagogia; ele via a si mesmo mais como um "professor" que formaria uma nova geração de psicanalistas inteligentes. Lacan levava muito a sério as advertências feitas por Freud contra a medicalização da psicanálise em *A questão da análise leiga* (1926). Nesse texto, Freud aconselha seus alunos ideais a estudar não somente psiquiatria e sexologia, mas também "a história da civilização, mitologia, psicologia, psicologia das religiões, história literária e crítica literária" (*SE 20*, p. 246). De fato, uma olhada rápida pela biblioteca de Freud sugere que ele não somente se interessava por livros técnicos sobre psiquiatria e psicologia, como também era um leitor voraz nos campos da literatura mundial, arqueologia, história antiga e mitologia. Como explica Lacan, a psicanálise deveria pertencer às "artes liberais" e evitar um cientificismo reducionista ou uma normativização médica (*E/S*, p. 76). Tal visão deveria forçar um psicanalista a perceber que os objetos da "cura pela fala", ou seja, meus sintomas, lembram o estudo da história cultural – como elabora Lacan, esses são os "monumentos" do meu corpo, os "documentos arquivísticos" das minhas memórias de infância, a "evolução semântica" do meu linguajar e estilo pessoal, as "tradições" e "lendas" que carregam minhas histórias heroicas, e, por fim, as distorções e obliterações que se tornam imprescindíveis pela necessidade de "concluir a história" e torná-la minimamente palatável (*E/S*, p. 50).

Essa tendência literária ou humanista, bem como sua prática original de sessões variáveis (na verdade, muito mais breves), levaram Lacan a uma série de disputas com a Associação Internacional de Psicanálise, até que ele decidiu fundar sua própria escola. Essa complexa história institucional não terminou, o que torna difícil, mesmo hoje, encontrar a distância necessária e manter o devido distanciamento institucional e ideológico somente para introduzir os trabalhos de Lacan, ao mesmo tempo em que não se perdem o entusiasmo e as paixões que ele evocava. Passado o marco de um quarto de século desde a morte de uma personalidade,[*] uma discussão clara de seus trabalhos, livre de jargão e preconceito, parece possível. Como mostrarão a maioria das contribuições neste volume, ainda há muito o que esclarecer e explicar nas complexas teorias de Lacan. Ainda que Lacan seja difícil, talvez não seja *tão* difícil assim. Seria possível fazer uma distinção entre três tipos de dificuldade. A primeira é estilística: Lacan é um autor notoriamente obscuro que adora epigramas, trocadilhos, arrastadas metáforas, alusões recônditas, disquisições barrocas e

---

[*] Nota da revisão: Em consenso com a tradutora, mantivemos "Passado o marco de um quarto de século" tal como se encontra no original em inglês ("Since we are reaching the date of a quarter of a century"). Contudo, em 2021, ano de revisão desta tradução, a morte de Lacan completou quarenta anos.

declarações paradoxais. Os editores de enciclopédias sentiam a necessidade, já em 1938, de reescrever suas contribuições científicas diversas vezes. A segunda é genética: os conceitos de Lacan foram elaborados (muitas vezes em grupos e seminários) ao longo de cinco décadas de intensas pesquisas e experimentações; desse modo, passaram por grandes transformações, e é por isso que um bom "dicionário introdutório" de seus conceitos tem a obrigação de distinguir camadas históricas e períodos ao discutir termos como "desejo", "gozo", "falo", "*objeto a*" – só para citar alguns conceitos fundamentais. Um termo carregado como "o grande Outro" (*le grand Autre*) não terá o mesmo significado em 1955 que em 1970, por exemplo, e seria muito difícil reintroduzir o "Outro barrado" ou o "gozo do Outro" nos textos canônicos de 1953 ou 1957. Lacan, por outro lado, alegaria que nunca se desviou de uma linha reta e, graças ao uso inteligente feito por Jacques-Alain Miller dos esquemas estruturais e das recorrências temáticas, conseguiu com que os *Escritos*, uma coletânea de textos muito diferentes escritos entre 1936 e 1966, quase parecessem um sistema coerente. Uma terceira dificuldade, portanto, será mais contextual do que conceitual: considerando a alta frequência de referências a outros escritores e a associação próxima de Lacan com pensadores tão diversos quanto Claude Lévi-Strauss, Roman Jakobson, Martin Heidegger, Maurice Merleau-Ponty, Françoise Dolto, Jean Genet, Philippe Sollers ou Julia Kristeva, sem mencionar os filósofos e matemáticos mais jovens com quem ele trabalhou nos anos 1970, muitas vezes é necessário reconstruir toda uma atmosfera intelectual para se ler um único seminário. Não é somente o fato de que seu trabalho pressupõe o tipo de familiaridade com a história da filosofia que os estudantes franceses engolem à força no ensino secundário, mas também de que a rede de suas referências arcanas implicaria todo um estudo próprio. Assim, não será necessário somente um conhecimento de Aristóteles, Kant e Sade para entender as complexidades de um texto realmente "seminal" como *A ética da psicanálise*, mas também, por exemplo, uma ideia de amor cortês do século XII, uma familiaridade com os escritos de mulheres místicas ou com o conceito de *dépense*, ou dispêndio, de Bataille.

No entanto, alguns guias, introduções, dicionários, comentários, leituras aprofundadas de textos individuais e seminários abriram caminho recentemente para uma apreciação mais realista do trabalho de Lacan. O tempo da simples exegese passou; não precisamos de mais uma explicação sobre os binários de Saussure, ou de um resumo de ternários como o Imaginário, o Simbólico e o Real. Embora esses conceitos obviamente precisem ser entendidos, o que importa hoje é o quanto eles são produtivos. É menos uma questão de definir conceitos deliberadamente elusivos como "o Outro" do que de entender seu uso dinâmico em diversos contextos. De fato, curiosa e inesperadamente, a fortuna de Lacan no mundo anglófono decorreu de críticos literários ou escritores que lidavam com cultura visual; que viram, por exemplo, na teoria do olhar desenvolvida no *Seminário XI* a melhor maneira de falar sobre cinema, na maioria das vezes no contexto do filme *noir* americano. O impacto de um filósofo como Slavoj Žižek sobre os estudos culturais sistematizou as teorias de um Lacan posterior, mais gnômico e paradoxal, que poderia ser aduzido a abordar questões como pós-comunismo, racismo, terrorismo e revoltas políticas de um mundo que passa por uma globalização rápida e dolorosa.

O que se perdeu como consequência, ou ficou visto como datado, na melhor das hipóteses, foi a referência a uma "experiência" psicanalítica que é recorrente nos textos de Lacan. Depois de eu ter afirmado que algum conhecimento sobre Freud seria um pré-requisito para se compreender Lacan, e que o próprio Lacan passava muito tempo vendo pacientes, uma aluna minha observou que ela havia se esquecido, enquanto lia Lacan e Žižek, de que era possível permitir-se a algo tão antiquado quanto pessoas deitadas em um divã conversando com um psicanalista. Ela gritou, em desespero: "Pensei que só se fizesse isso no século XIX!". De fato, tudo isso pode nos remeter a uma mitologia obsoleta, com a barba, o olhar indagatório por trás dos óculos, o charuto, as roupas esquisitas e as piadas de mau gosto, sem mencionar o sotaque de Bela Lugosi da Transilvânia, que é absolutamente necessário para piadas pseudovienenses como "*Vat is dhere between Fear and Sex?... Fünf!*"* – uma mitologia à qual Lacan acrescentou sua própria aritmética bizarra, alegando que ele só sabia contar até quatro em seus nós borromeanos. Para aqueles que talvez não saibam

---

* N.T.: Em tradução livre, "O que há entre o Medo e o Sexo?", trocadilho com a homofonia entre *Fear* ("medo" em inglês) e *Vier* ("quatro" em alemão), e entre *Sex* ("sexo" em inglês) e *Sechs* ("seis" em alemão).

alemão, a palavra *vier*, que se pronuncia como "fear" em inglês, significa quatro, *fünf* é cinco e *sechs* (pronuncia-se "zex", ou, em alemão austríaco, "sex") é seis. Mas mesmo piadas nos obrigam a revisitar o mesmo terreno, e nos levam a explorar de uma maneira nova a crucial interação entre o clínico e o teórico. É por isso que a maioria dos colaboradores deste volume são psicanalistas que também dão aulas e escrevem. Ao explorar conceitos lacanianos como "estádio do espelho", "letra", "matemas", "sintoma", "desejo", "gozo", "o falo" ou "fórmulas da sexuação", eles nos guiarão pelos muitos caminhos do mapa de Lacan para a alma moderna. Em suas diferentes maneiras e estilos, eles nos lembram de que, se o inconsciente existe, ele não está simplesmente localizado em nossos cérebros, em um monte de neurônios ou reações químicas desencadeadas por hormônios, mas mais fundamentalmente porque nascemos na linguagem e, portanto, somos aquilo que Lacan chamava de *parlêtres*, ou "falasseres" – seres que falam, sofrem e desejam.

1 O caminho de Lacan até Freud

Jean-Michel Rabaté

Já que estamos falando de Lacan e, portanto, sobre psicanálise, começarei com uma reminiscência pessoal minha, quase uma confissão. Poderia emprestar seu título do romance *A brincadeira*, de Milan Kundera, uma vez que tudo começou com uma brincadeira boba. No outono de 1968, quando era calouro na École Normale Supérieure, ouvi por acaso alguns amigos preparando um dos trotes idiossincráticos que costumavam ser um dos privilégios daquela catedral do ensino francês. Eles haviam visto de relance, com certa inveja e inquietação, o famoso psicanalista sendo levado até a entrada da escola e saindo de braços dados com uma linda mulher em direção ao escritório de Louis Althusser, que na época era o secretário administrativo da École. Em contraste com o estilo estudantil genérico da escola, Lacan era conhecido por atrair multidões dos bairros nobres da cidade, uma rica variedade de intelectuais, escritores, artistas, feministas, radicais e psicanalistas. Seria fácil mexer nos alto-falantes conectados com seu microfone. Uma fita com guinchos de animais e gemidos pornográficos foi gravada rapidamente. Agora era o momento de ver como o mestre e sua plateia reagiriam a essa insolência; sem tempo de terminar meu almoço, e ainda segurando um potinho de iogurte pela metade, segui os conspiradores. Chegamos atrasados (nossa fita proibida para menores seria tocada perto do final do seminário) a uma sala lotada, com dezenas de gravadores a postos na primeira fileira de mesas em frente a um pequeno palco, onde Lacan andava a largas passadas e falava para um emaranhado de microfones; atrás dele, um quadro-negro com a seguinte frase: "A essência da teoria psicanalítica é um discurso sem palavras". Ele claramente estava implorando por nossa rude interrupção! No exato momento em que entrei na sala,

Lacan se lançava em uma disquisição a respeito de potes de mostarda, ou para ser mais preciso, *o* pote de mostarda, *l'pot d'moutard'*. Sua elocução era irregular, forçada e oracular. As primeiras frases que consegui anotar, apesar do meu estupor pós-prandial, foram as seguintes:

> Este pote, eu o chamei de pote de mostarda para assinalar que, longe de necessariamente ele conter mostarda, é exatamente por estar vazio que ele assume seu valor como pote de mostarda. Ou seja, pelo fato de a palavra 'mostarda' estar escrita nele, ao passo que 'mostarda' significa 'muitos me aguardam' [*moult me tarde*], pois de fato esse pote terá de esperar muito até alcançar sua vida eterna como pote, uma vida que só começará quando esse pote tiver um buraco. Porque é nessa forma que, através dos tempos, o encontraremos em escavações quando estivermos buscando em tumbas por algo que nos sirva de testemunha do estado de uma civilização.

Aquilo soou profundo, dadaísta e hilário, e ainda assim ninguém riu ou sequer sorriu. Lá estava eu, diante de um *performer* envelhecido (Lacan tinha 67 anos na época), cujos próprios trajes carregavam algo de vestuário de comediante de cabaré, com um afetado terno Mao, uma camisa estranha e a elocução mais atormentada que alguém poderia imaginar, interrompida por suspiros, arquejos e risinhos sarcásticos, às vezes desacelerando até uma parada meditativa, às vezes acelerando até culminar em uma piada com um trocadilho. Curiosamente, ele estava sendo ouvido em absoluto silêncio por uma plateia determinada a não perder uma única palavra. Eu havia me esquecido de meu iogurte, embaraçosamente pela metade em minha mão: ele havia virado uma urna. Eu conhecia vagamente a etimologia popular da palavra *moutarde*, que supostamente seria derivada de *que moult me tarde* (atribuída a um dos Duques da Borgonha, como vim a verificar alguns anos mais tarde, quando comecei a lecionar em Dijon, um primeiro cargo acadêmico certamente programado por essas frases premonitórias), mas não sabia que Lacan vinha de uma dinastia de produtores de vinagre e que uma de suas especialidades era a mostarda. No seminário, eu havia acabado de testemunhar uma típica série de associações brilhantes feitas a partir de potes de mostarda, que envolviam urnas funerárias de forma a caracterizar civilizações inteiras. Lacan citou indiretamente a meditação de Heidegger sobre jarros que alegoriza a obra de arte, depois culminou com as Danaides e comparou as flautas de Pã a barris vazios, tudo isso em poucas frases de tirar o fôlego. Suas palavras circulavam em transições temáticas livres que se tornavam ainda mais surpreendentes devido a uma pronúncia muito particular: os *e*'s mudos (*e muets*) eram sistematicamente omitidos e, portanto, em um sotaque que soava antiquado, mas repleto de *gouaille* teatral parisiense, dotavam de novos ecos expressões despretensiosas como *l'pot d'moutard'*. Muito mais tarde, descobri que Lacan havia feito trocadilhos não somente com mostarda e vinagre, mas também com a categoria mais ampla dos "condimentos", palavra que ele sempre usava com o demonstrativo *ce*, pronunciando "*ce condiment*", que pode ser entendido como *ce qu'on dit ment*, ou seja, aquilo que se diz é mentira, somente dizemos mentiras. Mentiras e verdades passaram pelo buraco do pote de mostarda, graças, certamente, ao eco obsceno de *con* ("vagina"). Por meio do pote de mostarda, fui apresentado à tortuosa lógica do significante.

Quando chegou a hora da peça que íamos pregar, eu já havia sido capturado pela voz do mestre e estava realmente prestando atenção à sua fala: ele contava que ainda se considerava um estruturalista, ainda que a tendência em voga tivesse começado a mudar (isso foi no dia 13 de novembro de 1968), que estava ocupado construindo um modelo no qual conceitos freudianos como *Lust* eram combinados com conceitos marxistas como *Mehrwert* (mais-valia), de forma a produzir o novo conceito de *Mehrlust*, ou "mais-de-gozar". Ele esperava que tal conceito desse conta da função social dos sintomas, ao mesmo tempo em que, é claro, se permitisse um trocadilho e amarrasse a *mère verte* (ou "mãe verde", quem quer que fosse) ao *Mehrwert*. Então quando os grunhidos e gemidos finalmente vieram, ninguém pareceu particularmente perturbado, e Lacan até mesmo sorriu em aprovação como se estivesse esperando ser recebido com um gracejo do tipo, se é que não temia algo mais ofensivo. Os gritos foram logo desligados e ele retomou a palestra. Nem é preciso dizer que na semana seguinte apareci na hora certa à sala Dussane e juntei meu microfone aos demais. Mal sabia eu, na época, que estava seguindo uma tendência geral que, em questão de meses, levaria a maior parte da geração de Maio de 68, todos aqueles *baby boomers* politizados que lutaram suas guerras nas barricadas, aos seminários, grupos de leitura e divãs lacanianos. A voz de Lacan, sua exagerada afetação, sua retórica escandalosa aberta a obscenidades ou piadas maliciosas, tudo isso o conecta, na minha cabeça, ao velho líder rejeitado pelos jovens, que após um período de intensa incerteza sobreviveu à tempestade política antes de decidir que estava na hora de se aposentar. Especialmente quando vista diante do que se sabe hoje, a vida de Lacan guarda muitos paralelos com a de De Gaulle, embora sua dependência da "jovem guarda" no movimento que ele havia criado signifique que ele pode ser considerado como o anti-De Gaulle da psicanálise.

Fundadores da discursividade

No segundo encontro do seminário, Lacan comentou sobre os protestos políticos da primavera anterior. Ao avaliar os "acontecimentos" de maio, ele disse que se passara uma *prise de parole* (tomada da palavra), ainda que nenhuma Bastilha tivesse sido "tomada". O que estava em jogo quando os estudantes "tomaram" as ruas era a Verdade, uma verdade que poderia ser dita coletivamente. Mas ele insistia que a Verdade só falava por meio da prosopopeia encenada da ficção (em algumas ocasiões, Lacan dramatizava esse tropo declamando: "A Verdade disse: 'Eu falo'"). Como a verdade nunca pode ser completamente acessível, os estudantes do Maio de 68 queriam organizar uma "greve da verdade" e expor a forma como a verdade social é produzida. Lacan permaneceu cético e cínico, dizendo à jovem plateia (ele observou que os jovens de 24 anos o entendiam melhor do que os mais velhos) que eles, em breve, também participariam da reprodução do conhecimento acadêmico, conhecimento que estava rapidamente se tornando mercadoria. Alguns encontros depois, Lacan saudou o novo ano com algum floreio – como ele disse, "69" era um número muito melhor do que "68" – chamando atenção para um artigo escrito por um professor de linguística,

Georges Mounin, que havia publicado na *Nouvelle revue française* uma análise crítica do próprio estilo de Lacan.

Esse breve ensaio vale uma análise porque, apesar das farpas e esculachos maliciosos de um especialista em teoria linguística (de forma geral, Lacan é acusado de não ter entendido as teorias de Saussure), ele realmente fez sentido em alguns casos. O artigo, intitulado "Alguns aspectos do estilo de Jacques Lacan",[1] justifica sua decisão de abordar Lacan através de análises linguísticas e retóricas ao citar a equação de "estilo" com "personalidade" de Lacan. Portanto, parecia legítimo analisar os desvios do uso padrão de Lacan e inferir todo um novo método a partir deles. Para descrever o que muitas vezes já havia sido chamado de "maneirismo" de Lacan, uma sintaxe labiríntica que seu autor havia defendido antecipadamente como "gongorismo", um estilo poético que forçava seus leitores a ficar atentos ao mesmo tempo em que os imergia nas ambiguidades fluidas do discurso inconsciente, Mounin listou algumas esquisitices no uso que o psicanalista fazia do vocabulário e da sintaxe. Ele começou com preposições francesas como *à*, *de* e *pour*, que eram usadas de forma bastante idiossincrática: Lacan substituía sistematicamente o "porque" habitual, *parce que,* pelo ambíguo *de ce que,* ou, com igual frequência, por *pour ce que*. Durante muito tempo, mesmo após sua morte, foi possível identificar imediatamente um lacaniano através de um uso peculiar de *sauf à* seguido pelo infinitivo no lugar de *sauf si*, seguido por um verbo conjugado para dizer "exceto se...", e também pelo uso do verbo *pointer* em vez de *désigner* para dizer "apontar" e "indicar". Em seu desejo de modalizar a qualquer custo, Lacan se deleitava com perífrases sintáticas como *pour autant que* (no sentido de "desde que", "na medida em que"), muitas vezes reduzidas a locuções ambíguas como *à ce que* ou *de ce que*.

De maneira geral, segundo Mounin, o que Lacan mais adorava eram arcaísmos obscuros, inversões poéticas ou figuras de linguagem inusitadas emprestadas do alemão ou do latim. Pressupondo equivocadamente que

---

1 MOUNIN, Georges. "Quelques traits du style de Jacques Lacan". *La Nouvelle revue française*, 193: 84-92, jan. 1969. Doravante citado no texto como *SJL*. A capa da revista traz um erro no título do ensaio, "Quelques extraits du style de Jacques Lacan".

esses desvios se deviam a um bilinguismo precoce, e citando Mallarmé como um modelo literário evidente (assim como Lacan, o estilo idiossincrático de Mallarmé não se devia a um bilinguismo de família, mas muito a uma vida inteira lendo obras de escritores alemães e ingleses), Mounin observou um aumento drástico na frequência desses circunlóquios; para ele, o prefácio dos *Escritos* de 1966 beirava a autoparódia. Mounin queria levar a sério não somente o significado, mas também a linguagem barroca de um dos ensaios mais importantes e programáticos de Lacan, "A coisa freudiana, ou o sentido do retorno a Freud em psicanálise", um texto altamente retórico proferido em Viena em 1955 e publicado em 1956.

Nessa palestra, descobrimos não somente um discurso de três páginas no qual fala a Verdade em pessoa, mas também uma conclusão extremamente trabalhada que termina em um parágrafo que encerra dentro de uma densa prosa um quarteto submerso em alexandrinos clássicos rimados:

> *Actéon trop coupable à courre la déesse,*
> *proie où se prend, veneur, l'ombre que tu deviens,*
> *laisse la meute aller sans que ton pas se presse,*
> *Diane à ce qu'ils vaudront reconnaîtra les chiens...*
> (*E*, p. 436)[2]

A preocupação de Mounin parecia justificada, inevitável até: seria Lacan um poeta frustrado, um pensador pós-heideggeriano que avançava através de epigramas obscuros, um psicanalista com o desejo de revolucionar todo um campo de conhecimento ou apenas um charlatão?

Sinceramente, Mounin estava comparando o que ele via como a teatralidade excessiva de um estilo pomposo, sugestiva de uma imagem de um bufão dramático, com o que ele conhecia da abertura pessoal, do rigor profissional e da disponibilidade de Lacan. Esse estilo tinha, acima de tudo,

---

2 Reproduzi o texto como poesia, mas no original está disposto em prosa. A tradução de Sheridan não consegue transmitir o tom heroico sarcástico e seu preciosismo proposital, que não está acima de um trocadilho baixo com "*reconnaîtra les siens/les chiens*": "Actaeon, culpado demais para caçar a deusa, a presa na qual é pego, Ó, caçador, a sombra que você se torna, deixe a matilha passar sem apressar seu passo, Diana reconhecerá os cães pelo que eles são" (*E/S*, p. 145).

a intenção de provocar, e assim forçava os comentaristas a serem tão excessivos quanto a *persona* que eles viam pairando por trás. No perfil traçado por Mounin, a exibição do estilo como estilo corroborava um programa resumido por três pretensões principais: de que seria ciência, uma vez que Lacan estava transformando o pensamento de Freud em um sistema algébrico (Mounin questionava se modelos matemáticos ou lógicos seriam somente metáforas); de que seria filosofia, fosse pós-hegeliana ou neomarxista – Mounin apontava para o uso recorrente, mas inconsistente, do termo "dialética"; e de que haveria um novo rigor sistêmico no discurso da psicanálise graças à importação dos principais conceitos de linguística – e era isso que Mounin, aflito com sua própria área, atacava. Lacan não somente havia entendido errado o conceito de signo de Saussure, como também privilegiou indevidamente o significante e o fundiu com o sintoma, por meio de algo que Mounin pensava ser um trocadilho oculto com "significativo" (qualquer sintoma seria *significatif*, e, portanto, *signifiant*). Mounin mostrou como Lacan havia chegado atrasado à linguística estruturalista, abraçando-a com o fervor cego de um neófito que distorce aquilo que não assimilou completamente. O golpe de misericórdia veio no final, quando Mounin lamentou que a influência de Lacan sobre os jovens filósofos da École Normale Supérieure tivesse sido aprovada ou encorajada pela instituição. De acordo com ele, devido ao prestígio indevido de Lacan, dez ou quinze anos de sólidas pesquisas de base na linguística haviam sido desperdiçados. O último comentário teve repercussões, visto que, de fato, o seminário de Lacan foi cancelado no final da primavera de 1969. Flacelière, o novo diretor da École Normale Supérieure, o havia declarado *persona non grata*. A última sessão do seminário foi dedicada a comentários políticos mordazes em denúncia ao jogo duplo do diretor, o que levou a uma caótica ocupação em sua sala como protesto, um emblema apropriado das conflituosas relações de Lacan com quase todas as instituições oficiais. Lacan, seguindo mais os passos de Mao, que usava repetidamente as gerações mais novas como arma contra a velha guarda, do que os de De Gaulle, que desdenhosamente classificou a França como ingovernável, estava sem dúvida começando sua própria revolução cultural.

A revolução de Lacan foi feita mais através de Freud do que de Marx, embora Lacan tenha por algum tempo se esforçado para alcançar uma síntese de Marx e Freud depois de apregoar seu "retorno a Freud" no começo dos anos 1950. Normalmente, quando ele mencionava o artigo de Mounin em público, Lacan não tentava se defender ou se explicar. Ele brincava que havia começado sua carreira escrevendo sobre o problema de estilo[3] e deveria reler seu próprio texto para se iluminar. Ele desconsiderava o artigo inteiro e mantinha sua equanimidade; no entanto, houve um comentário de Mounin que o incomodou: "Saboreemos a majestade tranquilamente bretoniana [*la majesté tranquillement bretonnienne*, referindo-se a André Breton] com a qual Lacan diz: Freud e eu" (*SJL*, p. 87). Ele não estava citando Lacan, mas resumindo a essência de uma página de "Ciência e Verdade" em *Escritos*, um tratado teórico lido aos mesmos estudantes – sem dúvida a fonte do comentário crítico de Mounin a respeito da influência negativa de Lacan sobre os *normaliens*, alunos da École Normale Supérieure. Em seu texto, Lacan soa ainda mais pretensioso: ele não somente alega que só ele "diz a verdade a respeito de Freud, que permite a verdade falar travestida de inconsciente", como também acrescenta seu nome logo atrás do de Freud como um dos verdadeiros fundadores da psicanálise: "Mas não existe nenhuma outra verdade a respeito da verdade sobre esse ponto tão vívido além de nomes próprios, o nome de Freud ou o meu" (*E*, p. 868). Mounin foi bastante sarcástico quando incitou seus leitores a abrir os *Escritos* e ver, em uma passagem tirada do contexto, outro sintoma da obstinada pretensão de Lacan.

Lacan ridicularizava a repreensão de Mounin, dizendo que ela vinha de um rival invejoso, alguém que objetaria: "Bem, esse cara não se acha pouca coisa!". Então ele questionava por que Mounin, que havia confessado no artigo que não entendia Freud ou que se importava minimamente com ele, mostraria um respeito tão exagerado pelo fundador da

---

3 Lacan se referia a seu texto de 1933, "Le Problème du style et la conception psychiatrique des formes paranoïaques de l'expérience", publicado na primeira edição de *Le Minotaure* (Paris, junho de 1933) e incluído em *De la psychose paranoïaque dans ses rapports avec la personnalité suivi de Premiers écrits sur la paranoïa*. Paris: Seuil, 1975, p. 383-8. Doravante citado no texto como *PP*.

psicanálise. Para transmitir seu argumento com mais propriedade, Lacan citou uma história que ele havia narrado antes, durante o primeiro seminário que ministrara na École Normale Supérieure em março de 1964, a famosa anedota da lata que boiava na água. Em 1964, Lacan havia entrado em uma digressão a respeito da diferença entre o olho e o olhar, um novo par conceitual que havia sido sugerido a ele pela publicação do livro póstumo de Merleau-Ponty, *O visível e o invisível*. Para oferecer uma ilustração pessoal, ele evocou uma anedota, a história de um passeio de barco que fez ao acompanhar um grupo de pescadores quando jovem. Um deles apontou para uma lata de sardinha vazia que boiava na água, cintilando ao Sol. Então, ele disse para Lacan: "Está vendo aquela lata? Consegue ver? Bem, ela não vê você!", e caiu na gargalhada (*SXI*, p. 95). Lacan, ciente de que a zombaria do pescador insinuava que ele, o turista burguês, seria o homem estranho em meio a um grupo de trabalhadores ativos, acrescentou que, para ser mais preciso, ainda que a lata não o visse (*voir*), ela estava na verdade olhando para ele (*regarder*) o tempo todo. A lata de sardinha condensava a luz sem a qual não conseguimos enxergar nada, ao mesmo tempo em que alegoriza a ideia do olhar de um Outro sobre nós, porque somente vemos objetos em nosso campo de percepção quando não prestamos atenção ao olhar que enquadra a eles e a nós do lado de fora.

Em janeiro de 1969, por meio de uma ousada reformulação da alegoria, a lata de sardinha sintetizou o olhar de Freud, pois Lacan ofereceu a seguinte réplica a Mounin: "A relação entre essa anedota e 'Freud e eu' deixa em aberto a questão de onde eu me coloco nesse par. Então fique tranquilo, eu sempre me coloco no mesmo lugar, no lugar onde eu estava, e onde permaneço, vivo. Freud não precisa me ver (*me voir*) para me olhar (*me regarder*)".[4] Lacan não estava simplesmente afirmando que Freud estava morto ao passo que ele estava vivo, o que teria sido uma deselegante trivialidade. "Vivo", nesse contexto, implica manter algo vivo dentro de uma tradição que corre o risco de ser mumificada. Era contra esse risco que Lacan evocava constantemente a "experiência" viva da psicanálise. E o que é que está sendo mantido vivo? A fala, a linguagem, o meio sem o qual a

---

4 Anotações pessoais, sessão de 1º de janeiro de 1969.

psicanálise não existe, um meio que precisa ser entendido entrelaçando-se as percepções de Freud com as da linguística. Ao estar vivo em um mundo cujas epistemologias mudaram, Lacan "vê" coisas novas elaborando conceitos novos como *objeto a* (esse é o objeto como definido pela psicanálise, como em "objeto de fantasia" ou "objeto do desejo"). Contudo, isso só poderia ter sucesso se alguém reconhecesse que o campo havia sido aberto por um outro cujo olhar e assinatura não deveriam ser omitidos. O nome de um Outro que tinha, acima de tudo, escrito textos, é o nome de um Autor a quem Lacan prometera retornar constantemente, mas não de forma servil. Ele conseguia ver e falar verdadeiramente porque Freud ainda o estava "olhando".

Um mês e meio depois, um outro evento em Paris permitiu que Lacan explorasse mais a fundo sua ligação com Freud. No dia 22 de fevereiro de 1969, Michel Foucault ministrou sua seminal palestra "O que é um autor?", no Collège de France. Lacan a escutou com interesse e participou do debate geral na sequência. Ele então referiu-se a ela por um tempo considerável durante seu seminário, quatro dias mais tarde. Em um típico ataque de *que* e *de*, Lacan evocou seu *Seminário sobre a Ética*, um seminário cuja publicação ele havia considerado, embora tenha sido adiada até após sua morte. Em sua palestra, Lacan citou expressões usadas por Foucault, tais como "o acontecimento Freud" e "a função do Autor",[5] ao resumir sua discussão com o filósofo. Tais termos derivam do hábil mapeamento da autoridade feito por Foucault. Foucault estava tentando distinguir sua posição, que era bastante próxima do novo historicismo, da posição de críticos como Roland Barthes, que havia argumentado em 1968 que os escritores estavam "mortos", já que só exerciam a parte dos donos burgueses do significado. Sem reconhecer qualquer direito individual do autor à propriedade do significado, Foucault explica que é necessário que certos nomes sirvam como pontos de referência, definindo assim a função do Autor, especialmente ao lidar com "inventores da discursividade" ou "iniciadores de práticas discursivas", dentre os quais Freud e Marx figuram

---

5 Anotações pessoais, sessão de 26 de fevereiro de 1969.

de forma notável.⁶ Foucault, que já em 1962 demonstrava alguma familiaridade com as teses de Lacan,⁷ está claramente aludindo a este quando afirma que é "inevitável que praticantes de tais discursos devam 'retornar à origem'" (*LCP*, p. 134). Foucault explica que o recurso a textos fundamentais não indica simplesmente inadequações ou lacunas, mas também transforma a prática discursiva que governa todo um campo: "Um estudo dos trabalhos de Galileu pode alterar nosso conhecimento da história, mas não a ciência, a mecânica; ao passo que uma reavaliação dos livros de Freud ou Marx pode transformar nossa compreensão da psicanálise ou do marxismo" (*LCP*, p. 137-8). Em seu seminário, Lacan afirma com certo orgulho que "nenhum indivíduo em vida hoje contribuiu mais do que eu para a ideia do 'retorno a', particularmente no contexto de Freud".⁸ No entanto, ele não se envolve com um argumento que se torna mais incisivo pela aguçada avaliação epistemológica de Foucault: se o marxismo e a psicanálise não têm o *status* de *hard sciences*, é porque eles ainda devem aos textos de um fundador, um fundador que deixou um legado de futuras estratégias marcadas tanto por futuras semelhanças quanto por futuras diferenças:

> Eles [Marx e Freud] abriram um espaço para a introdução de elementos que não os seus próprios, mas que ainda assim permanecem dentro do campo do discurso iniciado por eles. Ao dizermos que Freud fundou a psicanálise, não queremos dizer simplesmente que o conceito de libido ou a técnica da análise de

---

6 FOUCAULT, Michel. "What is an Author". *Language, Counter-Memory, Practice*. Tradução de Donald F. Bouchard e Sherry Simon. Ithaca: Cornell University Press, 1977, p. 113-38. Doravante citado no texto como *LCP*. Existe outra tradução notavelmente diferente baseada em outra versão do ensaio por Josué V. Harrari em *The Foucault Reader*. Ed. Paul Rabinow. Nova Iorque: Pantheon Books, 1984, p. 101-20. O que Harrari traduz como "fundadores da discursividade", Bouchard e Simon traduzem como "iniciadores de práticas discursivas".

7 Ver sua resenha para o livro de Jean Laplanche, *Hölderlin and the Question of the Father*, intitulada "The father's no" (*LCP*, especialmente p. 81-3). Para uma avaliação detalhada das ligações entre Foucault e Lacan, ver LANE, Christopher. "The experience of the outside: Foucault and psychoanalysis". *In*: RABATÉ, Jean-Michel. *Lacan in America*. Nova Iorque: The Other Press, 2000, p. 309-47.

8 Anotações pessoais, sessão de 26 de fevereiro de 1969.

sonhos reaparecem nos escritos de Karl Abraham ou Melanie Klein, mas que ele tornou possível um certo número de diferenças em relação a seus livros, conceitos e hipóteses, todos eles provenientes do discurso psicanalítico. (*LCP*, p. 132)

Ao contrário de inventores científicos, os "fundadores da discursividade" não podem ser acusados de erro – Foucault até mesmo escreve que "não existem afirmações 'falsas' no trabalho desses instigadores" (*LCP*, p. 134) –, mas justamente por esse motivo é que suas teorias exigem uma reativação constante; elas são produtivas devido às muitas "omissões construtivas" que exigem retornos infinitos à origem. Tal origem não se define por procedimentos ou pela verificação da verdade; pelo contrário, ela é porosa, repleta de lacunas e buracos: o retorno "é sempre um retorno ao texto em si; mais especificamente, a um texto primário e simples com uma atenção particular ao que está registrado nos interstícios do texto, suas lacunas e ausências. Nós retornamos a esses espaços vazios que foram mascarados pela omissão ou dissimulados em uma plenitude falsa e enganosa" (*LCP*, p. 135).

Foucault deixa claro que o "retorno a" não requer uma imitação respeitosa, mas sim um tipo de leitura que é também uma reescrita. Assim como Althusser se perguntava como alguém poderia ler Marx "sintomaticamente", ou seja, separando o que é realmente "marxista" do que seria meramente "hegeliano" em seus escritos, Lacan se pergunta onde e como Freud pode ser considerado propriamente "freudiano". Assim, a questão não é de uma maior ou menor fidelidade a Freud. É o diagnóstico crítico de uma perda de vitalidade, um enfraquecimento do "vanguardismo" original de um discurso e de uma prática. Portanto, não é surpresa ver Lacan comentar sobre seu próprio retorno a Freud na introdução recapitulativa que escreveu para alguns textos iniciais sobre a psicanálise na edição de 1966 de *Escritos,* dizendo que isso significava que ele interpretava Freud "contra a maré" ou "ao contrário": "um renascimento invertido [*reprise par l'envers*] do projeto freudiano caracterizou o nosso" (*E*, p. 68). Isso pode ser encontrado em "De nossos antecedentes", prefácio de textos lacanianos canônicos como "O estádio do espelho". Cerca de dez anos antes, ao apresentar a obra de Freud a uma plateia vienense no ensaio sobre "A coisa freudiana" acima citado, Lacan se queixa de como a Áustria não conseguiu honrar o revolucionário descobridor da psicanálise. Considerando que o fundador foi traído por seus próprios discípulos, qualquer "retorno a" teria de funcionar como uma "reversão": ele critica um "movimento psicanalítico no qual as coisas alcançaram tal estado a ponto de a palavra de ordem de um retorno a Freud significar uma reversão".[9] É isso que a contracapa de *Escritos* dramatiza como uma prolongada luta entre o "obscurantismo" ou o "preconceito" e uma nova "aurora" ou "iluminação": "Portanto, não é surpresa que alguém resista, ainda hoje, à descoberta de Freud – uma expressão que pode ser estendida por anfibologia: a descoberta de Freud por Jacques Lacan". O que isso sugere é que a exploração da ambiguidade entre um genitivo subjetivo e objetivo leva à intensificação do paradoxo de Foucault: se houve uma redescoberta freudiana, ela foi esquecida, e é necessária a redescoberta da redescoberta; assim, Lacan não está simplesmente apontando para o fato de Freud estar sendo esquecido cedo demais pela Associação Internacional de Psicanalistas (cuja memória falha é equivalente ao assassinato do pai). Se quisermos entender a redescoberta de Freud, precisamos compreender como a descoberta do inconsciente, do significante, de um Outro lugar para o desejo poderia ter sido redescoberta por Jacques Lacan.

A descoberta de Freud por Lacan

Diferentemente de Freud, Lacan nunca foi um "autor" inibido, embora soubesse, como Freud, a diferença entre "um livro por..." e "um livro de..." um autor. Em uma passagem de *A interpretação dos sonhos*, Freud menciona o fragmento de um sonho do qual havia se esquecido. Nesse fragmento, Freud falava em inglês, comentando uma das obras de Schiller, "É de...", notando então o erro e corrigindo-o para: "É por..." (*SE5*, p. 456 e p. 519). Esse sonho com livros, viagens e defecação (Freud associa textos com títulos como *Matter and Motion* [Matéria e Movimento], de Clerk-Maxwell, a uma glória literária, mas também à

---

9 Lacan, *E*, p. 402. Devido a um "não" interpolado de forma infeliz, a tradução de Sheridan diz exatamente o oposto (*E/S*, p. 115).

excreção anal), chamado de "sonho de Hollthurn", é analisado em duas passagens de *A interpretação dos sonhos*, e mostra como eram cruciais para Freud a publicação de livros e a autoridade por ela conferida. Em outro sonho, Freud menciona ter emprestado um romance de Rider Haggard para uma amiga que na verdade preferia ler alguns dos livros de Freud. Ele responde simplesmente: "minhas próprias obras imortais ainda não foram escritas" (*SE*, 5, p. 453). Esse mesmo sonho havia apresentado a horrível imagem da parte inferior de seu corpo aberta por uma dissecção expondo vísceras emaranhadas, mas também papel alumínio, contendo, como ele explica, uma alusão a um livro sobre o sistema nervoso dos peixes (um assunto que havia interessado a Freud antes de suas descobertas psicanalíticas). O corpo imaginário de Freud era em parte composto de livros, e sua descoberta da psicanálise por meio dos sonhos e da histeria se baseou em um processo de autoanálise que exigia a escrita como técnica e meio. Além disso, sabe-se que ele contava com frequência a seus pacientes a respeito de suas descobertas mais recentes e os encorajava a ler seus artigos à medida que eram publicados. Enquanto vemos Freud envolvido desde cedo no rigoroso cronograma de escrita que ele observou por toda a vida, mesmo quando sua fama lhe trouxe mais pacientes, Lacan sempre se gabava de seu ensino e do espaço interativo de seu seminário, enquanto desprezava seus "escritos" como sendo somente isso, matéria, resíduos, o que ele chamava repetidamente de *poubellification* (publixação) para "publicação". Mais tarde, ele viria a citar com frequência o trocadilho de Joyce em *Finnegans Wake* envolvendo *letter* e *litter* [letra/carta e lixo], chegando a usá-lo como ponto de partida para uma reflexão sobre a escrita.[10] Se os escritos de Lacan estão hoje disponíveis em duas densas coletâneas, *Escritos* e *Outros escritos*, totalizando cerca de 1500 páginas, os seminários compõem uma sequência maior, mas mais problemática, de textos orais parcialmente editados ou reescritos. Além disso, o tipo de performance interativa que descrevi torna impossível produzir uma versão definitiva desses seminários. O que chama a atenção é que tanto em seus escritos quanto em seus seminários, o estilo de Lacan, mesmo quando não imita

---

10 LACAN, Jacques. *Lituraterre*. Paris: Seuil, 2001, p. 11.

conscientemente um estilo oral, preserva um forte caráter de oratória. Em sua palestra vienense "A coisa freudiana", Lacan sugere que seus escritos condensam a essência de sua doutrina enquanto os seminários apresentam um comentário contínuo sobre Freud. Essa visão acabou se revelando enganosa, uma vez que, depois de 1964 e da mudança para a École Normale Supérieure, os seminários deixaram Freud para trás e começaram a explorar e desenvolver os conceitos do próprio Lacan. Assim, "A coisa freudiana" enaltece Freud:

> Será uma surpresa para vocês se eu lhes contar que esses textos, aos quais dediquei, nos últimos quatro anos, um seminário de duas horas todas as quartas-feiras de novembro a julho, sem cobrir mais do que um quarto do total, se de fato meu comentário pressupõe sua totalidade, deram a mim e àqueles que participaram dos seminários a surpresa que só descobertas genuínas proporcionam? Descobertas que vão desde conceitos que permaneceram sem uso até detalhes clínicos revelados por nossa exploração, que provam até onde o campo investigado por Freud se estendia para além dos caminhos que ele deixou para cuidarmos, e como suas observações, que por vezes sugerem exaustividade, nunca foram subjugadas ao que ele queria demonstrar. (*E/S*, p. 116-17)[11]

Mas de que consiste exatamente a descoberta de Freud? Se voltarmos em dois textos já citados, fica claro que Lacan nunca reluta em dar sua versão da descoberta, embora sua definição varie muito. Na contracapa dos *Escritos* de 1966, lemos que a descoberta de Freud foi o fato de que "o inconsciente é determinado pela lógica pura, em outras palavras, pelo significante". Onze anos antes, em "A coisa freudiana", faz-se uma declaração não menos memorável: "As pessoas se puseram a repetir, seguindo Freud, a palavra de sua descoberta: ele fala [*ça parle*] e, sem dúvida, onde era menos esperado, a saber, onde há dor [*là où ça souffre*]" (*E/S*, p. 125).[12] Uma importante década se passou, uma década que produziu uma mudança em

---
11 Tradução modificada. Para o original, ver Lacan, *E*, p. 404.
12 Tradução modificada. Ver Lacan, *E*, p. 413.

Lacan, que passou do *páthos* do sujeito sofredor do inconsciente (ainda que em modo neutro, uma vez que é de se pensar se é "ele fala" ou "o id fala") para um modo lógico ou linguístico de apreensão através do significante.

Assim, seria errado acreditar que o discurso de Lacan em seus seminários se restrinja a leituras minuciosas dos textos de Freud, ainda que a maioria deles, ao menos na primeira década, faça somente isso, e muito bem,[13] antes de passar a explorar corajosamente os novos caminhos que ele menciona – mas o gesto é menos de modéstia do que um desejo de ser um fundador acima de tudo, isto é, um fundador que redescobre a verdade freudiana, e muito menos um autor. É por isso que Lacan enfatiza constantemente uma dimensão prática em sua doutrina e sempre se refere a uma "experiência analítica" que deve ser entendida como a única base para esse tipo de discurso. Tal experiência da linguagem, de possível cura pelas palavras e pelo silêncio, entrelaçando duas pessoas em um curioso par, cada uma delas projetando fantasmas de muitos outros e do Outro, muitas vezes deixa uma simples alternativa: ou enfatizar questões puramente clínicas, ou focar na política de novas instituições. Isso não significa que a teoria seja deixada para trás: tudo isso é feito por meio da teoria.

Mais uma vez, foi Althusser quem, com argúcia, percebeu a unidade subjacente do que Lacan vinha fazendo há algum tempo. Sua posição a respeito de Lacan era uma mistura de resistência pessoal a um homem, que ele via cativado pelos efeitos do poder e da sedução, com a fascinação por um esforço teórico que nunca foi produzido nos vácuos de ideias puras, mas que, pelo contrário, foi sustentado por gestos políticos concretos como fundações, exclusões e dissoluções. Em uma esclarecedora carta a René Diatkine, que havia expressado reservas pessoais contra Lacan, Althusser enfatizou o papel histórico de Lacan: "O crédito de Lacan e sua singular originalidade no mundo da psicanálise estão no fato de ele ser um *teórico*. Ser um teórico [...] significa produzir um *sistema geral* dos conceitos teóricos, rigorosamente articulados entre si e capazes de dar conta do *conjunto total* dos fatos e do campo da prática analítica".[14]

---

13 No entanto, alguns críticos apontaram alguns erros e interpretações equivocadas. Ver, por exemplo, "What is wrong with French psychoanalysis? Observations on Lacan's First Seminar", de Paul Roazen, em *Lacan in America*, p. 41-60.
14 ALTHUSSER, Louis. "Letter to D". *Writings on Psychoanalysis: Freud and Lacan*. Tradução de Jeffrey Mehlman. Nova Iorque: Columbia University Press, 1996, p. 48-9.

Quando Lacan se tornou um teórico, então? Provavelmente já em 1932, com uma tese que não somente exibia filosofia citando Spinoza em latim, em uma epígrafe selecionada da *Ética* ("Portanto, o desejo em um indivíduo difere do desejo em outro indivíduo somente na medida em que a natureza ou a essência de um difere da natureza ou da essência do outro"[15]), como também oferecia uma solução "dogmática" para dilemas muito antigos: a terceira parte da tese sobre a paranoia apresenta "conclusões dogmáticas" (*PP*, p. 346-9) e dispensa fatos que não são baseados em uma teoria ("É o postulado que cria a ciência e os fatos da doutrina" [*PP*, p. 308, n. 1], ao mesmo tempo em que enaltece o conhecimento psicanalítico por ter descoberto as "leis" que determinam as ligações entre fenômenos subjetivos e objetivos (*PP*, p. 248). Lacan não somente se destacava entre seus contemporâneos imediatos e colegas de psiquiatria como um filósofo que sabia ler grego e alemão com fluência e que fez bom uso de seu conhecimento dos clássicos, mas também como alguém que teve a coragem e a ambição de "refundar" todo um campo. Nesse contexto, não se deve esquecer que Lacan chegou até a psicanálise freudiana por meio da psiquiatria freudiana, ainda que sua tese de doutorado, *Da psicose paranoica em suas relações com a personalidade*, não hesite em criticar o então discurso psiquiátrico dominante na França, desde o "pitiatismo" de Babinski (um termo com o qual ele pretendia substituir a "histeria") até a noção de automatismo de Janet. A tese de Lacan assume uma grande mudança da psiquiatria francesa para a psicanálise freudiana, e esse seu primeiro livro publicado vale um olhar mais atento. A tese foi menosprezada, pois pertenceria a um Lacan pré-lacaniano, da mesma forma que os trabalhos pré-psicanalíticos de Freud sobre afasia, cocaína e enguias ainda não foram incluídos na *Standard Edition*. Mesmo tendo recebido alguma atenção da crítica,[16] ela ainda não foi traduzida para o inglês. No entanto, ela apresenta um momento fundador para a obra de Lacan, apesar de algumas hesitações cruciais.

---

15 SPINOZA, Benedict. *The Ethics*. Tradução de R. H. M. Elwes. Nova Iorque: Dover, 1955, p. 170. Lacan conclui sua tese com uma tradução da frase e uma interpretação generalizante que parece inscrever o trabalho inteiro em uma perspectiva spinoziana. Sobre essa questão, ver ROUDINESCO, Elisabeth. *Jacques Lacan & Co.: A History of Psychoanalysis in France 1925-1985*. Tradução de Jeffrey Mehlman. Chicago: University of Chicago Press, 1990, p. 52-6.
16 Ver a detalhada análise de Jean Allouch em *Marguerite ou l'Aimée de Lacan* (Paris: EPEL, 1990) e a reconstrução do arquivo de Elisabeth Roudinesco em *Jacques Lacan* (tradução de Barbara Bray. Nova Iorque: Columbia University Press, 1997), p. 31-60.

O que torna esse trabalho notável não é simplesmente a rica metodologia ou a cultura empregadas, mas o fato de que a parte central da tese parece um romance. Ela se baseia na exploração sistemática de um caso de paranoia. Quando a mulher que ele chamava de Aimée (nome da personagem de um dos romances da própria paciente) atraiu a atenção de Lacan em junho de 1931, foi após um incidente dramático: no dia 10 de abril de 1931, ela havia tentado esfaquear uma atriz de teatro. A atriz ficou ferida na mão, mas não a processou, pois sua agressora era claramente insana. Dois meses depois, ela foi levada para os cuidados de Lacan no Sainte-Anne e ele confirmou o diagnóstico anterior de psicose paranoide. Depois de trabalhar intensamente com ela por cerca de um ano, ele refinou o diagnóstico, minimizou os elementos de erotomania e perseguição e enfatizou a estrutura "autopunitiva" (e, para isso, ele precisava dos conceitos de Freud). Antes da crise, os delírios erotomaníacos de Aimée haviam focado em duas figuras masculinas: o Príncipe de Gales e Pierre Benoit, um famoso romancista; mas a paixão por este logo foi direcionada para a amante do romancista, uma atriz de muita visibilidade chamada Huguette Duflos, que havia se tornado um perigoso *alter ego* para Aimée. Aimée também era uma escritora autodidata frustrada, cujos belos textos foram confiscados e depois amplamente citados por Lacan. Os dois romances que Aimée havia escrito em um furor de inspiração nos meses que antecederam sua agressão foram resumidos e parcialmente transcritos. Lacan faz o diagnóstico de um tipo particular de delírio baseado parcialmente em um arquivo escrito e em sua compreensão sobre a estrutura de uma personalidade. O que seria então uma "personalidade"?

Lacan usa o termo "personalidade" de forma rigorosa e critica as abordagens para o que ele chama de "personalidade psicológica" (*PP*, p. 31). Para ele, a personalidade deve ser abordada em três níveis: como um desenvolvimento biográfico (ele precisava reconstruir a história de Aimée); como a concepção que alguém tem de si mesmo, uma medida reflexiva que é "dialética" e pode ser avaliada em diálogo, modificada e influenciada; e, finalmente, como uma "tensão" entre valores sociais que implicam uma participação ética (*PP*, p. 42). A personalidade implica um diálogo dinâmico entre determinações sociais, destino pessoal e revisões reflexivas. Antes de dar sua definição, Lacan revisa as teorias da personalidade desde a metafísica tradicional até a psicologia científica, e então, claramente, opta por uma abordagem fenomenológica: as referências filosóficas na tese (além da dívida com Spinoza) são, em sua maioria, a Scheler, Husserl e Jaspers. Ele usa a "intencionalidade" não como uma captura intuitiva de intenções subjetivas, mas como foco em um sujeito definido como um ser falante: "Mas você ainda precisa explicar a existência *fenomenológica* dessas funções intencionais, como o fato de que o sujeito diz 'Eu', acredita que age, promete, afirma" (*PP*, p. 39). Uma nota de rodapé menciona a derivação da palavra em latim *persona*, a máscara com um buraco que permite que a voz do ator ressoe: ainda que filologistas se dividam quanto a esse ponto, Lacan aprova "a significativa intenção" da etimologia (*PP*, p. 34, n. 6). Esse *insight* não se perderá, mesmo após a guinada para o estruturalismo. Em um longo ensaio teórico com críticas a Daniel Lagache (ele leu a obra de Lagache em 1958, escreveu o ensaio em 1960 e o publicou em 1961), Lacan ataca o "personalismo" deste, além da fusão da psicologia com a psicanálise. Ele escreve: "Podemos dizer que com a *per-sona* a pessoa começa, mas e quanto à personalidade? Aqui, uma ética se anuncia, silenciada não pelo medo, mas pelo desejo: a questão toda é saber se o caminho através do falatório da experiência psicanalítica nos levará até lá" (*E*, p. 684).

Como ela nos força a considerar questões de relações sociais e ética, a "personalidade" não pode ser reduzida a um vago equivalente do *self* ou do "ego". Justamente devido a essa perigosa proximidade, Lacan precisa distinguir a personalidade da "imagem ideal do ego" – e é aqui que Freud entra em jogo pela primeira vez, quando uma nota de rodapé remete a "teorias freudianas" que apontaram os mecanismos parcialmente inconscientes que presidem sobre a constituição dessa imagem e suas associações com a identificação afetiva (*PP*, p. 39, n. 18). Uma segunda nota de rodapé nos remete ao *Das Ich und das Es* (1923) de Freud quando invoca o conflito entre o *Ich* e *Über-Ich* (ambos deixados em alemão). O que é notável aqui é a prudência de Lacan ao se recusar a traduzir impulsivamente *Ich* como "ego" (o "id" na época foi traduzido em francês como *soi*, um uso adotado na tese). Além disso, Lacan se recusa a moralizar a personalidade e só especula o que queremos dizer quando falamos que fulano tem "personalidade" (*PP*, p. 41): o termo sugere uma autonomia moral ou a percepção de que uma pessoa pode fazer promessas que serão cumpridas. No entanto, muitas vezes, sob promessas e sugestões de autonomia moral, descobrimos resistências que surgem para se opor a um limite às transgressões da realidade (*PP*, p. 41). O que é apresentado como uma análise "fenomenológica" da personalidade na primeira parte aparece na sintética terceira parte da tese como uma teoria completamente freudiana do sujeito, ainda que o sujeito, ou *je*, ainda não seja oposto ao ego. Na última parte, Lacan explica que ele vinha usando categorias freudianas o tempo todo, especialmente quando falava sobre resistência, ainda que observe que a maioria dos moralistas, de La Rochefoucauld até Nietzsche, havia descrito esse mecanismo antes (*PP*, p. 320). Na verdade, o que ele precisa, acima de tudo, é da noção de superego de Freud.

A última e sintética parte da tese deixa claro que a intenção de Lacan não é complementar a psicanálise de Freud, que se manteve cautelosamente dentro dos limites do tratamento de neuróticos, com uma abordagem mais ousada para psicoses: seu objetivo é usar o que ele aprendeu com o tratamento de psicoses para redefinir o modelo topológico do sujeito de Freud, um modelo que articula o id, o ego e o superego. Lacan limita seus empréstimos diretos da doutrina psicanalítica a dois "postulados dogmáticos": primeiro, que existe uma intersecção estrita entre gênese e estrutura na personalidade; segundo, que existe um parâmetro comum pelo qual podemos medir os diferentes aspectos que compõem a personalidade, e que é encontrado na energia psíquica ou na libido (*PP*, p. 320). Esses postulados são instrumentais para se criticar teorias das psicoses baseadas em uma doutrina de "constituições" natas – como acrescenta Lacan, a única questão que permanece em tais doutrinas é saber quando internar o paciente! (*PP*, p. 308). É por isso que ele pode afirmar que confia no "materialismo histórico" (*PP*, p. 309, n. 2), pois é no nível social que a abordagem para uma estrutura como a diferença entre neurose e psicose e o "idealismo" iludido da autorreflexão de cada pessoa podem ser coesos (*PP*, p. 314). A "ciência da personalidade" combina a intencionalidade da fenomenologia com um histórico das forças sociais da forma como são repetidas na psique. Aimée é um bom exemplo dessa determinação social: ela escolheu uma atriz para seu ataque de loucura porque se deixou levar pelo fenômeno da "estrela" (*la vedette*) que oferece, como explica Lacan, uma forma moderna de participação social (*PP*, p. 317-18). Aimée era uma mulher desarraigada de extração camponesa que havia polarizado nessa fascinante imagem todos os seus ideais e todo seu ódio. A atriz encarnava seu *Ich-Ideal*, expressão de Freud com a qual Lacan brigaria por décadas. Na tese, ele expressa sua insatisfação com a noção freudiana de uma "fixação narcisista", muitas vezes aduzida para justificar a psicose; ele pergunta: "A *libido* narcisista é produzida pelo Ego ou pelo Id?" (*PP*, p. 321). Ele questiona as hesitações de Freud a respeito do *status* exato do *Ich*: seria o ego puramente identificado com a função da consciência perceptiva, o *Wahrnehmungsbewusstsein*, ou seria ele "parcialmente inconsciente" (*PP*, p. 322)? Depois de citar Fenichel, Abraham e Freud, ele conclui essa indagação em um tom cético: "Na verdade, o narcisismo aparece na economia da doutrina psicanalítica como uma *terra incognita* cujas fronteiras foram delimitadas por investigações nascidas do estudo das neuroses, mas cujo interior permanece mítico e desconhecido" (*PP*, p. 322). Isso delineia o terreno que Lacan continuaria explorando ao longo da década seguinte por meio do estádio do espelho.

Teria Freud um maior receio de justificar os fatores sociais das neuroses de seus pacientes? Lacan sugere que sim, e seu diagnóstico para Aimée de uma psicose de autopunição culmina na categoria global das "psicoses do superego". Assim, o caso de Aimée une três níveis: o nível intencional, repleto de tensões pessoais do sujeito; o nível estrutural, determinado pela função do ideal do ego e do superego; e o nível social, com uma dialética de alienação social e participação ética desejada. E, por fim, é o desejo que fornece uma chave para a totalidade da personalidade de Aimée (*PP*, p. 311). Devido ao fator determinante do desejo, a personalidade não pode ser reduzida ao "ego", seja como conceito filosófico ou psicanalítico. Mas Lacan também parece hesitar, pois na conclusão para a discussão sobre Aimée (talvez diante de todos os detalhes pessoais reunidos) ele escreve que a melhor abordagem para o caso é por meio das resistências da paciente e que uma "psicanálise do ego" é mais sensata do que uma "psicanálise do inconsciente" (*PP*, p. 280). Isso soa como a ortodoxia freudiana dominante que Lacan atacaria nos anos 1950. No entanto, essa não era somente uma distorção introduzida pelos seguidores de Freud; em um ensaio posterior, como *Compêndio da psicanálise* (1938), Freud havia escrito como de costume: "O médico analista e o ego enfraquecido do paciente, baseando-se no mundo externo real, devem se combinar contra os inimigos, as exigências instintivas do id e as exigências morais da consciência do superego" (*SE23*, p. 173). Contudo, na parte sintética da tese, Lacan ressaltou tanto a função sádica do superego quanto o fato de que o termo "personalidade" lhe permitia superar o ego individual. A "nova ciência" da personalidade foi condensada como "o desenvolvimento das funções intencionais do homem associada a tensões que são próprias das relações sociais" (*PP*, p. 328). Na verdade, todas essas tensões, intenções e relações abrem o caminho para o domínio do que Lacan começaria a chamar de "sistema simbólico" da cultura, nos anos 1950.

Apesar da transparência clássica de sua linguagem, a tese de Lacan oferece algumas dificuldades. Ela é repleta de questões que pretendem expandir o campo freudiano que envolve a paranoia e que levam a uma descrição mais precisa da estrutura da subjetividade. Após a tese, Lacan continuou a discussão sobre os conceitos freudianos. Já em 1936, encontramos um artigo intitulado, com certa ousadia, "Para-além do 'princípio de realidade'". Seu subtítulo é revelador: "Em torno desse princípio fundamental da doutrina de Freud, a segunda geração de sua escola pode definir sua dívida e seu dever" (*E*, p. 73). Ali, Lacan contrapõe a preocupação com a verdade (evidenciada pela filosofia) à preocupação com a realidade. Uma posição fenomenológica ainda domina, mas dessa vez a fenomenologia resulta em uma percepção diferente: a reverência de Freud pela realidade como um princípio leva à consciência de que a psicanálise só funciona com a linguagem. "O pressuposto dessa experiência é primeiro de tudo a linguagem, uma linguagem, ou seja, um signo" (*E*, 82). Muito mais tarde, Mounin viria a citar essa associação de forma irônica, insinuando que Lacan não sabia muito a respeito de linguística. Mas estamos em 1936, e o que importa é como ele enfatiza duas importantes noções, ainda mais importantes por estarem ligadas: o impacto do conhecimento inconsciente e uma preocupação com a linguagem propriamente dita.

Como Lacan relembrou em "De nossos antecedentes", a lição desse nó conceitual foi transmitida a ele de uma vez por todas por Aimée. Por "exaustão clínica", examinando sistemática e exaustivamente um único caso, ele alcançou um "conhecimento paranoide" que por fim o forçou a levar a criatividade em conta: "Pois a fidelidade ao invólucro formal do sintoma – o único verdadeiro traço clínico que conseguimos reconhecer – nos levou a este limite, que se transforma em pura criatividade. No caso de nossa tese (o caso Aimée), esses eram efeitos literários, e com mérito suficiente para serem citados por Éluard sob o título (reverencial) de poesia involuntária".[17] Assim, seria possível dizer que "Aimée" teve para Lacan o papel que Nadja teve para Breton, ou que Anna O. teve para Freud e Breuer: uma figura de inspiração, um fracasso brilhante apesar de dons artísticos e linguísticos extraordinários, e, finalmente, uma alegoria de feminilidade que concede acesso, sem qualquer necessidade de "teoria", a uma verdade diferente a respeito do inconsciente. É por isso que precisamos explorar mais uma vez a "majestade bretoniana" não tão tranquila de Lacan quando ele fala em "Freud e eu".

A modernidade paranoica de Lacan

O comentário de Mounin sobre a majestade "bretoniana" de Lacan contém um elemento de verdade, menos por denunciar a arrogância ou o delírio de grandeza de Lacan do que pela atitude notoriamente ambivalente de Breton para com Freud, repetida pelo psicanalista francês cerca de dez anos mais tarde. Breton havia lançado o surrealismo como um movimento quase freudiano, que confiava no comando espontâneo do inconsciente; mas quando ele fez uma visita a Freud em outubro de 1921, que deveria ter sido uma

---

17   Lacan, *E*, p. 66. Lacan alude ao livro de Éluard chamado *Poésie involuntaire et poésie intentionnelle* (1942), no qual ele cita no verso de uma página criações poéticas "involuntárias" encontradas em jornais, falas aleatórias, romances ou textos de pacientes psicóticos. A passagem de Aimée aparece como "citada por Lacan" sem outras referências. Seus fragmentos concluem com: "Aqueles que leem livros não são tão burros quanto aqueles que os escrevem: eles contribuem". Ver ÉLUARD, Paul. *Oeuvres completes*. Paris: Gallimard, 1968, v. 1, p. 1166-68.

peregrinação reverenciosa, ficou profundamente desapontado com o encontro. "Entrevista com o Professor Freud" (1922) descreve Freud impiedosamente como "um velho sem elegância", com um consultório digno de um generalista pobre de bairro, caindo aos pedaços. O médico vienense teria se recusado obstinadamente a se aprofundar em qualquer diálogo, escondendo-se por trás de generalidades polidas. Ele conclui sarcasticamente, citando o endosso morno de Freud: "Felizmente, de fato contamos muito com os jovens".[18] Esse penoso sentimento de discrepância entre o homem Freud e as ideias freudianas, ou entre o inventor da psicanálise com todas as suas limitações humanas e sociais e a emancipadora invenção da psicanálise em si, viria a marcar a atitude da *intelligentsia* francesa nos anos seguintes.

Assim, o *Segundo Manifesto do Surrealismo* de Breton (dezembro de 1929) cita Freud de forma bem distante e com apartes críticos sobre o termo "sublimação", ao mesmo tempo em que reafirma que uma dose de materialismo dialético seria excelente para Freud. Como observamos, Lacan havia saudado em sua tese o materialismo dialético como uma forma de evitar tanto o espiritualismo quanto o "materialismo mecanicista" ou qualquer behaviorismo (*PP*, p. 309, n. 2). Ademais, para Breton, Freud era suspeito de emprestar argumentos ao que ele via como o materialismo "não dialético" de Georges Bataille. Nesse conflito ideológico, a teoria da paranoia de Dalí emergiu como um novo divisor de águas nos grupos surrealistas. Dalí havia sido objeto de um cabo de guerra entre Bataille e Breton; Bataille inicialmente simpatizara com Dalí e escreveu um artigo inflamado sobre a pintura de 1929 chamada "O jogo lúgubre". Em seu comentário, Bataille interpretou a pintura como uma representação da castração e da emasculação, vendo um sinal disso na maneira como uma figura masculina é representada em calças manchadas com excrementos. Dalí imediatamente negou a permissão para reproduzir a pintura, e então atacou Bataille em *O asno podre* (julho de 1930) por suas ideias "senis". Como escreveu Dalí, o erro de Bataille derivava de uma interpretação incorreta de Freud, um "uso gratuito da psicologia moderna".[19] Tudo isso foi útil para o que aparecia como

---

18   BRETON, André. *Les Pas Perdus: Oeuvres completes*. Paris: Gallimard, 1988, v. 1, p. 256.
19   DALÍ, Salvador. "The rotting donkey". *Oui: The Paranoid-Critical Revolution. Writings 1927-1933*. Tradução de Yvonne Shafir. Boston: Exact Change, 1998, p. 117. Doravante

objeto de Dalí, a definição de seu método paranoico-crítico. Alinhando-se ao *Segundo Manifesto* de Breton, Dalí explicou que, além de sair para a rua com um revólver e atirando aleatoriamente contra as pessoas (como disse Breton, esse era o mais puro ato surrealista), sua atividade proselitista mirava em propagar "a vontade violentamente paranoica de sistematizar a confusão" (*OU*, p. 110). Antecipando Lacan, Dalí diz ainda que, como as ideias freudianas foram diluídas, ele pretende usar a paranoia para devolver a elas sua "clareza raivosa e deslumbrante". Ele se lança então a descrever o método que inventou para ver a realidade de uma forma diferente, um método que encontrou seu norte na paranoia:

> É preciso insistir, em particular, na perspicácia da atenção no estado paranoico; ainda mais porque a paranoia é reconhecida por todos os psicólogos como uma forma de doença mental que consiste em organizar a realidade de uma maneira que ela seja utilizada para controlar uma construção imaginativa... Recentemente, através de um processo decididamente paranoico, obtive a imagem de uma mulher cuja posição, sombra e morfologia, sem alterar ou deformar nada de sua real aparência, também eram, ao mesmo tempo, as de um cavalo. (*OU*, p. 112)

Essa passagem leva a um novo método para a *avant-garde* e fornece uma nova base para o programa de Rimbaud de uma "desregulação sistemática de todos os sentidos", que leva à produção automática de uma alucinação espontânea e à multiplicação de sistemas de sinais delirantes. Em *O asno podre*, Dalí levou sua tese ainda mais a fundo ao romper sistemas convencionais de representação e delírio paranoico. A mulher que é, ao mesmo tempo, um cavalo e um leão, nos força a concluir que "nossas próprias imagens da realidade dependem do grau de nossa capacidade de paranoia" (*OU*, p. 116-17). Se a paranoia abre uma porta para outros tipos de percepção visual, ela também se transforma em um princípio que substitui qualquer ideia de mundo material por uma simples alucinação – uma visão que mais tarde leva à distinção feita por Lacan entre a realidade e o real. Aqui, a realidade é somente um tipo de

---

citado no texto como *OU*. Ver também FANÈS, Félix. "Une toile à destination secrète: Le Jeu lúgubre". *Revue des Sciences Humaines*, 262: 163-85, 2001.

simulacro e, talvez por isso, Dalí tenha escolhido o campo de Breton e não o de Bataille. Ambos criticam o dualismo de Freud, ao mesmo tempo em que reescrevem seus *insights* em um discurso monista que enfatiza ou a materialidade do corpo que leva ao excesso, ao lixo e ao excremento (Bataille), ou uma série de simulacros escorados por um desejo universal e produtivo (Breton). Bataille parece preso ao "materialismo vulgar", enquanto Breton tende a enfatizar a imaginação criativa. Nesse contexto, as relações de Lacan com Bataille e Breton parecem carregadas de transferência e contratransferência, desde seu casamento com a ex-mulher de Bataille, Sylvia, até uma ênfase muito posterior no gozo, uma noção que traduz os conceitos de lixo, dispêndio, excesso erótico e transgressão de Bataille.

As ideias de Dalí foram um tranco para Lacan, que as encontrou por acaso enquanto trabalhava em sua tese de doutorado. Elisabeth Roudinesco acredita que foi o impacto de *O asno podre*, de Dalí, que permitiu que Lacan rompesse com as teorias clássicas da psiquiatria e revisitasse a metapsicologia freudiana com uma nova intenção.[20] De fato, na época de sua tese, Lacan estava traduzindo o artigo de Freud sobre "Alguns mecanismos neuróticos no ciúme, na paranoia e na homossexualidade", texto no qual Freud reafirma a teoria subjacente à sua principal análise da paranoia, ou seja, o caso Schreber: para ele, a criação de um sistema paranoico de delírios pretende permitir o retorno de uma homossexualidade reprimida. Freud menciona um caso de delírio de ciúmes em um paciente heterossexual, observando como ataques delirantes seguem relações sexuais bem sucedidas no casal; ao inventar amantes masculinos imaginários e criando recriminações delirantes, o marido projeta seu próprio desejo por homens. Essa teoria claramente não é o caminho seguido nem por Dalí, nem por Lacan, no começo dos anos 1930. Lacan já apostava em uma análise do significante. Foi também nessa época que ele escreveu em coautoria o texto "Escritos inspirados" (1931), que analisa as digressões psicóticas de um jovem professor que fora internado no Sainte-Anne. A análise estilística da gramática das insanidades pronunciadas admite o surrealismo. Os autores citam o primeiro *Manifesto do Surrealismo*,

---

20 Ver Roudinesco (1990), p. 110-12 para um relato de seu encontro.

de Breton, e buscam um modelo de interpretação nas imitações que Breton e Éluard fazem de diferentes tipos de delírio na *Concepção Imaculada* (1930).[21]

Assim, muito logicamente, os surrealistas foram os primeiros a receber a tese com louvor e entusiasmo: as *Notas visando a uma psicodialética* de Crevel, de 1933,[22] expressavam a esperança de que o trabalho de Lacan fosse fornecer uma nova fundação para a psicanálise, em uma época em que Freud parecia reacionário, idealista ou pusilânime. Não foi somente o fato de Lacan ter ousado tratar a psicose, mas também por seu trabalho ser firmemente calcado no mundo social. Assim, sem querer, Lacan foi recrutado na causa de um freudo-marxismo surrealista. Mas como Dalí afirmou posteriormente,[23] o suicídio de Crevel no ano de 1935, em parte causado por sua incapacidade de reconciliar o surrealismo, a psicanálise e o comunismo, foi um dos maus presságios que anunciaram o fim do movimento. Talvez não tenha ajudado o fato de que Dalí estava investindo cada vez mais atividades paranoicas em fantasias sobre Hitler, por um lado, e em alta-costura, por outro. Em compensação, Lacan já havia se distanciado um pouco do surrealismo e da política de esquerda: ele só veio a elaborar sua própria versão do freudo-marxismo no final dos anos 1960.

Se a teoria da paranoia de Lacan tem pouco a ver com o conceito de Dalí de uma alucinação belamente múltipla,[24] ela deixa espaço para a criação artística, já que, como vimos, Aimée era uma talentosa escritora em busca de reconhecimento da imprensa e dos romancistas. O caso de Aimée o forçou a fazer progressos na questão dos duplos espelhados e da liberação da agressão que eles provocam nos paranoicos. Isso forneceria em breve uma ponte para a construção do alter ego como um perigoso rival e

---

21 Ver Jacques Lacan (com J. Lévy-Valensi e P. Migault), *Ecrits 'inspirés': Schizographie* (*PP*, p. 379-80).

22 CREVEL, René. "Notes en vue d'une psycho-dialectique". *Le Surréalisme au service de la revolution*, 5: 48-52, 1933 (Paris).

23 Ver prefácio de Dalí para *Difficult Death*, de René Crevel (tradução de David Rattray. São Francisco: North Point Press, 1986), p. vii-xiv.

24 Ver BERRESSEM, Hanjo. "Dalí and Lacan: Painting the imaginary landscapes". *In*: APOLLON, Willy; FELDSTEIN, Richard. *Lacan, Politics, Esthetics*. Albany: State University of New York Press, 1996, p. 275-90.

a necessidade de fabricar sistemas de paternidade delirantes que lembram o simbólico. Acima de tudo, graças à convergência de interesses entre Bataille, Dalí, Breton, Éluard, Crevel e Lacan, a segunda década do surrealismo foi dominada pelo conceito de paranoia exatamente como a primeira foi dominada pelo automatismo e pela histeria. O detalhado livro de memórias de Breton, *O amor louco* (1937), afirma sua crença no desejo como a principal fonte de todos os nossos sonhos e ações, mas também deixa espaço para a paranoia. O desejo não é só desencadeado pela histeria em um pastiche distorcido de criação artística, mas é estruturado como a paranoia – ou seja, produz conhecimento. Perto do fim, Breton usa *Leonardo da Vinci e uma lembrança de sua infância*, de Freud, para expor o princípio da crítica paranoica. Ainda que a visão de um abutre escondido no vestido da Virgem fosse somente uma alucinação de Pfister e não produto direto das meditações de Freud, uma vez que uma interpretação produz uma nova imagem em uma anterior, ela permanece lá, pairando entre a objetividade e a subjetividade.[25] Aquilo com que Leonardo se deparou foi o "acaso objetivo", no qual qualquer artista ou pessoa aprenderá a ler as letras meio apagadas de um texto escrito pelo desejo. Breton continua suas reflexões:

> O exercício puramente visual dessa capacidade que por vezes foi chamada de 'paranoica' nos permite concluir que, se uma única mancha em uma parede ou outro lugar quase sempre for interpretada de forma diferente por diferentes indivíduos motivados por desejos distintos, isso não implica que não se conseguirá fazer o outro ver o que ele percebeu.[26]

Mesmo quando Polônio releva a loucura fingida de Hamlet, ao concordar que vê uma baleia nas nuvens, sua aceitação calculada sugere a possibilidade de uma comunicação verbal. A visão de paranoia de Breton é mais fraca do que a de Lacan porque, diferentemente deste, ele não tenta pensar de forma sistemática, mas mágica; ele evita as "essências" spinozistas que fornecem a Lacan uma grade conceitual mais firme, já que essas

---

25 BRETON, André. *L'Amour fou: Oeuvres completes*. Paris: Gallimard, 1992, v. 2, p. 753.
26 BRETON, *L'Amour fou*, p. 754.

essências não são substâncias, mas sim relações fornecidas pela linguagem. A paranoia cria um sistema de sinais que funcionam como "imagens" ou significantes puros antes de serem responsabilizados pela chamada verdade objetiva. Assim, eles revelam a função criativa do desejo que escora sua produção. Tal desejo pode levar a ataques assassinos, por vezes com o objetivo de colocar-se a si mesmo sob a dominação de um superego sádico por meio de uma punição esperada, mas também visando se livrar de uma imagem idealizada de si mesmo projetada em outra pessoa.

A primeira crítica ponderada de Lacan sobre a lógica freudiana veio muito mais tarde, com o *Seminário sobre Hamlet*, mas baseada nos *insights* fornecidos por Aimée. O principal argumento de Freud a respeito da estrutura edipiana do desejo de Hamlet (Hamlet não consegue golpear seu tio porque este encenou seu próprio desejo incestuoso e assassino) não se baseia em uma fundação segura, já que, afinal, Hamlet poderia querer se livrar ainda mais de um rival edipiano tão bem-sucedido! O que para Lacan explica o enigma da peça está ao lado do desejo impenetrável da mãe, ou na fonte oculta do gozo de Gertrudes.[27]

Contudo, o desejo continua sendo uma noção mítica que conterá todas as tensões e contradições. Assim como Breton e como Freud, Lacan sonhava com uma libido essencial e fundamental que fosse idêntica à substância da natureza. Isso se verifica em um dos primeiros textos de Lacan, um soneto baseado na leitura do livro de Alexandre Koyré sobre Boehme, *La philosophie de Jacob Boehme* (1929). O soneto de Lacan foi escrito em 1929 com o título *Panta Rhei*, e foi ligeiramente reformulado para ser publicado na *Le Phare de Neuilly* (1933) como *Hiatus Irrationalis*.[28] Uma paráfrase dos versos de

---

27 Desenvolvi esse argumento em meu livro *Jacques Lacan, Psychoanalysis and the Subject of Literature*. Houndmills: Palgrave, 2001, p. 54-68.
28 Ver a discussão por ALLAIGRE-DUNY, Annick. "A propos du sonnet de Lacan". *L'Unebévue*, 17: 27-48, 2001 (Paris). As duas versões são apresentadas lado a lado. Minha paráfrase usa barras simples para finais de verso e barras duplas para estrofes. A elucidação de Koyré do Sistema de Boehme deve ser lida com cuidado, uma vez que sua teoria do monismo, que pode ser vista como a reconciliação de todos os opostos, influenciou o spinozismo de Lacan (Koyré cita Boehme, *In Ja und Nein bestehen alle Dinge*, ou, em português, *Todas as coisas consistem de Sim e Não*). O fogo é a imagem crucial dessa reparação. Ver *Jacob Boehme* de Alexandre Koyré (Paris: Vrin, 1929), p. 393-4.

abertura e conclusão de Lacan, da versão final, poderia ser a seguinte: "Coisas, que corram em vós o suor ou a seiva/ Formas, que nasçam da forja ou do sangue,/ Vosso fluxo não é mais denso que meu sonho,/ E se não as golpeio com um desejo incessante,// Atravesso vossa água e caio na areia/ Derrubado pelo peso de meu gênio pensante// Mas, assim que todo o verbo na minha garganta definha,/ Coisas, que nasçam da forja ou do sangue,/ Natureza, eu me perco no fluxo elementar:// Aquele que arde em mim é o mesmo que vos ergue,/ Formas, que corram em vós o suor ou a seiva,/ É o fogo que faz de mim vosso amante imortal". Para além dos ecos do famoso verso de Rimbaud, "É o fogo que se reergue com seu condenado" (de *Une saison en enfer*),[29] Lacan postula o desejo como um princípio universal que atravessa a natureza como um rio heracliteano e o fogo de Boehme. No entanto, para atingir o *mysterium magnum*, o sujeito precisa estar mudo: as linhas centrais apontam para um momento de mudez: "Mas, assim que todo o verbo na minha garganta definha,/ Coisas, que nasçam do sangue ou da forja,/ Natureza, eu me perco no fluxo elementar". O discurso místico de Boehme prenuncia a função de um Outro absoluto, cujo silêncio deixa a natureza revelar seus maiores segredos.

O soneto de Lacan é contemporâneo às suas primeiras tentativas de deixar que o "insano" ou o "psicótico" falassem. Se ele descobriu que a linguagem do dia a dia é estruturada como poesia por meio do "discurso inspirado" de pacientes alucinados, não significa que, como Freud, ele "teve sucesso onde o paranoico falhou".[30] Freud estava se referindo ao caso Schreber, insinuando que o próprio Freud havia conseguido sublimar suas inclinações homossexuais (tudo necessário para a elaboração de seu sistema quando ele estava em correspondência e transferência com seu amigo Fliess). Isso se aplicaria a Lacan? Teria ele usado Aimée para sublimar sua própria erotomania e erguer em seu lugar o que poderia ser chamado de monumento teórico do

---

29 RIMBAUD, Arthur. *Collected Poems*. Tradução de Oliver Bernard. Londres: Penguin, 1986, p. 317 (modificada).
30 Citado por GAY, Peter. *Freud: A Life for Our Time*. Nova Iorque: Norton, 1988, p. 275. Ver também a animada discussão em TROTTER, David. *Paranoid Modernism: Literary Experiment, Psychosis and the Professionalization of English Society*. Oxford: Oxford University Press, 2001, p. 51-73.

modernismo paranoico? Na verdade, Lacan provavelmente não diria que o paranoico falhou! Quando Aimée substitui Schreber, ela está sempre certa, mesmo quando vê o reino da paz como o futuro reino dos justos... O deslocamento de Lacan envolve uma muito necessária feminização daqueles que tentam escrever o discurso do Outro – que é também o motivo pelo qual o pai castrador de Freud cederá algum terreno para o grande Outro de Lacan, em sua maior parte incorporado pela Mãe. A paranoia está sempre certa, especialmente quando nos força a elaborar um sistema paralelo de pensamentos escorado pelo desejo. Aqui, o freudo-lacanismo de Lacan alcança seu limite. Lacan, um dos primeiros a alertar contra a duplicidade da devoção religiosa pelo fundador do credo, está pronto para reescrever e contestar Freud, para falhar onde o paranoico tem sucesso. Daí as dificuldades adicionais e o fardo mais pesado de um legado teórico: uma tarefa infinita de releituras.

2 O estádio do espelho: um arquivo apagado

ELISABETH ROUDINESCO

Por que falar do "estádio do espelho"[1] como um arquivo que foi apagado? A razão é, ao mesmo tempo, simples e complexa. Primeiro, porque não existe nenhum material original da palestra ministrada por Jacques Lacan sobre esse tema durante o 16º Congresso da Associação Internacional de Psicanálise (IPA), que aconteceu em Marienbad entre os dias 2 e 8 de agosto de 1936. Lacan já havia falado por alguns minutos quando foi interrompido por Ernest Jones, o presidente, que achava que aquele participante francês, de quem nunca havia ouvido falar, estava excedendo o tempo reservado para cada palestrante. Naquela época, a regra para a duração de cada apresentação falada já vinha sendo aplicada em conferências internacionais. Lacan, que entendeu a interrupção como uma humilhação, deixou a conferência e foi assistir aos Jogos Olímpicos de Berlim para ver de perto como seria um evento esportivo manipulado pelos nazistas. Seria perfeitamente possível enxergar alguma conexão entre a maneira enfática com a qual Jones interrompeu a palestra de Lacan e a notória invenção das "sessões variáveis" de Lacan, marcadas pela brevidade radical e por um senso deliberado de suspensão. Durante toda sua vida, Lacan se debateu com um controle impossível sobre o tempo, como evidenciado pela magistral análise apresentada em seu ensaio de 1945 sobre o "tempo lógico".

O incidente de Marienbad se originou de um grave mal-entendido. Na visão dos dirigentes da IPA na época, Lacan ainda não era o Lacan que a história conhece, mas um mero clínico anônimo e modesto que pertencia

---

1 LACAN, Jacques. "Le Stade du miroir comme formateur de la fonction du Je, telle qu'elle nous est révélée dans l'expérience psychanalytique" (1949). *Écrits*. Paris: Seuil, 1966, p. 93-101. Traduzido por Alan Sheridan como "The Mirror Stage as formative of the function of the I as revealed in psychoanalytic experience" (*E/S*, p. 1-7).

à Société Psychanalytique de Paris (SPP), sem direito a nenhum privilégio especial. Em compensação, na França Lacan já era reconhecido em círculos literários como um importante pensador, sendo frequentemente colocado no mesmo patamar de Henri Ey, que muitos viam como o líder de uma nova escola de psiquiatria, embora não gozasse de boa reputação entre psicanalistas. Quanto ao próprio Lacan, ele já se considerava importante o suficiente para não tolerar ser tratado de forma tão desdenhosa em um congresso da IPA. Como resultado, não entregou seu texto para a publicação nos anais do congresso.

Contudo, temos dois registros do texto de agosto de 1936. O primeiro pode ser encontrado nas anotações feitas por Françoise Dolto em uma palestra preliminar que Lacan ministrou para a SPP no dia 16 de junho de 1936, anotações que certamente são um reflexo fiel do que teria sido o texto de agosto. O segundo pode ser encontrado no rascunho de um artigo de Alexandre Kojève, com quem Lacan deveria ter colaborado no verão de 1936. O artigo não viu a luz do dia em sua forma final e nunca foi mencionado pelo próprio Lacan, que provavelmente se esquecera dele. Mas é uma pista para a gênese de suas ideias posteriores a respeito do *cogito* de Descartes, do sujeito do desejo e da origem da loucura.[2]

Essas anotações devem ser comparadas com outro texto de Lacan, incluído em um célebre artigo sobre a família encomendado por Henri Wallon e publicado em 1938 na *Encyclopédie française*. De acordo com o próprio Lacan, esse longo artigo, reimpresso em 1985 sob o título "Os complexos familiares", reproduz o conteúdo da apresentação de 1936 em Marienbad.[3] A passagem em questão ocorre na segunda parte do artigo, intitulada "O complexo da intrusão", seguida por um parágrafo sobre "O ciúme, arquétipo dos sentimentos sociais", com subparágrafos sobre "A

---

2   DOLTO, Françoise. "Notes sur le stade du miroir", 16 de junho de 1936, não publicado. Sobre as anotações de Alexandre Kojève, ver ROUDINESCO, Elisabeth. *Jacques Lacan: Esquisse d'une vie, histoire d'un système de pensée* (1993). Traduzido por Barbara Bray como *Jacques Lacan, Outline of a Life, History of a System of Thought*. Nova Iorque: Columbia University Press, 1997. O documento não publicado foi transmitido a mim por Dominique Auffret.

3   LACAN, Jacques. *Les Complexes familiaux* (1938), reeditado em *Autres écrits*. Paris: Seuil, 2001, p. 23-84. Ver também JALLEY, Emile. *Wallon, lecteur de Freud et de Piaget*. Paris: Éditions Sociales, 1981 e JALLEY, Emile. *Freud, Wallon, Lacan, l'enfant au miroir*. Paris: EPEL, 1998.

identificação mental", "A imago do semelhante" e "O significado da agressão primal". O parágrafo sobre o estádio do espelho se divide em duas partes: (1) O poder secundário da imagem no espelho; e (2) A estrutura narcisista do ego.

Como mostram as anotações de Françoise Dolto, naquele dia, em Marienbad, Lacan expôs não somente o parágrafo sobre o *stade du miroir* que posteriormente foi reproduzido na *Encyclopédie*, como também grande parte dos temas desenvolvidos no artigo de 1938. A palestra foi dividida em nove partes: (1) O sujeito e o eu (*je*); (2) O sujeito, o eu (*je*) e o corpo; (3) A expressividade da forma humana; (4) A libido da forma humana; (5) A imagem do duplo e a imagem do espelho; (6) Libido ou desmame e o instinto de morte, Destruição do objeto vital, Narcisismo; (7) Sua ligação com o simbolismo fundamental no conhecimento humano; (8) O objeto redescoberto no complexo de Édipo; (9) Os valores dos sintomas narcísicos: os gêmeos. Tudo isso provavelmente reflete, com algumas variantes, o artigo escrito por Lacan para o congresso de Marienbad: um texto longo demais para as autoridades da IPA, que não faz o estilo nem de Freud, nem de Melanie Klein, mas influenciado pelo seminário de Alexandre Kojève sobre a *Fenomenologia do espírito* de Hegel.

A palestra de Lacan, transcrita por Dolto, é seguida de uma discussão da qual participam Marie Bonaparte, Daniel Lagache, Georges Parcheminey, Rudolph Loewenstein, René Laforgue, Paul Schiff e Charles Odier. Em seguida, o palestrante responde a todos eles. A palestra é tão obscura que a plateia da SPP tem dificuldades para entender o que Lacan quer dizer. Eles lhe pedem que defina sua postura mais claramente, em especial sua visão sobre a relação entre o desmame e a pulsão de morte, e sua concepção do elo entre o eu (*je*), o corpo e a fantasia. Seria o eu (*je*) o corpo de alguém? Seria a fantasia a imagem especular? Outra pergunta colocada: qual seria a relação entre o eu (*je*) e o ego (*moi*), e entre o eu e a personalidade?

Isso suscita uma grande questão teórica. Como bem se sabe, na obra de Freud a noção de sujeito não é inteiramente conceitualizada, ainda que ele empregue o termo. Nesse momento, Lacan está tentando introduzir o conceito como tem sido usado na filosofia clássica, e não na psicologia:

o sujeito é o próprio homem, na medida em que ele é a fundação de seus próprios pensamentos e ações. O homem é o sujeito do conhecimento e do direito. Lacan não tenta associar a segunda topografia freudiana do id, do ego e do superego a uma teoria do eu, mas sim conectar uma teoria filosófica do sujeito a uma teoria do sujeito do desejo, derivada de Freud e de Hegel por meio de Kojève. A partir disso, ele passará para a noção de sujeito do inconsciente.

É de um artigo publicado por Henri Wallon, em 1931, que Lacan emprestará o termo "estádio do espelho" (*stade du miroir*).[4] No entanto, Lacan não cita sua principal fonte. O nome de Wallon não é mencionado nem na palestra de Lacan, nem na bibliografia da *Encyclopédie française*. Como tive oportunidade de mostrar, Lacan sempre tentou apagar o nome de Wallon a fim de se apresentar como criador da expressão. Françoise Bétourné, por exemplo, encontrou cerca de sessenta exemplos do uso do termo "estádio do espelho" na obra de Lacan, que sempre afirmou ser o introdutor do termo. Em seu seminário sobre *L'Acte psychologique* (sessão de 10 de janeiro de 1968), ele diz: "Todos sabem que entrei na psicanálise com uma vassourinha chamada 'estádio do espelho'[...]. Transformei o 'estádio do espelho' em um cabide".[5]

Para entender o que aconteceu em 1936, é preciso saber que na época Lacan desconhecia o trabalho de Melanie Klein, cujas teorias ainda eram pouco conhecidas na França. Na discussão que se seguiu à palestra da SPP, ninguém mencionou seu trabalho, ainda que este carregasse ideias sobre relações de objeto, desmame e formação de caráter em crianças. Na verdade, Lacan, à sua própria maneira – uma maneira "francesa", no caso –, estava fornecendo uma interpretação de Freud que corria paralelamente à interpretação da própria Klein a respeito do mestre no mesmo período. A leitura específica que Lacan faz de Freud surgiu de sua participação no seminário

---

4 WALLON, Henri. "Comment se développe chez l'enfant la notion de corps propre". *Journal de psychologie*, p. 705-48, nov.-dez. 1931; *Les origins du caractère chez l'enfant*. Paris: PUF, 1973.
5 Como citado por Françoise Bétourné, *L'insistance des retours du Un chez Jacques Lacan*, tese de doutorado em psicopatologia fundamental e psicanálise, Universidade de Paris VII, 23 de fevereiro de 2000, vol. 3, p. CVIII-CIX. Emile Jalley observa com razão que Lacan menciona autores citados por Wallon sem conhecê-los diretamente. Ver *Freud, Lacan, Wallon*, p. 151.

de Kojève sobre a *Fenomenologia do espírito,* e deriva diretamente das perguntas feitas na revista *Recherches philosophiques*, da qual Kojève era um dos luminares. A geração de Kojève fora marcada pelos "três H's" da fenomenologia: Husserl, Heidegger e Hegel. Essa geração buscava na filosofia uma forma de entender um mundo que via a ascensão de ditaduras, assombrado por problemas de angústia, consciência fragmentada, dúvidas a respeito do progresso humano e todas as formas de niilismo que derivavam do medo de que a História pudesse estar chegando ao fim. Lacan pertencia a esse grupo.

Documentos desse período mostram que, em julho de 1936, Lacan pretendia colaborar com Kojève em um estudo que lidava com os mesmos princípios filosóficos encontrados na palestra de Marienbad e, posteriormente, no artigo da *Encyclopédie*. O estudo teria o título "Hegel e Freud: Uma tentativa de interpretação comparada". A primeira parte se chamava "A gênese da autoconsciência"; a segunda, "A origem da loucura"; e a terceira, "A essência da família". No fim, o estudo nunca chegou a ser escrito. Mas, nas quinze páginas que sobreviveram na letra de Kojève, encontramos três dos principais conceitos utilizados por Lacan em 1936: o eu como sujeito do desejo, o desejo como revelação da verdade do ser e o ego como local de ilusão e fonte de erro. Esses conceitos também estariam presentes, misturados às duas teorias sobre a origem da loucura e a essência da família, em todos os textos publicados por Lacan entre 1936 e 1949. Eles podem ser encontrados em "Para-além do princípio de realidade" e em *Complexos familiares*, bem como em *Observações sobre a causalidade psíquica* e na segunda versão do "estádio do espelho", palestra ministrada no 16º Congresso da IPA, em Zurique.[6]

Não há dúvidas de que Lacan tenha se inspirado nas páginas manuscritas de Kojève, nas quais seu autor sugere que, para estar a par dos tempos, os anos 1930 precisariam sair da filosofia cartesiana baseada no "Eu penso" e progredir para a filosofia de Freud e Hegel baseada no "Eu desejo", na compreensão de que o desejo seria o *Begierde* hegeliano mais do que o *Wunsch* freudiano. *Begierde* é o desejo por meio do qual a relação

---

6   Ver, em especial: LACAN, Jacques. "Au-delà du 'principe de la réalité'" (1936). *Ecrits*. Paris: Seuil, 1966, p. 73-93; "Le Temps logique et l'assertion de certitude anticipée" (1945), p. 197-215; e "Propos sur la causalité psychique" (1946), p. 151-97.

da consciência com o *self* é expressa: a questão é reconhecer o outro ou a alteridade na medida em que a consciência encontra a si mesma nesse exato movimento. O outro é o objeto do desejo que a consciência deseja em uma relação especular negativa que lhe permite se reconhecer nele. O *Wunsch*, ou desejo no sentido freudiano, é mais simplesmente uma inclinação, uma aspiração, a realização de um desejo inconsciente. Assim, na transição de uma filosofia do "eu penso" para uma filosofia do "eu desejo", segundo Kojève, existe uma cisão entre o verdadeiro eu do pensamento ou do desejo e o ego (*moi*), visto como fonte do erro e local de meras representações.

Isso nos mostra a evolução da interpretação que Lacan faz de Freud entre 1932, quando a tese sobre Aimée e a paranoia da autopunição foi publicada,[7] e 1936, quando a primeira versão perdida do "estádio do espelho" foi escrita. A analogia entre Lacan e Klein consiste, acima de tudo, na forma como ambos contribuíram quase ao mesmo tempo para uma reforma interna do pensamento psicanalítico. Assim como Melanie Klein, Lacan aborda a segunda topografia de Freud com uma oposição a qualquer forma de psicologia do ego. Duas escolhas eram possíveis após a reforma pretendida pelo próprio Freud em 1920-3. Uma era tornar o ego produto de uma diferenciação gradual do id, atuando como representativo da realidade e encarregado de conter as pulsões (isso era psicologia do ego); a outra recusava qualquer ideia de um ego autônomo e estudava sua gênese em termos de identificação.

Em outras palavras, se fosse escolhida a primeira opção, que até certo ponto foi o caminho seguido pela psicanálise nos Estados Unidos, se tentaria remover o ego do id e transformá-lo no instrumento da adaptação do indivíduo à realidade externa. Se escolhida a segunda opção, a de Klein e Lacan e seus respectivos seguidores, e mais tarde da Psicologia do *Self* (a de Heinz Kohut, por exemplo), o ego seria trazido de volta na direção do id para mostrar sua estruturação em estágios, por meio de imagos emprestadas do outro mediante identificações projetivas.

Para entender essa evolução, devemos definir a ideia de narcisismo no sentido freudiano do termo. Embora a posição de Freud tenha mudado

---

[7] LACAN, Jacques. *De la psychose paranoïaque dans ses rapports avec la personnalité* (1932). Paris: Seuil, 1975. Ver p. 12-16.

várias vezes após a publicação, em 1914, de seu famoso artigo "Sobre a introdução do narcisismo",[8] podemos dar uma definição mais ou menos firme da distinção traçada por ele entre narcisismo primário e secundário. O narcisismo primário é um primeiro estado, anterior à constituição do ego e, portanto, autoerótico, por meio do qual a criança vê sua própria pessoa como objeto de amor exclusivo – um estado que precede sua capacidade de se voltar para objetos externos, a partir dos quais decorre a constituição do ego ideal. O narcisismo secundário resulta da transferência para o ego de investimentos em objetos no mundo externo. Tanto o narcisismo primário quanto o secundário parecem ser uma defesa contra pulsões agressivas.

Em 1931, Henri Wallon deu o nome *épreuve du miroir* (teste do espelho) a um experimento no qual uma criança, posta em frente a um espelho, gradualmente distinguia seu próprio corpo de sua imagem refletida. De acordo com Wallon, essa operação dialética ocorre por causa da compreensão simbólica que o sujeito tem do espaço imaginário no qual sua unidade é criada. Na visão de Wallon, o teste do espelho demonstra uma transição do especular para o imaginário, e depois do imaginário para o simbólico. No dia 16 de junho de 1936, Lacan revisou a terminologia de Wallon e trocou *épreuve du miroir* por *stade du miroir* ("estádio do espelho") – ou seja, misturou dois conceitos, "posição" no sentido kleiniano e "fase" no sentido freudiano. Assim, ele eliminou a referência de Wallon a uma dialética natural. No contexto do pensamento de Lacan, a ideia de um estádio do espelho não tem mais nada a ver com um verdadeiro estágio ou fase no sentido freudiano, nem com um espelho de verdade. O estágio se torna uma operação psíquica ou ontológica, por meio da qual um ser humano é feito por meio da identificação com seu semelhante.

De acordo com Lacan, que emprestou a ideia do embriologista holandês Louis Bolk,[9] a importância do estádio do espelho deve ser associada ao nascimento prematuro do humano, que é demonstrado objetivamente pela incompletude anatômica do sistema piramidal em crianças e suas capacidades imperfeitas de coordenação motora nos primeiros meses de vida. A

---

8 *SE14*, p. 67-102.
9 BOLK, Louis. "La Genèse de l'homme" (Jena, 1926). *Arguments 1956-1962*. Toulouse: Privat, vol. 2, p. 1-13.

partir dessa data, e cada vez mais com o passar do tempo, Lacan se distancia do modelo psicológico de Wallon, descrevendo o processo em termos do inconsciente mais do que da consciência. Baseando-se em uma das teorias de Kojève, ele declara que o mundo especular, no qual a identidade primordial do ego é expressa, não contém nenhuma alteridade. Daí a definição canônica: o *stade du miroir* é uma "fase" – ou seja, um estado que estruturalmente sucede outro estado, e não um "estágio" no sentido evolucionário. A distinção é considerável, ainda que Lacan retenha a terminologia freudiana e a ideia de historicidade.[10] A fase do espelho, que ocorre entre o sexto e o décimo oitavo mês de vida, é o tempo em que a criança antecipa o domínio de sua unidade corporal através da identificação com a imagem de um semelhante e da percepção de sua própria imagem no espelho. Doravante, Lacan baseia sua ideia da fase do espelho no conceito freudiano de narcisismo primário. Assim, a estrutura narcisista do ego é construída com a *imago* do duplo como seu elemento central. Quando o sujeito reconhece o outro na forma de um elo conflituoso, ele chega à socialização. Quando, pelo contrário, ele regride para o narcisismo primário, ele se perde em uma imago materna e mortal.

Ao abandonar-se à morte, ele procura redescobrir o objeto materno e se agarra a um modo de destruir o outro que pende para a paranoia. Assim como Melanie Klein, Lacan defende o vínculo arcaico com a mãe na construção da identidade, mas, diferentemente dela, ele retém a ideia freudiana de um estágio com um começo, um fim e um estado preciso dentro de uma duração. Como sabemos, Melanie Klein abandonou a ideia de "estágio" ou "fase" em prol da "posição" (*Einstellung* em alemão, *position* em francês). De acordo com sua visão, a "posição" (depressiva ou paranoide/esquizoide) ocorre em um certo ponto na existência do sujeito, um ponto em seu desenvolvimento, mas esse momento, interno à sua vida de fantasia, pode ser repetido estruturalmente em outros estágios de sua vida. Outra diferença entre Lacan e Melanie Klein é que ela rejeita a ideia do narcisismo primário e postula a existência desde

---

10 Em inglês, os termos "*phase*" (fase) e "*stage*" (estágio) são usados muitas vezes de forma intercambiável. Em alemão, *Stufe* é usado para significar "estágio" no sentido freudiano, enquanto *Stadium* traduz o conceito lacaniano.

cedo das relações de objeto como um fator constituinte no surgimento do ego. Podemos ver como Lacan, por meio da noção da fase do espelho, resolve sua primeira concepção do Imaginário e constrói um conceito de sujeito, distinto do ego, que não tem nada a ver com o de Freud.

Maurice Merleau-Ponty foi o primeiro a comentar a ideia de Lacan em suas palestras de 1949 a 1951 sobre psicologia infantil. Ao mesmo tempo em que elogiava Wallon, ele mostrou que Lacan tinha uma compreensão muito mais firme do mito essencial de Narciso, para além do que foi dito por Freud, abrindo caminho para uma abordagem mais fenomenológica para o problema: "Lacan revisa e enriquece o mito de Narciso, tão apaixonado por sua imagem que mergulha na água e se afoga. Freud viu o elemento sexual do mito antes de mais nada, a libido dirigida para o próprio corpo do sujeito. Lacan faz uso total da lenda e incorpora seus outros componentes".[11]

A questão do sujeito se torna central na segunda versão da palestra sobre o estádio do espelho, ministrada em Zurique no 16º Congresso da IPA, em 1949. Ernest Jones era novamente o presidente, mas dessa vez ele permitiu que Lacan lesse seu artigo até o final. As posições agora adotadas por Lacan eram diferentes das de 1936. O que o interessava em 1949 era um plano para construir a noção de sujeito na psicanálise e na história da ciência – um tópico já abordado sob influência de Kojève. O título da palestra de Lacan reflete sua nova preocupação: "O estádio do espelho como formador da função do eu tal como nos é revelada na experiência psicanalítica".

Antes de chegar a essa nova formulação, Lacan havia tido o cuidado de entrar no movimento psicanalítico pela porta da frente. Após a humilhação em Marienbad, ele publicou um artigo na revista *L'Evolution psychiatrique* intitulado "Para-além do princípio de realidade", no qual clamava pela criação de uma segunda geração psicanalítica capaz de ocasionar a "revolução" teórica necessária para se chegar a uma nova interpretação de Freud. Como bem se sabe, Lacan pertencia à terceira geração mundial, mas ele via a si mesmo como o porta-voz de uma segunda geração em relação aos pioneiros da primeira geração francesa, a quem ele acusava de não terem entendido

---
11   MERLEAU-PONTY, Maurice. *Merleau-Ponty à la Sorbonne, résumé de cours 1949-1952*. Grenoble: Cynara, 1988, p. 112-13. Ver também *Emile Jalley, Freud, Wallon, Lacan*.

as descobertas do mestre. Ele fez questão de datar seu texto da forma mais precisa possível: "Marienbad-Noirmoutier, agosto-outubro de 1939". A data tem sua importância. Foi em Noirmoutier que Lacan passou o verão de 1936 com sua primeira mulher, Marie-Louise Blondin, na época grávida de cinco meses. Aos 35 anos de idade, prestes a se tornar pai pela primeira vez, ele saúda o triunfante advento de uma geração da qual ele agora se vê como líder intelectual e a quem ele imbui da tarefa de "ler Freud" contra e independentemente de qualquer psicologia do ego.

No plano teórico, esse chamado à rebeldia é uma continuação da formulação que Lacan faz da primeira versão do estádio do espelho e do artigo no qual ele deveria ter colaborado com Kojève. Lacan se distancia da ideia de que um indivíduo possa se adaptar à realidade. Assim, ele faz da identificação mental um fator constituinte no conhecimento humano. Daí a proposta de identificar "postos (*postes*) imaginários de personalidade", os três elementos na segunda topografia de Freud (ego, id e superego), e então criar um quarto, o eu, que ele descreve como a função por meio da qual o sujeito pode se reconhecer. A primeira formulação de Lacan do conceito do Imaginário, pelo qual a gênese do ego é assimilada, assim como com Melanie Klein, a uma série de operações baseadas na identificação com imagos, é acompanhada de uma menção ainda mais vaga da noção de identificação simbólica. Desnecessário dizer que essa ideia foi expandida mais tarde.

Ao preparar sua nova palestra sobre o estádio do espelho para o congresso de Zurique, Lacan não advogava mais as mesmas posições que havia defendido antes da guerra. Àquela altura ele havia lido o trabalho de Melanie Klein e descoberto o de Lévi-Strauss. Ele também vinha adaptando os princípios da linguística saussuriana para seus próprios propósitos, embora ainda não tivesse feito uso deles. Ele tinha interesse na lógica do *cogito* cartesiano, e ainda era fascinado pela psicogênese da loucura. O tema do *cogito*, que estava ausente do texto de 1936, se tornou central no de 1949, quando Lacan propôs uma teoria do sujeito. Para entender sua importância, precisamos examinar a palestra ministrada por ele em Bonneval no ano de 1946, "Formulações sobre a causalidade psíquica".

Em resposta a Henri Ey, que sugeriu a combinação de neurologia e psiquiatria para propiciar a esta última uma teoria que pudesse incorporar conceitos psicanalíticos, Lacan defendeu uma revisão do conhecimento psiquiátrico baseado no modelo do inconsciente freudiano. No entanto, como em oposição aos cientistas que reduziam o homem a uma máquina, ambos partilhavam da crença – assim como a maioria dos psiquiatras na época – de que a psicanálise restaurava um significado humanista à psiquiatria, na medida em que rejeitava a ideia de uma classificação de enfermidades isoladas da experiência cotidiana da loucura.

Era nesse contexto que Lacan defendia a necessidade de um retorno a Descartes – não à filosofia do *cogito*, mas a uma filosofia capaz de compreender a causalidade da loucura. Em poucas linhas, ele comentou a famosa frase na primeira parte de *Meditações* que mais tarde se tornou tema de uma polêmica entre Michel Foucault e Jacques Derrida.[12] Descartes escreveu: "E como poderia eu negar que estas mãos e este corpo são meus, não fosse talvez por me comparar a esses insensatos, cujo cérebro está tão perturbado e ofuscado pelos negros vapores da bílis, que eles constantemente nos asseguram de que pensam ser reis, quando na verdade são muito pobres, ou que se vestem de ouro e púrpura, quando na verdade estão nus, ou que imaginam serem cântaros ou terem um corpo de vidro. Mas eles são loucos, e eu não seria menos insano se me guiasse por exemplos tão extravagantes".[13] Assim, em 1946, Lacan sugeriu, como também fez Derrida posteriormente, que a fundação cartesiana do pensamento moderno não excluísse o fenômeno da loucura.

Se compararmos essa atitude com a de 1949 a respeito do estádio do espelho, veremos que Lacan mudou seu ponto de vista. Depois de apelar a Descartes em 1946, ele passa a rejeitar o cartesianismo e aponta que a experiência da psicanálise "é fundamentalmente oposta a qualquer filosofia que derive do *cogito*". Na versão de 1966, que foi incluída nos *Escritos*, ele corrige a palestra reforçando sua crítica ao *cogito*: ele diz que o estádio do

---

12 Ver DERRIDA, Jacques. "*Cogito* and the history of madness". Writing and Difference. Trad. Alan Bass. Chicago: University of Chicago Press, 1978, p. 31-63.

13 René Descartes, The Philosophical Works, vol.1, trad. Elizabeth S. Haldane e G. R. T. Ross (Cambridge: Cambridge University Press, 1967), p. 145.

espelho é "uma experiência que nos leva a contestar qualquer filosofia que derive diretamente do *cogito*" (*E*, p. 1). Portanto, podemos ver como Lacan evolui entre 1936 e 1949. No começo, ele constrói uma teoria fenomenológica do imaginário enquanto se distancia da noção biológica de "estágios". Então, ele apela para a racionalidade cartesiana para mostrar que a loucura tem sua lógica própria e não pode ser entendida independentemente do *cogito*. E, por último, ele inventa uma teoria do sujeito que rejeita não somente o *cogito* cartesiano, mas também a tradição da psicologia do ego que deriva do *cogito*. Sua crítica era dirigida tanto a Daniel Lagache, que estava ansioso para estabelecer na França uma unidade psicológica que incluísse a psicanálise, quanto aos defensores americanos da psicologia do ego, que, diga-se de passagem, não eram nada cartesianos.

Quanto à palestra de 1949, ela é simplesmente esplêndida em estilo e tom. Estamos agora muito distantes da versão de 1936 do estádio do espelho. Treze anos depois da humilhação de não conseguir entrar na arena do movimento psicanalítico, Lacan nos convida a participar de uma visão genuinamente trágica do homem – uma visão derivada de uma estética barroca, das opiniões de Theodor Adorno e Max Horkheimer sobre Auschwitz,[14] e de uma concepção do tempo influenciada por Heidegger. Ele transforma a psicanálise em uma escola para ouvir as paixões da alma e o mal-estar da civilização, a única escola capaz de se contrapor aos ideais filantrópicos, mas enganosos, das terapias da felicidade que alegam tratar o ego e cultivar o narcisismo, quando na verdade dissimulam a desintegração da identidade interior.

[Tradução para o inglês de Barbara Bray]

---

14 HORKHEIMER, Max; ADORNO, Theodor W. *Dialectic of Enlightenment*. Nova Iorque: Herder, 1972.

3 Os mitos de Lacan

Darian Leader

O trabalho de Freud, na tentativa de mapear a arqueologia da psique humana, já foi igualmente elogiado e difamado por introduzir, com frequência, mitos e narrativas que vão desde mitos clássicos até a invenção de novos mitos, desde o uso do Édipo de Sófocles até a estranha história sobre a origem da sociedade apresentada em *Totem e Tabu*. Críticos de Freud apontaram as limitações desses modelos, sua contingência histórica e a implausibilidade de suas reivindicações em termos de evidências extraídas de outros campos das ciências humanas. Como narrativas históricas, suas fragilidades são entendidas como fator de descrédito da teoria freudiana como um todo, e, por isso, as teorias psicológicas do complexo de Édipo ou do complexo de castração se tornaram, por sua vez, meros mitos, ficções que colapsam uma vez que seus alicerces históricos passam por um olhar inquisidor.

Mesmo para aqueles que são simpáticos à psicanálise, muitas das narrativas de Freud parecem peculiares e implausíveis, e, ainda assim, como deixa claro o texto publicado recentemente sobre a importância da era do gelo para o desenvolvimento humano, tais ideias fantasiosas formaram uma parte integral do método de Freud.[1] Uma busca pelas origens caracterizou boa parte do pensamento do início do século XX, assim como no Iluminismo, e o comprometimento de Freud com uma forma de filogenia era compartilhado por muitos outros pensadores europeus. Ainda que este não seja o espaço para se entrar em detalhes sobre o uso que Freud fez do mito clássico e das construções míticas, podemos perguntar se os métodos de exposição de Lacan têm algo em comum com

---

1 FREUD, Sigmund. *A Phylogenetic Fantasy* (1914). Ed. Ilse Grubrich-Simitis. Cambridge, Mass.: Harvard University Press, 1987.

os de Freud. Podemos, de fato, falar sobre os "mitos de Lacan" da mesma forma que fazemos com os de Freud?

Lacan certamente usava as narrativas de forma muito diferente de Freud. Após o final dos anos 1950, em geral ele evitou esquemas de desenvolvimento e também usava, com parcimônia, o tipo de analogia que era caro a Freud, o que é congruente com a dificuldade de seu estilo. A teoria do estádio do espelho é provavelmente um dos conceitos mais acessíveis de Lacan, e talvez sua característica de desenvolvimento seja a responsável pela forma equivocada como costuma ser interpretada. Sua "facilidade" gera uma gama de problemas, e as reformulações de Lacan após sua introdução nos anos 1930 atestam seu esforço de minar as assimilações rápidas de seus conceitos. Também se pode argumentar que esquemas de desenvolvimento têm algo em comum com os mitos, e que ao evitar um, Lacan necessariamente evitaria o outro. Se entendemos os mitos menos como ficções com baixo valor de verdade do que como tentativas de entender conjuntos de eventos contingentes e talvez traumáticos por meio de uma narrativa, então todos os esquemas de desenvolvimento têm um caráter mítico.

Freud, afinal, introduz mitos como a história de *Totem e Tabu* ou os conflitos de Eros e Tânatos nos momentos em que tenta articular problemas clínicos associados com as dificuldades da psique em acomodar dor ou prazer excessivos. Em termos lacanianos, o mito é inserido como uma maneira de abordar o real, que resiste à simbolização. Se um princípio básico da teoria psicanalítica é de que existe um aspecto da realidade humana não passível de simbolização e de representação, o resultado é que as tentativas de acessá-la de forma teórica envolverão modos possivelmente descontínuos de apresentação. Seria possível pensar aqui não somente no uso freudiano do mito, mas também no uso lacaniano das formalizações matemáticas e lógicas.

Como veremos, esse é um fio que percorre todo o trabalho de Lacan e permitirá que situemos o sentido de mito que lhe é particular. Embora ele gravite na direção de modos de exposição e problemas lógicos, podendo ser interpretado como um esforço para disputar a tentação imaginária de assimilar novas ideias a conjuntos de significados reconhecíveis e familiares, isso faz parte de um projeto mais amplo de encontrar estruturas matemáticas para a psique. Nesse sentido, é compreensível que se evite o apelo de Freud à narrativa e sua busca pelas origens. No lugar, encontramos uma ampla gama de aparatos lógicos e matemáticos, desde o artigo inicial sobre o problema do tempo lógico até o interesse posterior pelos nós, que caracterizaria seus últimos trabalhos. E, com isso, encontramos uma teoria – e um uso – particular do mito.

Para abordar essa linha do trabalho de Lacan, precisamos focar em dois temas que são centrais para a psicanálise: a impossibilidade e a contradição. Nos trabalhos iniciais de Freud sobre os sistemas de defesa na psique, ele argumenta que certas representações serão consideradas incompatíveis com outras, e que barreiras serão estabelecidas para separá-las. Essas separações surgem da experiência da dor, e geram oposições e contradições: por exemplo, a representação da mãe como um ser sexual pode ser considerada incompatível com a de uma mãe como objeto de amor, produzindo a famosa divisão na vida amorosa na qual uma mulher que é amada não pode ser desejada sexualmente, e uma mulher que é desejada sexualmente não pode ser amada. A corrente da vida amorosa deriva da experiência da dor – de se considerar a mãe um objeto, ao mesmo tempo, amoroso e sexual – e resulta na fabricação de uma impossibilidade: uma vez feita a separação, uma mulher não pode ser, ao mesmo tempo, amada e desejada.

Freud também afirmava que, no vínculo arcaico da criança com seu cuidador, existe uma dimensão da relação entre eles que é separada do campo da predicação linguística, na qual as representações que envolvem qualidades e atributos são construídas. Essas cadeias linguísticas circularão em torno do objeto primário sem nunca acessá-lo. As teorias iniciais de Freud sugerem, dessa maneira, que existem pelo menos duas formas diferentes de impossibilidade encontradas pelo sujeito: a impossibilidade de simbolizar um real primordial e as impossibilidades geradas pela rede das representações em si.

Esses embates também estão no cerne de como Freud explora as teorias da sexualidade infantil. A criança é despreparada e incapaz de entender fenômenos tão perturbadores e enigmáticos quanto a relação sexual entre seus pais, o parto e as primeiras agitações sexuais de seu próprio corpo. Não há nenhum conhecimento, no sentido de uma rede significadora de representações, que consiga abrangê-las de uma forma simples. Então a criança constrói, dolorosamente, teorias sexuais para injetar significado e representação, para gerar um conhecimento em torno desses pontos de impasse (*SE9*, p. 209-26). Freud notou como as crianças eram céticas a respeito das explicações habituais oferecidas pelos pais, e assim preferiam inventar suas próprias versões, usando materiais fornecidos pelo seu próprio ambiente significador. Contudo, o fato de que essas invenções tendiam a cair em um número limitado de formas sugeria que havia certas leis organizadoras envolvidas. Isso permitiu que Freud enumerasse um número limitado de teorias da sexualidade infantil.

Era exatamente esse tipo de contraste entre elementos do vocabulário biográfico de um indivíduo e princípios formais e organizadores que interessaria ao antropólogo Claude Lévi-Strauss. Ainda que os constituintes de uma biografia ou de um mito fossem infinitos, por que as formas que eles assumiam se revelavam com um número limitado de estruturas? Em seu artigo "A eficácia simbólica", publicado em 1949, ele argumentou que enquanto o pré-consciente consistia em um léxico individual "onde cada um de nós acumula o vocabulário de sua história pessoal", o inconsciente "o estrutura de acordo com suas leis e assim o transforma em linguagem". O inconsciente "é tão alheio às imagens mentais quanto o estômago o é aos alimentos que passam por ele. Assim como o órgão de uma função específica, o inconsciente meramente impõe leis estruturais a elementos desarticulados que se originam em outros lugares – pulsões, emoções, representações e memórias".[2]

O artigo de Lévi-Strauss foi importante para Lacan de várias maneiras. Além de introduzir a ideia do que Lévi-Strauss chamava de "inconsciente vazio", ele elaborava uma sutil comparação entre o trabalho do psicanalista e do xamã. O xamã apela para o mito para reintegrar o que um paciente pode vivenciar como uma dor física arbitrária e incoerente. O apelo ao sistema simbólico do mito pode servir para situar isso em uma estrutura de

---

2 LÉVI-STRAUSS, Claude. *Structural Anthropology*. Trad. Claire Jacobson e Brooke Grundfest Schoepf. Nova Iorque: Basic Books, 1963, p. 203.

significado, dando ao paciente uma linguagem pela qual possa expressar seu estado psíquico. Mas enquanto o paciente do xamã recebe um mito social que não corresponde a um "estado pessoal anterior" (um distúrbio físico), o neurótico ocidental começa com "um mito individual" composto de elementos extraídos de seu passado.

Esse mito consistiria de elementos da história pessoal do paciente – seu vocabulário – estruturados pela função simbólica dos princípios organizadores do inconsciente. "A forma mítica", diz Lévi-Strauss, "tem precedência sobre o conteúdo da narrativa".[3] Isso explicaria o fato de que, segundo Freud, há um número limitado de complexos, embora a diversidade das experiências de pacientes seja obviamente ilimitada. O complexo molda a multiplicidade de casos e é equivalente ao que Lévi-Strauss chama de mito individual.

Essa tensão entre o nível do que Lévi-Strauss chama de vocabulário pessoal e a estrutura formal corresponde à noção lacaniana de inconsciente como a imposição do significante, e talvez tenha tido alguma influência sobre ela. Lacan, na verdade, viria a adotar o termo "mito individual" de Lévi-Strauss, o qual constitui uma parte importante de seu programa de pesquisa nos anos 1950. Contudo, o que tornou o conceito de Lévi-Strauss tão aproveitável para Lacan foi o acréscimo, ao longo dos anos seguintes, de uma subestrutura matemática. O projeto de Lacan de encontrar o substrato matemático da psicanálise talvez deva algo ao otimismo geral da época, de que técnicas e estruturas matemáticas poderiam ser aplicadas de forma produtiva às ciências humanas. Quando Lévi-Strauss idealizou esse modelo exato para formalizar a estrutura e a função dos mitos, Lacan imediatamente o colocou em uso.

Os anos 1940 e 1950 viram a introdução de modelos matemáticos na antropologia, estruturas primariamente algébricas, estruturas de ordem e topologia. Lévi-Strauss já vinha usando ideias algébricas da teoria de grupos em 1945, em seu ensaio "A análise estrutural em linguística e antropologia", e veio a desenvolvê-las cerca de quatro anos mais tarde em *As estruturas elementares do parentesco* em colaboração com o matemático André Weil. O momento crucial para Lévi-Strauss veio quando ele percebeu que, embora os

---
3 Lévi-Strauss, *Structural Anthropology*, p. 204.

mitos parecessem ser compostos de certos pilares básicos, da mesma forma que palavras eram compostas de fonemas, esses deveriam ser vistos menos como elementos isolados do que como punhados de relações. Quando perguntou pela primeira vez a Weil se ele tinha qualquer interesse em estudar a matemática das diversas operações que constituíam o casamento, Weil respondeu que não tinha nenhum interesse no casamento, somente na relação entre os casamentos.[4]

Esse passo crucial de priorizar as estruturas relacionais guiou o trabalho de Lévi-Strauss tanto sobre os sistemas de parentesco quanto sobre os mitos. Ademais, ver o mito como algo composto por conjuntos de relações era conveniente para os matemáticos da teoria de grupos, que permite que uma equação seja identificada com um grupo de permutações. Todas as variantes conhecidas de um mito poderiam ser colocadas dentro de um conjunto que forma o grupo de permutações. Os elementos consistiriam de relações entre termos ou conjuntos de termos. Mas podemos de fato perguntar o que tudo isso tem a ver com psicanálise, e especialmente com a prática clínica. A resposta para essa pergunta nos mostra por que o mito era tão importante para Lacan.

Vimos anteriormente como Freud interpretou as teorias da sexualidade infantil como respostas que usam material significador para os dolorosos problemas de sexualidade e da dinâmica familiar. O que parecia uma contradição ou uma impossibilidade poderia ser entendido com o uso das teorias sexuais. Um mito poderia ser visto da mesma forma. Muito antes de Lévi-Strauss, os mitos costumavam ser entendidos como uma forma de uma sociedade dar sentido à questão de suas origens ou aos mistérios do nascimento e da morte. Como teoria sexual, um mito é uma maneira de tratar uma impossibilidade. Mas Lévi-Strauss foi muito além. Ele argumentou que o mito responde à situação inicial da impossibilidade ou da contradição não com uma solução, mas sim encontrando novas maneiras de formulá-la de maneira lógica. Uma contradição responderia à outra, por assim dizer.

Em sua análise do mito edipiano, por exemplo, a contradição inicial é entre a teoria da origem autóctone do homem (nascido de um) e o

---

4 Lévi-Strauss, comunicação pessoal, 1997.

conhecimento de que o homem é, na verdade, nascido de dois. Embora esse problema não possa ser resolvido, argumenta Lévi-Strauss, o mito de Édipo fornece uma "ferramenta lógica" que faz a relação entre esse problema inicial e um problema secundário, "nascer do diferente ou nascer do igual". A chave aqui é o elo entre os dois conjuntos de relações para oferecer uma fórmula funcional básica: a superestimação das relações sanguíneas (ex: incesto) está para a subestimação das relações sanguíneas (ex: parricídio) assim como a tentativa de escapar da autoctonia está para a impossibilidade de consegui-lo. Assim, passamos de uma teoria do mito edipiano, como a representação disfarçada de desejos reprimidos, para um modelo estrutural que o vê como a resposta para um problema lógico.

Em uma de suas primeiras formulações sobre o mito, Lévi-Strauss o definiu da seguinte maneira: "A incapacidade de conectar duas relações (contraditórias) é superada (ou ainda, substituída) pela afirmação positiva de que relações contraditórias são idênticas na medida em que são ambas autocontraditórias de uma forma similar".[5] Um mito aborda uma contradição inicial entre A e B e mostra que uma contradição maior entre C e D é contraditória de uma maneira similar. Lacan adotou essa definição de mito como um modelo de trabalho, usando-o no seminário inicial realizado em sua casa sobre os casos de Freud e, mais tarde, no final dos anos 1950. O mito, nos termos muito lévi-straussianos de Lacan, era "uma maneira de confrontar uma situação impossível através da articulação sucessiva de todas as formas de impossibilidade da solução".[6]

Esses avanços na antropologia estrutural uniram dois projetos fundamentais para Lacan: o estudo da estrutura mental como resposta para um embate com contradições e impossibilidades e o estudo da estrutura matemática como estrutura subjacente da psique e da ordem simbólica. Embora normalmente se presuma que seu uso do modelo de Lévi-Strauss comece com seu comentário sobre o caso do Pequeno Hans, em 1956, o artigo mais antigo sobre "O mito individual do neurótico" encerra um uso

---
5 Lévi-Strauss, *Structural Anthropology*, p. 216.
6 LACAN, Jacques. *Le Séminaire IV: La Relation d'objet, 1956-1957*. Ed. Jacques-Alain Miller. Paris: Seuil, 1994, p. 330.

bastante estrito do esquema de Lévi-Strauss, aplicado ao caso do Homem dos Ratos.[7] Lacan não reproduz a fórmula matemática que Lévi-Strauss apresenta em seu artigo sobre o mito, mas faz referência a ele de forma implícita em todo o texto.

Lacan foca na situação que parece precipitar a neurose do Homem dos Ratos. Este perde seus óculos durante manobras militares e encomenda outro par vindo de Viena, que chega em pouco tempo. Mas, ao passo que ele sabe perfeitamente bem para quem deve o dinheiro, ele fabrica um enredo obsessivo envolvendo um certo Tenente A, que paga o dinheiro a uma senhora no correio, que por sua vez repassa o dinheiro a um Tenente B, que, por fim, entrega a soma para o Tenente A. Ao discutir o caso, é nesse enredo absurdo que Lacan coloca sua ênfase, mais do que no relato arrepiante da tortura do rato tão mencionado por comentaristas. O que o interessa, sob influência de Lévi-Strauss, é o sistema de relações envolvido e, assim como com o mito, a constelação que precede o nascimento do paciente.

Lacan sugere que essa constelação tem uma "fórmula transformadora", que se torna cristalizada no enredo que envolve os óculos. As duas relações principais dizem respeito (1) ao casamento do pai do Homem dos Ratos com uma mulher mais rica de *status* mais elevado, sucedendo sua ligação com uma garota pobre, mas bonita, e (2) uma dívida de jogo da qual o pai é salvo por um amigo, a quem ele mais tarde não consegue pagar. Ele havia na verdade perdido no jogo todo o dinheiro do regimento e só foi salvo da desgraça graças à intervenção do amigo. Essas duas dívidas formam uma primeira contradição e Lacan alega que existe "uma correspondência estrita entre esses elementos iniciais da constelação subjetiva e o desdobramento final" da trama obsessiva.

O Homem dos Ratos está tentando reformular a impossibilidade de unir (1) e (2), as duas dívidas que funcionam em diferentes níveis em seu histórico familiar, e o conjunto intricado de trocas que compõem o enredo do pagamento são uma variante funcional da contradição inicial. Elas são uma nova versão da relação inaugural entre o pai, a mãe e o amigo.

---

7 LACAN, Jacques. "The neurotic's individual myth" (1953). Trad. Martha Noel Evans. *Psychoanalytic Quarterly*, 48 (1979).

"Esse enredo fantasmático", escreve Lacan, "lembra um pequeno drama, uma gesta que é exatamente a manifestação do que chamo de mito individual neurótico".[8]

A leitura que Lacan faz do caso do Homem dos Ratos acaba elaborando uma diferenciação das funções simbólicas e imaginárias do pai, e foi o uso desses registros que ele acrescentou logo depois ao modelo de Lévi-Strauss. Um mito ainda era entendido como a reformulação da contradição ou da impossibilidade, mas agora era o trabalho simbólico da reformulação ou do "remanejamento" que respondia a alguma emergência do real por meio da permutação de elementos imaginários. Como esse tipo de reorganização de fato caracterizaria a vida inicial da criança, o argumento de Lacan sugere que a construção dos mitos seria um aspecto central de entrada na ordem simbólica. Isso se ilustraria claramente na leitura que Lacan faz do caso do Pequeno Hans.

Confrontado com a questão inicial de sua posição em relação à mãe, Hans precisa lidar com outros dois problemas: a experiência de suas primeiras ereções e o nascimento de uma irmã. Estes constituem elementos reais e, para situá-los em uma nova configuração simbólica, os elementos imaginários do mundo de Hans precisam ser remanejados. Isso resulta na proliferação de histórias, ideias, sonhos e enredos inventados por Hans, que usam um número limitado de elementos em diferentes configurações (o cavalo, outras crianças, bondes etc.). Lacan vê essa produção contínua de material como uma "atividade mítica", o esforço para passar de um mundo dominado por relações imaginárias para um mundo organizado em torno de princípios e lugares simbólicos.

Esse remanejamento equivale à fórmula transformacional do mito fornecida por Lévi-Strauss. O mito agora é definido como o uso de "elementos imaginários na exaustão de um certo exercício de troca simbólica" e como "a resposta a uma situação impossível pela articulação sucessiva de todas as formas da impossibilidade da solução".[9] A passagem do imaginário para o simbólico consiste, para Hans, em uma "organização do imaginário no

---

8 Lacan, "The neurotic's individual myth", p. 414.
9 Lacan, *Le Séminaire IV: La Relation d'objet*, p. 330.

mito",[10] uma ideia que permite que Lacan associe a teoria do mito à teoria da neurose elaborada por ele no início dos anos 1950.

Lacan havia adotado a noção heideggeriana de que a existência humana consiste fundamentalmente em uma questão, e a usou para definir a neurose como uma questão colocada pelo sujeito a respeito não somente de sua existência, mas de seu sexo. À medida que ele discute as construções míticas de Hans, ele argumenta que elas respondem à questão de seu lugar entre sua mãe e seu pai, vivenciada por ele como um impasse. Ao percorrer as diferentes formas dos modos possíveis e impossíveis de remanejar os componentes de seu mundo, ele alcança o ponto em que "o sujeito se colocou no nível de sua questão". Portanto, Hans se posiciona dentro do campo da neurose e seu uso dos mitos é equivalente, no sentido formal, ao processo de responder a uma questão e elaborá-la. A fobia, construída como uma atividade mítica, funcionou, para usar uma expressão de Lévi-Strauss, como uma "ferramenta lógica".

Um dos aspectos surpreendentes do caso do Pequeno Hans é o fato de que o próprio mito de Édipo de Freud funciona como um elemento usado por Hans em suas construções. Quando Hans e seu pai vão visitar Freud, ele conta a Hans que "Muito antes de ele vir ao mundo [...] eu sabia que um pequeno Hans viria e gostaria tanto de sua mãe que estaria fadado a sentir medo de seu pai por causa disso" (*SE10*, p. 42). O complexo de Édipo é apresentado aqui como um esquema *a priori* e, portanto, como uma narrativa puramente simbólica mais do que a consequência de um conjunto de relações empíricas. Quando críticos de Freud argumentaram não ter conseguido encontrar qualquer evidência de um complexo de Édipo em seus próprios campos de experiência, eles deixaram passar esse ponto crucial: o fato de que, como mito, o de Édipo era uma estrutura formal à qual uma criança poderia aspirar e, portanto, em um certo sentido, uma ficção propriamente dita.

No caso de Hans, em que um pai não consegue funcionar de uma forma apropriada para introduzir o mito edipiano, o filho introduz a ferramenta lógica de sua fobia para pôr as coisas em movimento. Quando Malinowski e

---

10 *Ibid.*, p. 266-7.

outros criticaram a teoria de Freud para o complexo de Édipo à luz dos dados antropológicos nos quais o papel do pai na família era claramente fraco e desvalorizado, eles deixaram passar esse ponto básico: que o ponto de partida para o Édipo de Hans era exatamente essa falha no nível de seu pai, a quem o mito edipiano fornecia uma forma de resposta, ainda que de uma maneira bastante particular com Hans. Se houvesse uma discrepância necessária entre pais reais e a função simbólica do pai, o complexo de Édipo poderia ser elaborado *como um mito* para permitir à criança um posicionamento no simbólico. O pai freudiano, nesse sentido, é menos a figura autoritária caricaturada por Malinowski do que uma figura benigna.[11]

O foco de Lacan no mito mostra como uma ficção não deveria ser entendida simplesmente como algo "falso", mas sim como algo que pode ser *usado* para organizar materiais díspares e traumáticos. Não quer dizer que seja inteiramente arbitrário, como Lévi-Strauss indicou quando ele chamou atenção para o número limitado de complexos descritos por Freud. De fato, Freud faz a mesma afirmação em sua análise do Homem dos Lobos, quando ele compara o complexo de Édipo a um esquema herdado: os esquemas herdados, ele diz, são como as categorias de filosofia, colocando impressões derivadas de experiências em uma estrutura pré-existente (*SE17*, p. 119). Quando as experiências não conseguem se enquadrar em tais esquemas, elas se tornam remodeladas, e "são exatamente tais casos que são calculados para nos convencer da existência independente do esquema".

Assim, no caso do Homem dos Lobos, a ameaça de castração foi atribuída ao pai quando na verdade surgira de outro lugar. A experiência subjetiva estava sendo reinventada para encarnar o esquema simbólico. O esquema funciona para estruturar a experiência e, segundo Freud, o complexo de Édipo é um ótimo exemplo de tal processo. Onde Freud vê a disparidade entre o esquema como uma herança filogenética e experiência vivida, Lacan a vê como relativa a estruturas simbólicas e a elementos imaginários e reais que compõem nosso mundo: mas, para ambos, existe uma disparidade entre o esquema formal e o resto da experiência, e tanto Freud quanto Lacan evocam Kant no decorrer de suas explicações. O

---

11 SPIRO, Melford. *Oedipus in the Trobriands*. 2. ed. Novo Brunswick: Transaction Press, 1993.

Édipo, portanto, não é resultado da experiência, e sua estrutura deve ser buscada em outro lugar.

Visto sob essa luz, Hans está fazendo um esforço contínuo para constituir um complexo de Édipo ficcional, ainda que no fim ele não seja inteiramente bem-sucedido. É menos uma questão de encontrar um complexo de Édipo "real" no material do que ver como uma criança pode tentar fabricar um, e como os elementos de seu ambiente podem ou encorajar ou entravar tal construção. Lacan afirma que Édipo certamente é um mito, mas que a questão básica é entender o que são os mitos e como eles são usados.

Lacan não passou a elaborar suas ideias sobre o mito como um conjunto de permutações em qualquer maneira sistemática após seu seminário sobre as relações de objeto, e é uma pena que esse aspecto de seu programa de pesquisa tenha permanecido não desenvolvido. O uso do modelo de Lévi-Strauss nos casos do Pequeno Hans e do Homem dos Ratos é extremamente frutífero; no entanto, hoje a noção de equiparação de uma neurose a um mito individual muitas vezes é aceita como mero interesse histórico. Até onde eu sei, não existe nenhum caso clínico publicado na literatura lacaniana que use o modelo proposto por Lacan para entender o material de uma forma que não seja superficial.

Apesar desse declínio de uma abordagem mais programática que caracterizou o trabalho de Lacan nos anos 1950, as duas correntes centrais da estrutura matemática e do confronto com impossibilidades percorrem todos os seus seminários subsequentes. Em seu seminário de 1969-1970, *O avesso da psicanálise*, Lacan retorna à teoria do mito de Lévi-Strauss no contexto de uma discussão sobre a verdade, argumentando que ele mostra como a verdade só pode ser dita pela metade, e que "o semi-dizer é a lei interna de toda espécie de enunciação da verdade".[12] A verdade, aqui, é associada ao desejo e emergirá "na alternância de coisas estritamente opostas". Encontramos aqui uma declaração clara do princípio estruturalista de que o que não pode ser moldado como uma proposta significativa assumirá a forma de uma relação, o exato princípio enfatizado por Lévi-Strauss em seu estudo do mito.

---

12 LACAN, Jacques. *Le Séminaire XVIII: L'Envers de la psychanalyse, 1969-1970*. Ed. Jacques-Alain Miller. Paris: Seuil, 1991, p. 126.

Um exemplo literário pode esclarecer essa ideia. A peça dentro da peça em *Hamlet* sempre constituiu uma espécie de enigma. O enredo principal trata de um filho ordenado a vingar o assassinato de seu pai e, em meio à sua indecisão e hesitação, ele tem a ideia de encenar uma peça diante do culpado, seu tio Claudius, na qual a cena do crime é dramatizada. A mini-peça, no entanto, tem como assassino do rei o sobrinho, e não o irmão, como na narrativa principal. Inúmeras interpretações desse episódio foram apresentadas na literatura sobre *Hamlet*, mas a primeira pergunta que podemos fazer é: por que era necessário acrescentar a peça extra? Qual a sua função, no sentido estrutural?

Para sermos devidamente dogmáticos, suponhamos por um momento a presença de algum material edipiano, o tipo de coisa que os melhores e piores comentaristas psicanalíticos da peça sempre enfatizaram. Meninos querem assassinar seus pais, então quando alguém de fato o faz, todas as correntes inconscientes se tornam especialmente revigoradas: o tio, nesse sentido, está no lugar do desejo inconsciente do próprio Hamlet. Não encontramos um desejo edipiano expresso como tal na peça. O que temos são dois enredos contraditórios, e é essa exata contradição que pode sugerir que quando um desejo inconsciente é impossível de se admitir, ele assumirá a forma de pedaços de materiais que não podem ser completamente sobrepostos uns aos outros. O desejo, nesse sentido, não deve ser identificado com uma ou outra parte do material, mas com a relação entre elas. Duas histórias, portanto, cifram um ponto inicial de impossibilidade, algo que não pode ser pensado, de tão insuportável: que o próprio filho esteja no lugar do assassino do pai. Em outras palavras, o que a peça dentro da peça nos mostra é que quando um desejo não pode ser expresso como uma proposição ("Quero matar o papai"), ele assumirá a forma de uma relação, uma relação na qual falta o "eu".

Podemos encontrar o mesmo princípio em funcionamento na formação dos "sonhos duplos", ocorrência de dois sonhos relacionados, mas separados, na mesma noite. Referindo-se a um artigo de Alexander, Freud escreve que "se um sonho-desejo tem como conteúdo alguma parte de comportamento proibida para com determinado indivíduo, então essa pessoa pode aparecer manifesta no primeiro sonho, ao passo que o comportamento será indicado só vagamente. No segundo sonho, será o contrário. O comportamento será mostrado abertamente, mas a pessoa estará irreconhecível, ou então alguma pessoa indiferente a substituirá" (*SE22*, p. 27). O ponto proibido, portanto, emerge não de um ou outro sonho, mas da relação entre os dois.

O argumento de Lacan, seguindo Lévi-Strauss, é muito mais forte. Não é que o pensamento proibido seja simplesmente disfarçado, escondido por trás do material do sonho, mas sim o fato de que ele só existe, de certa forma, como deslize entre um e outro. Outro exemplo pode ilustrar esse princípio. Um homem tem dois sonhos na mesma noite. Em um deles, ele perde um dente ensanguentado e o olha completamente horrorizado. No outro, seu pênis passa por um exame médico e nenhum problema é encontrado. Nenhum dos sonhos representa a castração em si, mas é na relação entre os dois que a referência à castração é situada. Em termos lacanianos, ela está sendo semidita.

Será que o uso do modelo do mito-como-impossibilidade feito por Lacan nos dá uma pista para a forma como ele mesmo usa o mito em seus seminários? Olhemos para dois exemplos, um do seminário sobre *A transferência* e outro de *Os quatro conceitos fundamentais*. No primeiro exemplo, Lacan elabora seu comentário sobre o *Simpósio*, de Platão, e discute o esquema no qual, através de uma troca de lugares, o amado se torna o amante. "Para materializar isso na sua frente", ele conta à plateia, "tenho o direito de completar qualquer imagem, e de transformá-la em um mito". O amor pelo objeto pode ser comparado à "mão que estica para alcançar uma fruta madura ou uma flor aberta, ou atiçar a lenha que de repente pegou fogo. Mas se no momento em que a mão se aproxima da fruta, da flor ou da lenha, outra mão aparece e encontra a sua, e se nesse momento sua própria mão se paralisa na plenitude fechada da fruta ou na plenitude aberta da flor – o que se produz então é amor".[13]

---

13 LACAN, Jacques. *Le Séminaire VIII: Le Transfert, 1960-1961*. Ed. Jacques-Alain Miller. Paris: Seuil, 1991, p. 67.

Embora Lacan não cite a referência, essa estranha metáfora é, na verdade, adaptada do trabalho de Ramon Llull [em portugês, também conhecido como Raimundo Lúlio], místico do século XIII. O surgimento dessa outra mão pode parecer milagroso, mas o que Lacan enfatiza aqui é a falta de simetria na cena representada: a mão, afinal, não está inicialmente buscando outra mão, mas sim um objeto (a flor, a fruta). Existe, portanto, uma falta básica de simetria por trás do que parece ser uma relação perfeitamente simétrica – exatamente o que Lacan explicará no resto do seminário, em que ele tenta enfatizar a disparidade entre o objeto do desejo e a demanda por amor. No *Simpósio*, Alcibíades pode parecer amar Sócrates, mas a intervenção deste nas cenas finais mostra que o desejo de Alcibíades é, na verdade, dirigido ao poeta Ágaton. Da mesma maneira, embora possa parecer que o amor envolve a relação simétrica entre dois parceiros, Lacan dá um papel crucial ao objeto parcial ou *agalma* como o princípio da dinâmica do amor.

Se esse objeto é um objeto real, o uso do mito das duas mãos mostra como "um mito aqui é entendido como uma resposta à natureza inexplicável do real",[14] como coloca Lacan. A imagem em questão, contudo, parece não ter as qualidades de mito que Lacan tanto enfatizava em seus trabalhos iniciais: ela mostra, talvez, como não é tanto o conteúdo da imagem que importa, mas sim seu lugar dentro do contexto de uma elaboração teórica. Ele é introduzido em um ponto em que Lacan está tentando mostrar as relações do imaginário com o real no campo do amor – e, portanto, de algo incompreensível simplesmente em termos do imaginário e de seu campo de simetria.

A história da lamela, introduzida alguns anos antes, gozou de popularidade muito maior do que a das duas mãos. Assim como esta última, ela se situa no contexto de uma série de referências ao *Simpósio*, em especial ao mito aristofânico do ser ovoide dividido ao meio pelos deuses, que procura, então, se reconstituir. Imaginem, diz Lacan, que essa separação tem um excedente, como a placenta perdida no parto. Esse ser grande e achatado se movimentaria como uma ameba, deslizando por baixo de portas, levado por puro instinto de vida. Lacan tenta imaginar como seria descobrir que esse ser horroroso abraçou o rosto de alguém que dormia (*SXI*, p. 197).

---
14 Lacan, *Le Séminaire IV: La Relation d'objet*, p. 67.

Esse órgão é a libido, e o "novo mito" foi introduzido porque, assim como todos os outros mitos, sua função é fornecer uma "articulação simbólica", mais do que uma imagem, de algo que tenha relação direta com o real. A libido é entendida aqui como puro instinto de vida, aquilo que o ser vivo perde ao se tornar sujeito ao ciclo da reprodução sexuada. Os *objetos a* são representantes dessa lamela, substituindo aquela parte dele ou dela que o sujeito perdeu. A relação do sujeito com esses objetos é a pulsão. Assim como Freud descreveu as pulsões situadas na fronteira do somático e do psíquico, Lacan aborda esse fenômeno do limite de uma maneira freudiana: ele insere um mito. Em outras palavras, uma resposta a um ponto de contradição ou impossibilidade, entre o simbólico e o real, o instinto de vida, e o lado mortal da reprodução.

Embora Lacan não explique por que escolheu o termo, a referência segue muitos de seus outros comentários sobre ritos funerários antigos. Lamelas eram placas ou folhas finas de ouro enterradas junto com um cadáver que continham instruções e senhas para uso no mundo seguinte. Essas placas foram associadas tanto a correntes órficas quanto pitagoreanas por historiadores de cultura clássica, mas o que importa, para nós, é a oposição entre o corpo mortal e uma substância vital separada e duradoura que é associada a ele. Lacan se refere com frequência a essa dualidade, e mais tarde identificará os objetos enterrados junto dos mortos com os objetos de gozo, em outras palavras, com uma forma de libido.[15] Observem mais uma vez como a referência ao mito vem em um ponto em que Lacan está lidando com uma disparidade de registros: o corpo mortal, reduzido a um significante, e o real, os objetos de gozo em torno dele.

Para além dessa consistência interna no pensamento de Lacan sobre a libido, a primeira coisa a ser dita a respeito dessa história da lamela é que ela não é um mito no sentido estrito: ela não possui nenhum conjunto de variantes e não parece estar associada a uma série de construções míticas sucessivas. Na verdade, é similar a alguns dos símiles de Freud, e tem a função de apresentar um desenvolvimento teórico bastante complicado com a ajuda de uma imagem aterradora. Seria possível ver essa passagem como

---

15 LACAN, Jacques. "Radiophonie". *Scilicet, 2/3:* 61-2, 1970 (Paris, Seuil).

sintomática justamente do tipo de técnica expositória que Lacan tanto evitava. Ela é continuamente rediscutida em comentários sobre a teoria da libido de Lacan e tende a agir como um bloqueio a qualquer consideração séria da teoria em si.

Curiosamente, a história da lamela carrega uma sombra matemática. Em uma nota de rodapé dos *Escritos*, que chegou a atrair algum interesse, Lacan propõe um modelo matemático para a relação da libido com a superfície do corpo, extraído da física.[16] A referência ao teorema de Stokes ocorre logo após uma discussão sobre a lamela, mas infelizmente seu valor como modelo é limitado: a matemática evocada pouco acrescenta ao argumento de Lacan e pressupõe uma interpretação particular e metafórica do que seria um espaço vetorial. Contudo, se interpretarmos a nota de rodapé como mais do que um dispositivo retórico para gerar transferência para algum suposto conhecimento matemático, ela testemunha, em primeiro lugar, o esforço de Lacan para fornecer um pilar matemático à sua teorização, seguindo a crença de que as estruturas em jogo no campo analítico seriam estruturas matemáticas e, em segundo lugar, que o que ele pretende acessar de forma teórica não pode ser simplesmente formulado como uma proposição.

Vemos o mesmo princípio em funcionamento no comentário igualmente célebre sobre o conto *A carta roubada*, de Poe. Lacan usa uma ficção para desenvolver sua teoria do significante e a função da ordem simbólica, mas então acrescenta um apêndice difícil para introduzir modelos matemáticos, que normalmente não recebe muita atenção. Por que Lacan decidiu acrescentar essa seção ao seu trabalho? Talvez pelos mesmos motivos pelos quais a referência a Stokes segue seu uso da história da lamela. Ele pretende acessar a estrutura da relação do sujeito com o significante, e acredita que isso será esquematizado com mais clareza na matemática.

Podemos encontrar aqui o próprio princípio que organiza o trabalho de Lévi-Strauss sobre o mito, retomado por Lacan nos anos 1950: quando algo não pode ser expresso como uma proposta significativa, tal coisa assumirá a forma de uma relação entre dois conjuntos de elementos – nesse caso, a história da lamela e o teorema de Stokes, o comentário sobre Poe e

---

16   LACAN, Jacques. *Ecrits*. Paris: Seuil, 1966, p. 847.

o apêndice matemático. Em vez de interpretar essas justaposições textuais como indicadores de que a "verdade" do comentário sobre a "carta roubada" ou da história da lamela estaria na matemática, pode-se entender que, para Lacan, existe um Real envolvido que só conseguirá surgir entre esses dois modos de apresentação. Como mostrou o trabalho de Lévi-Strauss sobre o mito, o real só está presente como resultado de uma combinatória significante de oposições.

Essa tensão entre o uso de modelos ficcionais e os lógicos ou matemáticos também está presente nas diversas perspectivas de Lacan sobre o mito de Édipo. Em *O avesso da psicanálise*, ele alega só ter falado sobre o complexo de Édipo em termos de metáfora paterna, ou seja, uma estrutura formalizada que diz respeito a um conjunto normativo de relações.[17] Suas diversas explicações para o complexo de Édipo como uma narrativa são igualmente ofuscadas por tentativas de criar estruturas formais. Isso, em algum momento, envolveria uma aplicação do antigo método de Lévi-Strauss: o mito de Édipo é tratado como um pacote de relações, posto em uma relação de oposição a outro pacote de relações que constitui o mito de *Totem e Tabu*.

Na história de Édipo, o acesso ao gozo da mãe precisa passar pelo assassinato do pai. Em *Totem e Tabu*, é após os irmãos assassinarem o pai que eles decidem proibir a si mesmos o acesso às mulheres que o assassinato supostamente teria a intenção de permitir. A contradição entre esses dois conjuntos de relações leva Lacan a equiparar o pai morto ao gozo: em outras palavras, uma impossibilidade surge da oposição entre as duas histórias. A impossibilidade vai moldar as famosas "fórmulas de sexuação" de Lacan, discutidas em outras partes deste livro, nas quais a sexuação masculina e feminina recebem uma formalização lógica que envolve dois conjuntos de contradições. Em um nível mais geral, vemos aqui a passagem do mito de Édipo como uma narrativa transformada em um conjunto de relações lógicas abstratas que encarnam diferentes formas de impossibilidade.

Poderíamos concluir nossa discussão perguntando se Lacan teria criado algum novo mito. Se considerássemos o sentido popular do termo, como a mera designação de uma narrativa ficcional que lida com uma questão de

---
17 Lacan, *Le Séminaire XVIII: L'Envers de la psychanalyse*, p. 129.

origens, nossa resposta seria negativa. Mas no sentido particular adotado por Lacan, não há escassez de atividade mítica: seu esforço contínuo para lutar com problemas psicanalíticos que envolvessem um real ou um ponto de impossibilidade o levou à construção de modos relacionais de exposição que envolviam histórias, imagens e ficções apanhadas em modelos lógicos e matemáticos. Se o mito clássico pretendia "dar uma forma épica à estrutura", Lacan também estava atrás da estrutura, mas ele escolheu a lógica no lugar do épico para isso.

A ênfase de Lacan em modelos relacionais era uma direção central de pesquisa, e pode ser associada à noção estruturalista básica de que o que não pode ser formulado como uma proposição pode assumir a forma de uma relação. Como vimos, é por isso que Lacan poderia se referir à "afinidade da lógica e do mito".[18] E talvez seja esta a principal diferença entre os mitos de Lacan e os de Freud: onde Freud usava uma narrativa mítica para explicar um real contraditório ou impossível, Lacan olha para a relação entre narrativas míticas para acessar esse mesmo ponto. E, por isso, sua leitura da história de Édipo ou da história de *Totem e Tabu* não se dá como narrativas separadas, mas sim como dois polos opostos de uma fórmula.

Embora tenha sido tendência por muitos anos tentar dissipar a ideia de um Lacan estruturalista, esse aspecto de sua orientação é fundamental e se estende até mesmo para seus últimos seminários. Precisamos menos de críticas batidas dos aspectos do estruturalismo, que são claramente antitéticos ao trabalho de Lacan, e mais de uma reavaliação do estruturalismo que foque no impasse e na impossibilidade, e na introdução de estruturas lógicas como uma resposta a isso. Apesar de suas muitas diferenças, existe, portanto, uma corrente tanto no trabalho de Lacan quanto no de Lévi-Strauss que constitui uma parte da mesma atividade mítica persistente. E se essa atividade envolve o que só pode ser semidito, como poderia algum dia ser fácil ler Lacan?

---

18   LACAN, Jacques. "Ou pire". Seminário de 14 de junho de 1972. Não publicado.

4 A ciência do sujeito de Lacan: entre a linguística e a topologia

DANY NOBUS

É provável que muitos estudantes de artes e humanidades tenham se deparado com o nome de Jacques Lacan pela primeira vez em um dos inúmeros estudos sobre o movimento estruturalista francês, um paradigma intelectual que atingiu o auge de seu sucesso público durante os anos 1960, e que desde então tem ocupado a atenção crítica de muitos acadêmicos anglo-americanos, seja como um credo hermético da moda, seja como uma doutrina explanatória original. Invariavelmente associada às contribuições de Claude Lévi-Strauss, Roland Barthes, Michel Foucault e Louis Althusser, o quadrívio central do estruturalismo, a obra de Lacan de fato aparece frequentemente como mais um exemplo influente de como as ideias estruturalistas conseguiram mudar a cara de muitas áreas de pesquisa nas ciências humanas e sociais, no seu caso, o campo da prática psicanalítica freudiana. Enquanto seus companheiros foram elogiados ou vilipendiados por suas abordagens estruturalistas para a antropologia, a crítica literária, a filosofia e a política, Lacan entrou para a história como o mais puro defensor da causa estruturalista na psicanálise, um acólito tão militante que não relutou em alegar que o próprio Freud sempre fora um estruturalista inveterado *avant la lettre*.[1]

---

1 O leitor encontrará a melhor análise da posição de Lacan dentro do movimento estruturalista em DOSSE, François. *History of Structuralism*. 2 vols. Mineápolis: University of Minnesota Press, 1997. Para outras explicações informativas, ver BOWIE, Malcolm. "Jacques Lacan". *Structuralism and Since: From Lévi-Strauss to Derrida*. Ed. John Sturrock. Oxford: Oxford University Press, 1979; HARLAND, Richard. *Superstructuralism: The Philosophy of Structuralism and Post-Structuralism*. Londres: Methuen, 1987; e (menos recente, mas ainda importante) JAMESON, Fredric. *The Prison-House of Language: A Critical Account of Structuralism and Russian Formalism*. Princeton: Princeton University Press, 1972.

A principal razão para o reconhecimento de Lacan e sua intermitente autoidentificação como um estruturalista está em sua lealdade aos princípios básicos da linguística estruturalista, como inaugurada por Ferdinand de Saussure em seu famoso *Curso de Linguística Geral*, publicado postumamente em 1916, e como elaborada a partir do final dos anos 1920 por Roman Jakobson, membro fundador e principal representante do Círculo Linguístico de Praga.[2] Como Jakobson explicou em seu *Seis lições sobre o som e o sentido*, uma série de apresentações que marcaram uma era na École Libre des Hautes Études, em Nova Iorque, durante o outono de 1942, Saussure abriu caminho para uma inovadora concepção da linguagem, focando mais na função significativa dos sons do que em sua base anatomofisiológica, investigando a linguagem como uma faculdade humana universal e socialmente regulada mais do que uma coleção de palavras culturalmente diversa e de evolução histórica, e vendo a linguagem como um sistema complexo de relações entre um repertório básico de sons, em vez da soma total de todos os elementos empregados para transmitir uma mensagem. Para corroborar sua revolucionária perspectiva sobre a linguagem, Saussure trouxe uma impressionante gama de novos conceitos ao seu objeto de estudo, muitos dos quais foram subentendidos em oposições duplas. Dessa forma, ele distinguiu entre o sistema de linguagem (*langue*) e os atos individuais de fala (*parole*) (*CGL*, p. 17-20), entre linguística sincrônica (estática) e diacrônica (evolucionária) (p. 81), e entre relações sintagmáticas (lineares) e associativas (substitutivas) dentro de determinado estado de linguagem (p. 122-7). No entanto, o maior motivo para a fama de Saussure certamente se origina de sua definição do signo linguístico como uma unidade dupla composta de um significante (*signifiant*) e de um significado (*signifié*) (p. 65-70).

---

2 Ver SAUSSURE, Ferdinand de. *Course in General Linguistics*. Ed. Charles Bally e Albert Séchehaye em colaboração com Albert Riedlinger. Trad. Wade Baskin. Londres: Peter Owen, 1960. Doravante citado no texto como *CGL*. O livro de Saussure também está disponível em uma tradução mais recente de Roy Harris, mas devido à sua representação idiossincrática de alguns dos principais termos de Saussure, o leitor encontrará bastante dificuldade para usar essa versão, especialmente diante do fato de o grosso da literatura secundária sobre a linguística saussuriana não ter adotado as opções de Harris.

Contra a perspectiva realista sobre a linguagem, segundo a qual quase todas as palavras são nomes que correspondem a coisas pré-fabricadas no mundo exterior, Saussure argumentava que, dentro de qualquer sistema de linguagem, os signos linguísticos conectam imagens acústicas a conceitos, e não nomes a coisas. A imagem acústica, ou significante, coincide com a produção vocal e a percepção sensorial associada a uma articulação verbal. Portanto, ela possui qualidades acústicas e materiais (físicas), cujos aspectos fônicos poderiam, em princípio, ser registrados e medidos. O conceito, ou significado, coincide com a ideia na mente do indivíduo, um processo de pensamento que ocorre como resultado de uma impressão sensorial particular, ou que busca se expressar através de uma articulação verbal. Diferentemente do significante, o significado possui qualidades mentais e semânticas (significativas), cujos aspectos psicológicos e sociais poderiam, em princípio, ser remetidos ao histórico familiar, à educação, à identidade social e à nacionalidade do indivíduo.

Na linguística de Saussure, a relação entre o significante e o significado é completamente arbitrária, ao passo que os dois elementos constitutivos do signo linguístico permanecem completamente interdependentes. Um exemplo pode esclarecer essa proposição. O conceito (significado) do "indivíduo masculino que nasceu como filho dos meus pais antes ou depois de mim" está associado, na língua inglesa, à imagem acústica (significante) "*brother*". No entanto, nada dentro desse conceito o predispõe a ser transmitido por esse significante específico. Prova disso é que o mesmo conceito é associado a significantes muito diferentes em outras línguas: *frère* em francês, *broer* em holandês, *hermano* em espanhol, *irmão* em português, *bhai* em híndi, e assim por diante. Em contrapartida, nada dentro dos significantes *brother*, *frère*, *broer*, *hermano* e *bhai* os torna intrinsicamente apropriados para evocar o conceito de "indivíduo do sexo masculino que nasceu como filho dos meus pais antes ou depois de mim". O fato de que eles o fazem é puramente acidental e uma questão de convenção. Qualquer outro significante poderia ter sido conectado de forma igualmente eficiente com o mesmo significado dentro de uma determinada língua. Em uma mesma língua, um único significante pode até mesmo ser associado a diversos conceitos não coincidentes.

```
        ┌─────────────┐
        │ Significado │
        ├─────────────┤
        │ Significante│
        └─────────────┘
```

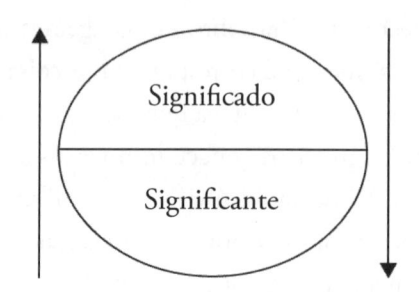

Figura 4.1 Esquema que mostra a relação
entre o significante e o significado

Em inglês, por exemplo, o significante *brother* não está exclusivamente atrelado ao conceito de "indivíduo do sexo masculino que nasceu como filho dos meus pais antes ou depois de mim". Quando Roman Jakobson enviou uma reprodução de um de seus artigos para Claude Lévi-Strauss com a inscrição "Para meu irmão Claude",[3] ele evidentemente não quis dizer que existia uma relação sanguínea de fraternidade biológica entre eles, mas supostamente quis mostrar sua gratidão a uma alma afim. Além disso, o fato de que uma dentre um número infinito de imagens acústicas esteja sendo usada para transmitir um conceito não altera a arbitrariedade da relação entre significante e significado; isso meramente mostra que a língua é um jogo fraudulento ou, para usar a designação de Saussure, "cartas marcadas" (*CGL*, p. 71). Isso porque, por um lado, somos livres para escolher qualquer significante que quisermos para expressar determinado significado, mas, por outro, a escolha já foi feita antes de nós, e não há nada que possamos fazer para mudá-la. Assim, o sistema de linguagem sanciona conexões específicas entre o significante e o significado, excluindo todas as outras, o que levou Saussure a assegurar que o signo linguístico é uma unidade dupla de elementos separados mas mutuamente dependentes, e a aduzir o famoso esquema (*CGL*, p. 114).

A partir de meados dos anos 1950, Lacan começou a integrar os principais princípios da linguística saussuriana à sua própria teoria da prática

---

3 Dosse, *History of Structuralism*, vol. 1, p. 76.

psicanalítica. O primeiro artigo no qual ele discutiu detalhadamente a relevância das ideias de Saussure para a psicanálise foi publicado em 1957 com o título "A instância da letra no inconsciente ou a razão desde Freud" (*E/S*, p. 146-78), e esse foi, aliás, também o primeiro artigo de Lacan a ser traduzido para o inglês. Ao depositar sua confiança na linguística estrutural como precursora de uma revolução científica, Lacan postulou que toda sua construção se baseava em um único algoritmo, que ele formalizou como S/s (*E/S*, p. 149). Embora admitindo explicitamente que essa fórmula não aparecia em nenhum lugar enquanto tal em todo o *Curso de Linguística Geral*, Lacan reconheceu Saussure como sua força motriz, promovendo, ao mesmo tempo, o acadêmico suíço como a fonte irrefutável de inspiração para a ciência linguística moderna. No esquema pseudo-saussuriano de Lacan, *S* representa o significante e *s* o significado, e a linha entre os dois termos simboliza a "barreira que resiste à significação" (*E/S*, p. 149). Em resposta a algumas interpretações errôneas da última definição, especialmente a que foi apresentada por Jean Laplanche e Serge Leclaire em um texto de 1960 sobre o inconsciente, Lacan mais tarde aponta que a barra entre o significante e o significado não deveria ser entendida como a barreira entre o inconsciente e o pré-consciente, representando assim o mecanismo psíquico da repressão, nem como uma proporção ou fração que indique uma relação entre duas variáveis.[4] Ele aponta que, na verdade, a barra deveria ser lida como uma "fronteira real, a ser saltada, entre o significante flutuante e o significado fluido".[5]

Muito se escreveu a respeito da distorção cometida por Lacan no esquema básico de Saussure sobre a relação entre o significante e o significado. Uma das primeiras e mais mordazes avaliações críticas sobre a operação de Lacan está em *O título da letra*, uma meticulosa desconstrução de seu artigo

---

4 Ver LAPLANCHE, Jean; LECLAIRE, Serge. "The unconscious: A psychoanalytic study". Trad. Patrick Coleman. *Yale French Studies*, 48: 118-75, 1972. Para as críticas de Lacan sobre esse texto, ver seu "Position of the unconscious". *Reading Seminar XI: Lacan's Four Fundamental Concepts of Psychoanalysis*. Ed. Richard Feldstein, Bruce Fink e Maire Jaanus. Trad. Bruce Fink. Albany: State University of New York Press, 1995, p. 259-82; "Preface by Jacques Lacan", Anika Lemaire, Jacques Lacan. Trad. David Macey. Londres: Routledge/Kegan Paul, 1977, p. vii-xv; e "Radiophonie". *Scilicet*, 2/3: 55-99, 1970.
5 Lacan, "Radiophonie", p. 68.

de 1957, escrita por Jean-Luc Nancy e Philippe Lacoue-Labarthe, que ele mesmo elogiou em seu seminário de 1972-73 como "um modelo de boa leitura".[6] Incentivados pelo vigor do ataque de Jacques Derrida ao logocentrismo ocidental em *Da gramatologia* e *A escrita e a diferença*, Nancy e Lacoue-Labarthe pretendiam demonstrar que a guinada linguística de Lacan na psicanálise, por mais que ela supostamente tivesse se distanciado das noções filosóficas tradicionais, exemplificava um retorno implícito aos conceitos metafísicos antigos de subjetividade, ser e verdade.[7] Ao comparar o algoritmo do significante e do significado de Lacan com a notação original de Saussure, os autores discerniram várias diferenças cruciais que então os levaram a concluir que, em vez de se orientar a partir da linguística saussuriana, Lacan havia destruído maliciosamente uma das pedras angulares de sua suposta fundação teórica ao visar sua possível apropriação para seus próprios fins psicanalíticos.

A diferença mais evidente entre os diagramas de Saussure e os de Lacan diz respeito às posições do significante e do significado em relação à barra que os separa. Enquanto no esquema de Saussure o significado e o significante estão localizados respectivamente acima e abaixo da barra, na versão de Lacan sua posição foi trocada. Em segundo lugar, ao passo que o diagrama de Saussure sugere se não uma equivalência, pelo menos um paralelismo entre o significado e o significante, devido à similaridade com a qual eles estão graficamente inscritos acima e abaixo da barra, o algoritmo de Lacan ressalta visualmente a incompatibilidade dos dois termos, isso porque na fórmula de Lacan o significante está escrito em letra maiúscula (S) e o significado aparece em minúscula (s) e itálico (*s*). Além disso, a elipse ubíqua que encapsula o significante e o significado nos diagramas de Saussure está ausente na representação de Lacan, assim como as duas setas que ligam os termos. Para Saussure, tanto a elipse quanto as setas simbolizam a unidade inquebrável do signo; o significante não existe sem o significado e vice-versa, apesar da arbitrariedade

---

6 Ver NANCY, Jean-Luc; LACOUE-LABARTHE, Philippe. *The Title of the Letter: A Reading of Lacan*. Trad. François Raffoul e David Pettigrew. Albany: State University of New York Press, 1992.
7 Ver DERRIDA, Jacques. *Of Grammatology*. Edição corrigida. Trad. Gayatri Chakravorty Spivak. Baltimore: Johns Hopkins University Press, 1997; e *Writing and Difference*. Trad. Alan Bass. Londres: Routledge, 1977.

de sua conexão. Assim, a supressão que Lacan faz da elipse e das setas já sugere que, em sua explicação da relação entre o significante e o significado, a unidade do signo linguístico é seriamente posta em dúvida. Por fim, enquanto para Saussure a linha que distingue o significante e o significado expressa ao mesmo tempo a profunda divisão e a estrita solidariedade entre os dois termos, para Lacan a linha constitui uma barreira genuína – um obstáculo que impede a travessia suave de um domínio para outro.

Essas quatro diferenças entre o signo linguístico de Saussure e o algoritmo lacaniano do significante e significado levantam várias questões importantes a respeito dos motivos e corolários da distorção de Lacan e das afinidades gerais entre sua teoria da psicanálise e a linguística estrutural. Teria Lacan subvertido o modelo de Saussure por considerá-lo impreciso – como de fato Jakobson já havia deduzido em sua série de palestras de 1942 – de um ponto de vista linguístico, ou porque ele o considerava inadequado como um construto viável para a psicanálise? Se foi sua experiência psicanalítica que inspirou Lacan a revisar o esquema de Saussure, quais aspectos de sua experiência o levaram a implementar a revisão dessa maneira específica? E quais são as consequências da subversão de Lacan para a forma como se acredita que a linguagem funcione, tanto fora quanto dentro do tratamento psicanalítico? De modo mais geral, quais são as implicações para a lealdade que se observa de Lacan ao paradigma estruturalista? Ela invalidaria o papel de Lacan como um dos principais participantes do movimento estruturalista, ou abriria as portas para uma abordagem mais radical e superestruturalista?

A primeira coisa a notar ao se avaliar as motivações de Lacan para modificar o esquema do signo linguístico de Saussure é que, em vez de descobrir sozinho as palestras do linguista suíço, ele foi exposto a elas indiretamente, por meio da antropologia estrutural de Claude Lévi-Strauss. O conhecimento deste a respeito de Saussure e da linguística estrutural foi, por sua vez, mediado pelos comentários de outra pessoa, especialmente os de Roman Jakobson, cujo curso em Nova Iorque teve a presença de Lévi-Strauss no outono de 1942.[8] Como o antropólogo admitiu em inúmeras ocasiões, foi

---

8 Ver LÉVI-STRAUSS, Claude. "Preface". In: JAKOBSON, Roman. Six Lectures on Sound and Meaning. Trad. John Mepham. Hassocks: Harvester Press, 1978.

Jakobson quem lhe forneceu uma estrutura teórica sólida para interpretar suas observações e que o encorajou a se envolver no projeto de *As estruturas elementares do parentesco*, livro que anunciou o nascimento da antropologia estrutural.[9] Assim, Lacan leu Saussure inicialmente por meio dos olhos de Lévi-Strauss, cuja própria leitura havia passado pelo filtro crítico de Roman Jakobson. Em seu *Seis lições sobre o som e o sentido*, de forma geral, Jakobson exibe apreço pelo trabalho de Saussure, elogiando-o como um dos passos mais significativos para o estudo dos sons da linguagem em seus aspectos funcionais; mas ele também acreditava que o *Curso de Linguística Geral* permanecia profundamente arraigado em um "psicologismo ingênuo", similar a muitos tratados de linguística do século XIX.[10] Na leitura de Jakobson, Saussure não havia conseguido tirar conclusões radicais de sua nova concepção da língua, enfatizando impressões psíquicas no lugar do valor funcional estritamente linguístico dos sons e reintroduzindo aspectos psíquicos e motores da articulação acústica em vez de propor as características formais de um sistema fonológico. Após essa crítica, Jakobson não ajustou os conceitos de Saussure, mas decidiu aprofundar sua própria abordagem estrutural para a linguagem para acompanhar as teses formuladas pelo Círculo Linguístico de Praga durante o final dos anos 1920.

Quando Lévi-Strauss tocou na teoria saussuriana em *As estruturas elementares do parentesco*, e mais notoriamente em seu extraordinário *Introdução à obra de Marcel Mauss*, seu trabalho já era muito mais uma reinterpretação crítica das ideias de Saussure do que uma apresentação precisa do impacto delas. Lévi-Strauss, por exemplo, declarou no último texto que a linguística estrutural "nos familiarizou com a ideia de que os fenômenos fundamentais da vida mental [...] estão localizados no plano do pensamento inconsciente", acrescentando que o "inconsciente seria, portanto, o termo mediador entre o eu e os outros".[11] Na medida em que Saussure e Jakobson sequer estavam interessados no inconsciente, até onde eu sei,

---

9 Ver, por exemplo, ERIBON, Didier. *Conversations with Claude Lévi-Strauss*. Trad. Paula Wissing. Chicago: University of Chicago Press, 1991.
10 Ver Lévi-Strauss, "Preface", p. xx.
11 LÉVI-STRAUSS, Claude. *Introduction to the Work of Marcel Mauss*. Trad. Felicity Baker. Londres: Routledge/Kegan Paul, 1987, p. 35.

eles nunca haviam formulado nada tão específico e decisivo a respeito de sua importância dentro do funcionamento mental. E, embora a primeira declaração de Lévi-Strauss ainda possa deixar alguma dúvida quanto à natureza exata de seu ponto de vista – o "inconsciente" poderia ser uma mera qualidade de determinados pensamentos –, a segunda declaração deixa bem claro que ele concebia o inconsciente como um sistema mental, semelhante a como Freud o havia definido em sua chamada "primeira topografia" do inconsciente, do pré-consciente e do consciente. Mais adiante, na mesma seção da *Introdução à obra de Marcel Mauss*, Lévi-Strauss argumenta que a vida social e a linguagem partilham da mesma realidade autônoma, pela qual os símbolos funcionam de uma forma que o objeto simbolizado seja muito menos importante (e real) do que o elemento simbólico que o transmite. Essa observação o encorajou a postular, desafiando o princípio básico subjacente ao signo linguístico saussuriano, que "o significante precede e determina o significado".[12] Desnecessário dizer que essa primazia sugerida do significante ainda poderia ser concebível juntamente com uma interdependência saussuriana entre significante e significado. Mas Lévi-Strauss desmantelou a unidade do signo linguístico tão rápido quanto os outros componentes da teoria de Saussure. Ao substituir equivalência por "inadequação" e adequação por "transbordamento", ele alega que nenhum significante nunca "cabe" perfeitamente em um significado, uma vez que os seres humanos fazem o máximo para distribuir os significantes disponíveis por todos os significados sem nunca criarem uma combinação perfeita.[13]

Em face da singular adoção da linguística estrutural por parte de Lévi-Strauss, a suposta distorção que Lacan faz do signo saussuriano se torna evidentemente mais respeitosa e menos idiossincrática, menos errática e mais cuidadosa. Ao defender a "posição primordial do significante" e definir a linha que separa o significante do significado como uma "barreira que resiste à significação" (*E/S*, p. 149), Lacan simplesmente reiterou e formalizou as ideias que Lévi-Strauss já havia professado cerca de sete anos antes. Embora ele não tenha mencionado seu amigo

---

12 *Ibid.*, p. 37.
13 *Ibid.*, p. 62.

antropólogo pelo nome em seu seminal artigo de 1957 sobre o valor da teoria de Saussure para a psicanálise, Lacan atribuiu ao linguista suíço o que na realidade era uma concepção de Lévi-Strauss da relação entre o significante e o significado. E, até o fim de sua carreira intelectual, Lacan não mudou absolutamente nada em relação à supremacia do significante e à "inadequação" de sua relação com o significado, os dois marcos da perspectiva de Lévi-Strauss sobre a linguística estrutural. Mesmo quando esses axiomas passaram a sofrer sérios ataques, por volta do final dos anos 1960, a partir da crítica desconstrucionista de Derrida à tradição metafísica ocidental, Lacan permaneceu inflexível quanto à letra (escrita) não poder derrubar o significante (fala) como principal força da linguagem e quanto à maior conquista da linguística estrutural consistir na imposição de uma barreira entre o significante e o significado.[14]

A formalização que Lacan faz do algoritmo linguístico constitutivo, de forma parecida com o sugerido por Lévi-Strauss, não era simplesmente indicativa de seu ímpeto por salvar o corpo enfermo da psicanálise com uma injeção dos mais recentes avanços científicos. Sua integração da psicanálise clínica e da linguística estrutural *à la* Lévi-Strauss não foi meramente inspirada por um desejo de acelerar a modernização do legado de Freud. Isso porque Lacan era igualmente ansioso por ressaltar que o próprio Freud havia antecipado as premissas da doutrina de Saussure e as do Círculo Linguístico de Praga, de forma que, em vez de infundir a psicanálise com uma substância estranha, ele poderia argumentar com segurança que a linguística estrutural envolvia a mais avançada continuidade da psicanálise freudiana. No texto "Lituraterra", de 1971, Lacan chegou a reconhecer o significante na noção de *Wahrnehmungszeichen*, literalmente "signo da percepção", que Freud havia introduzido em uma carta a seu amigo Wilhelm Fliess no dia 6 de dezembro de 1896.[15] Surpreendentemente, ao tentar encontrar evidências da presença dos conceitos de Saussure nos escritos de Freud, Lacan nunca se aproveitou da terminologia que permeava o livro *Sobre as afasias*

---

14 Ver LACAN, Jacques. "Lituraterre". *Autres écrits*. Paris: Seuil, 2001, p. 14; e "Radiophonie", p. 55.
15 *The Complete Letters of Sigmund Freud to Wilhelm Fliess 1887-1904*. Ed. e trad. Jeffrey Masson. Cambridge, Mass.: Harvard University Press, 1985, p. x.

de Freud, de 1891, no qual o fundador da psicanálise havia decomposto as "representações de palavra" em quatro imagens distintas, dando à mais importante delas o nome de *Klangbild*, ou seja, "imagem acústica", exatamente o que mais tarde Saussure viria a escolher como designação do significante.[16]

Para além da questão de se faria sentido alegar que Freud havia prenunciado as principais proposições da linguística estrutural, pode parecer evidente para muitos leitores que Lacan teria tentado uma reavaliação da psicanálise por meio da explicação sistemática da linguagem e suas funções. Afinal, Anna O., uma das pacientes mais famosas na história da psicanálise, descreveu muito precisamente o regime de tratamento ao qual foi submetida por Josef Breuer como uma "cura pela fala" (*SE2*, p. 30). E quando Freud decidiu deixar para trás o chamado método hipnocatártico para acessar mais completamente as vicissitudes patogênicas das representações e seus efeitos sobre a mente inconsciente de seus pacientes, a linguagem se tornou ainda mais o território privilegiado do tratamento psicanalítico. Assim, tentar substanciar uma prática clínica que dependa exclusivamente dos efeitos de uma interação verbal, por meio da promoção da linguística, pode parecer mais um ato de bom senso do que um empreendimento revolucionário.

Só que o principal raciocínio de Lacan para fundir a psicanálise com a linguística estrutural está em outro lugar. Durante toda sua carreira, ele se arriscou a explicar como Freud havia demonstrado em seus *A interpretação dos sonhos, Psicopatologia da vida cotidiana* e *O chiste e sua relação com o inconsciente* que o *modus operandi* do inconsciente e suas formações (sonhos, atos falhos, piadas) não poderiam ser entendidos sem levar em conta o papel do significante e a estrutura da linguagem. Por exemplo, em seu notório "Discurso de Roma", de 1953, Lacan explicou detalhadamente como

---

16 Ver FREUD, Sigmund. *On Aphasia*. Trad. Erwin Stengel. Nova Iorque: International Universities Press, 1953. Para uma discussão sensata sobre esse livro e seu contexto histórico, ver GREENBERG, Valerie D. *Freud and his Aphasia Book: Language and the Sources of Psychoanalysis*. Ithaca: Cornell University Press, 1997. Para uma avaliação mais abrangente, mas igualmente perspicaz, da importância das ideias linguísticas de Freud para a emergência da psicanálise, ver FORRESTER, John. *Language and the Origins of Psychoanalysis*. 2. ed. Londres: Palgrave, 2001. Para uma abordagem aprofundada da teoria geral do simbolismo de Freud em relação à análise das produções inconscientes, ver PETOCZ, Agnes. *Freud, Psychoanalysis and Symbolism*. Cambridge: Cambridge University Press, 1999.

as táticas de interpretação de Freud deveriam ser concebidas como uma prática de leitura, decifração e tradução (*E/S*, p. 57-61). No entendimento de Lacan, Freud havia recorrido a esses procedimentos porque as formações do inconsciente seriam em si o resultado de um intenso trabalho retórico – ao contrário de, digamos, uma simples transformação de palavras em imagens ou de uma transmissão de energia psíquica para o substrato biológico do corpo. A extensa sondagem feita por Freud das associações de palavras, ao analisar o episódio de quando ele mesmo se esqueceu do nome Signorelli, provou para Lacan que a interpretação psicanalítica seria equivalente a um processo de leitura, e que esse método é inestimável devido à natureza linguística do inconsciente (*SE3*, p. 287).

A descoberta que Lacan faz de um terreno fértil linguístico na prática e na teoria psicanalítica de Freud o equipou com um forte argumento contra a tradição da psicologia do ego na psicanálise contemporânea, cujos representantes estavam mais preocupados em reconstruir as personalidades de seus analisandos como cidadãos bem adaptados e competentes do que com a dissecção de formações inconscientes, e em cujo campo clínico a linguagem funcionava mais como um obstáculo do que como um meio necessário. Contudo, similarmente à distorção cometida do conceito saussuriano de signo linguístico, Lacan encontrou um apoio adicional à sua representação pessoal do inconsciente freudiano no trabalho de Lévi-Strauss. De fato, em 1949, em um influente artigo sobre "A eficácia simbólica", o antropólogo já havia proclamado que o inconsciente seria sinônimo de função simbólica, que opera em cada ser humano de acordo com as mesmas leis, independentemente de léxicos individuais e dialetos regionais.[17] Combinando esse *insight* com sua própria releitura dos livros de Freud sobre sonhos, atos falhos e piadas, Lacan aduziu posteriormente a fórmula que ganharia proeminência como o emblema mais importante para toda sua obra: "O inconsciente é estruturado como uma linguagem".[18] A única reserva que ele tinha em relação ao valor dessa afirmação dizia respeito à

---

17 LÉVI-STRAUSS, Claude. "The effectiveness of symbols" (1949). *Structural Anthropology*. Trad. Claire Jacobson e Brooke Grundfest Schoepf. Nova Iorque: Basic Books, 1963, p. 186-205.
18 A fórmula apareceu pela primeira vez, em forma rudimentar, no seminário de 1955-56 de Lacan: "Translating Freud, we say – the unconscious is a language" (*S III*, p. 11).

natureza tautológica de sua escolha de palavras. Sendo assim, ele indicou a uma plateia internacional de acadêmicos reunidos em Baltimore, durante o outono de 1966, que a qualificação "como uma linguagem" era inteiramente redundante, porque significa exatamente o mesmo que "estruturada".[19]

Armado, por um lado, com a ideia de que o significante prevalece sobre o significado, e, por outro, com a fórmula de que o inconsciente é estruturado (como uma linguagem), Lacan dedicou toda sua energia durante os anos 1950 e 1960 à cuidadosa implementação de uma versão da psicanálise freudiana que simultaneamente vindicasse sua lealdade à inspiração original do fundador e justificasse seu caráter iluminado por meio dos princípios da linguística estrutural. Para muitos de seus colegas analistas, a interpretação que Lacan fazia de Freud era exatamente o oposto do que ele mesmo gostaria que fosse: eles a viam como uma aberração potencialmente perigosa e fundamentalmente falha que precisava ser exposta e exterminada, em vez de uma elaboração estritamente ortodoxa a ser vista como a única verdadeira explicação dos textos originais. Quem é o defensor honesto da causa freudiana e quem é o impostor? Lacan ou a psicologia do ego? Essas são as questões que dividiram o cenário psicanalítico internacional desde que Lacan passou a ocupar a cena internacional como um controverso, ainda que imensamente influente, *maître à penser*.

Olhando para essas questões vinte anos após a morte de Lacan,* e em um clima contemporâneo de conflitos recém-surgidos entre lacanianos e a Associação Internacional de Psicanálise (IPA), seria ridículo afirmar que Lacan buscava meramente regurgitar a verdade nua e crua sobre a doutrina de Freud. Como ele declarou abertamente em "A coisa freudiana" (1955), o significado de seu chamado "retorno a Freud" não era nada mais, nada menos, que "um retorno ao significado de Freud", mas essa admissão não impedia que esse significado fosse refratado pelo prisma do estruturalismo defendido

---

19 LACAN, Jacques. "Of structure as an inmixing of an otherness prerequisite to any Subject whatever" (1966). *The Languages of Criticism and the Sciences of Man: The Structuralist Controversy*. Ed. Richard Macksey e Eugenio Donato. Baltimore: Johns Hopkins University Press, 1970, p. 188.

* Nota da revisão: Lembramos, mais uma vez, que no ano de revisão desta tradução, 2021, a morte de Lacan completa quarenta anos.

no novo paradigma da pesquisa antropológica de Lévi-Strauss (*E/S*, p. 117). Na amalgamação que Lacan faz da linguística estrutural com a psicanálise, ambas as disciplinas foram simultaneamente preservadas e modificadas, de acordo com o princípio hegeliano da suprassunção (*Aufhebung*). Se a adoção feita por Lacan do signo linguístico de Saussure abarcou uma distorção frutífera de seus princípios subjacentes, então sua interpretação do trabalho de Freud também requeria uma radicalização de seu teor principal. Se o rumo psicanalítico de Lacan sustentava sua modificação da linguística saussuriana, por mais influente que possam ter sido as ideias de Lévi-Strauss, seu interesse linguístico também inflamou sua recuperação da psicanálise freudiana como uma prática clínica baseada no poder da fala e na estrutura da linguagem.

Após sua excomunhão da IPA em novembro de 1963, Lacan se envolveu em uma campanha ainda mais veemente pelo reconhecimento de sua abordagem, solidificando suas fundações e explorando sua importância para a diferenciação epistemológica entre psicanálise, religião e ciência. A respeito do último debate, ele sugeriu em "A ciência e a verdade" que a abordagem estrutural constituía uma condição suficiente e necessária para garantir a cientificidade da psicanálise, desprezando, assim, esses psicanalistas que tentam retificar a legitimidade de sua disciplina ajustando sua lógica sob medida aos requerimentos da ciência empírica, e, afinal, recusando-se a abrir mão da noção de que a psicanálise seria uma "psicologia profunda" especulativa e não científica que diz respeito aos aspectos ilógicos, irracionais e inefáveis da mente.[20] Revigorado, mais uma vez, pela perspectiva de Lévi-Strauss sobre a natureza de uma práxis científica como detalhada, por exemplo, em *O pensamento selvagem*, Lacan argumentou que a delineação psicanalítica das invariantes mentais que governam a diversidade empírica das formações do inconsciente bastava para definir a psicanálise como um empreendimento científico – não uma ciência no sentido tradicional (positivista, experimentalista) do termo, mas, ainda assim, uma ciência.[21] Portanto, o projeto estruturalista também ofereceu a Lacan a oportunidade

---

20   LACAN, Jacques. "Science and Truth" (1965). Trad. Bruce Fink. *Newsletter of the Freudian Field*, 3 (1/2): 4-29.
21   LÉVI-STRAUSS, Claude. *The Savage Mind (La Pensée sauvage)* (1962). Londres: Weidenfeld and Nicolson, 1966.

de realizar o profundo desejo de Freud de ver a psicanálise sendo incluída entre as ciências.[22]

As diferenças citadas acima entre a fórmula do signo linguístico de Saussure e o algoritmo da linguística estrutural de Lacan indicam como a psicanálise lacaniana não coloca mais o significante e o significado em pé de igualdade (considerando sua dependência da primazia do significante), e como ela repudia a possibilidade de uma relação independente e unitária entre uma imagem acústica e um conceito (considerando sua ênfase na barreira entre os dois componentes). Em certo sentido, essas duas características principais da teoria lacaniana sustentam uma à outra, porque a imposição de um corte entre o significante e o significado aumenta a autonomia do significante, e a separação deste do significado é diretamente proporcional à sua autonomia simbólica.

A implicação direta dessas duas características para a psicanálise clínica é que ela deveria se concentrar nas relações existentes *dentro* da rede de significantes e não na relação entre um significante e um significado *fora* de sua esfera de influência. Lacan acreditava que os analistas deveriam direcionar suas interpretações para as conexões entre os significantes nas associações de seus analisandos, e não nos elos significativos entre significantes e significados (*SXI*, p. 250). Em outras palavras, ele não encorajava o analista nem a ratificar ou condenar o significado dos sintomas de um analisando (como se formou na própria mente deste), nem a tentar aliviar esses sintomas sugerindo um novo significado (como aparece na mente do analista), mas sim evocar efeitos analíticos por meio do deslocamento intencional do discurso do analisando.[23] A noção de "deslocamento" aqui é sinônimo de uma conexão oscilante entre significantes e também da figura retórica da "metonímia", que Lacan extraiu, juntamente com a da "metáfora", da obra de Roman Jakobson (*E/S*, p. 156-8, 163-4).[24] Ao exigir que o analista

---

22 Para o posicionamento de Freud sobre o *status* científico da psicanálise, ver em especial a Conferência 35, "The question of a *Weltanschauung*", *New Introductory Lectures on Psycho-Analysis* (*SE22*, p. 158-82).
23 Lacan, "Radiophonie", p. 59.
24 Ver também JAKOBSON, Roman. "Two aspects of language and two types of aphasic disturbance". In: JAKOBSON, Roman; HALLE, Morris. *Fundamentals of Language*. Haia: Mouton, 1956, p. 55-82.

formulasse interpretações metonímicas – desfazendo e não fortalecendo o significado, revelando e não escondendo-o – Lacan advogava uma tática supostamente mais efetiva para o tratamento psicanalítico do que qualquer outra das técnicas aceitas de interpretação (explanação, clarificação, confrontação, tranquilização, etc.). Pois Lacan insistia que todas essas técnicas de alguma maneira dependiam da substituição dos significantes do analisando pelos do analista, ou seja, todos eles funcionariam dentro da dimensão da metáfora, que invalida seu poder sobre o sintoma, porque o último é uma metáfora em si (*E/S*, p. 175). De fato, uma vez que o sintoma é uma metáfora – a troca de um significante por outro significante ou, em termos freudianos, a substituição de uma representação reprimida do inconsciente por outra representação – ele não pode melhorar por meio de uma intervenção analítica que também seja metafórica.[25]

As questões clínicas que destaco aqui não são de maneira nenhuma marginais, muito menos alheias, ao projeto de psicanálise estruturalista de Lacan. Pelo contrário, as peculiaridades da prática psicanalítica clínica justificam cada um dos aspectos da trajetória de Lacan, desde suas primeiras contribuições para a família e o estádio do espelho até suas digressões finais sobre o entrelace do real, do simbólico e do imaginário. Foi exatamente esse questionamento clínico incansável, mais do que, digamos, o impacto do estruturalismo de Lévi-Strauss, que desencadeou algumas modificações suplementares do modelo linguístico de Saussure por Lacan. O mais significativo desses ajustes certamente diz respeito à sua crítica da superioridade do sistema de língua (*langue*) sobre a fala (*parole*) no *Curso de Linguística Geral*.[26] Em sua ambição de inventar uma nova teoria científica da linguagem como um sistema abstrato de

---

25 Para uma discussão mais detalhada desses princípios, ver, de minha autoria, *Jacques Lacan and the Freudian Practice of Psychoanalysis*. Londres/Filadélfia: Brunner Routledge, 2000, p. 153-83.
26 O leitor deve notar que Baskin traduziu o termo *parole* como "*speaking*", reservando "*speech*" para *langage*, de forma bastante confusa. Harris adotou "*speech*" para *parole*, mas não consegue distinguir de forma consistente entre *langue* e *langage*. Às vezes, ele traduz *langue* como "a linguagem em si", e, às vezes, como "um sistema de linguagem" e "estrutura de linguagem", introduzindo assim uma noção (de estrutura) que não tem nenhum *status* conceitual no trabalho de Saussure. Outras vezes, ainda, ele traduz *langue* de forma equivocada como "linguagens individuais".

signos inserido dentro de um contexto social de interações humanas, Saussure precisava abstrair a fala, na qual indivíduos empregam o código de linguagem para expressar seus pensamentos e na qual eles dependem de mecanismos psicofísicos de produção motora e recepção sensorial. Para Saussure, o único objeto possível para a linguística propriamente dita seria, então, o sistema de língua (*CGL*, p. 14, 20). Como psicanalista, Lacan discordava da decisão de Saussure de abdicar do estudo da fala, porque dentro do tratamento psicanalítico a função da fala do analisando é mais importante do que qualquer outra coisa. O significante, portanto, aparecia na versão da linguística estrutural de Lacan não como um elemento do sistema geral de linguagem, mas como o elemento essencial da fala do analisando.

A ênfase de Lacan na fala e seu relativo descaso pelo sistema de língua coincidia com uma reflexão contínua sobre o *status* do sujeito em relação à lei da ordem simbólica, ou o que Lacan designava como o Outro. O sujeito não deve ser entendido aqui como o ser unificado e autoconsciente ou a personalidade integrada tão cara a muitos psicólogos, mas como o sujeito do inconsciente – um sujeito que não funciona como centro do pensamento e da ação humana, mas que habita a mente como uma força esquiva, controladora e incontrolável.[27] A razão para a "subversão" que Lacan faz da noção psicológica clássica do sujeito é que, durante o tratamento psicanalítico, o analista não deve se preocupar com a forma como o analisando se apresenta, totalmente ciente, nos meandros de suas produções verbais, nem com o conteúdo da fala do analisando (o que alguém diz), mas com o fato de que algo está sendo dito a partir de um lugar desconhecido do analisando. "*Ele fala*, e certamente onde menos esperado, ou seja, onde há dor", afirmou Lacan em 1955 (*E/S*, p. 125). Ao seguir com o princípio de Freud de que os pacientes sofrem de "pensamentos sem nada saber sobre eles",

---

[27] Para a distinção que Lacan faz entre o sujeito da psicanálise e o sujeito da psicologia, ver as primeiras páginas de "The subversion of the subject and the dialectic of desire in the Freudian unconscious" (*E/S*, p. 292-325). Para discussões mais detalhadas do conceito de sujeito de Lacan, ver FINK, Bruce. *The Lacanian Subject: Between Language and Jouissance*. Princeton: Princeton University Press, 1995; e VERHAEGHE, Paul. "Causation and destitution of a pre-ontological non-entity: On the Lacanian subject". *Key Concepts of Lacanian Psychoanalysis*. Ed. Dany Nobus. Nova Iorque: The Other Press, 1999, p. 164-89.

Lacan estipulou subsequentemente que o inconsciente seria um corpo de conhecimento que se expressa em formações diversas (sonhos, atos falhos, sintomas) sem que esse conhecimento seja operado por um regulador consciente. O tratamento analítico depende da manipulação dos pensamentos inconscientes do analisando e, portanto, deveria alcançar para além do que é dito e de como é dito, procurando investigar o lugar de onde as coisas estão sendo ditas, e quem, se houver, está de fato as dizendo. O que o analisando diz é somente uma representação e não pode ser dissociado do que o analista ouve em sua própria compreensão das palavras; o próprio processo de dizer é muito mais importante do que a forma das produções nas quais ele resulta.[28] No decorrer de toda sua obra, Lacan insistiu nesse ponto, lamentando o fato de que muitos analistas continuaram dedicando toda sua atenção somente a entender o conteúdo da mensagem do analisando.

Ao emprestar outro conjunto de conceitos das pesquisas de Jakobson, Lacan também situou o antagonismo entre a identidade autoconsciente e o sujeito inconsciente de um polo a outro da oposição entre o sujeito do enunciado (*sujet de l'énoncé*) e o sujeito da enunciação (*sujet de l'énonciation*). A famosa piada de Freud dos dois judeus que se encontram em uma estação ferroviária na Galícia ainda serve como um excelente exemplo do que Lacan estava tentando demonstrar. Quando o primeiro judeu – vamos chamá-lo de Moshe – pergunta ao segundo, aqui chamado de Mordechai, para onde ele estava indo, Mordechai responde: "Vou para a Cracóvia". Essa mensagem instantaneamente enfurece Moshe, que exclama: "Você é um grande de um mentiroso, Mordechai, porque só está me dizendo que vai para a Cracóvia para me fazer acreditar que você vai para Lemberg, mas por um acaso eu sei que você *vai* para a Cracóvia!" (*SE8*, p. 115). É claro, a piada está em Moshe acusar Mordechai de ser um mentiroso, sendo que o que Mordechai diz é a descrição verdadeira de seus planos de viagem. Moshe reconhece que o sujeito do enunciado está dizendo a verdade a respeito de si mesmo – "Eu sei que você vai para a Cracóvia" –, mas ele também localiza a intenção enganosa

---

28 LACAN, Jacques. *Le Séminaire XIX... ou pire* (1971-72). Sessão de 21 de junho de 1972. Não publicado. Ver também LACAN, Jacques. "L'Etourdit" (1972). *Scilicet*, 4: 5-52, 1973. No último texto, Lacan lançou a frase "Que se diga fica esquecido por trás do que se diz no que se ouve".

por trás da enunciação de Mordechai, que revela o sujeito da enunciação: "Sua verdadeira intenção é me enganar". Mordechai poderia estar ciente ou não de sua intenção, mas o fato é que Moshe reconhece a presença de outro sujeito por trás do sujeito do enunciado.

Como um postulado, o sujeito da enunciação implica que o sujeito do enunciado (o pronome pessoal ou o nome com o qual o falante se identifica em sua mensagem) seja continuamente permeado por outra dimensão de fala, outro lugar de pensamento. Por mais que alguém possa se identificar com o sujeito do enunciado, temos bons motivos para acreditar que a fala também esteja vindo de outro lugar que não o lugar definido pela mensagem como local de emissão. Mais concretamente, se uma analisanda diz "Estou fadada a destruir todo relacionamento no qual me envolvo", o analista não precisa se importar muito com a estrutura gramatical e o valor semântico da mensagem, mas deve se concentrar no fato de que algo está sendo dito a partir de um lugar específico, cuja fonte e intenção permanecem obscuras e requerem maior investigação. Quando a analisanda diz "Estou fadada, etc.", o sujeito da enunciação não está sendo necessariamente ela mesma. O enunciado pode muito bem representar o discurso de sua mãe e ela pode facilmente produzir essas palavras para o analista acreditar que são suas palavras, e para que ele tente convencê-la de que ela não está fadada a nada.

Quando Lacan abraçou a linguística estrutural para promover a prática da psicanálise freudiana, ele não estava exatamente preocupado com o tipo de questões nas quais Saussure e Jakobson estavam interessados, a saber, aquelas relacionadas ao estudo da língua como um sistema funcional abstrato que associa som a significado. E, apesar de sua alta estima pela antropologia estrutural de Lévi-Strauss, é justo dizer que tampouco estava envolvido no estudo de como as regras de parentesco, a classificação de fenômenos naturais e o emprego de mitos refletiam a organização da mente humana, e vice-versa. O que importava mais do que tudo para Lacan, considerando a natureza específica da práxis psicanalítica, era a criação de uma ciência do sujeito – não o sujeito autônomo da consciência, mas sim o sujeito efêmero do inconsciente.

Então provavelmente não é surpresa que, à medida que seu trabalho avançava, Lacan tenha se tornado cada vez mais cético a respeito do valor da linguística para a psicanálise. Em dezembro de 1972, durante uma sessão crucial de seu seminário *Mais ainda*, que teve a notável presença de Jakobson, ele, por fim, admitiu que, para capturar algo do inconsciente freudiano e seu sujeito, a linguística não se mostrava muito útil. Na medida em que a linguagem é de fato de extrema importância para o psicanalista, gracejava Lacan, o necessário não seria a ciência da linguística, mas sim a "linguisteria" (*linguisterie*), uma certa (per)versão da linguística que leve em conta o processo do dizer e sua relação com o (sujeito do) inconsciente (*SXX*, p. 15).[29] Em "O aturdito", a mensagem era ainda mais provocativa: "Pois a linguística, por outro lado, não abre nada para análise, e até mesmo o apoio que recebi de Jakobson não é [...] da ordem de efeito retrospectivo [*après-coup*], mas sim de repercussão [*contrecoup*] – em benefício, e em segundo-dizer [*second-dire*], da linguística".[30] Em outras palavras, em vez de admitir que a psicanálise havia progredido em virtude de seu casamento com a linguística estrutural, Lacan alegava que a própria ciência linguística se beneficiaria de sua aceitação de ideias estruturalistas dentro da psicanálise.

É tentador considerar a ideia de que o afastamento gradual de Lacan da linguística estrutural e sua divergência simultânea do paradigma estruturalista em geral estimulavam a influência de investigações topológicas em seu trabalho. A topologia é um ramo da matemática que ganhou proeminência por volta do fim do século XIX e que lida com esses aspectos das figuras geométricas que permanecem invariáveis quando estão sendo transformadas. Sendo assim, um círculo e uma elipse são considerados topologicamente equivalentes porque o primeiro pode ser transformado na segunda por meio de um

---

29 Embora Fink tenha traduzido *linguisterie* como "*linguistricks*" e mencionado "*linguistrickery*" como outra solução (ver *SXX*, p. 15, n. 3) ao optar por "*linguisteria*", tentei representar o que acredito ser a essência da palavra-valise de Lacan: uma combinação de linguística e histeria ou, ainda melhor, uma transformação histérica da linguística. Para uma discussão mais detalhada sobre a linguística alternativa de Lacan, ver MILNER, Jean-Claude. "De la linguistique à la linguisterie". *Lacan, l'écrit, l'image*. Ed. Ecole de la Cause Freudienne. Paris: Flammarion, 2000, p. 7-25; e VEKEN, Cyril. "La Linguistique de Lacan". *La Célibataire: Revue de psychanalyse*, 4: 211-28, 2000.
30 Lacan, "L'Etourdit", p. 46.

processo de deformação contínua – ou seja, um processo que não envolve cortar e/ou colar.[31] Referências à topologia abundam nos textos de Lacan, e superfícies topológicas, como a fita de Möbius, a garrafa de Klein, o toro e o *cross-cap*, apareceram de forma intermitente em seus seminários do começo dos anos 1960 até o início dos anos 1970. Contudo, durante a última década de sua vida, de 1971 a 1981, Lacan passou mais tempo do que nunca estudando a relevância dessas superfícies para a formulação de uma teoria científica da psicanálise. Depois de descobrir o chamado "nó borromeano" no inverno de 1972, era comum Lacan passar horas e horas trançando pontas de corda e desenhando diagramas complicados em pedacinhos de papel.[32] Sua preocupação com as transformações topológicas se tornou tão avassaladora que, durante seu seminário de 1978-79, ele chegou a silenciar sua própria voz em prol da prática da escrita e do desenho, presenteando sua plateia com a criação muda de intricados nós no quadro-negro.

Será que a topologia suplanta o estruturalismo no itinerário intelectual de Lacan? Será que a topologia aborda os problemas que Lacan identificou dentro da linguística estrutural? Será que ela constitui uma abordagem mais científica para a prática da psicanálise do que a doutrina do estruturalismo? Estaria mais em sintonia com o sujeito do inconsciente do que a tradição da pesquisa linguística? Dentro do espaço deste artigo, só consigo tocar superficialmente essas questões, uma vez que elas colocam em risco toda a epistemologia da psicanálise lacaniana, a transmissão do conhecimento psicanalítico dentro e fora da prática clínica e a relação conflituosa entre fala e escrita. Na falta de espaço para desenvolver a longa resposta às questões acima, devo me restringir a dar a resposta breve, que só pode ser "sim e não".

Deixe-me começar com o lado afirmativo da resposta. A topologia de fato substitui a linguística estrutural dentro dos avanços teóricos de

---

31 Para uma descrição concisa da história da topologia e seu lugar dentro da teoria lacaniana, ver CHARRAUD, Nathalie. "Topology: The Möbius strip between torus and cross-cap". *A Compendium of Lacanian Terms*. Ed. Huguette Glowinski, Zita M. Marks e Sara Murphy. Londres: Free Association Books, 2001, p. 204-10.
32 Para uma excelente discussão sobre o "caso" de Lacan com o nó borromeano, ver THURSTON, Luke. "Ineluctable nodalities: On the Borromean knot". *Key Concepts of Lacanian Psychoanalysis*. Ed. Dany Nobus. Nova Iorque: The Other Press, 1999.

Lacan dos anos 1970. Para verificar essa afirmação, não é necessário olhar muito mais longe – embora eu consiga imaginar que muitos leitores de Lacan já situarão esse ponto muito além de seu horizonte intelectual – do que seu texto "O aturdito", de 1972. Sobreposta à sua desvalorização explícita da linguística está a afirmação de que a topologia constitui a referência essencial e a força contribuidora principal para o discurso analítico. Diferentemente da linguística, sustentava Lacan, a topologia não é "feita para nos guiar" na estrutura do inconsciente, pois a topologia é a estrutura em si, que requer que (diferente da linguística) ela não seja uma metáfora para a estrutura.[33] Deve-se notar aqui que Lacan não definia as transformações topológicas em geral como equivalentes da estrutura inconsciente, mas somente aquelas que se aplicam a objetos não esféricos, como o toro e o *cross-cap* (plano projetivo). A vantagem da topologia sobre a linguística, portanto, vem exclusivamente de suas aplicações não esféricas, ou seja, as transformações implementadas nos objetos sem um centro. Se a crítica de Lacan à linguística estrutural se originava em grande parte da pressuposição inerente a esta de um sistema de linguagem total e totalizante, centrado em torno da incidência primordial do significante, seu recurso à topologia deveria justificar a própria ausência de um ponto nodal no inconsciente. Embora a linguística de fato abrisse muito espaço para o estudo de transformações estruturais – como exemplificado pela imensa série de quatro volumes da "ciência da mitologia", de Lévi-Strauss – ela era, ao menos de acordo com Lacan, incapaz de explicar a ocorrência dessas transformações sem continuar pressupondo a presença de uma força criativa ou transformadora. Contudo, no inconsciente, o sujeito é real; é a própria ausência do ser que rege a organização e a transformação do conhecimento. Era isso que Lacan tentava demonstrar com sua topologia não esférica.

O lado negativo da resposta é ligeiramente mais difícil de explicar. A topologia não substitui a linguística estrutural dentro dos avanços teóricos de Lacan dos anos 1970, em parte porque a topologia enfatiza a escrita em detrimento da fala, em parte porque a topologia corre igualmente o risco de funcionar como mera metáfora para os mecanismos da fala e da linguagem

---

33 Lacan, "L'Etourdit", p. 28, 40.

no inconsciente. Do início até meados dos anos 1970, Lacan se prestou a um longo louvor às virtudes da escrita por acreditar que, em contraste com o significante, a escrita operava dentro da dimensão do real e, portanto, seria capaz de garantir uma transmissão completa do conhecimento.[34] Em seu seminário *Mais ainda*, Lacan confessou abertamente sua fé no ideal das formalizações matemáticas por considerar que elas eram transmitidas sem a interferência do significado (*SXX*, p. 108, 100). Durante muitos anos, a escrita sob seus diversos avatares (a letra, a fórmula algébrica, as figuras topológicas, os desenhos dos nós borromeanos) foi o modo preferido de demonstração de Lacan, e ele imbuía implacavelmente seus seguidores com suas mais recentes conquistas no domínio da teoria dos nós. Contudo, o que ele parecia se esquecer nesse estágio é de que a prática psicanalítica não depende de uma troca de cartas, mas sim da produção da fala. A topologia pode ter levado Lacan ao verdadeiro coração da experiência psicanalítica, mas também o afastou de seus meios necessários e de seu principal poder.

Ao mesmo tempo, quando Lacan expressou sua confiança na formalização, ele também revelou que as fórmulas matemáticas não poderiam ser transmitidas sem linguagem, de modo que o ressurgimento do significado apresentava uma ameaça contínua à possibilidade de uma transmissão integral e inambígua do conhecimento. No entanto, Lacan continuou avançando em sua campanha pelo reconhecimento da escrita, da formalização matemática e da topologia até o final de seu seminário de 1976-1977, quando ele admitiu que o projeto inteiro provavelmente fracassaria diante da inevitável interferência do significado.[35] Perto do fim de sua carreira, Lacan expressou esse fracasso com ainda mais veemência ao formular a autocrítica mais incisiva da obra de sua vida inteira e admitir o fato de que, em vez de transmitir o real da experiência psicanalítica, o nó borromeano

---

34 Ver, por exemplo, LACAN, Jacques. "Yale University, Kanzer Seminar (24 de novembro de 1975)". *Scilicet*, 6/7: 7-31, 1976.
35 Ver LACAN, Jacques. "Le Séminaire XXIV: L'insu-que-sait de l'une bévue s'aile à mourre" (1976-77). *Ornicar?*, 17/18: 7-23, 1979. Para um relato mais detalhado sobre o calculado envolvimento de Lacan com a escrita e a formalização durante os anos 1970, ver NOBUS, Dany. "Littorical reading: Lacan, Derrida and the analytic production of chaff". *JPCS: Journal for the Psychoanalysis of Culture and Society*, 6/2: 279-88, 2001.

havia se provado uma metáfora inapropriada. Dessa forma, ele abriu novos caminhos para um retorno ao estudo da fala e da linguagem no inconsciente, não por meio do rejuvenescimento da linguística estrutural, mas, possivelmente, por meio de outra teoria da linguagem, mais afinada do ponto de vista psicanalítico. Infelizmente, Lacan não viveu o suficiente para embarcar nesse novo e desafiante projeto.

5 Da letra ao matema:
os métodos científicos de Lacan

BERNARD BURGOYNE

I

Como podemos fazer perguntas sobre a linguagem na qual temos nosso ser intelectual, por assim dizer?

Georg Kreisel em *Gödel Remembered*[1]

O livro da natureza é escrito em um roteiro matemático. A natureza humana se vê convocada a decifrar esse texto, e talvez esteja mais profundamente implicada nessa atividade do que um mero leitor externo estaria. A ideia de que existe um texto externo que demanda uma leitura atenta e renovada não consegue expressar, à altura, as complexidades postuladas por Freud, para quem o inconsciente é equipado com seu próprio texto interior. Qualquer leitura a ser feita pressupõe, então, a existência de uma relação entre essas interioridades e um exterior com o qual elas estejam envolvidas. Existe aqui uma questão de se dar a interpretação de um texto, mas também existe a questão quanto a um matemático ser necessário para abordar essas questões de exterior, interior e a fronteira entre eles.

O psicanalista é invocado para ser um poeta – ou, como Jacques Lacan ocasionalmente colocava, para ser um poema. O trabalho analítico, ao mesmo tempo, purifica "cientificamente" o sujeito. Lacan acreditava em ambas as opiniões, e não era o único no movimento psicanalítico a querer

---

1 KREISEL, Georg. "Gödel's excursions into intuitionistic logic". *Gödel Remembered: Gödel Symposium in Salzburg, 10-12 July 1983*. Nápoles: Bibliopolis, 1987, p. 132. O "por assim dizer" é a maneira como Kreisel invoca uma ampla investigação das fundações da matemática que ele entende como necessária para resolver essa questão.

aproximá-las. Tais temas estiveram presentes desde os primórdios da psicanálise. Freud apresentava argumentos para ambos os lados dessa divisão; por um lado, ele descrevia como as palavras têm um poder mágico, e, por outro, ele sugeria que a psicanálise poderia ser formalizada como uma ciência.[2] Fazer tal transição – do texto literário para a matemática e suas provas – pode, à primeira vista, parecer algo além do poder da psicanálise. Mas esses dois analistas – Lacan e Freud – acreditavam que a noção do inconsciente transformava a avaliação dessa divisão em uma exigência. A estrutura inconsciente foi o que os forçou: desde o início do trabalho de Freud, a estrutura esteve em jogo no tecer dos procedimentos psicanalíticos, e é essa estrutura que torna o movimento possível e que ademais o impele.

Um ser humano é envolvido em estruturas: esse tema constitui o centro de diversos programas de pesquisas na psicanálise propostos por Lacan desde o início dos anos 1930 até 1980. As formulações específicas que ele dava ao seu trabalho durante esse período mudavam quase a cada cinco anos, mas esse foco central permaneceu fixo. Nos primeiros anos, ele pareceu pender para uma análise informal de imagens e linguagem, e isso implicava uma análise igualmente informal de sua estrutura. Mais tarde, ele dissipou qualquer ilusão de que tal leitura de seu trabalho pudesse ser mantida: ele alegava que uma escola de clínicos e pesquisadores em psicanálise precisava de acesso a topologistas – especialistas em estrutura do espaço – para formular e resolver seus problemas. Então, existia uma direção, uma trajetória no trabalho de Lacan, e ele se referiu a essa trajetória muitas vezes: um artigo escrito por ele em 1967 é um comentário sobre esse movimento

---

2   Em "The question of lay analysis", Freud escreveu: "Não queremos afinal de contas desprezar a palavra. Ela certamente é um instrumento poderoso; é o meio pelo qual transmitimos nossos sentimentos uns aos outros, nosso método de influenciar outras pessoas. As palavras podem fazer um bem indescritível e causar feridas terríveis" (*SE20*, p. 187-8). Para os pontos de vista de Freud sobre a psicanálise em relação à ciência e à filosofia, ver também o capítulo 25 de *New Introductory Lectures on Psychoanalysis* (*SE22*). Para uma versão da reformulação de Lacan sobre os mesmos temas, ver "L'Etourdit" (1973), *Autres écrits*, p. 449-95. Como ficará claro, o que Lacan quer dizer com trabalho analítico é algo que às vezes ocorre em um consultório e às vezes ocorre em um estudo. Encontrar os termos apropriados é exigido em ambos os lugares.

do início ao fim.³ Inicialmente, Lacan havia proposto uma formulação de subjetividade que atribuía a servidão humana ao funcionamento de (complexos de) imagens inconscientes. Nessa versão inicial da sujeição humana, a linguagem só é implícita na vida humana, encontrando seu lugar em estruturas que são determinadas por imagens. Mas Lacan voltou atrás nessa visão sobre as coisas logo após o final da Segunda Guerra Mundial.⁴

A linguagem, como ele passou a ver posteriormente, ofereceria a estrutura onde as imagens fazem seu lar. A estrutura da linguagem adquire agora um papel determinante – essa foi a formulação que levou Lacan a propor uma estrutura para o inconsciente determinada pela da linguagem – e tal estrutura levanta a questão de qual aparato será usado em sua análise. Esse passo foi o que preparou o terreno para o desenvolvimento de sua noção do Simbólico e dos "registros" associados do Imaginário e do Real, as três noções que aparecem como uma trindade na obra de Lacan até 1953. E foi esse reposicionamento de seu programa que permitiu que Lacan revisitasse o trabalho clínico e teórico de Freud e tornasse explícito o funcionamento dos fios da linguagem à medida que eles determinam as diversas conexões e desconexões do inconsciente. É nesse sentido que se pode falar sobre a estrutura da linguagem "na medida em que o sujeito está implicado nela", para usar a formulação proposta por Philippe Lacoue-Labarthe e Jean-Luc Nancy em seu famoso comentário sobre Lacan.⁵ Existe uma estrutura no inconsciente; ela é determinada pelas redes da linguagem; e um ser humano recebe coordenadas de forma a ser capaz de se orientar por suas relações com os outros por meio dessa estrutura interna, por meio desse estruturamento dentro do qual vivem. Os julgamentos das pessoas sobre o mundo – de seu lugar dentro dele, da natureza de suas relações com os outros e de quem elas são – são todos estruturados por esse aparato da linguagem. E,

---

3   LACAN, Jacques. "Place, origine, et fin de mon enseignement" (1967). *Essaim: Revue de psychanalyse*, 5: 5-31, primavera de 2000.
4   Em relação às séries de artigos de Lacan disponíveis em *Ecrits*, essa mudança é representada pelo movimento do artigo de 1936, "Au-delà du 'principe de réalité'" ("Para-além do 'princípio de realidade'") até o artigo de 1948, "Propos sur la causalité psychique".
5   LACOUE-LABARTHE, Philippe; NANCY, Jean-Luc. *The Title of the Letter: A Reading of Lacan*. Trad. François Raffoul e David Pettigrew. Albany: State University of New York Press, 1992.

assim como um sujeito humano é implicado na linguagem, aparentemente a matemática também pode ser implicada nesse estruturamento linguístico. Então, ler o livro da natureza não é algo fácil, pois pressupõe ler os textos dentro de si mesmo.

Essa determinação pela linguagem é o que pode se chamar de problema da letra. Lacan, na verdade, costumava se referir ao seu trabalho nesses termos durante os anos 1950. Os dois textos que focam centralmente nessa determinação são o famoso "Seminário sobre 'A carta roubada'", de 1956, e "A instância da letra no inconsciente" (*E/S*, p. 146-78), de 1957.[6] As questões que são levantadas dessa forma envolvem relações entre psicanálise, linguística, filosofia e ciência – e elas levantam, em especial, a questão do lugar da matemática em qualquer formulação proposta de análise. Nos termos utilizados por Lacoue-Labarthe e Nancy, o relato de Lacan da "instância da letra" levanta o problema de se dar uma formulação para "a questão do ser" de tal forma que pressupõe o problema filosófico da determinação do ser pela estrutura.[7] Esse problema que eles propõem não é simples. Uma coisa é formular um problema, outro é encontrar uma solução para ele; no final, eles optam por priorizar a filosofia, e não a matemática, em sua formulação. A estrutura à qual eles recorrem é a estrutura do inconsciente, e a questão das interpretações dessa estrutura que eles assumem pode ser resolvida lançando-se mão de alguns domínios. Os dois comentaristas de Lacan invocam uma série de campos supostamente afiliados: a linguística, a lógica "combinatória", a lógica "algorítmica", a lógica "simbólica" (essas duas últimas são consideradas, por eles, "equivalentes"), a biologia, a psicologia e a etnologia. Esses campos – esses chamados campos – têm, no máximo, uma relação aleatória uns com os outros: Lacoue-Labarthe e Nancy

---

6 LACAN, Jacques. *Seminar on 'The Purloined Letter'*. Trad. Jeffrey Mehlman, The Purloined Poe. Ed. John P. Muller e William J. Richardson. Baltimore: John Hopkins University Press, 1988, p. 28-54. No começo de seu seminário de 25 de março de 1955, Lacan expressou um desejo de que Jacques Riguet, um renomado algebrista francês que trabalhava com Lacan na época, estivesse presente para ajudá-los a progredir em seu trabalho.

7 Este é um resumo do conteúdo de seu livro na introdução à sua reedição em 1990. A primeira publicação, em 1973, recebera uma resposta (respeitosa, mas irônica) de Lacan em seu seminário de 20 de fevereiro de 1973: "Leiam", ele disse de fato à sua plateia, "eles me leram muito bem".

presumem que o intuito de Lacan é ordená-los subordinando-os à filosofia. Nada poderia ser mais impreciso. A estratégia de Lacan é muito clara: ele dá prioridade à psicanálise. Resta analisar o que isso significa.

O problema das relações entre a psicanálise, por um lado, e a ciência, por outro, foi levantado por Freud, em 1933, em uma recapitulação das questões que ele havia começado a discutir inicialmente com James Putnam, em 1909. Putnam queria originalmente subordinar a psicanálise à filosofia. Ele defendia que somente se o psicanalista adotasse a posição de um filósofo moral, o trabalho clínico poderia chegar a uma conclusão que pudesse ser "pelo bem" do paciente. A filosofia, segundo ele, deveria, dessa forma, servir como estrutura orientadora para a pesquisa e a prática clínica do psicanalista. Freud, desde o início, assumiu o ponto de vista oposto. Ele mantinha que a psicanálise não tinha necessidade dessa dependência e nenhum uso para ela, pois já teria uma estrutura orientadora, fornecida pelos "métodos das ciências". Ao alegar isso, Freud interpretava a ciência como sendo composta de explicações do mundo "testadas de maneira crítica" (*SE22*, p. 187-8). Métodos para propor tais teorias e sujeitá-las a críticas "implacáveis" compunham a estrutura que sustenta as ciências: uma estrutura que Freud chamava de *Weltanschauung* da ciência. Para Freud, essa "visão de mundo" era compartilhada por psicanalistas, e era essa orientação que dava direção à sua pesquisa.

Segundo Freud, os métodos das ciências ainda estão sendo construídos, e assim como a ciência é incompleta – de fato, a tolerância a tal incompletude é uma de suas marcas –, a psicanálise ainda não se formula como uma ciência. Para Freud, duas coisas decorriam disso. A primeira é que a inclusão da psicanálise na ciência não alteraria de maneira nenhuma seus métodos; a segunda é que, após esse passo, o conteúdo das ciências mudaria radicalmente. A psicanálise muda suposições clássicas a respeito da natureza humana; quase tudo que é presumido pela "psicologia pura e aplicada" clássica mudaria com a introdução de estruturas descobertas pelas pesquisas psicanalíticas na ciência clássica. "O progresso do trabalho científico é ocasionado de uma maneira muito similar ao fomento de uma psicanálise", disse Freud. Ele não dava uma razão para isso; o fato de a estrutura dos dois campos ser "muito similar" permanecia tácito.

Não somente Freud dá prioridade para a ciência, como afirma que a psicanálise é – ou melhor, pode se tornar – uma ciência. Dessa maneira, ele está separando as trajetórias futuras da psicanálise do domínio da filosofia. Existem claramente muitas inter-relações entre a filosofia e a ciência, e separar esses dois domínios não é fácil. Freud alega que a filosofia, embora use muito da metodologia das ciências – em especial, a lógica dedutiva –, tem uma tendência a encobrir a incompletude em seus resultados, e o que faz normalmente por meio de uma idealização de seus objetivos. É a falta dessa habilidade científica de suportar a incompletude da formulação e de resultados, de acordo com Freud, que basicamente distingue o empreendimento filosófico das tradições das ciências. Por outro lado, a ciência precisa da filosofia: a sobreposição e a diferença entre elas não é tão grande a ponto de tornar a filosofia alheia às ciências. E a psicanálise, ele insiste, é orientada não pela filosofia, mas pelos "métodos das ciências". E do que exatamente consistem esses métodos? Seriam as estruturas das ciências relacionadas às estruturas da matemática? E a estrutura envolvida na psicanálise seria de alguma forma relacionada com a da matemática? Lacan viria a descobrir que tais questões eram pertinentes ao seu trabalho, e que algumas respostas a essas perguntas já estavam disponíveis nos anos 1930.

Lacoue-Labarthe e Nancy formulam algumas coisas muito bem: por exemplo, o fato de que o sujeito entra em um discurso – em relações com outros – já determinado pela letra. Contudo, eles também propõem que uma ciência de tais determinações possa ser construída, e que sua construção produzirá uma série de problemas filosóficos para o psicanalista. Existem vários problemas a respeito dessa suposição, e todos produzem mais obscuridade do que clareza. Embora essa ciência ainda não esteja constituída, segundo eles, tudo que ela requer é a definição de um conceito, o conceito da letra. Contudo, nenhuma ciência jamais foi constituída por um conceito, mas sim pela formulação que ela dá a uma série de problemas. Eles também presumem que as relações da ciência com a psicanálise serão determinadas pela construção dessa ciência, e tudo isso eles apresentam sob a rubrica de "a ciência da letra". Mas essa – para retomar uma expressão cara a Lacan – é exatamente a formulação que deve ser evitada. Em primeiro lugar, foi exatamente a incorporação de pequenas letras (variáveis algébricas) à ciência que transformou a ciência na época de Descartes. Por causa disso, a ciência não é algo que se "aplique" às letras – ela as pressupõe. E, por fim, a "ciência da letra" que eles propõem, por um lado, é necessariamente muito diferente de qualquer ciência linguística e, por outro, não consegue entender qualquer emaranhado de psicanálise com ciência. A escolha que eles fazem desse termo traz consigo uma confusão entre ciência e filosofia, uma confusão que normalmente eles resolvem por meio de uma subordinação da ciência (e da psicanálise) à filosofia, com todo o respeito às objeções de Freud. E mais do que ter tal ciência governando – ou melhor, sua filosofia governando – a letra, como alegam, a ciência também permanece sujeita à estrutura da linguagem (e em nenhum outro lugar isso fica tão evidente quanto nas fundações da matemática e nas linguagens da lógica formalizadas). Isso ficou claro desde muito cedo no trabalho de Lacan. Então, como a formalização da estrutura se tornou explícita no trabalho de Lacan? Como as primeiras declarações de Lacan sobre a psicopatologia do amor se transformaram, em algum ponto intermediário, em questões de formalização?

Nas várias versões do "Seminário sobre 'A carta perdida'", Lacan produziu três diferentes incorporações da matemática: a reescrita das sessões do seminário de 1955 em 1966, um apêndice matemático para esta versão reescrita e um apêndice matemático para este apêndice. Então, quando foram publicados os *Escritos* de Lacan, a relação da psicanálise com a matemática já era evidente. Em termos de relações entre psicanálise, matemática, filosofia e ciência, a forma como Lacan retoma Freud é relativamente clara. Lacan dá prioridade à psicanálise em detrimento da filosofia; Freud dá prioridade à ciência em detrimento da filosofia; Lacan encontra a estrutura da psicanálise na estrutura da matemática. Por quê?

Lacan muito claramente escora o "Seminário sobre 'A carta roubada'" em uma arquitetura matemática; em "A instância da letra no inconsciente", a estrutura matemática permance implícita. A ação da estrutura é o tema central de Lacan nesse texto, uma ação por meio da qual o sujeito humano é tornado passivo, dominado, reduzido a ser um "servo da linguagem". A determinação por essa estrutura é relativamente completa: "É claro, a letra mata enquanto o espírito vivifica [...]. Ainda assim, as pretensões do espírito permaneceriam inatacáveis se a letra não tivesse nos mostrado que produz todos os efeitos da verdade no homem, sem envolver o espírito" (*E/S*, p. 158). E é algo que "já está lá", algo no qual o ser humano nasce: "a linguagem e sua estrutura preexistem à entrada de cada sujeito em certo ponto de seu desenvolvimento mental" (*E/S*, p. 148).

O sujeito humano questiona as condições de sua existência, mas "para que sequer haja um questionamento [...] precisa haver a linguagem" (*E/S*, p. 172). Lacan cita Erasmo e o período da crítica cética às ortodoxias na ciência, críticas que ajudaram a construir a ciência do mundo moderno. Seu resultado foi um lema do tipo "conhece-te a ti mesmo", mas esse adágio socrático, segundo ele, precisa ser olhado de uma forma um tanto quanto nova. Freud nos impeliria a analisar e revisar os caminhos que levam a ele. E esses caminhos são ligações, conexões nos espaços (topológicos) da alma. Eles devem ser considerados, de acordo com Lacan, *à la lettre*, e receber tais coordenadas algébricas de forma que esses caminhos que atravessam a alma exibam uma linhagem matemática. Em tais formulações, o estruturamento matemático é explícito. Então, em que ponto Lacan percebeu que sua investigação da estrutura levava a uma análise dos problemas de formalização e do seu papel nas ciências? No seminário que vinha apresentando simultaneamente à publicação de "A instância da letra no inconsciente", intitulado *A relação de objeto*, Lacan faz bom uso da formalização e das provas de impossibilidade em relação à estrutura da fobia no caso do Pequeno Hans – que é mencionado em *E/S*, p. 168. Mas teria o movimento de Lacan em direção a uma formulação matemática explícita começado antes disso? Esse é um problema central, e um retorno a alguns dos primeiros textos de Lacan pode nos fornecer diretrizes para resolvê-lo.

Já na primeira década de seu trabalho, Lacan vinha trabalhando com estruturas, tanto explícita quanto implicitamente: explicitamente com as estruturas da psicanálise e da psiquiatria psicanalítica, e também explicitamente com as estruturas da linguagem, e implicitamente com as estruturas da matemática. Mesmo nesse período do trabalho de Lacan, ele esteve comprometido com a necessidade de produzir uma análise das estruturas da linguagem. "A experiência vivida do paranoico", disse Lacan, "e a concepção do mundo que ela gera, podem ser concebidas como uma sintaxe original" (*PP*, p. 387).[8] Aqui já estão presentes, assim como no resto do trabalho de Lacan nesse período do pré-guerra, uma série de terminologias que apelam para a formulação matemática: nesse artigo, por exemplo, Lacan alega que as simbolizações presentes na estrutura da paranoia são derivadas daquilo que ele chama de "identificação iterativa do objeto" (*PP*, p. 387). Ele já estaria bem familiarizado com o contexto científico desses termos – iteração, repetição, revolução – pelo uso que fez do trabalho de Emile Meyerson, que é citado frequentemente em sua tese de doutorado sobre a paranoia. E quando Lacan usa uma expressão como "aparato lógico" nesses textos, ele está, ao mesmo tempo, questionando o que é que constitui uma lógica. Algumas das respostas às suas questões ele encontrou mais tarde, nos anos 1930, recorrendo aos trabalhos de C. S. Peirce.

Os trabalhos desse período contêm regularmente formulações que apelam implicitamente à estrutura matemática. Em "Para-além do 'princípio de realidade'" (1936), ele comenta sobre a forma como a técnica clínica é fundada sobre a topologia das cadeias significantes. É claro que essa é a terminologia que Lacan usaria mais tarde em sua carreira; aqui, ele fala do "testemunho do sujeito" (*E*, p. 81) dado na sessão de análise, ou seja, dentro da estrutura da relação analítica. Ele diz que o analista precisa se recusar a escolher a partir dos sintomas ou do material apresentado na sessão: uma reformulação abstrata do que o paciente tem a dizer daria prioridade ao "Imaginário" em detrimento do "Real". Ele chama essa parte do protocolo para a construção do contrato analítico de lei de não sistematização. Ela é baseada em uma regra prévia, a da associação livre – ou o que ele chama, aqui, de lei associada de não omissão. É uma forma aguda de dar um protocolo para a situação analítica, e ele a atribui a Pichon (*E*, p. 82). O que é evidente em sua descrição dessa estrutura é sua proto-matemática. Ele chama a implementação da lei de não sistematização de "respeito à sucessão" – ou seja, que preserva as relações de ordem. Ele descreve o "encadeamento", ou a conectividade entre os elementos do material

---

8   LACAN, Jacques. "Le problème du style et la conception psychiatrique des formes paranoiaques de l'éxpérience" (1933). *PP*, p. 383-8.

apresentado para o analista, e a relação dos fragmentos desse material com a estrutura da qual eles são parte. O encadeamento inicial da narrativa é diferente daquele que o trabalho analítico está tentando construir. Todas essas são noções que invocam os termos da matemática, e a questão da formalização nesses textos já é presente.

A função "identificadora" da mente humana é um foco central que Lacan deu ao seu trabalho nos anos 1930: de forma mais geral, o problema da identificação pode ser visto como uma questão central que atravessa todo o trabalho psicanalítico de Lacan, do começo ao fim. Lacan usou esse tema principal dos escritos do filósofo da ciência francês Emile Meyerson como uma forma de relacionar seus interesses clínicos e teóricos no início da década, e o trabalho de Meyerson funcionou como um princípio organizador para Lacan em anos subsequentes. As declarações que Lacan colocou no final de seu artigo de 1936 sobre o "Princípio de realidade" são indicativas disso: "Duas questões surgem aqui. Como [...] a *realidade* é constituída [...] através de imagens? Como o Eu – onde o sujeito se reconhece – se constitui através de identificações que são típicas do sujeito?" (*E*, p. 92). Então, uma inclinação para localizar problemas de psicanálise dentro da tradição de resolução de problemas das ciências está presente nesse período inicial: mesmo nesse trabalho inicial, o "problema" e a "proposição" se repetem regularmente como formulações de questões clínicas ou teóricas. Pergunta/resposta; problema/solução; matemática e a metodologia das ciências: esses temas podem ser descritos como os elementos do trabalho de Lacan nos anos 1930.

Após o fim da guerra, e com o reassentamento do trabalho analítico na França, Lacan passou para uma reformulação de suas questões iniciais. Aqui, a prioridade dada anteriormente ao funcionamento da imagem em detrimento da estrutura da linguagem é invertida. Em "Formulações sobre a causalidade psíquica" ele usa o exemplo da palavra "cortina" (*rideau*) para mostrar como ela detém um lugar em uma rede construída por metáforas e por trocadilhos; *rideau* alude em francês ao riso da água (*ris d'eau*) e em inglês, ou em qualquer tradução, alude ao assassinato de Polônio por Hamlet atrás de um arrás (*E*, p. 166-7). É em tal rede que as imagens se aninham. O simbólico nessa formulação é dominante sobre o Imaginário, e o intuito da análise é dar uma articulação aos seus fios. Nesse texto, Lacan volta a abordar a questão da linguagem em termos de um "sistema semântico" que "forma a criança" (*E*, p. 166). Ele olha para o trabalho de linguistas e filósofos para ver que esclarecimento eles poderiam trazer a esse problema – mas não para basear sua ciência na deles. Ele até mesmo propõe construir uma unidade de semântica (um "semantema", *E*, p. 167), mas sem querer tomar a noção desses campos aliados. As formulações nas quais ele se inspira para construir uma solução para seu problema são as da matemática – uma palavra, segundo ele, "não é um signo, mas um nó de significação" (*E*, p. 166).

O interesse que Lacan mantinha nessa época pela filosofia contemporânea da ciência lhe deu motivo para refletir sobre a matemática e a formalização. Ele teria encontrado no trabalho de Meyerson a ideia de que a filosofia serviria como uma estrutura orientadora para a ciência. Mas essa ideia – de que "programas de pesquisa" filosóficos orientam a direção da pesquisa científica – foi usada por Meyerson para focar em grande parte nessa filosofia orientadora, e em seu papel na determinação da escolha de problemas científicos, e não na estrutura interna da ciência. Contudo, Freud havia proposto um domínio de diferenciação entre filosofia e ciência, e ele fez uso desse domínio ao determinar a direção da psicanálise. Lacan precisava de meios para analisar tal divisão. Nenhum dos comentários disponíveis no início dessa década havia focado nos programas de matemática a serem encontrados dentro de tais programas de ciência. Então, uma série de problemas estava levando Lacan na direção do estudo da estrutura da matemática, e ele sabia de um estudioso desses temas cujo trabalho dava prioridade à formalização e às fundações da matemática: um filósofo da ciência russo chamado Alexandre Koyré.

Koyré vinha lecionando desde 1922 em Paris, onde, em 1934, foi publicado seu primeiro texto sobre os alicerces da ciência, isto é, sobre Copérnico. Não se sabe ao certo se o primeiro contato de Lacan com as teses de Koyré sobre a ciência foi nesses anos ou mais tarde. Ele havia lido o livro de Koyré sobre Jacob Boehme já em 1929, e quando participou do seminário de Kojève, em 1934, sabia da amizade e das relações familiares entre Koyré e Kojève. O que é certo é que Koyré teve um envolvimento ativo com Lacan desde 1954: na primeira sessão do seminário de Lacan no inverno daquele ano, Lacan se referiu ao seminário que Koyré havia ministrado no dia anterior, em 16 de novembro de 1954. Lacan se refere à contribuição dada por Koyré a uma série de seminários organizados pela parte ocupada por Lacan no mundo psicanalítico francês, a Société Française de Psychanalyse, que aconteceu ao longo do inverno e do verão de 1954-5.[9] A direção que o trabalho de Koyré dava a Lacan era, àquela altura, consagrada; como ele mesmo indicou: "é bem sabido que tudo que sei a respeito da 'revolução copernicana' foi ensinado a mim por Koyré".[10]

Lacan escolheu como título de uma seção de "Para-além do 'princípio de realidade'" (1936) uma expressão modelada na linguagem da história da ciência. Na época em que Koyré estava descrevendo "a revolução das órbitas celestes", Lacan escolheu "A revolução do método freudiano" (*E*, p. 81). Ambos os termos se baseiam em um equívoco: no caso de Koyré, entre a revolução copernicana e os caminhos celestiais dos planetas, e, no caso de Lacan, entre a revolução freudiana da descoberta do inconsciente e a revolução ocasionada na forma de uma pessoa ser no mundo por meio desse método freudiano. Aqui existe um paralelismo imediato proposto entre o método psicanalítico e o método da ciência – mas não existe nenhuma intenção de reduzir nenhum desses a um domínio fixo. Os métodos das ciências – e as estruturas da matemática que estão em seu cerne – são sujeitos a mudança, e Koyré era ciente de que tais mudanças também se aplicavam à matemática. Ele havia participado de discussões controversas com Bertrand Russell, em 1912, sobre os fundamentos da matemática, e mais tarde ele observou que "como nós mesmos atravessamos duas ou três crises profundas em nossa maneira de pensar – a 'crise das fundações' e 'o eclipse dos absolutos' na matemática", ele se viu como um resultado bem posicionado para "analisar a estrutura" de corpos de ideias que pertenciam ao passado.[11] Essas ideias a respeito de mudanças no domínio da estrutura

---

9 O título de Koyré para essa série era "Problems of the Platonic dialogue". O livro de Koyré sobre Platão seria publicado mais tarde com seu texto sobre Descartes em Paris. A série fora inaugurada na semana anterior por Jean Delay, com uma apresentação sobre neurose e criatividade.
10 LACAN, Jacques. "Radiophonie". *Autres écrits*. Paris: Seuil, 2001, p. 429. Minha tradução.
11 KOYRÉ, Alexandre. "Orientation et projets de recherches". *Etudes d'histoire de la pensée scientifique*. Paris: Presses Universitaires de France, 1966, p. 4.

formal não só eram correntes, como foram discutidas durante os anos dos trabalhos iniciais de Lacan.

No final dos anos 1930, Alonzo Church e outros publicaram em Paris um comentário sobre as fundações da matemática.[12] Nele, Church levantou dúvidas a respeito da adequação das fundações que haviam sido propostas para a matemática durante as quatro primeiras décadas do século: "as questões na matemática não podem receber um significado definitivo; na verdade, elas não têm um um *tema* definido", ele alegou, a menos que submetidas a um processo de formalização que tenha tornado as ideias envolvidas "precisas e precisamente comunicáveis".[13] Ele comentou, em especial, sobre sistemas que passaram nesse teste – os sistemas de Russell e Whitehead e aqueles desenvolvidos a partir da axiomatização proposta por Zermelo. Enquanto Church desenvolveu o que mais tarde foi chamado de programa de pesquisa metafísica para as fundações da matemática – um meio especial de propor como é que o sujeito estaria implicado na estrutura –, Koyré propôs um programa bastante diferente. Ele buscava descrever como novas estruturas matemáticas, inclusive estruturas de significado, poderiam ser criadas a partir da análise de estruturas do passado; dessa forma, ele alegou, novas fundações "lógicas, axiomáticas e intuitivas" para a estrutura passavam a existir. Aqui não há nenhuma determinação fixa; parece, então, que se o destino da letra está nas estruturas da matemática, é melhor que a análise dessas estruturas inclua tanto psicanalistas quanto especialistas em fundações da matemática. Essa inclusão – de matemáticos e fundacionalistas – se tornou um objetivo central do programa de Lacan.

Paul Valéry havia tentado, em seus cadernos pessoais, desenvolver um programa similar. Ele visava uma formalização da estrutura psíquica, mas sem o "sujeito já determinado pela letra". Desde o início ele esteve determinado a encontrar na matemática um instrumento para traçar as trilhas dentro da alma. Em seus cadernos de 1894, ele escreveu: "O que postulo é isto: que a ciência matemática, desligada de suas aplicações [...] e reduzida à álgebra, ou seja, à análise das transformações de um ser puramente

---

12 CHURCH, Alonzo. "The present situation in the foundations of mathematics". *Philosophie mathématique*. Ed. Ferdinand Gonseth. Paris: Hermann, 1939.
13 Church, "The present situation in the foundations of mathematics", p. 67. Itálico no original.

diferencial [...] seja o documento mais fiel das propriedades do agrupamento, da disjunção e da variação do espírito".[14] Logo depois, ele havia decidido que a topologia era sua ciência favorita: "A *analysis situs* procura princípios – as notações puras para todas essas relações que são expressadas por – *intus, extra, trans, circum*, ou seja, a subdivisão de um espaço [...] em regiões".[15]

Valéry percebeu que uma topologia era necessária para seu programa, e, com base nisso, ele tentou produzir três registros: "O problema fundamental é um problema de *analysis situs* [...]. O conjunto de sensações – S; O conjunto de representações – R; O conjunto de 'atos' – A". Ele tentou relacionar essa trindade a seu intricado programa para a linguagem; "a linguagem é mais difícil do que o chinês", ele disse, e mais do que "a álgebra mais 'simbólica'".[16] Depois de investigar a possibilidade de formalizar a linguagem "articulada" algebricamente, ele propôs a linguagem como um espaço fundamental, geral – uma tentativa heroica de formular dentro da estrutura matemática a condição do sujeito humano, mas ao mesmo tempo em que deixava de lado as fundações da matemática. Ao inventar essa teoria da letra, ele lançou mão de sua amizade com o matemático francês Émile Borel, bem como do trabalho de filósofos da ciência, incluindo Brunschvicg e Meyerson. Havia uma formulação crítica das fundações da estrutura disponível para Lacan, mas Valéry, ao construir seu programa, recorreu a Meyerson e não teve o benefício do exemplo de Koyré.

II

A inspiração arquimédica desses métodos está bem diante do nariz.
Alexandre Koyré em "La Renaissance"[17]

Koyré ministrou três palestras sobre Descartes na ocasião do tricentenário da publicação do *Discurso do Método*, de Descartes, no Cairo, em 1937. Elas foram publicadas quase que imediatamente em francês e árabe,

---

14 VALÉRY, Paul. *Cahiers*. Paris: Gallimard, 1973, vol. I, p. 775.
15 *Ibid.*, p. 787.
16 *Ibid.*, p. 415.
17 KOYRÉ, Alexandre. "La Renaissance". *Histoire générale des sciences, II, La Science moderne (de 1450 à 1800)*. Paris: Presses Universitaires de France, 1958, p. 105.

republicadas – em francês – em Nova Iorque durante a Segunda Guerra Mundial, e fazem parte, portanto, da cultura intelectual compartilhada e disseminada por Koyré, Jakobson e Lévi-Strauss em seu exílio em Nova Iorque. O tema dessas palestras era um manifesto pela formalização, quase um manifesto pelo matema. Elas oferecem, desse modo, alguma ideia sobre a forma como Lacan foi envolvido pela questão da determinação do lugar da matemática nas ciências modernas; além disso, esse impulso na direção da formalização é relevante para o problema de Freud quanto à relação entre a psicanálise e a ciência.

Koyré começou seu relato com o início do século XVI. Ele descreveu algumas das tradições do ceticismo encontrado em comentários sobre as ciências feitos por nomes que iam de Agrippa até Montaigne. Essas e outras críticas haviam desafiado suposições sobre o espaço e sua relação com a matemática corrente na ciência medieval. Essas visões antigas de mundo das ciências já haviam se enfraquecido quando os caminhos descritos pela ciência receberam coordenadas novas e literais de Descartes, enquanto ele tentava finalmente aceitar essa tradição cética. Koyré descreveu o movimento que foi produzido com base em três mudanças, e a organização de suas palestras seguiu o tema desses três momentos – um mundo tornado "incerto"; o "desaparecimento" de um cosmos; e o "ressurgimento" consolatório de um universo. Essa formulação dá à sucessão desses programas de ciência uma estrutura "fálica" de perda e reaquisição. Freud havia determinado anteriormente a existência de tal estrutura – ele a chamava, então, de o princípio de *Fort-Da* – quando seu neto tentava construir um mundo de relações com os outros.[18] O paralelismo entre os dois – do ponto de vista de Lacan – deve ser esperado.

Agrippa havia descrito a variedade das ciências e suas contradições, especulações e erros que podiam ser encontrados, segundo ele, em todo o domínio das ciências e suas técnicas. "Alguns veem a alma como uma conectividade", outros a veem como um "ponto vinculado ao corpo", outros como "um ponto sem nenhum ancoramento no corpo"; sua sondagem sobre as

---

18 BURGOYNE, Bernard. "Autism and topology." *Drawing the Soul: Schemas and Models in Psychoanalysis*. Londres: Rebus Press, 2000.

ciências incluía as ciências naturais e morais, e, entre outros temas, uma matemática detalhada (geometria, aritmética e *mathesis* em geral), astronomia, gramática e a interpretação de sonhos.[19] A versão de Koyré da ascensão das ciências matemáticas gira em torno de sua leitura dessas trajetórias, que começaram com o texto de Agrippa, *De incertitudine et vanitate scientiarum* (*Sobre a incerteza e a vaidade das ciências*). À medida que a suposta unidade do mundo "se esfacelava", o questionamento que havia produzido esse efeito se tornava, em si, algo a ser questionado. O questionamento das visões de mundo se tornou sujeito à análise.

Ao retomar os problemas daquilo que pode ser chamado de programa de "ceticismo crítico", Descartes descobre que o filósofo é obrigado a adotar uma posição que já havia sido imposta a Montaigne: ele "interroga o questionador". Esse questionamento socrático do sujeito é envolvido nas primeiras partes da cura psicanalítica;[20] o fato de ter sido um passo forçado no desenvolvimento cartesiano da ciência é parte da apresentação que Koyré dá para esses desenvolvimentos. Foi Descartes, de acordo com Koyré, quem aprofundou as "análises" iniciadas por Montaigne; a matematização do mundo introduzida por Descartes aparece simplesmente, nessa perspectiva, como uma consequência de levar tal análise "a cabo".

Koyré enfatiza, contrariando as tentativas de Bacon e Locke de mover a ciência na direção de fundações "sem pressuposições", que qualquer experiência do mundo ou experimento sobre ele "pressupõe uma teoria anterior". Ele é ainda mais específico do que isso. Perto do final de sua primeira palestra, afirma: "a experiência (do mundo) implica uma linguagem dentro da qual alguém a aborda". É "impossível", diz Koyré, para qualquer experiência do mundo não recorrer à linguagem usada para dar uma formulação a ela.

Koyré vê o cerne do programa de Descartes na formulação que ele dá a uma proposição, conhecida desde os tempos da ciência e da filosofia gregas clássicas, de que a natureza fala a linguagem da matemática. É

---

19 NETTESHEIM, Heinrich Cornelius Agrippa von. *Die Eitelkeit und Unsicherheit der Wissenschaften* (1530). Munique: Georg Müller, 1913. Prefácio e capítulos i a lii, *passim*. Ver, em especial, capítulos xi, xxxix e lii.
20 Ver BURGOYNE, Bernard. "Freud's Socrates". *The European Journal of Psychotherapy, Counselling and Health*, 4/1, 2000.

nessa linguagem, diz Koyré, que a natureza responderá às questões que uma ciência coloca para ela. Dessa forma, as reais condições de nossa existência – questões de física e questões da natureza da alma humana – podem ser formuladas dentro de uma metafísica daquilo que Koyré chama de "o verdadeiro valor do matematicismo".

Ao colocar dessa forma, Koyré entende as descrições informais do mundo – e certamente o "bom senso" – trajadas em algo que ele chama de "imaginário"; a virtude da estrutura matemática é que permite que tais formulações imaginárias sejam deixadas para trás enquanto abrem trilhas que permitem acesso ao que é real.

Qualquer restituição como essa das ciências coloca as relações matemáticas no centro de seu programa. Koyré afirma que uma ciência – na visão de Descartes – precisa de uma metafísica: ela é formulada e se desenvolve dentro de uma orientação metafísica que ao mesmo tempo dirige suas pesquisas e fornece um aparato para a solução de seus problemas. Koyré acredita que as ideias "claras" que Descartes busca para constituir a base dessa ciência podem ser caracterizadas de forma inequívoca: o que é claro só pode ser matemático, ou, mais precisamente, o que é claro deve ser capaz de ser *matematizado*. Koyré cita a determinação de Descartes de "não buscar nenhuma outra ciência além daquela que eu pude encontrar em mim mesmo, ou no grande livro do mundo". O resultado disso foi uma nova lógica e uma nova física, juntamente com uma nova metafísica para guiar seus problemas. Enquanto Freud havia começado suas pesquisas com uma purificação, uma catarse, Koyré vê Descartes como operador de uma revolução baseada em uma catarse da razão pela dúvida. Em tal ciência, a alma humana está estudando suas próprias ações, analisando suas próprias operações.

É somente quando uma ciência incorpora um aparato matemático, segundo Lacan, que ela pode se tornar frutífera.[21] Ele afirmou isso no contexto de uma discussão sobre o aparato da ciência, dizendo que a "pulsão não é uma substância, mas um vetor", e, se houvesse dúvidas a respeito da

---

21 LACAN, Jacques. "Le Phénomène lacanien" (1974). *Les Cahiers Cliniques de Nice*, 1: 13, jun. 1998.

seriedade de sua intenção quanto à referência matemática, ele imediatamente acrescentava uma referência para os escalares que, junto com esse vetor, compõem um campo vetorial. Nesse texto, Lacan descreveu o início de seu trabalho de forma clara: "É uma linguagem muito simples, absolutamente mais nada". Mesmo nessa formulação, contudo, existem apelos latentes à estrutura e à matemática. A estrutura da linguagem, é claro, sempre esteve presente "desde o começo"; e, no que diz respeito a essa estrutura, afirma, "Quando Freud fala a respeito disso, é sempre uma questão de um nó, uma rede associativa". Uma ciência sem o apoio da matemática leva "estritamente a nada", e tal ciência é incapaz, ele alegava, de "sair do campo do imaginário" e abordar o real.

Lacan, nesse texto, encontra a "estrutura real" de uma teoria científica em sua "lógica, e não em sua face empírica". Com essa lógica, por sua vez, ele quer propor um paralelismo entre seu domínio e o do aparato da alma. A lógica da qual ele fala aqui é uma lógica "fraca", supostamente uma lógica intuicionista. Ele invoca não somente essa lógica, mas a topologia, recorrendo à noção de vizinhança para justificar a posição que o sujeito humano assume dentro de interações que determinam o lugar da fala. Em 1974, Lacan usa fragmentos de matemática como guias para a investigação da alma.

No final de 1971, Lacan introduziu seu conceito de matema. Ele pode ser encontrado, por exemplo, na sessão de 2 de dezembro de 1971, do seminário paralelo ao seu seminário público, realizado naquele ano no hospital psiquiátrico Sainte-Anne, no sul de Paris. A condição do inconsciente é estar desconectado; pela sua própria constituição, ele é submetido ao estruturamento da matemática. Enquanto para Freud o sofrimento assume as formas dadas a ele pela estrutura do inconsciente, para Lacan ele recebe as formas das texturas da linguagem. A linguagem é necessária para dar ao sofrimento não somente sua formulação, mas sua expressão. Como se aborda qualquer real determinação de sofrimento em condições como essas? Lacan, em seu seminário, esperava organizar sua resposta a esse dilema utilizando os procedimentos de prova dos gregos antigos. Em seu texto "O aturdito", ele tentou descrever como o real poderia ser formulado como um impasse dentro de provas de limitação ou impossibilidade. Nisso, diz Lacan, existe a compreensão de algo que, em seu relato, é o movimento que atravessa o simbólico em direção ao real. Essa abordagem para o real pressupõe os caminhos em cujos termos ele é expresso: ele não pode, portanto, ser expresso independentemente do aparato da linguagem. É para isso que Lacan inventa seu conceito de matema; com ele, está sendo encontrado algo que é impossível de formular completamente, mas que, quando restrito dentro de uma formalização, é suscetível tanto à prova quanto à sua limitação.

Nathalie Charraud, em seu relato sobre o matema, enfatiza a conexão entre a prática clínica e essa abordagem para o real. Ela indica o efeito do matema sobre a psicanálise como uma atividade clínica, bem como um programa de pesquisa científica: "Se a topologia de Lacan e os matemas são levados a sério, o cenário clínico também muda".[22] Ela cita a fala de Lacan de que "a formalização é nosso objetivo, nosso ideal". O objetivo da psicanálise é enfraquecer ideais, e existe uma certa ironia – com a pretensão, aparentemente, de uma piada – quando Lacan apresenta o aparato como garantia de um ideal de substituição. Mas a estrutura do inconsciente força essa aplicação à matemática: a construção de um programa de formalização dentro da psicanálise pretende dar coordenadas para o que é real. Lacan, em 1971, vinha efetivamente trabalhando em um desses programas há quarenta anos. Hoje, esse trabalho é executado por muitos pesquisadores individuais, e dentro de um punhado de séries de seminários. Se a alguém fosse pedida a formulação de um objetivo "realista" para uma ciência nesse campo, ele seria centrado em torno do sofrimento – em torno de formulações matemáticas de articulação, tolerância e conexão. É tal objetivo a base da explicação de Lacan para como o matema pode agir pelo bem.

A formulação dada ao bem por M. F. Burnyeat inclui a visão de que uma característica central da matemática é que ela possui a precisão necessária para focar no que é real. Uma vez dada a formulação em termos de matemática, a alma é forçada a encontrar seu acesso ao que é real por

---

22 CHARRAUD, Nathalie. "Matheme". *A Compendium of Lacanian Terms*. Ed. Huguette Glowinski, Zita M. Marks e Sara Murphy. Londres: Free Association Books, 2001. Ver também de Charraud, *Lacan et les mathématiques* (Paris: Anthropos, 1997) e "A calculus of convergence", em *Drawing the Soul: Schemas and Models in Psychoanalysis*.

meio desses caminhos formais.²³ Freud havia organizado seu conceito do inconsciente em torno desse tema e, nesse sentido, Burnyeat, Freud e Lacan estão de acordo. Lacan e Burnyeat também concordam quanto à posição especial da matemática, na medida em que ela é, na expressão de Burnyeat, uma "parte constitutiva da compreensão ética". Para Lacan, ela certamente é uma parte da ética, e o termo que ele introduziu para indicar a complexidade do sujeito em tais caminhos é o matema.

Koyré referiu-se ao método arquimediano, e existe alguma conexão entre Arquimedes e Lacan, entre o geômetra de Siracusa e o topologista e matema-mático de Paris. Reviel Netz descreve o método que fez a técnica revolucionária de Arquimedes, dizendo que "em uma notável façanha" Arquimedes "deu uma contribuição seminal para a matematização do [...] mundo".²⁴ Aqui, há a tradição da ciência matemática. Jacob Klein, também comentando sobre Arquimedes, diz: "Os sistemas de Arquimedes [...] não representam nada além do desenvolvimento consistente do modo grego de pensamento e fala".²⁵ Aqui, há a articulação do campo da fala. A relação entre poesia e matemática volta a aparecer nesse ponto, e Lacan trabalhou em ambos os campos, da matemática e da linguagem, ao tentar conseguir a razão à força em um campo definido desde o início pelo seu contrário.

Na época de Descartes, pode ter parecido que a matemática poderia salvar a razão da dúvida. Após as crises da matemática nos séculos XIX e XX, a situação da matemática ficou mais complexa e muito menos clara. Koyré comentou sobre isso em seu texto sobre Descartes, e recapitulou esse comentário, com um tanto de vigor, em suas formulações retrospectivas em 1951. Mas, sendo complexidade fundacional ou não, a formalização matemática é a essência do programa descrito por Koyré – está no coração da versão que ele deu de Descartes. Em uma forma mais moderna, está no coração do

---

23 BURNYEAT, M. F. "Plato on why mathematics is good for the soul". *Mathematics and Necessity: Essays in the History of Philosophy*. Ed. Timothy Smiley. Oxford: Oxford University Press, 2000.
24 NETZ, Reviel. *The Shaping of Deduction in Greek Mathematics*. Cambridge: Cambridge University Press, 1999, p. 313.
25 KLEIN, Jacob. *Greek Mathematical Thought and the Origin of Algebra*. Cambridge, Mass.: MIT Press, 1968, p. 131-2.

programa e das estratégias adotadas por Lacan. Os desafios são feitos às bases propostas da matemática de dentro da própria matemática, e, longe de ser um defeito, isso aumenta a capacidade de tal programa abordar o que é real. Sim, admitiu Koyré, "a vida é muito mais complexa do que uma fórmula algébrica". Mas a alternativa, segundo ele, nesses anos pré-guerra, seria ou construir uma análise da alma humana usando o aparato fornecido pela matemática, ou abrir mão de nós mesmos, de "submeter-se a forças profundas e obscuras" que, sem análise, lançaria os seres humanos ao abismo.

6 Os paradoxos do sintoma na psicanálise

Colette Soler

Lacan sem paradoxo

Não faltam fórmulas paradoxais nos textos e ensinamentos de Lacan. No que diz respeito ao sintoma, esses paradoxos culminam na ideia de que a heterossexualidade normativa seria, em si, um sintoma, e que parceiros sexuais são sintomas uns para os outros. Estaria Lacan sendo espirituoso e satisfazendo seu notório gosto pelo paradoxo? Estaria fazendo acrobacias intelectuais? As perguntas podem ressurgir infinitamente, mas eu, pelo menos, concluo a partir de todas as minhas leituras e experiências clínicas que o Lacan que encontramos aqui não é mais paradoxal. Na verdade, com o sintoma, cada psicanalista deveria estar preparado para ser questionado, pois o que ele ou ela tem a dizer a respeito dos sintomas fornece um teste para a consistência de sua práxis e doutrina. Lacan, sem dúvida, precisa ser testado como todos os outros nesse ponto, e se ele o é, o veredito a que se chega após seguirmos suas sucessivas pormenorizações corresponderá ao rigor de um racionalismo que nunca é cancelado, mas sempre ajustado à especificidade de seu campo.

Nós só precisamos ler Lacan com minúcia. Em cerca de vinte anos de ensino, suas definições de sintoma mudaram. É possível verificar que, em cada estado, elas eram compatíveis com a teoria geral e, em particular, com as sucessivas definições que ele apresentava para o inconsciente. Assim, quando ele definiu o inconsciente como fala, algo que havia sido sugerido pela técnica da cura pela fala, ele tratou o sintoma como uma espécie de mensagem, um código cifrado para um discurso amordaçado que contém um cerne de verdade. Quando o inconsciente foi descrito não somente como fala, mas como linguagem, o sintoma se tornou um significante estruturado como uma cadeia metafórica que esconde o significante primário do trauma. Essa tese é compreensível somente se for admitido que o significante, por natureza, não é necessariamente verbal, muito menos fonético. Portanto, qualquer elemento distinto de realidade pode ser elevado ao *status* de significante, arrancado do campo de onde nomeamos as coisas. Em um estágio seguinte, quando o inconsciente foi definido como o "repositório de pulsões" que implicava uma fusão ou um casamento, por assim dizer, entre significantes e seres vivos, o conceito correspondente era o sintoma como gozo, um conceito que Lacan nunca deixou de reelaborar no decorrer dos seus últimos anos. O último estágio nos enviou para o Real, ao passo que o sintoma como mensagem ou como significante nos enviou à junção entre o Imaginário e o Simbólico.

Assim, Lacan chegou a um ponto em que recapturou a primeira e a última das teses de Freud sobre o sintoma: de que este seria um modo de satisfação. Pode ser decifrado como uma mensagem, mas não é somente uma forma de falar; é também, acima de tudo, uma forma de gozo, sendo que a chave de seu rébus é sempre a pulsão secretamente satisfeita. E também por isso chamei o segundo passo de Lacan de seu "segundo retorno a Freud".[1] O primeiro passo enfatizava as implicações linguísticas da técnica de deciframento e produzia a famosa teoria de um inconsciente estruturado como uma linguagem. O segundo passo, que é menos visível, enfatizava outro aspecto: a linguagem do sintoma seria, por assim dizer, encarnada, incorporada; ela organiza e regula o gozo. Portanto, a fórmula surpreendente é encontrada perto do fim de *Mais, ainda*: "O real, eu diria, é o mistério do corpo falante, o mistério do inconsciente" (*SXX*, p. 131).

A questão sempre foi tentar entender possíveis efeitos terapêuticos. Na psicanálise, contudo, os efeitos terapêuticos provam o entendimento da linguagem no que é mais real nos distúrbios sintomáticos; é possível verificar que as manifestações menos verbais (angústia, distúrbios somáticos, perturbações do pensamento) podem ser transformadas unicamente pela linguagem. A submissão curiosa do sintoma em um cenário analítico sustenta

---

1 SOLER, Colette. "Le Second Retour à Freud". *Boletín del círculo psicanalítico de Vigo*, 1986 (Vigo).

essa concepção do inconsciente. Nesse ponto, Lacan foi um passo além, chegando, por fim, a um conceito do sintoma que explicava não somente os efeitos terapêuticos, mas também os próprios limites desses efeitos, bem como os da operação psicanalítica. Nesse sentido, ele fez muito mais do que simplesmente questionar e reafirmar a racionalidade da operação freudiana.

Uma inversão de perspectiva

As fórmulas mais paradoxais de Lacan são aquelas que nos permitem identificar sua própria contribuição para a psicanálise. Condensadas em frases memoráveis, elas circulam, são repetidas e, em geral, permanecem incompreendidas até virarem refrões vazios – meros enigmas provocadores que desafiam o bom senso. "Não existe relação sexual", "A mulher não existe" ou a ideia de que um sintoma seria a maneira pela qual a pessoa "goza de seu inconsciente".[2] Ademais, Lacan alegaria que essas eram somente "afirmações de Freud". É verdade que é possível fazer Freud dizer tais coisas, embora ele nunca tenha formulado suas frases dessa maneira. De fato, o deciframento do inconsciente, descoberta de Freud, está instrinsecamente ligado em sua concepção à revelação do que ele chama de *Triebe*, as pulsões, cujo caráter fragmentado e múltiplo é facilmente identificável na pueril "perversão polimorfa". Já em 1905, com seus *Três ensaios sobre a teoria da sexualidade*, Freud havia apontado a ligação entre o inconsciente e as características do gozo implicado no termo *Trieb*: as pulsões são fragmentadas, têm uma força constante, um impulso constante. Freud enfatizava que a pulsão era alheia aos ritmos da vida biológica. Ele enfatizava seu caráter parcial e fragmentado, e também sua inserção no corpo do sujeito por meio de zonas erógenas, sua indiferença ao chamado vínculo objetal. Logo, o problema enfrentado por Freud, cuja evolução pode ser acompanhada por meio das diversas notas de rodapé acrescentadas ao texto no decorrer dos anos, era o seguinte: como pode um modo de gozo tão autocentrado se reconciliar com a relação do desejo e do amor por outro corpo, que é obviamente necessária para a constituição do casal sexual, qualquer que seja ele,

---
2 LACAN, Jacques. *RSI*. Seminário de 18 de fevereiro de 1975.

mas especialmente do casal heterossexual? Assim, a descoberta da pulsão, longe de levar ao pansexualismo, na verdade, suscitava a questão, desde sua própria origem, da libido, a qual seria apta a sustentar o vínculo sexual. E é isso que aflora na fórmula de Lacan: "Não existe relação sexual". Voltarei a esse ponto mais tarde.

Embora Freud tenha aberto essa perspectiva, ele não a levou até sua conclusão lógica. Respondendo à pergunta, por fim, ele não tem nada a oferecer além de sua explanação do complexo de Édipo com as diversas identificações dela resultantes. Com isso, ele tentou explicar uma coisa e seu inverso, ou melhor, a norma do desejo heterossexual e o que difere dele. E quando ele admitiu não saber, foi o conceito de "constituição" – ou seja, a natureza –, ao qual ele tão frequentemente se referiu, que permaneceu como seu último recurso. Depois de ter claramente localizado a ligação entre o sintoma e a sexualidade – foi exatamente nesse ponto que ele rompeu decisivamente com Jung –, Freud transformou o sintoma em uma anomalia do sexual, mais precisamente um substituto distorcido da chamada satisfação sexual normal. Ao fazer isso, ele não abandonou a concepção clássica que mais ou menos postulava que a atração entre os sexos era governada pela natureza. Por isso, nesse caso, era óbvio que o sintoma só poderia ser concebido dentro da esfera de uma patologia individual do gozo.

É preciso dizer que esse ponto de vista é sugerido enfaticamente pela experiência clínica mais elementar que é a escuta da queixa que leva um sujeito à psicanálise. Este apresenta os sintomas ao analista como essas coisas que nunca param de se impor a ele, podendo assumir a forma de uma incapacidade de evitar o pensar ou o sentir no corpo, ou de sentir certas emoções perturbadoras. Assim, os sintomas são sentidos como confusão, anomalia, divergência e também como restrição. Nesse sentido, a única diferença entre o paciente e Freud é que o primeiro não percebe imediatamente as implicações sexuais, embora desde o começo a transferência o torne ciente da incidência do inconsciente.

O afeto primário criado pelo sintoma como disfunção é um fato que nenhum clínico poderia negar, Lacan não mais do que qualquer outro. No entanto, sentimentos não são guias seguros para a verdade, e, além disso, a psicanálise não pretende somente revelar o que não está funcionando adequadamente. E o que ela revela quando lida com a "psicologia da vida amorosa", em suas formas felizes e infelizes, se não isto – que é o inconsciente, o senhor no comando, presidindo o que chamamos de mistérios do amor, especificamente a escolha do objeto, na medida em que causa desejo e/ou gozo? Em outras palavras, o parceiro amoroso, no sentido sexual do termo, também participa do deciframento. Logo, esse processo não deixa de ser uma "formação do inconsciente", sendo tão codificado quanto uma obsessão ou uma somatização. Não somente os paradoxos da pulsão estão no cerne do inconsciente, como eles também intervêm entre um homem e uma mulher; de forma mais geral, é entre corpos que o inconsciente está presente, separando e ligando-os simultaneamente. Freud percebeu esse fato no nível de nossa vida amorosa e dos grupos, mas não tirou suas conclusões completas. É por isso que quando Lacan tirou conclusões condignas, foi possível dizer que ele extraiu o dizer da verdade do próprio Freud. E, ainda assim, a inversão da perspectiva que ele introduziu na concepção do sintoma foi tão completa que ela foi muito além de Freud.

Existe o sintoma

A fórmula geral poderia ser a seguinte: se não existe relação sexual, o que sugere um defeito básico nas relações humanas, existe o sintoma ou uma formação substituta gerada pelo inconsciente. Entre as duas fórmulas, uma terceira permanece implícita, um conceito atacado por Lacan durante um seminário inteiro por meio da célebre frase: "Existe (o) Um". Essa fórmula não é tão simples quanto parece, seja se referindo ao "Um" do significante Um diferente do Dois, seja ao "Um" do gozo do corpo para além de qualquer elo recíproco. Em cada caso, essa fórmula sublinha a primazia de um fluxo de gozo no sujeito que é imensurável com o próprio gozo de seu parceiro. O sintoma que consegue uma união entre os elementos distintos do inconsciente e aquela outra coisa que é o gozo fornece um substituto. Considerando a falta de um parceiro apropriado para o gozo, os sintomas põem em seu lugar um substituto. Ele contradiz o "não existe…" da relação sexual impossível, construindo um "existe...". Existe algo, um elemento apanhado do inconsciente que fixa o gozo privilegiado do sujeito.

Por isso o sintoma não é mais o problema, mas sim a solução, e, como eu disse, sem qualquer paradoxo. A solução é adequada para todos, a resposta para a "nenhuma relação" é imposta a todos, a doença universal para os seres que são afetados pelo inconsciente. Essa solução sintomática pode ser mais ou menos desconfortável para o sujeito, mais ou menos comum, mas, de qualquer forma, responde à falta que está no cerne da linguagem, falta relacionada à impossibilidade de inscrever o outro gozo não conectado com o inconsciente. O espectro de consequências é vasto, mas a principal é esta: não há sujeito sem sintoma, uma vez que o sintoma assinala uma maneira individual de confrontar a sexualidade. É por meio do sintoma que todos têm acesso ao seu gozo, suprindo a falta da própria à linguagem por meio das falsificações do inconsciente. Podemos usar o singular para esse sintoma, embora, é claro, existam muitos outros, e podemos até mesmo classificá-lo como um sintoma fundamental. Não se deve sonhar em eliminá-lo: uma análise que começa com os sintomas também terminará com o sintoma – com sorte, transformada.

A hipótese lacaniana

Precisamos agora retornar ao que é específico da hipótese lacaniana, que diz respeito a mais do que a função da fala no campo da linguagem, e define a função da fala e da linguagem no campo do gozo vivo. A hipótese não corresponde exatamente ao que Lacan demonstrou a respeito do campo freudiano, no caso, o fato de ser estruturado como uma linguagem, já que ele afirma fundamentalmente que o inconsciente e seus efeitos sobre os seres humanos são consequências da linguagem. O seminário *Mais, ainda* formula essa hipótese claramente, embora ela estivesse sendo trabalhada antes dessa data. Reconhecer um efeito da linguagem na pulsão já significava presumir que a linguagem, longe de ser reduzida à sua função de comunicação, seria uma operadora capaz de transformar o Real.

Com essa hipótese, Lacan difere de um linguista como Chomsky, que presume que a linguagem é um instrumento, e também de todos aqueles que não conseguem imaginar que a pulsão é uma consequência da fala no corpo. Se perguntarmos "De onde vem a pulsão?", só temos uma resposta: a pulsão é produzida pela operação não do Espírito Santo, mas da linguagem. A pulsão deriva das necessidades, é uma transformação das necessidades naturais produzidas pela linguagem, por meio da obrigação de se articular demandas. Essa é a tese lacaniana sem a qual ninguém pode ser chamado de lacaniano: a linguagem não é um instrumento que podemos usar como quisermos, não é simplesmente um órgão que permite a uma pessoa se expressar ou se comunicar com os outros, como se costuma crer, mas a linguagem é fundamentalmente inscrita no real. O ser humano, na medida em que fala, perde as regulações instintivas da animalidade e vira um falasser, ou *parlêtre*. Para usar o vocabulário do *Seminário VII: A ética da psicanálise*, de Lacan, seria possível dizer que a linguagem é a causa do *das Ding* (a Coisa), que seria algo como um buraco no real, algo que cria uma vontade de gozo, uma pressão constante pela satisfação. Mas a linguagem não é somente a causa da desnaturação humana; é também a maneira, talvez a única, de obter, ao menos parcialmente, o que o *das Ding* exige.

Freud distinguia entre dois tipos de satisfação da pulsão: por um lado, o sintoma, que implica repressão; por outro, a sublimação, que não pressupõe a repressão e que resolve conflitos. Em ambos os casos, podemos dizer que a linguagem aponta o caminho. No primeiro caso, existe uma fixação de gozo produzido pelo primeiro confronto com a sexualidade que retorna metonimicamente ou, em um vocabulário mais freudiano, por meio do deslocamento. O segundo caso parece ser diferente. Da sublimação, podemos dizer: onde estava o vazio do *das Ding*, algo é produzido, inventado, um objeto que propicia uma satisfação parcial. Contudo, essa invenção não tem nada a ver com o sublime: guardar lixo dentro do bolso já é uma sublimação, e quando uma criancinha precisa de qualquer objeto pequeno como um objeto transicional, como descobriu Winnicott, isso também é uma sublimação.

Aparentemente, os últimos ensinamentos de Lacan derrubaram a distinção freudiana entre sintoma e sublimação. No começo, ele abordava os termos de Freud por meio da distinção entre significante e objeto. Mas essa não foi a última palavra de Lacan. Quando ele começou a considerar mais explicitamente o gozo contido no sintoma, ele foi obrigado a reconhecer que qualquer significante por si só poderia ser um objeto, e que uma letra é também "um lixo", como Joyce sugeriu em *Finnegans Wake*. No vazio do *das Ding*, podemos colocar qualquer coisa que funcionará como associada do gozo, mas sempre será uma invenção do inconsciente.

A carta como parceira

Não é mero acidente que Lacan não tenha respeitado a cronologia de seus próprios textos e começado os *Escritos* com o "Seminário sobre 'A carta roubada'", um texto que em si é uma colagem de fragmentos pertencentes a períodos diversos. O fato é que esse texto já lida com a linguagem como se ela fosse desconectada de qualquer sentido associado ao Imaginário. O psicanalista, não menos que o "homem das letras", muitas vezes parece ser um servo do significado. Esse seminário demonstra que a carta não é somente uma mensagem, mas também um objeto: ela não pode ser reduzida a seu conteúdo já que opera, no conto de Poe, sem nunca ter sido aberta, e, portanto, sem a intervenção de sua mensagem. É suficiente que a carta exista para que se saiba que a ordem – tanto política quanto sexual –, representada pelo casal real no acoplamento de seus dois significantes, está ameaçada. Aqui, a carta é o nome de um gozo dissidente que Lacan, ainda por cima, assimila ao da mulher. O comentário de Lacan sobre o conto de Poe é comparável aos seus outros comentários sobre literatura: uma série de símbolos, uma vez colocados em movimento, sempre envolvem restrições que produzem uma lei de ordenamento independente de qualquer significado.

Não é acidente que o texto de 1955 que define o sintoma como metáfora, ou seja, uma função do significante como uma cadeia, seja chamado de "A instância da *letra* no inconsciente" e não do *significante*. Lacan usa o termo "letra" para designar o que no campo da linguagem é caracterizado pela identidade de si consigo, que falta no significante. O texto define a letra como a "estrutura localizada" do significante. O conceito freudiano de fixação mantém toda sua relevância sem, no entanto, ser capaz de competir com o conceito de letra, que mais precisamente designa o que está em risco, e que Lacan esclareceu ao longo dos anos. Por um lado, podemos dizer que a letra é algo como a ancoragem do gozo vivo, algo que fixa uma memória de gozo; por outro, em um sentido mais profundo, a letra é desfrutada em si mesma e por si mesma, tornando-se um objeto de gozo. O gozo é menos o referente da letra do que a letra é um elemento de linguagem que é fruído. Por isso Lacan recorre tão frequentemente a escritores e à literatura, na qual – e aqui ele difere de Freud – ele não busca tanto recapturar a mensagem do inconsciente como sua própria materialidade, ou seja, sua letra.

Em outros termos, a letra não "representa" o gozo, ela é gozo. Ela não tem referente, portanto é real. Ela é Um, fora da cadeia, fora do discurso, e consequentemente não preside sobre qualquer outro elo que não o sujeito e seu gozo. A letra cancela a função referencial da linguagem: a letra se impõe, dentro da linguagem, como uma exceção à cadeia. E Lacan finalmente encontrou em *Finnegans Wake* a demonstração suprema do que Freud havia percebido a respeito da esquizofrenia: sua tendência a tratar palavras como coisas, fora de um significado.

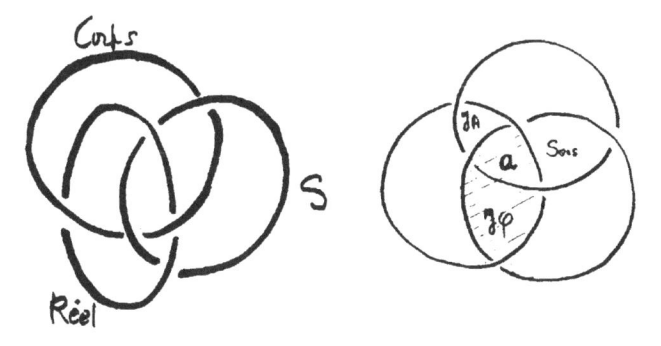

Figura 6.1 A interpretação de Lacan do nó borromeano[3]

A definição geral do sintoma como uma função da letra no *R.S.I.* unificou os diferentes aspectos do sintoma previamente distinguidos por Lacan. Ele escreve como *f(x)*, com "f" representando a função do gozo e "x" como qualquer elemento do inconsciente que seja, por assim dizer, elevado ao *status* da letra. A fórmula afirma que o sintoma é "a forma como

---

3 Os nós aqui vêm de "La Troisième", uma palestra ministrada em Roma no dia 1º de novembro de 1974.

todos podem encontrar gozo em seu inconsciente". Não somente não existe sujeito sem um sintoma, como não existe nenhum outro parceiro além do parceiro sintomático inventado pelo inconsciente. Quando falamos sobre o "parceiro-sintoma", enfatizamos a ideia de que todo parceiro, na medida em que ele ou ela é um objeto de gozo, é determinado pelo inconsciente, por um elemento da linguagem inconsciente. Assim, Lacan poderia chamar tanto a mulher quanto o uso literário das letras de sintoma. Não que exista um tipo de literatura que seja sintomático, mas a literatura em si é um parceiro de gozo.

Se o sintoma designa o que quer que participe do gozo, ele pode estar ou não em conformidade com as normas do discurso; o gozo tem mais de uma modalidade. Temos de distinguir, além do gozo da letra pura (algo simbólico transformado em algo real) e do gozo do significado (uma mistura entre elementos simbólicos e imaginários), aquele que não é nem da letra nem do significado. Um gozo que permanece estranho a qualquer forma de simbolização, que de forma alguma alcança o inconsciente, mas pode assombrar a forma imaginária do corpo, é o que podemos chamar de Real. Portanto, há não somente um, mas três modos de gozo, o que leva a outra pergunta: estão ligados ou não? Na verdade, o nó borromeano fornece uma resposta.

Uma nova sintomatologia

O nó borromeano, formação de três aros entrelaçados na qual cada aro impede que os outros dois se soltem, foi mencionado pela primeira vez por Lacan em seu seminário ...*Ou pior.* Foi um meio pelo qual Lacan tentou estender sua definição do sintoma; como consequência dessa introdução em sua teoria, todo um novo programa se abriu. Nos seminários posteriores de Lacan, é possível testemunhar seu esforço metódico, usando o nó como um operador, para pensar de forma diferente sobre questões clínicas previamente formuladas com base em linguagem e discurso. Por exemplo, no seminário de 18 de dezembro de 1973, intitulado *Les Non-dupes errent* (*Os não tolos erram*), Lacan distinguiu diferentes tipos de amor de acordo com diferentes modalidades de nós. Uma semana antes, a fobia do Pequeno Hans havia sido interpretada sob uma luz diferente por meio do nó. Foi como se todos os termos da clínica pudessem ser reconsiderados em termos de nós: a inibição, o sintoma, a angústia, as frases desconexas da psicose, o complexo de Édipo e, é claro, a função do pai.

Contudo, essa clínica borromeana não somente envolve uma reformulação de questões clínicas tradicionais, como também introduz novas categorias de sintomatologia. Lacan, assim como Freud, permaneceu bastante fiel a diagnósticos clássicos, emprestando a paranoia de Kraepelin, a esquizofrenia de Bleuler e a perversão de Krafft-Ebing. É ainda a essa clínica que ele se refere em sua introdução à edição alemã dos *Escritos*, de 1973. O contraste é notável entre Lacan e psicanalistas da IPA, que tentam evitar essas formulações clássicas com categorias como "*borderline*" ou "personalidade narcisista". Quando Lacan inovava, ele o fazia seguindo o ritmo de suas elaborações sobre as estruturas, e a peculiar estrutura do nó borromeano o levou a produzir diagnósticos totalmente sem precedentes. Esses diagnósticos contavam não somente com as três categorias do Imaginário, do Simbólico e do Real, que ele já tinha à sua disposição, mas também dependiam crucialmente dos três modos de gozo: o gozo da letra como Um, o gozo na cadeia de significados e o gozo que pode ser dito do Real por existir como uma subtração dos dois anteriores. À luz dessas distinções, não é suficiente dizer que o sintoma é um modo de gozo; é preciso definir qual modo, e assim produzir uma nova declinação ou gramática de sintomas de acordo com o gozo que lhes dá consistência. Então, será possível falar sobre sintomas borromeanos, nos casos em que as três consistências e os três gozos estejam ligados (neurose e perversão), dos sintomas que não sejam borromeanos (psicoses) e outros, ainda que simplesmente consertem um defeito do nó. Para este último tipo de sintoma, para usar o exemplo de Joyce, Lacan produziu a nova categoria do *sinthoma*, que ele usou mais tarde de uma forma mais geral.

O sintoma e as mentalidades

Quando Lacan chamou Joyce de "o sintoma", ele produziu um novo diagnóstico, afirmando que com Joyce se cobriria todo um novo leque de possibilidades em sintomatologia. Em *Finnegans Wake*, Joyce ilustra o gozo autista da letra pura, que é desancorada – isolada do Imaginário, do significado exterior e, assim, de qualquer vínculo social.[4] Além disso, o artista que usa sua arte como um meio de autopromoção se torna, desse modo, um *sinthoma*, para citar a escrita arcaica de sintoma em francês, *sinthome*, usada por Lacan. O que Lacan chama de *sinthoma* é "aquilo que permite que o Imaginário, o Simbólico e o Real se mantenham juntos".[5] Devo acrescentar: com ou sem o pai. Essa possibilidade abre o campo de perspectivas radicalmente novas que modificam distinções clássicas entre a psicose e a neurose.

A doença da "mentalidade" é outra inovação conceitual gerada a partir do nó borromeano; ela designa uma emancipação do Imaginário sem o fardo do Real. Embora menos explorado, esse caminho foi introduzido por Lacan na ocasião de uma apresentação clínica que tratava de uma jovem cujo discurso, bem normal no começo, poderia ter sido confundido com digressões histéricas. Contudo, essa mulher revelou, por meio de seu testemunho, que nada, nenhum objetivo e, acima de tudo, nenhum objeto, nem mesmo seu filho, que ela alegava amar, era de qualquer importância. Ela não estava nada delirante, mas testemunhou que, para ela, o vínculo social com o outro não tinha consistência.

Esse imaginário desancorado é um avatar bem diferente do Imaginário, comparado ao que Lacan diagnosticou com Joyce. Todos nós temos uma mentalidade: com palavras, as representações passam a existir na medida em que a linguagem dá existência ao que não existe fora do pensamento. A fabulação (normal ou não), a mitomania, os sonhos, a ilusão e a capacidade de ficção criativa, tudo procede dali. Contudo, uma mentalidade elevada ao *status* de doença é outra coisa: é uma mentalidade que não tem o lastro de qualquer Real. Digamos que seja *joui-sense*, ou gozo-do-sentido, livre sem um corpo, pois não é ligado nem com o gozo do corpo vivo, nem com a fixidez da letra. Nesse sentido, a mentalidade se opõe à letra e ao seu gozo ancorado no Um. É por isso que no nó borromeano Lacan inscreve o sintoma como uma letra fora dos dois círculos do simbólico e do imaginário. De

---
4 SOLER, Colette. *L'Aventure littéraire ou la psychose inspirée*. Paris: Editions du Champ Lacanien, 2001.
5 LACAN, Jacques. *Joyce le symptôme*. Seminário de 17 de fevereiro de 1976.

Joyce, pelo menos Joyce-a-letra, não se pode dizer que ele sofra de mentalidade, mas sim que ele se abstrai dela.

Isso pode ser formulado de uma forma diferente, de modo a estabelecer um elo com a nosografia clássica. Lacan afirmava que o "discurso pulverulento",[6] ou seja, um discurso sem direção, era impossível de forma geral. Para um sujeito integrado em um vínculo social, em um discurso, "é impossível simplesmente dizer o que vem aleatoriamente". Já na psicose existe acesso à pulverulência do discurso, uma vez que a psicose é menos sujeita às restrições da ordem discursiva. Mas essa pulverulência tem diversos aspectos: *Finnegans Wake* ilustra a do objeto-letra, enquanto a doença da mentalidade desancorada ilustra a pulverulência do significado.

A escrita como sintoma

Podemos perguntar se essas distinções, que são tão fecundas no campo da clínica clássica, nos dão pontos de vista novos e específicos a respeito de trabalhos literários sintomáticos. O que poderia nos convencer mais do gozo da linguagem do que a literatura? Outras questões surgem aqui: a poesia e os romances fariam parte da literatura da mesma maneira? No caso de Joyce, como poderia ele, como escritor, colocar um fim à literatura, ao que Lacan chamava de sonho da literatura? A tese de Lacan sobre a poesia é enérgica: ele coloca o poeta ao lado do profeta, o que significa que a poesia pertence à dimensão do dizer puro (*le dire*). É o dizer menos estúpido, já que somente a poesia (ou a profecia) consegue dizer algo novo, até mesmo singular, usando significantes velhos e gastos. A poesia produz novos significados e, junto com esse novo significado, novas perspectivas sobre a realidade.

Aqui, somos capazes de destacar um problema semântico. Deixe-me explicar meu uso de *sentido* e *significação*. Existem dois tipos de significados: *significação* é o significado determinado pela gramática, produzido e fixado pela sintaxe. É o que procuramos quando tentamos explicar um texto. *Sentido* é aquela parte do significado que não é redutível à significação. É um fato que,

---

6 LACAN, Jacques. "Compte-rendu du Séminaire 'L'Acte psychanalytique'" (1967-1968). *Ornicar?*, 29: 22, 1984 (Paris, Navarin).

depois de termos explicado as significações gramaticais e semânticas de um texto, sempre podemos tentar imaginar: mas o que ele significa? Como citado, a poesia pertence a esse último registro, portanto, ao *sentido*.

Um romance não é *dizer*. Um romance é uma mistura de pequenas histórias, uma grande sopa de significações, uma pilha de significações metonímicas, seja um romance realista ou não realista. Para explicar o que quero dizer, vou evocar o romance que fez a Europa culta estremecer no século XVIII: *A Nova Heloísa*, de Jean-Jacques Rousseau. Foi uma tentativa de reinventar a *significação* do amor, de produzir uma nova figura para o amor que hoje está completamente ultrapassada, mas que na época teve um efeito surpreendente.

Poderíamos, então, distinguir três aspectos do trabalho literário: o sintoma literário da significação, do significado e da letra. Eles são respectivamente relacionados ao significante como produtor de significação, ao significante como produtor de significado e ao significante feito letra. Um tipo específico de escrita se torna como a assinatura implícita de qualquer escritor. Tomei Rousseau como exemplo do primeiro tipo, e, assim, eu o chamo de "Rousseau, o símbolo" por analogia e diferença com "Joyce, o sintoma". Deixe-me oferecer outro exemplo, colocando ao lado das letras ilegíveis de Joyce as letras polimorfas de Fernando Pessoa. São dois tipos de sintomas literários, sendo cada autor o melhor em sua linguagem no começo do século XX.

Letras legíveis e ilegíveis

Com Joyce, temos um exemplo de letras ilegíveis. Mas o que "ilegível" significa? Como disse Lacan, "não se decide ficar louco". Ninguém pode enlouquecer só por querer. Da mesma maneira, ninguém pode ser ilegível só por querer. Existem os ilegíveis falsos e os verdadeiros. Lacan, por exemplo. Ele foi chamado de ilegível porque era difícil de entender. Mas era uma ilegibilidade falsa, uma vez que se tratava da introdução de uma mudança completa no vocabulário e na teoria da psicanálise. É o que acontece, muitas vezes, com precursores. Em vinte anos, reduzimos em muito a ilegibilidade de Lacan, exceto, é claro, pelas pessoas que não querem lê-lo.

Um exemplo de verdadeira ilegibilidade seria o escritor francês Raymond Roussel. Mesmo quando ele escreveu *Como escrevi alguns de meus livros*, no qual ele explicava as regras artificiais de seu método, seus textos permaneciam ilegíveis: não é possível dar nem significação, nem significado, à sua escrita. Você só pode explicar como é feito, e fazer o mesmo, se quiser.

Passamos a Joyce, mais especificamente a seu *Finnegans Wake*. Joyce conseguiu fascinar à sua época, e, hoje, muitos leitores compram suas obras; os universitários ainda se interessam, e até mesmo se sentem estimulados em seus pensamentos por ele. Em que sentido um psicanalista pode dizer: "ele é ilegível"? Na maioria das vezes, a literatura é uma composição de gozo da letra, gozo do significado e gozo da significação. Lacan diagnosticou em *Finnegans Wake* uma multiplicação especial da equivocação que reduz o significado (como conceito do significante) a um enigma, impedindo o significado habitual. Esse processo diz respeito aos psicanalistas porque a psicanálise, assim como o inconsciente, opera com a equivocação.

Os trocadilhos, jogos com palavras e transformações linguísticas de Joyce têm uma afinidade com mecanismos inconscientes. Parecem atos falhos ou piadas, mas é só na aparência. As piadas em si brincam com a linguagem, mas param quando o pouco de significado necessário para provocar risos é produzido. Mesmo o ato falho, que é um engano no significante, pode ser legível, porque seu significado é limitado, associado ao inconsciente do sujeito. Joyce leva o jogo para mais longe e vai metodicamente além do significado limitado, até um ponto em que a brincadeira com materiais significantes não é mais submetida à mensagem, que produz o que chamo de friabilidade do significado. Anos atrás, antes de Lacan, Jung ficou impressionado com essa peculiaridade de Joyce, e ele a odiou; ficou enfurecido. É nesse sentido que *Finnegans Wake* nos desperta, e põe um fim ao grande sonho do significado cultivado por séculos pela literatura.

Podemos ver a diferença da psicanálise. Ler, na experiência psicanalítica, significa interpretar um sujeito ouvindo seu discurso como um texto falado. Então, ler e interpretar o desejo inconsciente do sujeito são equivalentes. Obviamente, com a literatura as coisas são diferentes. Apesar do que Freud pensava, nós não aplicamos a psicanálise à literatura, e não interpretamos autores por meio de seus trabalhos. No entanto, podemos entender o sujeito pressuposto por um texto, o sujeito significado por um texto. Por exemplo, em *Retrato do artista quando jovem*, não podemos dizer que Stephen, o jovem artista, seja James, o autor, ainda que eles guardem semelhanças. No entanto, esse retrato, diferente de *Finnegans Wake*, é legível, e podemos ter uma ideia de Stephen. Já em *Finnegans Wake*, a letra não representa um sujeito; a letra está fora do significado, mas não fora do gozo.

Para resumir, o significante é legível quando supõe um sujeito, ou seja, o significado de um desejo, e um gozo no texto. Nesse caso, dizemos que existe um significado, um significado legível. Freud disse que todo o conjunto de sonhos e livre associações de um analisando só tem um significado, o significado que ele chama de desejo inconsciente. O atrito entre psicanalistas e críticos é compreensível. O primeiro grupo alega que *Finnegans Wake* é uma obra além do significado, e o segundo grupo vê significado em cada palavra. Ambos estão certos, mas de uma forma completamente diferente. O significado que interessa a um psicanalista é o significado limitado e ordenado pelo gozo do sujeito, de forma que ele nos permita interpretar. Quando a letra se torna um significante no real, fora da cadeia, como acontece nos fenômenos psicóticos, o significado aparece de todos os lugares, de cada palavra, cada sílaba; ela é tão friável que é o leitor quem deve decidir a respeito do significado. Ele ou ela tem escolhas demais. É por isso que cada interpretação de *Finnegans Wake* parece um teste projetivo que diz muito a respeito do intérprete e nada a respeito do autor. E parece que Joyce queria dessa forma e se encantava muito com isso.

Já o sintoma literário da ilegibilidade é mais do que incomum. É algo completamente excepcional. Usar a linguagem sem dizer nada é uma performance. Normalmente, com a linguagem sempre dizemos mais do que queremos, mais do que sabemos. Em outras palavras, nossa fala é o veículo, o meio de um dizer que pode ser interpretado. Nesse sentido, com o inconsciente, nem todos são poetas, mas sim poesia. Através da ilegibilidade, a língua materna é feita objeto, o Simbólico é convertido no Real sem a mediação do Imaginário que é impedido. Em *Finnegans Wake*, Joyce não parece nem um romancista, nem um poeta: ele não concorda mais com o inconsciente, ele produz objetos estranhos compostos de palavras. Às vezes conseguimos explicar como ele o fez, com quais palavras, quais homofonias, quais epifanias, quais linguagens e assim por diante, mas não conseguimos ouvir, porque ele não diz nada: ele está para além do romance e até mesmo da poesia. Os críticos examinam sua vida para encontrar as fontes desse material. Mas sua obra não deve nada à biografia. Pelo contrário, sua obra inverte a biografia – ou seja, sua obra é uma autografia, uma vida de mera escrita, uma vida de palavras.

As letras polimorfas

Pessoa pode ser visto em contraste com Joyce. Talvez não tão famoso em países anglófonos, Pessoa é, também, um paradoxo, talvez um paradoxo maior do que Joyce. Para ser breve, direi que, longe de cancelar sua aceitação do inconsciente, Pessoa tem uma multiplicidade de inconscientes. Ele não é um poeta, é uma pluralidade de poetas; ele também foi um crítico, um filósofo, um teórico do comércio, um humorista. Obviamente, refiro-me aqui ao estranho fenômeno da heteronímia. Poderíamos dizer que Pessoa não é um autor, mas sim uma multiplicidade de autores. Quatro deles são bem conhecidos: Alberto Caeiro, Álvaro de Campos, Ricardo Reis e Bernardo Soares. Mas quando ele morreu, mais de cinquenta outros autores foram descobertos em seus trabalhos não publicados. O caso de Pessoa é como um paradoxo russelliano, um catálogo de todos os catálogos que lista-se a si mesmo entre seu conteúdo. Em sua obra, quando ele assina "Fernando Pessoa", ele é somente um dentre muitos outros autores e é, ao mesmo tempo, o único que escreveu o conjunto completo da obra. A sentença clássica afirma que "o estilo é o próprio homem". Com Pessoa, temos o paradoxo de um homem que possui uma pluralidade de estilos. Lacan introduziu outra afirmação: "o estilo é o objeto", querendo dizer que somente o objeto remanescente explica a singularidade e a unidade de uma escrita. O objeto é um princípio de consistência, e, aqui, achamos que pode haver um defeito, uma falha nesse nível, uma estranha falta de unidade.

Podemos então perguntar: qual é o nome de Pessoa, se considerarmos que o nome entrega a verdadeira identidade de um homem, que é sempre a identidade do gozo? Como vimos, Lacan chamou Joyce de *Joyce le symptôme* e até mesmo de *Joyce le sinthome*, com a grafia antiga da palavra introduzida em uma equivocação joyceana. Nós ouvimos nela as palavras em inglês *sin* e *home* [pecado e lar], e também as palavras em francês *saint* e *homme*, que traduzidas podem significar "homem santo". O sobrenome de Pessoa significa "ninguém" em francês (*personne*) e ele podia falar sobre si mesmo como "o homem que nunca foi". Contudo, o homem que nunca foi fez muitas coisas – podemos nos perguntar de onde elas vieram? Acredito em Pessoa quando ele diz que suas criações foram produzidas por algo que ele chamava de "despersonalização". Nessa despersonalização, vejo o equivalente ao fracasso do ego em Joyce. Mas se o artista como singular é um substituto para a falta de ego em Joyce, o que podemos dizer a respeito dessa pluralidade de artistas para Pessoa?

Não devemos nos deixar fascinar pelo brilhantismo, pelo verniz das ficções de Pessoa. É verdade que sua plasticidade, seu polimorfismo e sua habilidade como um profeta de mundos possíveis são impressionantes. Em suas ficções coloridas, sem o ancoramento de um ego consistente, seu imaginário livre, e, por consequência, sem o peso da carne, a Palavra, em letra maiúscula, não foi feita de carne, mas de imagem, uma imagem em somente duas dimensões, como ele mesmo diz, sem o lastro do objeto. Tudo isso poderia nos permitir nomeá-lo "Pessoa, a mentalidade". Todos os seus seres criados são somente mundos evanescentes, ficções multicoloridas e inconsistentes.

Evoquei a estranha falta do Um, o Um da unidade, mas espero que tenha conseguido demonstrar que ainda assim existe um Um. Uma voz grave, algo como um baixo contínuo na música, que sempre afirma as mesmas coisas: o sofrimento, o desespero de estar vivo. Aqui, temos a canção de um homem melancólico exilado da vida, horrorizado não somente por estar vivo, mas, como ele disse, pelo fato de "ter estado vivo". Na obra de Pessoa, o sentimento apocalíptico da vida, o peso do que ele chama de mundo real e impossível, a presença do absurdo e do vazio, e a opressão da facticidade são repetitivamente enfatizados. Aqui, temos um Pessoa tão imerso no Real que poderíamos chamá-lo de "Pessoa, o inominável". É dessa experiência primária e melancólica que o trabalho literário é produzido como solução, não por meio da letra no Real, mas sim dos mundos imaginários que são tantas soluções possíveis para a existência inominável e insuportável. A escrita joyceana de *Finnegans Wake* ata um nó entre o Real e o Simbólico como uma língua materna. A solução escolhida por Pessoa era somente um nó entre o Real e as semelhanças inconsistentes. Talvez por isso ele não estivesse longe da ilusão.

A carta de amor

Se o sintoma é o parceiro do gozo, segundo a primeira tese de Freud, e se qualquer parceiro, no sentido comum da palavra, é também um sintoma, segundo a tese introduzida por Lacan, o que dizer quanto ao acesso ao grande Outro? Se esse parceiro é "inacessível na linguagem", e se só temos a linguagem para estabelecer um vínculo, então todo mundo goza somente de seu próprio inconsciente. Como resultado, o amor, o verdadeiro amor, se torna um problema, porque quando Lacan fala sobre o Real "capaz somente de mentir para o parceiro" (*T*, p. 10), então conseguimos entender: o Real do gozo. E aqui nos deparamos com um paradoxo final, o paradoxo das cartas[7] de amor.

O lugar das cartas de amor é junto das canções populares e da poesia. Normalmente, as canções de amor são uma forma comum de falar sobre o parceiro amado, e são compartilhadas por todos os membros de uma comunidade. Em outras palavras, as canções, como as cartas de amor, são um significado (como conceito do significante) do Outro, o Outro específico a uma língua e a uma região. As verdadeiras cartas de amor, pelo contrário, nunca são como significados comuns antigos. Elas inventam o parceiro – ou seja, elas pertencem à poesia: produzem um novo significado, um novo dizer a respeito do que você, meu parceiro amoroso, é para mim.

As cartas de amor são em sua maior parte paradoxais, diz Lacan, porque parecem falar sobre o grande Outro e serem dirigidas ao outro cotidiano; mas, na verdade, são feitas com o inconsciente do sujeito. Assim, elas são sintomas que mentem para o parceiro, porque, para o sujeito que escreve, elas

---

7 N. T.: O termo *lettre*, em francês, significa tanto "carta" quanto "letra".

são somente uma forma de gozar de seu próprio inconsciente. Vejam o paradoxo: as cartas de amor são, na verdade, um muro entre sujeito e parceiro. Então podemos concluir que o amante que escreve cartas de amor demais é somente um amante de si mesmo como inconsciente. Também entendemos por que é tão agradável receber cartas de amor, na medida em que cartas de amor se emprestam a uma confusão com o nome. Elas parecem nomear o que você é, sem você saber. Mas elas obviamente não conseguem, e o sinal desse fracasso é o fato de que, com cartas de amor, você sempre precisa começar de novo. Não conseguimos imaginar um amante que aspiraria a escrever somente uma carta, definitiva. Finalmente entendemos por que Lacan, em *Mais, ainda*, pode dizer que escreve uma carta de amor quando produz o matema do significante do Outro barrado, que é o matema do gozo da mulher ou da mulher como Outro absoluto. Talvez seja a única carta de amor possível: uma carta-matema, a única que não pertence ao inconsciente, que tenta abrir espaço para o Outro indizível, impronunciável.

7 Desejo e gozo nos ensinamentos de Lacan

NÉSTOR A. BRAUNSTEIN

Gozo, o polo oposto do desejo

No dia 5 de março de 1958, a teoria, a técnica e a história da psicanálise sofreram uma transformação substancial. Essa mudança aconteceu quase despercebida, talvez até mesmo pelo próprio Lacan, que não poderia ter previsto onde o caminho que ele havia tomado levaria. Nesse dia, o professor disse a seus alunos que queria lhes mostrar o que se queria dizer com "um conceito [...] que sempre esteve subentendido em nossas reflexões sobre o desejo, mas que merece ser diferenciado dele, e que só pode ser articulado depois que a pessoa esteja suficientemente imbuída na complexidade que constitui o desejo. É um conceito que será o outro polo do discurso de hoje e tem um nome: *jouissance*",[1] traduzido como "gozo" para o português. Ele concluiu sua aula referindo-se à "questão essencial do desejo e do gozo da qual lhes ofereci, hoje, um primeiro grama".[2] Ao editar a décima quarta sessão do seminário *As formações do inconsciente*, Jacques-Alain Miller lhe deu, com razão, o título *O desejo e o gozo*.

Os vinte anos seguintes do ensino de Lacan (quem poderia adivinhar o quilo que viria após aquele primeiro grama?) giraram em torno dessa oposição. Até então, a palavra gozo havia aparecido no vocabulário lacaniano simplesmente como uma palavra cujo significado – o convencional – não exigia maiores explicações. No entanto, a partir daquele dia ele se tornou um termo rico em nuances, um termo que viria a se tornar cada vez mais complicado, multiplicando-se e definindo-se até se transformar

---

[1] LACAN, Jacques. *Le Séminaire V: Les Formations de l'inconscient, 1957-8*. Paris: Seuil, 1998, p. 251.
[2] Lacan, *Le Séminaire V: Les Formations de l'inconscient*, p. 268.

na fundação de uma nova psicanálise: um "conceito" sem o qual todo o resto se torna inconsistente. Juntamente com as elaborações topológicas da mesma época, o conceito de gozo se tornou uma pedra angular fundamental do pensamento de Lacan, permitindo-lhe dizer, em 1966, que "com o gozo encontramos o único ôntico que talvez confessemos".[3] Logo depois, ele a transformou em uma "substância", a "substância" com a qual trabalhamos na psicanálise (*SXX*, p. 23-4).

A partir desse dia inaugural, a noção de desejo, central tanto em Freud (*Wunsch*) quanto em Lacan ("o desejo é a falta-a-ser", "o desejo é sua interpretação", "o desejo deve ser levado à letra", "o desejo é o desejo do Outro", "o desejo é a metonímia do ser", etc.), seria deslocada e reposicionada em uma polaridade antinômica a esse recém-chegado gozo. A palavra francesa *jouissance*, considerando sua relação indissolúvel com o resto do ensino de Lacan, inclusive seus matemas ou suas fórmulas lógicas e topológicas, é difícil de traduzir para o inglês. O próprio Lacan tinha ciência do problema e era a favor de uma combinação de *enjoyment* e *lust*;[4] no entanto, todos os tradutores observam a perda conceitual que se mantém no uso desses termos, portanto a grande maioria prefere manter a palavra em francês, sem itálico, como uma palavra já reconhecida pelo *Oxford English Dictionary* e como uma contribuição psicanalítica para a língua inglesa. Em alemão, *jouissance* se traduz fielmente como *Genuss*, termo usado com alguma frequência por Freud, mas aqui devemos apontar que, em Freud, *Lust* e, às vezes, *Libido*, são equivalentes a *jouissance*.

Contudo, esses problemas não deveriam perturbar nossos leitores: nenhum conceito fundamental de qualquer escritor de relevância consegue passar pelo suplício da tradução sem sofrer algum tipo de perda, e nada consegue aliviar o desconforto do próprio autor quando ele é obrigado a usar palavras cujo significado foi sobrecarregado ou gasto por tanto uso prévio. Mas vinhos novos sempre começam em barris velhos. Ao dar às palavras um significado novo ou modificado, buscamos uma precisão que

---

3 LACAN, Jacques. "Compte-rendu du Séminaire 'La Logique du fantasme'" (1966-7). *Ornicar?*, 29: 17, 1984 (Paris, Navarin).
4 LACAN, Jacques. *Le Séminaire XIII: L'Objet de la psychanalyse, 1965-6*. Seminário de 27 de abril de 1966. Não publicado.

enriqueça tanto o conceito quanto a linguagem. *Jouissance*, ou gozo, é um termo ambíguo tanto em francês quanto em inglês e, portanto, ao mesmo tempo em que tiramos vantagem dessa ambiguidade, também precisamos nos libertar dela. Felizmente, as dificuldades na tradução quase sempre são incentivos para um rigor conceitual. Se pensarmos na perda de significado sofrida ao se passar *jouissance* para *enjoyment*, perceberemos que gozo não é um sentimento de prazer ou uma experiência de alegria. Essa diferença se torna evidente na declaração menos conhecida, mas muito esclarecedora, de Lacan, feita em sua palestra de 1966, *Psicanálise e medicina*:

> O que eu chamo de gozo – no sentido em que o corpo experiencia a si mesmo – está sempre na natureza da tensão, na natureza de um forçar, de um gastar, até mesmo de um explorar. Existe inquestionavelmente um gozo no nível em que a dor começa a aparecer, e sabemos que é somente nesse nível de dor que toda uma dimensão do organismo, que do contrário permaneceria velada, pode ser experienciada.[5]

É impensável que qualquer um possa traduzir esse conceito, como é definido aqui, por *enjoyment*. Outro problema que o tradutor enfrenta é a ausência de um equivalente em inglês para o verbo *jouir*,[6] ou gozar, do qual Lacan faz um uso frequente e legítimo e que, mais uma vez, não pode ser traduzido como *to enjoy*.

Assim, com o gozo, temos uma dupla polaridade; primeiro, com relação ao desejo, como apresentado em 1958, e depois com relação ao prazer, de acordo com o uso convencional. O gozo é a dimensão descoberta pela experiência analítica que confronta o desejo como seu polo oposto. Se o desejo é fundamentalmente a falta, a falta-a-ser, o gozo é a positividade, é um "algo" vivido por um corpo quando o prazer deixa de ser prazer. É um extra, uma sensação que está além do prazer.

Feita a distinção entre gozo, desejo e prazer, uma outra ainda é necessária. Tem se tornado cada vez mais frequente encontrar o gozo associado a

---

5 LACAN, Jacques. "Psychanalyse et médecine" (1966). *Lettres de l'école freudienne*, 1: 60, 1967.
6 N. T.: *Jouir*, em português, convencionou-se traduzir como "gozar".

"satisfação", e consequentemente ver essa "jouissatisfação" proposta como um objetivo para o processo psicanalítico no lugar de uma noção de desejo supostamente antiquada, freudiana e proto-lacaniana. Então não é tão estranho (embora nesse caso seja um tanto) que Bruce Fink, autor de ensaios lacanianos bem fundamentados, tenha introduzido no índice analítico de seu livro de 1997 a seguinte referência cruzada: "Satisfação: como termo, 225 n. 15. Ver *Jouissance*". E a nota diz: "Neste livro, emprego o termo francês *Jouissance* de forma mais ou menos intercambiável com o termo freudiano 'satisfação'". Também encontramos outros exemplos dessa indistinção em seu livro, como, por exemplo: "*Jouissance* (ou satisfação)".[7]

É crucial nos lembrarmos da origem dessa confusão, considerando as consequências fatais que ela desencadeou a respeito da teoria e da prática da psicanálise. No *Seminário VII: A ética da psicanálise*, Lacan disse:

> O problema envolvido é o do gozo, porque o gozo se apresenta como enterrado no centro de um campo e tem as características da inacessibilidade, da obscuridade e da opacidade; ademais, o campo é cercado por uma barreira que torna o acesso a ela difícil para o sujeito ao ponto de ser inacessível, porque o gozo aparece não pura e simplesmente como a satisfação de uma necessidade, mas como a satisfação de uma pulsão – sendo que esse termo deve ser entendido no contexto da teoria complexa que desenvolvi sobre esse tema neste seminário.
>
> Como vocês ouviram da última vez, a pulsão em si é algo extremamente complexo [...]. Não deve ser reduzida à complexidade do instinto como entendido no sentido mais amplo, no sentido que o relaciona à energia. Ela incorpora uma dimensão histórica cuja verdadeira importância precisa ser apreciada por nós.
>
> Essa dimensão deve ser observada na insistência que caracteriza suas aparições, ela remete a algo memorável porque foi lembrada. Lembrar, 'historicizar', é coextensivo com o funcionamento da pulsão na psique humana. Também é lá que a destruição é registrada, que entra no registro da experiência. (*SVII*, p. 209)

---

7 FINK, Bruce. *A Clinical Introduction to Lacanian Psychoanalysis*. Cambridge, Mass.: Harvard University Press, 1997, p. 226 e índice.

Dito isso, Lacan detalhou a pulsão como a pulsão de morte, cujos efeitos só poderiam ser definidos em relação à cadeia de significantes. O problema para a doxa lacaniana começou quando Jacques-Alain Miller deu a essa seção do seminário o subtítulo de "Gozo, a satisfação de uma pulsão" (*S VII*, p. 205); como resultado, centenas de comentaristas bem intencionados encontraram uma definição simples e econômica de gozo como "a satisfação de uma pulsão", sem levar em conta a "teoria complexa" que Lacan desenvolveu sobre esse tema, na qual é evidente que a satisfação própria do gozo não é nem a satisfação de uma necessidade, nem a satisfação de uma demanda. Tampouco é a satisfação de qualquer pulsão corporal, mas sim ligada à pulsão de morte e, assim, relacionada ao significante e à história, uma satisfação que não consiste de nada que possa ser relacionado a qualquer tipo de *Befriedigung*.

Que fique claro: o termo "satisfação" tem uma longa linhagem freudiana que começa no momento em que o fundador fala da "experiência da satisfação" (*Befriedigungserlebnis*) (*SE1*, p. 318) como o momento mítico que funda a psique humana, e do desejo (*Wunsch*, às vezes também *Begierde*) como o anseio pelo retorno ao gozo inscrito na criança recém-nascida como a passagem da impotência à saciedade, e cujo modelo e objeto é seu primeiro contato com o mamilo. Mas *Befriedigung* (cuja raiz é *Friede*, paz, e se traduz como apaziguamento ou satisfação) é um termo conveniente de se usar em referência à necessidade, bem como à demanda. A satisfação nos remete a *satis*, um termo em latim que significa "suficiente" e é definido como um estado de saciedade, de completude, de empanturramento.

A pulsão freudiana, tal como entendida e retomada por Lacan em seu *Seminário XI*, é uma *konstante Kraft* (*SE14*, p. 118), uma força constante, uma exigência interminável imposta à psique devido à sua ligação com o corpo, uma instigação que, nas palavras de Mefistófeles, "pressiona sempre para a frente, indomada". Ela "pressiona" (*dringt*), o que sugere uma relação com *Drang*, a força da pulsão, e com *Verdrängung*, ou "repressão", conceito fundamental na psicanálise. Nesse texto de Freud (*SE18*, p. 42), comentado detalhadamente por Lacan, e ao qual ele adere sem reservas, a pulsão é um fator que, ao encontrar fechado o caminho regressivo para o encontro com o objeto perdido – o objeto do desejo – se vê sem alternativas se não pressionar para a frente, "verdadeiramente sem perspectivas de algum dia terminar a marcha ou alcançar o objetivo". Nesse sentido, a pulsão é gozo, não por ter um efeito calmante, não por atingir satisfação ou saciedade, mas porque constrói o histórico, estabelece o memorável em um ato que é inscrito, em relação à ordem da cadeia significante, como um desvio ou até mesmo uma transgressão; a pulsão sinaliza o aparecimento de uma dimensão de surpresa que é essencial para o ato psicanalítico e para os atos éticos que definem, de uma maneira diferente, o lugar do sujeito.

No capítulo "A desconstrução [*démontage*] da pulsão" (*SXI*, p. 161--73), Lacan reitera repetidas vezes: todo o objetivo da pulsão é enfatizar a impossibilidade da satisfação. Essa impossibilidade é encontrada em pacientes neuróticos e seu nome é o sintoma, uma satisfação paradoxal, o gozo de negar o gozo, um deleite na queixa que é uma acusação e uma demanda feita ao Outro. A pulsão é uma força constante, não o *momentane Stosskraft* de Freud (*SXI*, p. 164), não a força de um impacto momentâneo que pode atravessar ciclos de tensão e relaxamento satisfatório. O gozo é a dimensão que se abre para além da satisfação exatamente porque o caminho do desejo, que levaria de volta em busca do objeto perdido e impossível, está fechado e só o *driving* é possível (aqui novamente nos deparamos com problemas de língua, uma vez que o verbo em inglês *to drive* soa bastante estranho nesse contexto).[8]

Em 1964, Lacan disse que a pulsão não alcança seu objeto para obter satisfação; na verdade, a pulsão traça o contorno do objeto, e no arco do caminho de volta ela cumpre sua tarefa. Aqui, novamente, ele se aproxima de Freud: "é [...] a diferença entre o prazer da satisfação [*Lustbefriedigung*] exigido e aquele que de fato é obtido que fornece o fator motivador que não nos permite nunca nos apegar a qualquer situação estabelecida" (*SE18*, p. 42). Portanto, tanto para Freud quanto para Lacan, gozo é o que a pulsão tem como *aim* (nesse caso, é o próprio Lacan que, em sua busca por precisão, opta pelo verbo em inglês no lugar do francês). Lacan ridiculariza a ideia de que o *aim* da pulsão seja alcançar um *goal* e ser satisfeito; ele diz,

---

8 N. T.: Em inglês, *drive* significa tanto "dirigir" quanto "pulsão".

quase desdenhosamente, que tal imagem está "em harmonia com a mitologia da pulsão" (*SXI*, p. 165). Uma semana depois, ele afirma:

> Quando você confia a alguém uma missão, o *aim* não é o que a pessoa traz de volta, mas sim o itinerário que ela deve fazer. O *aim* é o caminho tomado. A palavra francesa *but* pode ser traduzida por outra palavra em inglês, *goal*. Na arqueiria, o *goal* tampouco é o *but*; não é o pássaro em que você atira, é acertar um alvo e portanto atingir seu *but*. (*SXI*, p. 179)

O exemplo citado mostra que o *but* ou o *goal* não está do lado do objeto e da gratificação, mas do lado do significante. A satisfação, sintomática ou corporal, está associada ao princípio do prazer-desprazer, enquanto o gozo da pulsão "não permitirá nenhum apego a qualquer situação estabelecida" (Freud), e é exatamente por isso que ela é memorável, transgressora, forjadora do histórico. O gozo é de fato a satisfação de uma pulsão – a pulsão de morte.

Tal é a base da oposição entre desejo e gozo. O desejo aponta para um objeto perdido e ausente; é o falta-a-ser, e o anseio pela realização no encontro com o objeto perdido. Sua expressão concreta é a fantasia. O gozo, por outro lado, não aponta para nada, nem serve a qualquer tipo de propósito; ele é uma experiência imprevisível, para além do princípio do prazer, diferente de qualquer encontro (mítico). O sujeito se vê dividido entre a polaridade gozo/desejo. É por isso que o desejo, a fantasia e o prazer são barreiras no caminho para o gozo. Assim como a satisfação, a fonte de prazer, na medida em que pacifica e bloqueia o caminho da pulsão, que é mais próxima da dor, e cujo paradigma é encontrado nesses estados tensionais que permitem que o corpo se experiencie como tal. No campo sexual, o orgasmo, obediente ao princípio do prazer, é o paradigma da "satisfação" e nem tanto do gozo, já que representa sua interrupção; o orgasmo exige a capitulação do gozo aos comandos de uma lei natural. Nunca a psicanálise (com exceção de Wilhelm Reich) exaltou o orgasmo. Freud poderia dizer "Sei que o prazer máximo na relação sexual não é nada além do prazer de um órgão que depende da atividade dos genitais" (*SE16*, p. 325), ao passo que Lacan mais tarde repetiu que "O grande segredo da psicanálise é que o ato sexual não existe". Ele também considerava a cópula uma "concessão masturbatória".[9]

Em um de seus comentários mais sugestivos sobre a relação entre os dois conceitos, Lacan sustentou que "o desejo vem do Outro, ao passo que o gozo está do lado da Coisa".[10] Sem fazer referência explícita a ele, ainda que use as mesmas palavras, ele recai na oposição hegeliana em *Propedêutica filosófica*, de 1810. Para Hegel, o mero prazer – como a experiência subjetiva particular – deve ser renunciado em prol do *das Ding*, no qual o sujeito, por meio do exercício de sua profissão ou arte, transcende a experiência do prazer (*Lust*) e alcança além (*jenseits*) de si mesmo no *das Ding*. "Quem quer que busque o prazer, busca meramente seu próprio eu de acordo com seu lado acidental. Quem quer que se ocupe com grandes trabalhos e interesses, só se empenha para ocasionar a realização do objeto em si. Ele direciona sua atenção para o *substancial e não pensa em si mesmo, mas se esquece de si mesmo no objeto*".[11] O gozo hegeliano, tal como pode ser obtido por meio da dedicação à arte ou a uma profissão, resulta na criação do transcendental e do sublime. Não está distante da fórmula de Lacan no *Seminário VII*, a "sublimação eleva um objeto à dignidade da Coisa", que o leva a observar: "A sublimação que fornece ao *Trieb* [pulsão] uma satisfação diferente de seu 'aim', que ainda é definido como seu 'aim' natural, é exatamente aquela que revela a verdadeira natureza do *Trieb* na medida em que não é simplesmente instinto, mas tem uma relação com o *das Ding* propriamente dito, com a Coisa na medida em que é distinta do objeto" (*SVII*, p. 111).

Outra confusão comum que deve ser esclarecida é a afirmação frequente a respeito da natureza dialética do desejo e da natureza não dialética do gozo. Dizem que o gozo é solipsístico e intransferível, mas é evidente, em todos os ensinamentos de Lacan, que o gozo só pode ser abordado por meio da linguagem e que o Outro está sempre envolvido. O gozo de

---

9 LACAN, Jacques. *Le Séminaire XIV: La Logique du fantasme, 1966-7*. Seminário de 12 de abril de 1967. Não publicado.
10 LACAN, Jacques. "Du 'Trieb' de Freud et du désir du psychanalyste". *Ecrits*. Paris: Seuil, 1966, p. 853.
11 HEGEL, G. W. F. *The Philosophical Propaedeutic*. Trad. A. V. Miller. Oxford: Blackwell, 1986, p. 39. Itálico no original.

sintomas neuróticos, o modo mais comum de encontro com o gozo na experiência do psicanalista, é uma forma de se identificar com o Outro. Os sintomas só existem na medida em que são atualizados sob transferência. Como escreveu Freud, "Os sintomas servem de substituto para a satisfação sexual que falta em suas vidas"; em suma, são "satisfações substitutivas libidinosas" (*SE17*, p. 273, 404). Os sintomas não são um mero sofrimento subjetivo como a psiquiatria oficial quer que acreditemos; eles são uma forma de gozo, e são dirigidos por um outro e para o Outro. O gozo ao qual o sujeito perverso dedica sua vida é uma vontade de gozo que só pode ser entendida em sua relação com o Outro; na verdade, ela sequer poderia existir sem a divisão subjetiva da "vítima". O psicótico se sente engolido pelo gozo do Outro, que controla seus pensamentos e transforma seu corpo. Lacan insiste na presença necessária do outro e do Outro para que a pulsão se manifeste: "O sujeito perceberá que seu desejo é meramente um vão desvio com o intuito de apanhar o gozo do outro – na medida em que o outro intervém, ele perceberá que existe um gozo para além do princípio do prazer" (*SVII*, p. 183-4).

O gozo envolvido na utilização e na destruição de "bens" (por exemplo, na instituição do *potlatch*, como mencionado em *SVII*, p. 235) pode ser entendido na medida em que esses bens são separados do uso e do valor de troca que eles detêm para o Outro. O gozo é um sacrifício feito no altar de deuses mais ou menos obscuros, é o gozo maléfico de se tirar do outro os bens que lhe são caros. O gozo é associado à lei e, assim, à sua transgressão. É graças à lei (e devemos nos lembrar de que a lei é a outra face do desejo) que um certo ato provoca o gozo, que é alvo da pulsão. A pulsão não mira em um objetivo visível e sensível, mas sim no efeito produzido em seu retorno, depois de errar e contornar o alvo, depois de confrontar o real, ou seja, a impossibilidade da satisfação completa. Assim, podemos dizer junto com Lacan que o real, o real do gozo, é o impossível (ver *SXI*, p. 167).

O gozo aparece na culpa, no remorso, na confissão, na contrição, mais em pagar do que em ser pago, mais em destruir do que em preservar. Sua essência é a suspensão do ato reflexo, da busca pela satisfação, do serviço à comunidade, das "boas razões" que governam o comportamento racional. Ele carrega dentro de si sua própria razão. Por estar inevitavelmente ligado ao Outro, sua existência tem uma substância ética, e não fisiológica. É por isso que devemos afirmar enfaticamente a natureza dialética do gozo. O gozo é a substância da neurose, da perversão, da psicose e do *sinthoma*. Sabemos dele somente por meio da forma como ele se manifesta na transferência e em relação aos outros.

Vinte teses sobre o gozo

Como o gozo não é homogêneo, devemos distinguir suas diferentes modalidades. Podemos reconhecer modalidades geradas e preservadas pela linguagem e, portanto, associadas ao significante, mas também aquelas que não dependem da articulação da fala. Para explorar essa lógica e sua genealogia, resumirei minha argumentação em vinte teses:

1. Em seres humanos, a satisfação das necessidades, da vida em si, passa por um sistema de trocas simbólicas, prendendo dessa forma o sujeito na rede da linguagem, por meio de um discurso e de uma ligação social que são induzidos e comandados pelo Outro.

2. O *infans*, mesmo antes de adquirir a função da fala, já está submerso em um mundo de linguagem no qual o Outro dá um nome, sinais de identidade, um lugar na divisão entre masculino e feminino – ideais que vão constituir seu eu quando esse eu for estabelecido na passagem pelo estádio do espelho. Por meio de "ações", ele recebe o que é "propriamente" seu, e assim, indiretamente, ele se torna ciente do que pertence aos outros. Ele é introduzido à Lei. Isso transforma a carne em um corpo, um organismo. O objeto se torna sujeito.

3. Em seu estado de impotência (*Hilflosigkeit*), e por pura necessidade, esse proto ou arqui-sujeito se manifesta com um choro desesperado ao qual o Outro materno, interpretando a demanda, responde oferecendo seu seio. Esse ato transforma uma parte do corpo da mãe no significante do desejo dela.

4. O estado resultante da extrema tensão e liberação, caracterizado por Freud como "a experiência da satisfação", tem como seu signo o

choro, que revela a proximidade máxima da Coisa e, ao mesmo tempo, a separação definitiva e irrevogável dela. A partir desse momento, a vida é vivida exilada da Coisa.

5. A experiência do desespero e da impotência, seguida por uma satisfação ideal e mítica, é inscrita, escrita como um gozo que é estranho à fala, um hieróglifo corpóreo que só pode ser decifrado após a incorporação do sujeito no mundo da linguagem. Podemos chamar esse estado inicial de "gozo do ser". O gozo inefável, primário do ser, corresponde ao inominado e inominável que Freud agrupou no termo *Urverdrängung* (repressão primal ou original) e que é a base do inconsciente.

6. Um ser humano é um sujeito com certas demandas, em sua maior parte orais, e, ao mesmo tempo, objeto de demandas feitas pelo Outro, especialmente ligadas ao controle da evacuação. Ele ou ela entra em um sistema de trocas e deve ser incluído no registro da palavra, alienando seu ser nos caminhos oferecidos pelo Outro, substituindo o gozo direto do corpo pelas regras impostas pelo Outro. O gozo se torna possível sob a condição de ser desnaturalizado, filtrado por meio da linguagem.

7. A demanda é uma demanda por satisfação. No entanto, o agente da demanda vai além das necessidades, é o desejo pelos significantes absolutos e separados do desejo pelo Outro; em outras palavras, pelo amor dele/dela. Assim, a "satisfação" (da necessidade e da demanda) sempre deixa um vestígio de desapontamento: há algo faltando no objeto que o outro oferece. Nunca é suficiente (*satis*). E há esse remanescente insatisfeito da "satisfação" que gera um objeto: o objeto causa do desejo, o objeto de um excedente de gozo e, ao mesmo tempo, um gozo perdido (*plus-de-jouir*) que Lacan chama de *objeto a*. O *objeto a* não tem nenhuma representação, carece de uma imagem especular e se esquivará para sempre dos esforços do mais determinado dos fotógrafos.

8. No estado inicial que chamamos de "gozo de ser", existe uma satisfação mútua entre o *infans* e o Outro, a mãe. Esse "momento" vem antes da falta e do desejo. A ausência necessária da mãe lança a criança de volta a um estado de impotência. Desse modo, o sujeito aparece, já e

desde o início, como o sujeito de um gozo perdido. O sujeito descobre sua incapacidade de ser "tudo" para o Outro e deve passar pelo luto de uma união mítica prévia com a mãe. Surge a questão: "O que falta ao Outro que sou incapaz de satisfazer?". O desejo do Outro por algo que não pode ser fornecido é revelado na castração do Outro materno, que institui o falo como significante de seu desejo. "É o que predestina o falo a incorporar o gozo na dialética do desejo" (*E/S*, p. 319).

9. O sujeito percebe a impossibilidade de satisfazer suas pulsões ou sua demanda por amor com qualquer que seja o objeto. A falta resulta nessa condição como um sujeito eternamente desejante, e a sentença que ele será obrigado a cumprir para o resto da vida: o gozo deve ser filtrado por meio do discurso. Essa falta nos leva de volta ao significante fundamental, o falo. "A castração significa que o gozo deve ser recusado, de forma que possa ser alcançado na escada invertida da Lei do desejo" (*E/S*, p. 324). O gozo no ser que fala (*parlêtre* ou falasser) é o gozo do significante; é um gozo semiótico e fálico. É claro que isso vale para ambos os sujeitos colocados tanto no lado masculino quanto no lado feminino da divisão sexual, como explicado pelo gráfico da sexuação (*SXX*, p. 78-89).

10. O falo é um significante sem igual: como número, ele é perpetuamente ímpar. Não pode ser acoplado, não tem oposto em qualquer outro significante. Tal é a condição fundamental da fala; é simplesmente o significante da falta inerente no ser que fala, o sujeito dividido (S_1), exilado do real pelo simbólico. Sua representação ataca o suposto portador do falo, aquele outro que supriria o Outro materno. É aqui que um novo significante vem como substituto para o falo: o Nome-do-Pai, que pode funcionar como Significante um (S_1) e permitirá que o sujeito seja representado por ele perante todos os significantes que, juntos, compõem o conhecimento inconsciente, o sistema do Outro como linguagem, cultura e a Lei (i.e. o Significante dois ou S_2).

11. O sujeito, tendo passado pela castração, é incorporado ao mundo dos humanos. A partir de agora ele pode ser educado, ou seja,

levado para dentro de um sistema de pulsões renunciadas, capaz de experienciar o gozo de todos que participam das "civilizações e seus mal-estares", produzindo e perseguindo esse excedente de gozo, que, ao emanar dele, ainda assim lhe escapa constantemente (como o perfume no romance de Süskind), ao mesmo tempo em que o pressiona (*dringen*) sempre para frente.

12. O sujeito se reconhece desde o início como um objeto para o desejo, a fantasia, as pulsões e o amor pelo Outro. Ao mesmo tempo, o gozo que um sujeito pode experienciar o deixa incapaz de saber o que está envolvido no "gozo do Outro". Não é possível gozar (experienciar o gozo) do "gozo do Outro", que, de qualquer forma, é somente uma suposição, uma fantasia, algo imaginário e impossível de apreender e, portanto, algo que pertecence ao Real. Que fique claro: o gozo do Outro não está no Outro (que, de qualquer forma, não existe), mas sim no próprio sujeito. Um bom exemplo dessa estrutura pode ser encontrado no Presidente Schreber, paradigmático estudo de caso de Freud sobre a paranoia.

13. O gozo, tanto quanto o desejo, é dialético e, ao mesmo tempo, não vinculado às verdades universais, apesar das afirmações de Kant (sistematicamente parodiadas nos textos do Marquês de Sade). O gozo do Outro é um mistério inefável, para além de palavras, fora do simbólico, para além do falo. Seu modelo é o excesso, a abundância, o suplemento ao gozo fálico do qual muitas mulheres falam sem serem capazes de dizer exatamente do que consiste, como algo sentido, mas inexplicável. O gozo do Outro é, portanto, presumido como o gozo do sexo do Outro, um outro que não o gozo fálico; em outras palavras, um gozo feminino.[12]

14. A função da fala nos permite separar as três modalidades de gozo: (a) Gozo na palavra, do ser falante em si, gozo fálico, subserviente à castração, à Lei e ao Nome-do-Pai; (b) Gozo antes da palavra, experienciado em relação ao gozo da mãe, da proximidade com a Coisa, um gozo escrito no corpo, mas inominável, mítico, uma criação retroativa, impossível de ser objetificado pelo sujeito já imerso em fala e, consequentemente,

---

12 LACAN, Jacques. *Le Séminaire XIII*. Seminário de 8 de junho de 1966. Não publicado.

para sempre separado dele, um gozo de ser; e (c) Gozo além da palavra, além da regulação da Lei e do falo, gozo do Outro, gozo feminino, que exatamente pelo mesmo motivo – jazendo em algum lugar para além da fala – é igualmente impossível de objetificar, impossível para o *parlêtre,* ou falasser, de articular. É esse gozo que leva Lacan a dizer "Naturalmente, vocês todos se convencerão de que acredito em Deus. Eu acredito no gozo da mulher, na medida em que ela é extra (*en plus*) [...]. Será que esse gozo que se experiencia, e que ainda assim do qual não se sabe nada, não nos coloca no caminho da ex-sistência? E por que não interpretar uma face do Outro, a face de Deus, como baseada no gozo feminino?" (*SXX*, p. 76-7). Pode ser relevante apontar que após esse comentário em *Seminário XX: Mais, ainda,* Lacan nunca mais voltou a se referir ao gozo feminino. É justo perguntar: por quê?

15. Podemos agora estabelecer uma sequência lógica nas substituições já notadas. A Coisa e o gozo do ser são deslocados pelo significante fálico. O falo simbólico é desacoplado e deixa seu lugar para o significante como o Nome-do-Pai, que pode ser articulado com o conjunto de significantes, o Outro; assim, o sujeito pode ser incluído no sistema simbólico. Ele/ela fala, nós falamos, mas toda nossa conversa não consegue trazer de volta nosso gozo perdido, exceto pelo caminho da castração oferecido pela fala e pelo discurso. Lacan escreveu: "Mas devemos insistir que o gozo é proibido àquele que fala como tal" (*E/S*, p. 319). O objeto que escapa de ser pego na cadeia de significantes é o *objeto a*. O remanescente deixado pela inclusão do sujeito no mundo por meio da castração e do complexo de Édipo é o gozo fálico e seus múltiplos destinos – sintomas neuróticos, atos perversos, assoberbamento psicótico e a produção de objetos de sublimação que visam ter acesso ao lugar deixado vazio pela Coisa, objetos que Lacan designou como *sinthomas*. Então podemos pensar nos outros gozos: feminino, místico, literário...

16. A passagem do gozo do ser para o gozo fálico e, em algum momento, para o gozo do Outro, demanda um sistema progressivo que leva de uma transcrição à seguinte. Como Freud apresentou na carta

52 a Fliess,[13] esses sistemas são pelo menos três: primeiro, sinais perceptivos (*Wahrnehemungszeichen*), que corresponderiam ao gozo do ser, não associados aos significantes do Outro; segundo, o sistema do inconsciente (*das Unbewusste*), no qual o gozo já é sujeito ao significante fálico, mas no qual os processos primários ainda dominam: não há contradição ou representação da morte, e a sincronicidade reina; e terceiro, o sistema pré-consciente (*das Vorbewusste*), do eu "oficial", dos processos secundários e da lógica do discurso.

17. Esses sistemas de inscrições requerem um processo de tradução que permita a passagem de um para o outro. Como no primeiro desses sistemas não há significantes, chamarei de "deciframento" a passagem do gozo do ser (além do Imaginário, do Simbólico e do Real) para o inconsciente, e manter o termo "interpretação" para a passagem do inconsciente para o pré-consciente. Como Lacan afirmou em *Television*: "O que Freud articula como um processo primário no inconsciente [...] não é algo a ser cifrado, mas decifrado. Digo, o gozo em si" (*T.*, p. 18-19; tradução modificada).

18. Permitam-me ler *Wo Es war, soll Ich werden*,[14] de Freud, como uma descrição do lugar onde jazia o gozo do sujeito, enterrado e mudo, trancado em caixões sintomáticos; a partir daqui, o gozo precisa encontrar seu caminho em direção à fala, como uma chave para o ato que incorre no risco de transgressão e que impele o sujeito a outro gozo.

Por meio dos atos do analisando, que incluem o ato performativo da interpretação, a psicanálise se dirige para o deciframento e para colocar em palavras de gozo, transcendendo as barreiras do significado e da satisfação, para além da convenção e do mero cuidado com as posses de uma pessoa.

---

13 *The Complete Letters of Sigmund Freud to Wilhelm Fliess*. Ed. Jeffrey Masson. Cambridge, Mass.: Harvard University Press, 1985, p. 207. Essa carta de 6 de dezembro de 1896 era anteriormente conhecida como Carta 52: ver *SE1*, p. 317.
14 Ver *Ecrits*, p. 128, 136, 171, 279 e 299 para as diversas retraduções de Lacan para a famosa frase de Freud.

19. As estruturas clínicas constituem organizações de barreiras construídas contra o gozo: repressão, sujeição à Lei e à demanda do outro em neuróticos; repúdio, como a fundação da relação do pervertido com a Lei; foraclusão, como a invasão do corpo e o aparato da alma do psicótico por meio do inefável gozo do Outro. O diafragma do gozo fecha intermitentemente no neurótico, é fixo e imutável no pervertido e destruído ou inexistente no psicótico. Essa metáfora – a palavra como o diafragma do gozo – nos permite entender por que a direção que a cura psicanalítica deve tomar precisa ser organizada de maneiras radicalmente distintas, de acordo com cada uma dessas estruturas clínicas diferentes.

20. Observemos a similaridade entre as declarações dadas por Lacan em momentos diversos de seu ensino e que, somente na aparência, diferem drasticamente nos temas com os quais lidam. "Castração significa que o gozo deve ser recusado, de forma que possa ser alcançado na escada invertida da Lei do desejo" (*E/S*, p. 324). "É possível dispensar o Nome-do-Pai, contanto que se faça uso dele";[15] "O ato analítico é determinado de acordo com o gozo e, ao mesmo tempo, através do que é necessário para se proteger dele".[16]

Para terminar, gostaria de contextualizar estas duas referências tiradas do crucial *Seminário X: A angústia* (1962-3). Em seu gráfico de causação subjetiva, Lacan inscreve a angústia no ponto de uma passagem do gozo do sujeito – tomado como ponto de partida – ao desejo do sujeito – visto como ponto de chegada. Logo depois, como se estivesse pedindo perdão pelo novo tom pastoral de seu discurso, Lacan fornece essa fórmula gnômica: "Somente o amor pode fazer o gozo condescender ao desejo".[17]

---

15 LACAN, Jacques. *Le Séminaire XXIII: Le Sinthome, 1975-6*. Seminário de 13 de abril de 1976. Não publicado.
16 LACAN, Jacques. "Compte-rendu du Séminaire 'L'Acte psychanalytique'" (1967-8). *Ornicar?*, 29: 24, 1984 (Paris, Navarin).
17 LACAN, Jacques. *Le Séminaire X: L'Angoissee, 1962-3*. Seminário de 13 de março de 1963. Não publicado.

Poucas referências são tão decisivas para o desenvolvimento de nosso tema (gozo e desejo) quanto essas, nas quais os dois termos são conjuntados e apresentados não como mutuamente excludentes, mas sim intimamente ligados: duas chaves reais para nossa reflexão e para a prática e a ética da psicanálise. Lamentavelmente, após a morte de Lacan, em 1981, e com a passagem do tempo, surgiram formulações maniqueístas que tendem a opor os dois termos, provocando uma escolha forçada carregada de intenções ocultas entre o primeiro Lacan (o Lacan do significante e do desejo, supostamente um Lacan "primitivo" ou "arcaico") e o segundo Lacan (o Lacan do gozo e do *objeto a*, que seria o desejado, um ponto de chegada que somente lacanianos "avançados" poderiam alcançar). Portanto, é importante enfatizar a base ética dessas duas proposições aceitas juntas: entre gozo e desejo, há duas alternativas: angústia ou amor. Tanto o sujeito quanto a experiência psicanalítica precisam escolher entre os dois modos de passagem. Agora, se o gozo precisa ser recusado de forma que possa ser alcançado na escada invertida da Lei do desejo, então resta o amor como o único recurso capaz de permitir que o "desejo condescenda ao gozo".[18]

[Traduzido do espanhol por Tamara Francés]

---

18 Ver BRAUNSTEIN, Néstor A. *Goce*. México: Siglo 21, 1990, p. 244. Versão francesa: *La Jouissance: Un concept lacanien*. Paris: Point Hors Ligne, 1994, p. 328.

8 Lacan e a filosofia

CHARLES SHEPHERDSON

Na história da psicanálise, nenhum outro escritor fez mais do que Jacques Lacan para trazer a teoria freudiana para o diálogo com a tradição filosófica. Seu trabalho envolve uma gama assustadoramente grande de pensadores, incluindo não somente seus contemporâneos próximos (Saussure, Benveniste, Jakobson, Bataille, Merleau-Ponty, Lévi-Strauss, Piaget, Sartre, Kojève, Hyppolite, Koyré e Althusser), como também outras figuras que datam do Iluminismo (Nietzsche, Kierkegaard, Marx, Hegel e Kant) e mais, desde Spinoza, Leibniz e Descartes até Pascal, Santo Agostinho, Aristóteles, Platão e os pré-socráticos.[1] Além disso, suas referências não são limitadas aos marcos familiares da tradição pós-estruturalista que tantas vezes foram usados para interpretá-lo (Kojève e Hegel, Saussure e Lévi-Strauss), incluindo também inúmeras figuras da tradição britânica (Bertrand Russell, Jeremy Bentham, Isaac Newton, Jonathan Swift e George Berkeley), bem como da história da ciência e da matemática (Cantor, Frege, Poincaré, Bourbaki, Moebius, Huygens, Copérnico, Kepler e Euclides). Embora algumas dessas referências certamente sejam meros ornamentos, introduzidos para enfeitar um estilo notoriamente labiríntico e gongorista, é impossível ignorar o fato de que seu

---

1   Para um relato biográfico e um oportuno apêndice bibliográfico sobre o trabalho publicado e não publicado de Lacan, ver ROUDINESCO, Elisabeth. *Jacques Lacan*. Trad. Barbara Bray. Nova Iorque: Columbia University Press, 1997. Para um relato crítico que inclui resumos breves texto a texto de trabalhos publicados e não publicados, ver MARINI, Marcelle. *Jacques Lacan: The French Context*. Trad. Anne Tomiche. Novo Brunswick: Rutgers University Press, 1992. Para discussões mais avançadas de influências importantes, ver WILDEN, Anthony. "Lacan and the discourse of the Other". *The Language of the Self*. Baltimore: Johns Hopkins University Press, 1968, p. 159-311; e LEE, Jonathan Scott. *Jacques Lacan*. Boston: Twayne, 1990. Reeditado pela University of Massachusetts Press. Para uma coletânea focada no envolvimento com filósofos específicos, incluindo contribuições de Derrida, Lacoue-Labarthe, Nancy, Balibar, Badiou e outros, ver *Lacan avec les philosophes* (Paris: Albin Michel, 1991).

envolvimento com um grande número dessas figuras foi sério, focado e contínuo ao longo de muitos anos.

A tarefa de uma análise, portanto, é enorme. Os primeiros seminários de Lacan (1953-5) são marcados por um encontro prolongado com Hegel, que teve um efeito substancial e duradouro não somente sobre sua explicação para o imaginário e a relação com o outro (ciúmes e amor, rivalidade intersubjetiva e narcisismo), mas também sobre sua compreensão da negação e do desejo, ao mesmo tempo em que levava à lógica do significante.[2] Seu seminário sobre *A ética da psicanálise*, conhecido por sua leitura ampliada da *Antígona* de Sófocles, também contém uma abordagem da ética kantiana, do utilitarismo de Bentham e da filosofia de Aristóteles, incluindo não somente a *Ética a Nicômano*, mas também a *Poética e a Retórica*, e especialmente suas discussões sobre a "catarse" – termo que tem um histórico complexo tanto na teoria estética quanto na psicanálise em si, na qual o "método catártico" teve um importante papel.[3] Já aqui, uma tarefa imensa é

---

2 Para uma boa introdução à relação entre Lacan e Hegel, ver CASEY, Edward S.; WOODY, J. Melvin. "Hegel, Heidegger, Lacan: The dialectic of desire". *Interpreting Lacan, Psychiatry and the Humanities*. Ed. Joseph H. Smith e William Kerrigan. New Haven: Yale University Press, 1983, vol. 6, p. 75-112; ver também, no mesmo volume, nas p. 113-38, EECKE, Wilfried Ver. "Hegel as Lacan's source for necessity in psychoanalytic theory". Para uma boa explicação da relação entre o uso que Lacan faz de Hegel e suas observações clínicas, com fartas referências bibliográficas, ver NOBUS, Dany. "Life and death in the glass: A new look at the mirror stage". *Key Concepts of Lacanian Psychoanalysis*. Ed. Dany Nobus. Nova Iorque: The Other Press, 1998, p. 101-38. As referências do próprio Lacan a Hegel são numerosas demais para citar, mas vejam sua introdução e resposta ao comentário de Jean Hyppolite para o artigo de Freud sobre "Negation". Uma versão breve aparece em *Seminar I*. Uma versão mais longa e revisada foi publicada como "Introduction et réponse au commentaire de Jean Hyppolite sur la 'Verneinung' de Freud", em *La Psychanalyse 1* (1956), e foi republicada junto com o próprio texto de Hyppolite em *Ecrits*.
3 Para os comentários de Lacan sobre a catarse, ver *Seminar VII: The Ethics of Psychoanalysis*, p. 48-56, 244-58, 312-15. Sua discussão mais extensa sobre o "afeto" aparece mais amplamente no seminário não publicado sobre a angústia, *Seminar X: L'Angoisse*. Há um comentário detalhado disponível em HARARI, Roberto. *Lacan's Seminar on Anxiety*. Nova Iorque: The Other Press, 2001. Ver também GREEN, André. *The Fabric of Affect in Psychoanalytic Discourse*. Trad. Alan Sheridan. Nova Iorque: Routledge, 1999. Para uma discussão detalhada sobre a catarse no século anterior a Freud, ver CHERTOK, Léon; STENGERS, Isabelle. *A Critique of Psychoanalytic Reason: Hypnosis as a Scientific Problem from Lavoisier to Lacan*. Trad. Martha Noel Evans. Stanford: Stanford University Press, 1992.

proposta, a respeito das relações entre arte e psicanálise, bem como a transformação que separa a modernidade (a teoria da estética de Kant) do mundo antigo (*Poética* de Aristóteles) – uma questão histórica que é repetidamente marcada por Lacan, como se para sugerir que a teoria psicanalítica, para ser verdadeiramente responsável por seus conceitos, devesse justificar sua própria emergência histórica enquanto busca articular seu lugar em relação à tradição filosófica que ela inevitavelmente herda.

Cada texto é repleto de tais desafios. Seu seminário sobre a *Transferência* fornece uma leitura contínua do *Simpósio* de Platão, e seu seminário sobre *Os quatro conceitos fundamentais da psicanálise* contém um conhecido comentário sobre a discussão de Merleau-Ponty a respeito da pintura, o qual fez parte do livro póstumo do filósofo, *O visível e o invisível*, obra que teve um impacto significativo sobre o conceito de olhar de Lacan.[4] Cada um desses encontros, se vistos separadamente, pede uma análise cuidadosa; e existem muitos outros, incluindo influências que não foram tema de comentários explícitos, a começar por sua participação em palestras de Kojève.[5]

Lacan falou frequentemente sobre Heidegger, começando em 1935, nas revistas *Recherches philosophiques* e *Evolution psychiatrique*, nas quais podemos encontrar críticas de livros de Henri Ey e Eugène Minkowski.[6]

---

4 Para as considerações de Lacan sobre Merleau-Ponty, ver PHILLIPS, James. "Lacan and Merleau Ponty: The confrontation of psychoanalysis and phenomenology". *Disseminating Lacan*. Ed. David Pettigrew e François Raffoul. Albany: State University of New York Press, 1996, p. 69-106. Ver também SHEPHERDSON, Charles. "A pound of flesh: Lacan's reading of The Visible and the Invisible". *Diacritics*, 27 (4): 70-86, inverno de 1997.
5 Para a relação de Lacan com Kojève e outras figuras dos anos 1930, ver Roudinesco, *Jacques Lacan*, p. 88-106. Os comentários frequentes de Lacan sobre Santo Agostinho – a respeito de ciúmes, inveja e identificação imaginária – têm grande influência de Kojève, e foram analisados detalhadamente por Shuli Barzilai em *Lacan and the Matter of Origins* (Stanford: Stanford University Press, 2000).
6 A crítica de Lacan sobre o livro de Minkowski apareceu em *Recherches philosophiques*, 5: 424-31, 1935-6. A publicação foi fundada em 1933 por Alexandre Koyré e Henry Corbin, e teve seis edições até 1937, com contribuições de Bataille, Caillois, Lévinas, Dumézil, Klossowski, Sartre e outros. A crítica feita por Lacan sobre *Hallucinations et delires*, de Henri Ey, foi publicada em *Evolution psychiatrique*, 1: 87-91, 1935. Para uma pesquisa mais ampla da relação de Lacan com o envolvimento francês com Heidegger, ver Roudinesco, *Jacques Lacan*, p. 98, 513, e capítulo 10. Para duas breves discussões de Heidegger e Lacan por William J. Richardson, ver "Lacan and Non-Philosophy". *Philosophy and Non-Philosophy*

As referências a Heidegger continuam em "Formulações sobre a causalidade psíquica," no *Seminário II*, em "O mito individual do neurótico", na discussão sobre o *Das Ding* de Heidegger no *Seminário VII*, em "A instância da letra", e em outros lugares, inclusive textos menos conhecidos dos leitores anglo-americanos, como "Alocução sobre as psicoses da criança" e o "Discurso de Roma".[7] Ademais, seria um erro supor que todas essas referências meramente repetiam a mesma ideia ou fórmula, pois em um caso ele está preocupado com a temporalidade do sujeito e com o texto de *Ser e tempo*, ao passo que em outro está preocupado com a distinção entre a "coisa" e o "objeto", e o texto de *Poesia, Linguagem, Pensamento*.[8] Uma menção superficial ao "famoso ser-para-a-morte" simplesmente não fará jus a essas complexas relações. O interesse de Lacan foi suficientemente atiçado a ponto de ele traduzir o ensaio *Logos*, de Heidegger, para a primeira edição de *La Psychanalyse*, e a mais citada dessas referências, tirada das páginas finais de "Função e campo da fala e da linguagem em psicanálise", soa quase como

---

Since Merleau-Ponty. Ed. Hugh Silverman. Nova Iorque: Routledge, 1988, p. 120-35; e "Psychoanalysis and the Being-question", *Interpreting Lacan*, p. 139-59.

7 "The neurotic's individual myth". Trad. Martha Noel Evans. *Psychoanalytic Quarterly*, 48, 1979. "Propos sur la causalité psychique" em *Ecrits*, 151-94. Os leitores às vezes confundem o "Discurso de Roma" com "The function and field of speech and language in psychoanalysis", porque ambos se originaram na mesma ocasião, o Congresso de Psicanalistas de Línguas Românicas em Roma, no ano de 1953. O primeiro texto foi publicado em *Autres écrits*, p. 133-64; o segundo texto, "Function and field", aparece em *E*, p. 229-322, e *E/S*, p. 30-113. Ver Marcelle Marini, *Jacques Lacan: The French Context*, p. 153, e Roudinesco, p. 517. No texto de 1967, "Allocutions sur les psychoses de l'enfant", *Autres écrits*, p. 361-71, Lacan levanta a questão de uma relação entre o ser-para-a-morte e a diferença sexual – uma questão difícil que Derrida trouxe com certo detalhamento em "*Geschlecht*: Sexual difference, ontological difference". *Research in Phenomenology*, 13: 65-83, 1983. Ver também de minha autoria "*Adaequatio Sexualis*: Is there a measure of sexual difference?". *From Phenomenology to Thought, Errancy, and Desire*. Ed. Babette Babich. Dordrecht: Kluwer, 1995, p. 447-73.

8 *Ser e tempo* de Heidegger é o texto por trás da explicação de Lacan sobre a temporalidade do sujeito nas páginas finais de "Function and field". Sua discussão sobre o *Das Ding* de Heidegger aparece nos capítulos 4 e 5 de *The Ethics of Psychoanalysis*, e ele se refere diversas vezes a *Introduction to Metaphysics* em sua leitura da primeira ode coral (a "ode ao homem") em *Antígone* de Sófocles, citando os mesmos momentos "paradoxais" ou "aporéticos" no texto grego que os discutidos por Heidegger. Ver HEIDEGGER, Martin. *Introduction to Metaphysics*. Trad. Ralph Mannheim. New Haven: Yale University Press, 1959.

um manifesto: "De todos os empreendimentos que foram propostos neste século, o da psicanálise talvez seja o mais elevado, pois o empreendimento da psicanálise atua em nosso tempo como mediador entre o homem do cuidado e o sujeito do saber absoluto" (*E/S*, p. 105). Uma proposta como essa, que coloca Freud em relação tanto à explicação de Heidegger para o *Dasein* (o "homem do cuidado") quanto à fenomenologia de Hegel ("o sujeito do saber absoluto"), poderia ocupar mais de uma tese de doutorado, assim como qualquer um desses envolvimentos com a tradição filosófica.[9]

Além disso, figuras canônicas da filosofia continental não são os únicos nomes importantes para Lacan. Os leitores que estejam acostumados com uma recepção governada por Hegel e Saussure podem se surpreender ao saber que Aristóteles é um dos mais frequentes pontos de referência em toda a obra lacaniana. Em *Seminário XX: Mais, ainda*, por exemplo, como veremos mais claramente em um instante, Aristóteles fornece um fio condutor para um argumento que parte da explicação de Freud para a masculinidade e a feminilidade, passa por uma lógica simbólica (os famosos quantificadores da diferença sexual) e dali para as categorias modais de existência (possibilidade, impossibilidade, contingência e necessidade) encontradas em Aristóteles, mas reconfiguradas por meio da semiótica de Greimas – tudo isso sendo pontuado por referências a anjos (discutidos, dali em diante, por Irigaray), pelo conceito de "alma" e pela *Ética a Nicômano*, que é particularmente interessante para Lacan pelos comentários de Aristóteles sobre a "coragem" e a "amizade". Uma mistura inebriante, certamente, mas veremos que essas referências não são simplesmente jogadas de maneira descuidada.

Em face dessas muitas referências, não podemos fazer muito mais do que esboçar alguns aspectos desse vasto território. Ainda que agrupemos

---

9 Embora a dívida de Lacan para com Heidegger tenha muitas vezes sido negligenciada ou diminuída por lacanianos, ela continua sendo crucial mesmo quando não explícita – por exemplo, na abordagem que ele faz de Parmênides, em *Encore*, onde é evidente sua dependência em relação a Heidegger. Uma discussão sobre essa questão também exigiria uma abordagem séria de Derrida. Ver DERRIDA, Jacques. "Pour l'amour de Lacan". *Lacan avec les philosophes*. [s. n. t.]: p. 397-420, e ensaios por outros sobre Heidegger no mesmo volume. A tradução (incompleta) de Lacan para o artigo "Logos", de Heidegger, foi publicada em *La Psychanalyse*, 1: 59-79, 1959.

as figuras em antropologia, linguística e matemática (embora elas tenham uma indiscutível importância filosófica), traçando um limite muito estreito em torno do título da "filosofia", cada uma dessas relações, se vistas separadamente, mereceria um amplo comentário.[10] Ademais, além desses muitos *nomes*, existem inúmeros *conceitos* que Lacan desenvolve como um desafio explícito à tradição filosófica – de "dúvida" e "certeza", ou "crença" e "verdade", até "representação" e "realidade" –, sendo que cada um tem uma base em Freud (basta relembrar "A perda da realidade na neurose e na psicose", *SE19*, p. 181-7, ou da importante discussão sobre "dúvida", "afirmação" e "juízo de existência" no notável artigo de Freud sobre "A negação", *SE19*, p. 233-9).[11] (Quando eu "acredito" na existência do falo materno, ainda que eu "saiba" que ele não "existe" na "realidade", quais são exatamente as delimitações desses termos, e como a elaboração psicanalítica desses termos poderia desafiar o uso filosófico desse mesmo vocabulário?) E há inúmeras *proposições* sugeridas por Lacan que têm importância filosófica. Esses pronunciamentos muitas vezes foram usados para resumir a posição geral de Lacan, mas eles não são tão simples quanto parecem. Ponderemos, por exemplo, seu comentário de que "não há nenhuma realidade pré-discursiva". Embora tais fórmulas tenham sido usadas com frequência para construir Lacan como um teórico da "construção discursiva", aqui também se exige uma abordagem meticulosa, pois mal se pode concluir, a partir desse comentário, que "tudo é simbólico" para Lacan (considerando que o Real e o Imaginário são irredutíveis ao discurso), assim como não se pode supor que os motivos de Lacan para sugerir essa proposta automaticamente coincidam com os argumentos de outros

---

10 Para uma discussão de um livro inteiro sobre Lacan e Kant, ver ZUPANČIČ, Alenka. *Ethics of the Real: Kant, Lacan*. Nova Iorque: Verso, 2000; e COPJEC, Joan. "Sex and the euthanasia of reason". *Read My Desire: Lacan Against the Historicists*. Cambridge: Massachusetts Institute of Technology Press, 1994, p. 201-36.

11 Discuti a abordagem que Lacan dá a "dúvida" e "negação" em "Vital signs: The place of memory in psychoanalysis". *Research in Phenomenology*, 23: 22-72, 1993. Para uma discussão mais longa sobre a "Negação" de Freud, que inclui material sobre Spitz e outros analistas, ver EECKE, Wilfried Ver. *Saying "No"*. Pitsburgo: Duquesne University Press, 1984. Ver também COPJEC, Joan. "Cutting Up". *Between Feminism and Psychoanalysis*. Ed. Teresa Brennan. Nova Iorque: Routledge, 1989.

(historiadores, estruturalistas, pragmatistas etc.) que possam fazer exatamente a mesma afirmação.[12]

Além de tudo isso, ainda há discussões extensas de figuras que receberam muito menos atenção na literatura anglo-americana sobre Lacan, em parte devido ao fato de que muitos textos não chegaram a ser publicados em inglês ou mesmo em francês. Sua discussão sobre Marx, por exemplo – especialmente em *A lógica do fantasma* e *De um outro ao outro*, nos quais ele discute a noção de "mais-valia" –, permanece sem publicação. E, no caso de Descartes, seria necessário explicar não somente os famosos comentários em *Os quatro conceitos fundamentais da psicanálise* e "A instância da letra" (comentários interpretados quase ao pé da letra por Foucault em *As palavras e as coisas*[13]), mas também os comentários de Lacan em "Formulações

---

12   Um dos maiores quebra-cabeças para os intérpretes anglo-americanos tem sido determinar se o trabalho de Lacan coincide com os argumentos de "construção social" (devido à sua ênfase na "ordem simbólica"), ou se existe uma dimensão de seu trabalho ("diferença sexual" ou "o real" ou de fato "o inconsciente") que dá a ele uma dimensão histórica, ou uma base biológica que entra em conflito com os argumentos pela construção social. Essa talvez tenha sido a questão central na recepção anglo-americana de Lacan, no entanto, seria possível argumentar que a própria questão está fora de lugar. Eu abordei esse problema em "The intimate alterity of the real". *Postmodern Culture*, 6: 3, maio 1996, focando na questão de se o conceito do "real" em Lacan é pré-discursivo, como alguns comentaristas afirmaram, ou se é um efeito não discursivo da ordem simbólica, e, nesse caso, argumento que estamos diante de uma dificuldade conceitual (seria possível chamá-la de "limites da formalização") que Lacan compartilha com inúmeros filósofos contemporâneos, ainda que sua resposta ao problema seja diferente da deles. Sobre essa questão, ver também COPJEC, Joan. *Read My Desire: Lacan Against the Historicists*. Cambridge: Massachusetts Institute of Technology Press, 1994; BUTLER, Judith. "Arguing with the Real". *Bodies That Matter*. Nova Iorque: Routledge, 1993; e DEAN, Tim. *Beyond Sexuality*. Chicago: University of Chicago Press, 2000.
13   Para a elaboração de Foucault sobre a famosa subversão que Lacan faz de Descartes, "Penso onde não sou, logo sou onde não penso" (*E/S*, p. 166), ver *The Order of Things: An Archaeology of the Human Sciences*. Trad. Alan Sheridan. Nova Iorque: Random House, 1970, na parte intitulada "The *cogito* and the unthought", p. 322-28; ver também "Discourse and man's being", p. 335-40. Para mais sobre a relação entre Foucault e Lacan, ver RAJCHMAN, John. *Foucault, Lacan, and the Question of Ethics*. Nova Iorque: Routledge, 1991. O *Seminar XIII* contém uma sessão dedicada a *The Order of Things* (Nova Iorque: Random House, 1970) de Foucault, que foca no capítulo de abertura de *Las Meniñas*, no qual Foucault estava presente (18 de maio de 1966). Lacan também comentou "What is an Author?" de Foucault, em um texto publicado em *Bulletin de la société française de philosophie*, 3: 104, 1969. Ver também Roudinesco, *Jacques Lacan*, p. 295 e 312.

sobre a causalidade psíquica" (1946), "A ciência e a verdade" (1965), e dois seminários não publicados, *Seminário XII: Problemas cruciais* (1964-5) e *Seminário XIV: A lógica do fantasma* (1966-7), nos quais se encontra uma extensa variação da fórmula *cogito ergo sum*.[14]

Tampouco se podem desprezar essas muitas excursões pela filosofia como uma digressão de preocupações "propriamente psicanalíticas", como se os leitores com interesse clínico pudessem, de alguma forma, evitá-las, pois é evidente que Lacan se volta para a tradição filosófica não por razões filosóficas, mas para esclarecer questões que se situam no próprio coração da teoria freudiana.[15] No caso de Descartes, por exemplo, a relação entre o "pensar" (o *cogito*) e o "ser" (*sum*) é explorada não por razões epistemológicas, ou para estabelecer a verdade de quaisquer crenças ("O que posso saber com certeza? Qual objeto escapa do corrosivo movimento da dúvida?"), mas pela luz que projeta sobre o problema levantado por Freud ao falar de "representação" (*Vorstellung*), e mais precisamente os *limites* da representação. Segundo a famosa fala de Freud, existe algo do inconsciente que permanece indisponível para a interpretação. Lembrem-se da conhecida formulação em *A interpretação dos sonhos*: "Existe com frequência uma passagem até mesmo no sonho mais minuciosamente interpretado que *deve* permanecer obscura; isso porque nos tornamos cientes durante o trabalho de interpretação de que naquele ponto existe um emaranhado de sonhos-pensamentos que *não podem* ser desvendados e que

---

14 Para os comentários de Lacan sobre Descartes, ver *SXI*, p. 35-7 e 220-1. "Science and Truth" aparece em *E*, p. 855-77. É a sessão de abertura de *Seminar XIII: L'Objet de la psychanalyse* (1965-6) e foi traduzida para o inglês por Bruce Fink em *Newsletter of the Freudian Field*, 3: 4-29, 1989. O uso que Lacan faz de Descartes foi discutido por Slavoj Žižek em *Tarrying with the Negative: Kant, Hegel, and the Critique of Ideology*. Durham: Duke University Press, 1993. Ver também DOLAR, Mladan. "*Cogito* as the subject of the unconscious". *Cogito and the Unconscious*. Ed. Slavoj Žižek. Nova Iorque: Verso, 1998, p. 11-40.
15 Como disse William Richardson, "Jacques Lacan sempre foi e sempre será um psicanalista". Ele certamente "teoriza a respeito de sua prática", e "isso o levou a investigar a tradição filosófica com mais frequência e profundidade do que qualquer outro intérprete de Freud", mas Richardson insiste que seu propósito não é guiado pelas questões internas da filosofia. "Os filósofos têm o direito [...] de sondar as implicações dessas alusões de acordo com os critérios de sua própria disciplina", mas a dimensão clínica do trabalho de Lacan não deve ser ignorada. RICHARDSON, William J. "Lacan and non-philosophy". *Philosophy and Non-Philosophy Since Merleau-Ponty*, p. 120.

ainda *não acrescentam nada ao nosso conhecimento* do conteúdo do sonho. Esse é o umbigo do sonho, o ponto em que ele mergulha no desconhecido" (*SE5*, p. 525, grifo adicionado). Esse "ponto nodal" no inconsciente permanece inacessível não porque a interpretação tenha sido deficiente, mas em princípio e por sua própria natureza, o que significa não somente que ela *deve* continuar obscura, mas também que ela não pode ser construída como um *objeto de conhecimento*: assim como o umbigo do sonho, algo do inconsciente cai, desse modo, para fora do campo de representação.

Da mesma forma, Lacan comenta os limites da representação, e é isso que guia seus comentários sobre a disjunção entre o "pensar" (o ego em *ego cogito*) e o "ser" (o registro do sujeito). Como costuma acontecer com Lacan, é preciso ser especialmente cuidadoso para não impor um dogma lacaniano familiar a essas referências filosóficas. Pois a distinção entre o "eu" do *ego cogito* e o "eu" do *ego sum* não é a distinção lacaniana habitual entre o Imaginário e o Simbólico, pela qual o "ego" que fala no nível da consciência se distingue do "sujeito" do inconsciente, que fala por meio do material simbólico que interfere no discurso do ego. Lacan, de fato, enfatiza essa distinção, não somente no muito citado "esquema L", mas também em fórmulas como esta: "o inconsciente do sujeito é o discurso do Outro" (*E/S*, p. 172), ou "o inconsciente é essa parte do discurso concreto, na medida em que é transindividual, que não está à disposição do sujeito para restabelecer a continuidade de seu discurso consciente" (*E/S*, p. 49). Mas quando se trata dessa sua meditação cartesiana, desenvolvida como uma disjunção entre o pensar e o ser, nós nos deparamos com uma questão muito diferente. E aqui, novamente, temos um limite para a justificativa supostamente "linguística" do inconsciente no pensamento de Lacan. Pois embora os significantes certamente tenham um papel de formação na organização da vida do sujeito (definindo diversas identificações simbólicas, como "obediente", "não convencional", "masculina" etc.), funcionando de forma diferente no nível do pensamento consciente e inconsciente, eles nunca capturarão inteiramente o "ser" do sujeito, de acordo com Lacan. *Essa* disjunção é o que a notória "alienação" lacaniana de fato significa – não simplesmente a alienação imaginária na qual o ego é formado por meio da identificação com um alter ego no estádio do espelho (uma tese usada para associar Lacan a Kojève e uma rivalidade hegeliana), nem mesmo a alienação simbólica na qual o sujeito é forçado a aceitar o papel mediador da linguagem e sua rede de representações (uma tese usada para associar Lacan a Saussure, Lévi-Strauss e a "interpelação" de Althusser), mas sim uma alienação na qual o sujeito, por entrar na ordem simbólica, se encontra em falta, privado de uma medida de seu "ser" – uma tese que complica a justificativa supostamente simbólica do sujeito, e também tem efeitos sobre nossa compreensão do inconsciente.

Assim, seguindo Descartes, somos levados à conclusão de que, embora possa ser correto dizer que o inconsciente pode ser acompanhado por meio de diversas manifestações simbólicas (o lapso, o sonho, a associação livre, a negação), também existe um aspecto do inconsciente que pertence à ordem do real, entendido como uma dimensão irredutível à representação. O "sujeito" do inconsciente em Lacan é, portanto, algo que não um fenômeno simbólico, e desaparece constantemente com o "fechamento" do inconsciente. "O significante", diz Lacan, "torna manifesto o sujeito [...]. Mas ele funciona como um significante somente para reduzir o sujeito em questão a ser nada mais do que um significante [...]. Ali, estritamente falando, está a pulsação temporal [...] o afastamento do inconsciente em si – o fechamento", avistado por Ernest Jones quando ele falou sobre o desaparecimento ou a "afânise" do sujeito. Assim, podemos de fato observar a posição do sujeito no nível do significante, na qual o "pensamento" inconsciente é revelado, mas a "afânise deve ser situada de uma forma mais radical no nível em que o sujeito se manifesta nesse movimento de desaparecimento que descrevi como letal" (*SXI*, p. 207-8).[16] Isso significa – ao contrário de

---

16 Os leitores que quiserem se aprofundar em uma linha similar no discurso do próprio Freud podem acompanhar seus comentários no artigo sobre "Repressão", no qual as "ideias" ou "representações" ("significantes" em Lacan) são diferenciadas de outra dimensão do inconsciente, que Lacan desenvolverá através do conceito de gozo. Freud marca essa distinção a respeito dos limites da representação da seguinte maneira: "Em nossa discussão até o momento, lidamos com a repressão de um representante instintivo, e por este entendemos uma ideia ou um grupo de ideias que é estimulado por uma cota definitiva de energia psíquica (libido ou interesse) vinda de um instinto. A observação clínica agora nos obriga a dividir o que até então víamos como uma entidade única; pois ela nos mostra que, para além da

Descartes – que o pensar e o ser nunca coincidirão, e que estamos diante de uma ruptura constitutiva entre o simbólico e o real.[17] Também significa – ao contrário do que muitos leitores de Lacan podem supor – que a famosa ordem simbólica nunca será suficiente para entender o "sujeito" da psicanálise, porque o ser do sujeito é irredutível a qualquer representação simbólica ou imaginária. Em suma, a justificativa de Lacan para a teoria freudiana da "representação" coloca um limite à famosa interpretação "linguística" da psicanálise, que tanto se diz que Lacan teria promulgado, e Descartes é o caminho pelo qual essa argumentação é feita.

Essa tese é certamente de interesse do filósofo, e de qualquer um interessado no *status* do "sujeito" no pensamento contemporâneo, mas também precisamos prestar atenção aos aspectos clínicos do argumento. Pois, como resultado dessa afirmação, a prática analítica exigirá uma técnica que seja capaz de acompanhar não somente o percurso simbólico do inconsciente, como também seu movimento de desaparecimento ou desvanecimento – como Freud sugeriu em seus comentários sobre o instinto de morte, que dizia respeito a um movimento de aniquilação ao qual o sujeito em si é propenso. Sem explorar as consequências tecnológicas desse passo, podemos, ainda assim, indicar sua importância em termos da distinção entre a dimensão simbólica do inconsciente e a transferência. Pois, na verdade, como mostrou Russell Grigg, foi exatamente essa abertura e fechamento

---

ideia, algum outro elemento que representa o instinto precisa ser levado em consideração, e que esse outro elemento passa por vicissitudes de repressão que podem ser bem diferentes daqueles que passaram pela ideia. Para esse outro elemento do representante psíquico, o termo *cota de afeto* foi adotado de forma geral. Ele corresponde ao instinto na medida em que este foi desatrelado da ideia e encontra expressão, proporcional à sua quantidade, em processos sentidos como afetos. Desse ponto em diante, ao descrever um caso de repressão, devemos acompanhar separadamente o que, como resultado da repressão, resulta da *ideia*, e o que resulta da energia instintiva ligada a ela" (*SE14*, p.152, itálico original). Eu discuti essa passagem em "The elements of the drive". *Umbr(a)*, 3: 131-45, outono de 1997. Ver também André Green, *The Fabric of Affect*, p. 38-45.

17   A explicação mais conhecida para a disjunção entre "pensamento" e "ser" em Lacan aparece em *SXI*, p. 203-15. Ver Eric Laurent, "Alienation and separation", p. 19-38, e Colette Soler, "The subject and the Other", p. 39-53, em *Reading Seminar XI: Lacan's Four Fundamental Concepts of Psychoanalysis*. Ed. Richard Feldstein, Bruce Fink e Maire Jaanus. Albany: State University of New York Press, 1995.

do inconsciente que levaram Freud a descobrir a transferência no sentido estrito, como um aspecto do inconsciente que conceitualmente é bastante distinto do que quer que seja revelado por meio da cadeia de significantes do sonho e da livre associação.[18] Como o próprio Freud observou, é comum haver um ponto no discurso do analisando em que a cadeia de associações se esgota. "Talvez você esteja pensando em mim?", ele sugere, como se esse impasse no discurso de alguma forma aparecesse em conjunção com a presença do analista. Freud marca, assim, uma divisão clara entre o significante (o trabalho da associação livre e da elaboração onírica) e um novo domínio da transferência, no qual uma certa dimensão letal do sujeito é revelada. Lacan formula isso claramente no *Seminário XI*, em um capítulo chamado "A transferência e a pulsão": "O que Freud nos mostra, desde o início, é que a transferência é essencialmente resistente, *Übertragungswiderstand*. A transferência é o meio pelo qual a comunicação do inconsciente é interrompida, pelo qual o inconsciente volta a se fechar" (*SXI*, p. 130). Esse movimento de desaparecimento ou "fechamento", no qual o "ser" do sujeito é excluído da cadeia de significantes, também leva Lacan a elaborar uma distinção entre o significante e o gozo, entendida como uma dimensão de prazer letal na qual o desejo do sujeito é comprometido. Mesmo sem explorar esses pontos, já podemos ver que a preocupação máxima de Lacan não é com os textos de filosofia, e que seu envolvimento prolongado com Descartes tem uma influência na teoria freudiana. Por fim, é por isso que Lacan argumenta que o "ser" do sujeito propriamente dito é irredutível à ordem simbólica (o inconsciente "Eu penso").

Isso nos leva ao problema central enfrentado por qualquer um que deseja abordar a questão "Lacan e a filosofia". Por um lado, as referências de Lacan à tradição filosófica têm a intenção de serem sérias, e requerem uma exposição rigorosa e propriamente filosófica – ele cita textos específicos, quebra-cabeças em problemas de tradução, e claramente espera que seu público entenda passagens individuais; por outro, suas razões para se voltar à tradição filosófica não são, afinal, filosóficas, mas derivam do campo da

---

18 Ver GRIGG, Russell. "Signifier, object, transference". *Lacan and the Subject of Language*. Ed. Ellie Ragland-Sullivan e Mark Bracher. Nova Iorque: Routledge, 1991, p. 100-5.

psicanálise em si, entendido como um domínio que, por mais que possa estar em posição de aprender com a filosofia, tem sua própria especificidade teórica, e se desenvolve em relação a um campo clínico que simplesmente não está presente na arena filosófica. Qualquer tentativa de esclarecer o uso que Lacan faz dos textos filosóficos deve se atentar a essa dupla trajetória.

Assim, nossa pequisa de nomes, por mais intimidante que seja por si só, somente sugere a profundidade do problema, pois, com cada referência filosófica, Lacan está simultaneamente preocupado com questões que residem dentro do próprio discurso psicanalítico. Isso significa que o leitor sério será obrigado não somente a desenvolver o pano de fundo filosófico das referências feitas por Lacan (pois deve-se reconhecer que o próprio Lacan nunca fornece uma exposição propriamente filosófica dos conceitos e textos dos quais ele depende), mas também a isolar as questões clínicas existentes sempre que Lacan se envolve com a tradição filosófica (identificação, relação com objeto, transferência, pulsão e outros conceitos que são particulares à psicanálise). Portanto, um simples gesto na direção da "filosofia", da "alienação hegeliana" ou da "linguística estrutural" não fará nada para esclarecer suas muitas alusões. Em cada caso, as implicações clínicas de seus comentários devem ser isoladas e definidas, se quisermos ver como Lacan faz uso da tradição filosófica. E, em cada caso, devemos marcar as disjunções que surgem sempre que os interesses da filosofia se deparam com as exigências do domínio clínico.

A abordagem que Lacan adota para a negação é um excelente exemplo. Pois sua notável análise dos três tipos de negação no vocabulário de Freud, embora certamente dependa de recursos filosóficos para seu desenvolvimento, e o leve para uma longa imersão na negação "dialética" ou "produtiva" de Hegel, ainda assim tem um propósito diagnóstico que está inteiramente ausente do trabalho do próprio Hegel. Para Lacan, *Verneinung*, *Verleugnung* e *Verwerfung* (respectivamente "negação", "renegação" e "foraclusão"), na terminologia de Freud, designam três formas distintas de negação, não meramente em um sentido lógico, mas no sentido de que correspondem a três mecanismos psíquicos distintos que podem ser correlacionados com as categorias diagnósticas da neurose, perversão e psicose. Onde a "negação" indica o repúdio neurótico de um pensamento que o inconsciente está no processo de expressar ("Você dirá que é minha mãe no sonho, mas garanto que não é minha mãe", *SE19*, p. 235), a "renegação", em contraste, indica uma recusa mais profunda, que não reconhece tanto a verdade sob o signo da negação ("não é minha mãe"), mas repudia tudo que é negado. O caso clínico padrão de renegação diz respeito à castração, e mais precisamente à castração materna, e as consequências subjetivas incluem um aspecto *perceptivo* (uma *distorção imaginária* da diferença sexual, sobretudo no fetichismo) que é distinto do mecanismo simbólico da negação neurótica. Freud ressalta expressamente esse ponto em "Fetichismo" (*SE21*, p. 149-57). Ele nota, em primeiro lugar, que o termo "repressão" pode explicar esse fenômeno, no qual uma observação (a falta de um pênis) foi registrada, e depois especifica que, ainda assim, é simultaneamente recusada. Isso porque no caso de uma negação – "não é minha mãe" – não estaríamos também lidando com uma repressão, que afeta uma ideia inconsciente? Então, para ser preciso, Freud observa que o *afeto* associado à percepção da falta de um pênis na mulher é reprimido, ao passo que a *ideia*, em contraste, é "reprovada": "Se quiséssemos diferenciar mais definidamente entre a vicissitude da *ideia* como distinta do *afeto*, e reservar a palavra *Verdrängung* ['repressão'] para o afeto, então a palavra correta em alemão para a vicissitude da ideia seria *Verleugnung* ['renegação']" (p. 153). O afeto – angústia, por exemplo (como em "angústia de castração") – não é mais experienciado como tal, tendo sido reprimido, ao passo que a ideia permanece *presente* sob a forma de renegação. Esse "presente remanescente" sugere o motivo pelo qual Freud escreve que, diante da castração da mulher, o fetichista "retém essa crença [na presença do falo] mas também abre mão dele". Seria possível pensar que essa formulação funciona exatamente da mesma maneira que a repressão, uma vez que temos um "não" e um "sim" simultaneamente, de forma que a crença seja, ao mesmo tempo, mantida e renunciada ("é/não é minha mãe"). Mas Freud insiste que, no fetichismo, a "repressão" caractcriza o que acontece ao *afeto*, ao passo que a "renegação" é o que acontece com a *ideia* ou "crença" – o que Lacan chamaria de representação simbólica, a ordem do significante. O que então distingue a "renegação" da repressão, e por que Freud diz que "repressão" nesse caso só influencia o afeto? A repressão não afeta normalmente também as ideias, como quando um pensamento reprimido emerge sob o signo da negação ("não é minha mãe")?

A solução é, no caso da "renegação", que o modo de rejeição seja mais forte do que na repressão. O que é reprovado não é "reprimido" (e, assim, capaz de retornar), mas sim mais profundamente recusado, e para esclarecer essa diferença, Freud conta com a *dimensão perceptiva*. A "ideia" (ou significante) da castração é de fato "retida" e "renunciada", mas, diferentemente da repressão, em que a ideia é normalmente retida somente no inconsciente, na renegação o afeto é reprimido, ao passo que a ideia de castração materna não é reprimida, mas permanece presente juntamente com sua negação. É por isso que o fetichista requer outro mecanismo pelo qual a negação dessa ideia possa ser mantida – não um mecanismo de repressão, pelo qual a representação simbólica (a ideia ou o significante) seria alojada no inconsciente, mas um mecanismo de renegação, pelo qual a representação imaginária (a imagem visual) permaneceria presente no campo da percepção, por meio do fetiche. Portanto, Freud imediatamente aponta que Laforgue está errado ao sugerir que no fetichismo a percepção é simplesmente eliminada, "de forma que o resultado é o mesmo de quando a impressão visual incide no ponto cego da retina" (*SE21*, p. 153). Pelo contrário: na renegação, o modo de negação é diferente da mera ausência ou da cegueira, e Freud diz, portanto, que no fetichismo "vemos que a percepção persistiu, e que uma ação muito enérgica tem sido exercida para manter sua negação" (*ibid.*). Logo, vemos mais claramente por que Freud alega que o afeto é "reprimido" enquanto a ideia é "negada": se o sujeito nega a ideia (o conceito ou o significante), e ainda assim simultaneamente o retém como uma crença consciente, essa retenção ocorre no Imaginário, por meio da presença perceptiva do fetiche. A lógica da negação no trabalho de Freud requer, portanto, uma explicação que seja sensível aos mecanismos da vida psíquica, no nível do simbólico, do imaginário e do real. Em contraste, quanto ao termo final, "foraclusão" indica, para Lacan, uma ausência ainda mais profunda de falta, tanta que o sujeito sequer registra a diferença, a diferenciação simbólica, que o fetichista procura esconder. "Foraclusão", portanto, designa um modo de negação que é mais próximo da psicose do que os outros mecanismos, que permanecem inscritos dentro do sistema de representação de forma mais protegida. Assim, mesmo sem elaborar essas distinções com qualquer detalhe, já podemos ver que não é suficiente apontar para a suposta dependência de Lacan em relação a Hegel, ou qualquer outra lógica de negação, sem também explorar a dimensão clínica das formulações de Lacan.

Esse movimento conceitual, pelo qual uma meticulosa atenção a distinções filosóficas é mantida, mas mobilizada no interesse do domínio clínico, é evidente em toda a obra de Lacan. No *Seminário VII*, por exemplo, Lacan se afasta da ética de Kant, que vinha sendo um foco central em sua argumentação, e aborda *A crítica da faculdade do juízo*, citando passagens específicas e insistindo que seu público olhe com atenção para o texto: "Quero que vocês leiam as passagens de *A crítica da faculdade do juízo* de Kant que dizem respeito à natureza da beleza, elas são extraordinariamente precisas" (*SVII*, p. 261). Dois capítulos depois, ele continua lendo o texto, focando em especial em uma das passagens mais obscuras no relato de Kant, no caso o parágrafo dezessete, intitulado "Do ideal de beleza" – uma passagem na qual Kant argumenta, de uma forma um tanto estranha, que um ideal de beleza não pode ser propriamente considerado como pertencente à experiência do belo. Um "ideal" de beleza não é rejeitado por Kant por ter um componente cognitivo abstrato (pois um "ideal" não é uma "ideia"). No entanto, o ideal introduz um padrão que impede o livre correr da imaginação, e assim não pode ser considerado como algo que produza um juízo de gosto puro. Sem citá-lo, Lacan repete Kant quase literalmente: "O belo não tem nada a ver com o que é chamado de beleza ideal" (*SVII*, p. 297). Isso nos traz a um ponto crucial, pois o que Kant nos diz no parágrafo dezessete é que existe somente um ideal de beleza, que é a forma do *corpo humano*. "Somente o homem", diz Kant, "entre todos os objetos no mundo, admite, portanto, um ideal de beleza, assim como a humanidade em sua pessoa, como a inteligência, admite sozinha o ideal da perfeição".[19] A imagem humana é, portanto, não uma imagem dentre outras, mas tem

---

19 KANT, Immanuel. *The Critique of Judgment*. Trad. James Creed Meredith. Oxford: Oxford University Press, 1952, p. 77.

um caráter especial que rompe a categoria do belo na análise de Kant, ao introduzir uma dimensão de infinidade, uma ruptura com a visibilidade, uma "idealidade" que na verdade só encontra genuinamente seu lugar no segundo livro do texto de Kant, o analítico do sublime (é por isso que Kant exclui o "ideal de beleza" da categoria do belo – um ponto ao qual Lacan não adere, preferindo alterar a concepção do belo como tal, de forma que justifique essa ruptura com o visível). Esse é o ponto crucial para Lacan: "Ainda na época de Kant", ele diz, "é a forma do corpo humano que nos é apresentada como o limite das possibilidades do belo, como um *Erscheinen* ideal. Ela já foi, embora não seja mais, uma forma divina. É o invólucro de todas as fantasias possíveis do desejo humano" (*SVII*, p. 298). Assim, mesmo sem acompanhar os detalhes dessa análise com o cuidado que eles merecem, podemos ver que a referência de Lacan à "teoria do belo de Kant" não é um capricho passageiro, jogado para respaldar suas credenciais intelectuais, mas sim um encontro genuíno e meticuloso com a tradição filosófica.

Ainda mais importante para nossa atual argumentação – e é por isso que um pouco de detalhamento tem sido necessário –, é o fato de que Lacan não impõe simplesmente suas gastas doutrinas sobre "o corpo imaginário" ao texto filosófico, mas, pelo contrário, parece estar transformando seu próprio aparato conceitual sob a influência dos filósofos que lê. Pois ele alega aqui que a imagem da forma humana, diferentemente de outros exemplos do belo que podem ser apreendidos na imagem perceptiva, possui um elemento sublime, uma ruptura com a visibilidade, um aspecto que resvala o infinito e o "inapresentável", como diz Kant, que significa que ele não pode mais ser entendido com base na tese sobre o corpo imaginário tão cara ao Lacan inicial, na qual a forma humana seria capturada pela totalidade unificada que é dada por meio da *Gestalt*. O impasse confrontado pela análise do belo pelo próprio Kant quando alcança a imagem humana ("o *limite* das possibilidades do belo") fornece, então, um caminho para o desenvolvimento conceitual do próprio Lacan, ainda que esse caminho, como já enfatizamos, se desvie na direção da psicanálise, de uma explicação das "fantasias do desejo humano".

Praticamente todos os textos nos apresentam dificuldades dessa ordem, que demandam uma erudição enorme por parte dos leitores, e uma atenção cuidadosa aos detalhes dos textos retomados por Lacan, ainda que (é sempre bom frisar) os motivos pessoais de Lacan para buscar esses detalhes o levem em outra direção, não para um discurso filosófico, mas para problemas internos da psicanálise – como no caso presente, em que os interesses de sua análise estão claramente focados, afinal, na questão do olhar, do corpo humano e do conceito de "fantasia". Esse é, de fato, o desafio fundamental imposto pela conjunção da "psicanálise e da filosofia". E a grande contribuição de Lacan para a comunidade analítica foi empurrar esse confronto ao seu limite para que ele pudesse produzir resultados genuínos. Pois a psicanálise é claramente uma disciplina por si só, com um vocabulário técnico e um campo de investigação que a distingue do domínio da filosofia; no entanto, ao mesmo tempo, a psicanálise em si não pode prosperar recusando-se a desenvolver seus conceitos de uma maneira rigorosa, encobrindo-se no "enigma" privado da experiência clínica, ou emprestando um brilho inapropriado de sua proximidade com um modelo "médico" ou "científico" que ofusca a especificidade do processo analítico, e evita a questão do "sujeito" em prol de conceitos vagamente psicológicos que distorcem a própria arena na qual a psicanálise opera. "Os conceitos estão sendo amortecidos pelo uso rotineiro", Lacan costumava dizer, e analistas se esquivaram da tarefa de pensar: isso levou a um "formalismo desanimador que desencoraja as iniciativas que penalizam o risco, e transforma o reinado da opinião dos eruditos em um princípio de dócil prudência no qual a autenticidade da pesquisa é embotada antes de finalmente se esgotar" (*E/S*, p. 31-2). Tal é o paradoxo que leva Lacan a esse quiasmo de envolvimento com a filosofia e outros campos conceituais: é somente por meio do contato com esses *outros domínios* que os psicanalistas podem encontrar *seu próprio caminho* em um modo mais rigoroso.

Quando Lacan usa textos filosóficos, nunca é simplesmente para sujeitar a psicanálise a conceitos extraídos de outro campo; pelo contrário, os próprios termos que ele empresta de outros domínios são, em si, invariavelmente alterados quando entram na arena clínica. Contudo, se esse for de fato o caso, deveria ser possível mostrar exatamente como as considerações internas à psicanálise afetam quaisquer conceitos que Lacan possa extrair da tradição filosófica. E, na verdade, Lacan tem o cuidado de assinalar essas transformações à medida que avança. Assim, por exemplo, sua análise de Descartes – desde o método da dúvida radical pela qual Descartes suspende as devoções à tradição, questionando qualquer conhecimento que ele tenha herdado de seus ancestrais e colocando em dúvida cada certeza do sujeito (em um procedimento que tem seu interesse para o psicanalista), até os detalhes de um "terceiro" que serve como garantia para o "Eu sou" na "Terceira meditação" quando a dúvida ameaça tragar cada afirmação – no entanto, tudo isso leva Lacan a "se opor a qualquer filosofia diretamente proveniente do *Cogito*" (*E/S*, p. 1), não porque ele deseje elaborar uma posição filosófica, mas exatamente por causa da orientação clínica que torna a relação de Lacan com a questão do *cogito* algo além de uma relação filosófica. Lacan diz que o *cogito* freudiano é *desidero*, e quando o processo da dúvida alcança seu fim na análise, não é porque uma fundação epistemológica tenha sido alcançada, mas porque um "momento de concluir" foi criado para o sujeito.

O mesmo ponto surge em relação às suas notórias influências hegelianas. Hegel certamente teve um forte impacto sobre a formação conceitual de Lacan, mas Lacan não deixa de indicar suas diferenças em relação a Hegel que derivam de uma perspectiva com embasamento clínico. Como a relação entre a "verdade" e o "saber", por exemplo: assim como para o pensamento dialético, o movimento da *verdade* sempre excederá e romperá o que quer que tenha sido estabelecido como *saber* consciente, de forma que o saber será exposto a um processo de perpétuo deslocamento e negatividade produtiva; então, também para Freud, a *consciência do ego* permanece em um estado de instabilidade permanente, perpetuamente perturbado pela *verdade* alheia *do sujeito* que emerge no nível do inconsciente (o "discurso do Outro"). De acordo com Lacan, Hegel viu claramente essa discrepância entre o "saber" e a "verdade", e deu a ela tanto uma coerência lógica quanto uma importância temporal das quais os psicanalistas certamente poderiam se beneficiar. De fato, essa estrutura hegeliana fez muito para estabelecer a crucial distinção entre o "ego" e o "sujeito", e levou Lacan a argumentar que o analista sempre deveria ficar do lado da verdade, o que implicava uma rigorosa suspeita em relação ao "saber" ("a verdade", diz Lacan, "não é outra coisa senão o que o saber só pode compreender como saber ao pôr em funcionamento sua ignorância"). Nesse sentido, "a fenomenologia de Hegel [...] representa uma solução ideal [...], um revisionismo permanente, no qual a verdade está em um estado de constante reabsorção em seu próprio elemento perturbador". Porém, esse movimento de reabsorção é típico da arena filosófica, sendo dedicado a uma exaustão *conceitual* dos fenômenos que descobre ("uma solução ideal"). Nesse sentido, para Hegel, de acordo com Lacan, o poder de disrupção do real encontra uma síntese perpétua com a elaboração simbólica do saber: como Lacan diz em "Subversão do sujeito", "a dialética é convergente e alcança a conjectura definida como conhecimento absoluto", e como tal "só pode ser a conjunção do simbólico e do real" (*E/S*, p. 296). Mas onde Hegel via "verdade" e "saber" como dialeticamente entrelaçados, de forma que o poder disruptivo da verdade pudesse por fim ser formulado conceitualmente, e assim colocado a serviço do saber ("reabsorvido" pelo discurso da filosofia, de forma que a negação seja sempre "produtiva", sempre simbolicamente elaborada), Freud nos leva em uma direção muito diferente, de acordo com Lacan, na medida em que a repressão – e, acima de tudo, a sexualidade – coloca a verdade e o saber em uma relação "distorcida" que não pode ser contida dialeticamente: "Quem não consegue ver a distância que separa a consciência infeliz [...] dos 'mal-estares da civilização' [...], a relação 'distorcida' que separa o sujeito da sexualidade?" (*E/S*, p. 297).[20] Para Lacan, então, "Freud reabre a junção entre a verdade e o saber na mobilidade de onde saem as revoluções" (*E/S*, p. 301).

Tantas e tantas vezes ele fará a mesma afirmação; por um lado, pedindo aos psicanalistas que assumam uma maior responsabilidade por seus conceitos, recorrendo a outros campos, mas, por outro, insistindo que a descoberta

---

20 Para outra abordagem da diferença entre Hegel e Freud, pode-se procurar a distinção entre o "discurso do mestre" (que assume Hegel como seu modelo) e o "discurso do analista" – uma distinção formulada em profundidade em *Seminar XVII: The Other Side of Psychoanalysis*. Ed. Jacques-Alain Miller. Trad. Russell Grigg. Nova Iorque: Norton, 2007. Aqui, Lacan sugere que a posição mantida pelo analista é estruturalmente diferente daquela do "agente" de um discurso filosófico, e que o "produto" de cada estrutura discursiva é também distinto. Em "Subversion of the subject", ele também diz que o "sujeito" da dialética hegeliana (a *Selbstbewusstein* ou consciência do *self* na qual culmina o pensamento de Hegel) é distinto do sujeito da psicanálise.

de Freud produziu um domínio que deve ser entendido e desenvolvido como um campo à parte. No caso de Saussure, ele insiste que a psicanálise requer os recursos conceituais que a linguística pode fornecer, mas não para transformar a psicanálise em uma disciplina da linguística. A psicanálise, portanto, faria bem em considerar o trabalho da linguística com maior detalhe (e Lacan passa a associar a substituição e o deslocamento à metáfora e à metonímia), e, ainda assim, a tarefa conceitual não pode terminar ali, pois Lacan imediatamente acrescenta um complicador: "Em contrapartida, é a descoberta de Freud que dá à oposição entre significante e significado a extensão completa de suas implicações: no caso, de que o significante tem uma função ativa em determinar certos efeitos" (*E/S*, p. 284) – efeitos que dizem respeito ao registro clínico. O mais óbvio desses efeitos, que dificilmente a linguística seria obrigada a considerar, é o sintoma corpóreo, que tem uma dimensão simbólica para Lacan, como Freud já sugeriu quando atribuiu o sintoma histérico não à disfunção orgânica, mas à atividade das representações conscientes, ao dizer que "os histéricos sofrem principalmente de reminiscências" (*SE2*, p. 7).

Seguindo Freud, mas também aprendendo com Saussure, Lacan insiste na autonomia do significante, cuja operação não deveria ser imediatamente situada no nível "psicológico". Pois a "reminiscência", nesse caso, não é uma "memória" consciente ou sequer meramente inconsciente, no sentido habitual da palavra, e não pode de fato ser entendida como um fenômeno "psíquico", mas sim como um significante que (1) foi desatrelado de seu significado (já que o paciente, como Freud argumenta, não se lembra do evento patogênico – o "significado" – que passou por repressão ou foi esvaziado de sentido, ou substituído por um substituto aparentemente "inocente" ou "sem sentido"), mas, ao mesmo tempo, (2) permanece presente, inscrito no nível do corpo, de forma que o sintoma se lembre no lugar da memória. O sintoma, diz Lacan, é "o significante de um significado reprimido da consciência do sujeito" e "escrito na areia da carne" (*E/S*, p. 69). A consequência filosófica mais ampla é imediatamente evidente aqui, pois isso também significa que o sintoma na psicanálise, apesar de sua manifestação fisiológica concreta, nunca pode ser confundido com um fenômeno biomédico do tipo que teria um correlato no mundo animal, já que só pertence ao ser que fala, e cuja própria vida é reconfigurada quando passa pela rede da ordem simbólica – "que faz da doença a introdução do ser vivo na existência do sujeito" (*E/S*, p. 69).

Embora essa caracterização do posicionamento geral de Lacan seja correta, ela não deve somente nos guiar na leitura de sua obra, mas também nos alertar contra vários atalhos interpretativos que marcaram a literatura secundária. Pois dificilmente podemos nos contentar com um gesto superficial que alega que Lacan tenha produzido uma "leitura hegeliana de Freud" ou aplicado uma "linguística estrutural" ao inconsciente, como se considerações clínicas não tivessem tido nenhum papel na formação de seus conceitos.[21] Contudo, essa exata impressão foi popularizada por relatos que reduzem Lacan a um amálgama de suas fontes, como se a relação "imaginária" e a questão do narcisismo pudessem ser traduzidas de volta nos termos da rivalidade intersubjetiva desenvolvida por Kojève, ou como se o entendimento do "simbólico" por parte de Lacan fosse importado sem a mínima mudança do campo da antropologia estrutural.[22] Tais alegações podem satisfazer nossa inclinação a amalgamar e digerir um material que é notoriamente difícil, e podem até nos dar permissão para evitar o desafio de seu vocabulário, remoldando-o com base em um discurso acadêmico mais familiar; mas tal tradução invariavelmente ofuscará a terminologia de Lacan e evitará a dimensão clínica de seu trabalho, e, em

---

21 A dependência de Lacan em relação a Kojève e uma explicação kojèveana de Hegel é a ocasião mais evidente para essa tentação; ela tem sido muito discutida e usada em excesso por certos intérpretes, que, ao explorarem a relação entre os dois pensadores, acabam reduzindo um ao outro, diminuindo assim a especificidade dos conceitos de Lacan, e ignorando sua dimensão clínica completamente, em prol de um esquema interpretativo de negatividade existencial que é mais familiar à tradição continental. Ver BORCH-JACOBSEN, Mikkel. *Lacan: The Absolute Master*. Trad. Douglas Brick. Stanford: Stanford University Press, 1991; DEWS, Peter. *Logics of Disintegration*. Londres: Verso, 1987; e MACEY, David. *Lacan in Contexts*. Londres: Verso, 1988. Para uma resposta a essa dependência excessiva de Kojève, e à tendência geral de reduzir Lacan às suas fontes, ver Tim Dean, *Beyond Sexuality*, p. 22-60.
22 Para duas explicações do imaginário que tornam clara sua base clínica, ver NOBUS (nota 2) e BOOTHBY, Richard. *Death and Desire: Psychoanalytic Theory in Lacan's Return to Freud*. Nova Iorque: Routledge, 1991; e "The psychical meaning of life and death: Reflections on the Lacanian Imaginary, Symbolic, and Real", *Disseminating Lacan*, p. 337-63; para uma explicação mais detalhada do desenvolvimento do imaginário através de diversas encarnações, ver JULIEN, Philippe. *Jacques Lacan's Return to Freud: The Real, the Symbolic, and the Imaginary*. Trad. Devra Beck Simiu. Nova Iorque: New York University Press, 1994.

troca, os recursos filosóficos que ele explora nunca serão genuinamente afetados pela transformação pela qual passam quando estão colocados no contexto da psicanálise.[23] O próprio desafio que é colocado pela questão da "psicanálise e filosofia" terá sido eliminado completamente, em prol de uma recepção que torne o trabalho de Lacan reconhecível, mas à custa de eliminar a especificidade do campo no qual ele opera.

Que se considere, por exemplo, a distinção entre "necessidade" e "desejo". Lacan emprestou essa distinção de Kojève, que insistia que o desejo humano, ao qual chamava de "desejo antropogenético", era essencialmente um "desejo por reconhecimento" e, portanto, fundamentalmente diferente do "desejo animal", que Lacan chamava de "necessidade" e que seria modelado em uma relação instintiva com o objeto e as exigências da sobrevivência biológica (o exemplo clássico seria a "necessidade de alimento"). A *relação* do animal com o *objeto* da necessidade é, portanto, distinta da *relação* humana *com o outro*, que é fundamentalmente uma relação com o desejo do outro. Daí a famosa fórmula que Lacan absorve de Kojève: "O desejo do homem é o desejo do outro". Tudo muito bonito, mas a estrutura conceitual de Kojève não faz nada para esclarecer a distinção de Lacan entre "desejo" e "demanda" (como fica evidente a partir do fato de que a literatura secundária fala de forma indiferente em uma "demanda por reconhecimento" e um "desejo por reconhecimento", como se não houvesse diferença entre as duas). O apelo à estrutura de Kojève oblitera, assim, a distinção entre demanda e desejo no próprio gesto que oferece para explicar o trabalho de Lacan. Tampouco a referência a Kojève nos ajuda a entender a problemática freudiana da "relação de objeto". A partir da distinção feita pelo filósofo entre o humano e o animal, podemos falar no peculiar caráter de "reconhecimento" e "intersubjetividade"

---

23 Se considerarmos, por exemplo, a distinção que Lacan faz entre "demanda" e "desejo", fica claro que as explicações que dependem de Kojève eliminam o problema do inconsciente, e evitam completamente as questões de incorporação e formação de sintomas que as distinções de Lacan pretendiam abordar. A recepção filosófica, portanto, tende a eliminar a dimensão clínica do trabalho de Lacan completamente em um processo de recepção que tem seu interesse, mas exigiria uma discussão mais longa para ser demonstrada. Desenvolvi essa afirmação de forma mais detalhada em "The gift of love and the debt of desire". *Differences: A Journal of Feminist Cultural Studies*, 10 (1): 30-74, primavera de 1998.

na esfera humana, mas quando se trata da relação de objeto e da questão da satisfação corporal, a estrutura kojèveana nos deixa incertos, pressupondo que a "relação com o objeto" corpórea seja sempre uma relação natural ou "animal" (como no caso da "necessidade de alimento"). É claro, a mercadoria nos apresenta uma "relação de objeto" que escapa da ordem da necessidade, mas, nesse caso, a função fundamental do objeto é mediar uma relação com o desejo do outro (a mercadoria só está acima da necessidade na medida em que tem uma função simbólica em relação ao outro) e, nesse sentido, todo o discurso do "reconhecimento" e da "intersubjetividade" impede o problema clínico da "relação de objeto".

Isso é especialmente importante quando se trata do problema da corporificação. No caso da satisfação da pulsão oral, por exemplo (para continuar no exemplo kojèveano da alimentação), o sujeito se afasta da ordem da necessidade biológica e pode comer demais ou se recusar a comer. Tal fenômeno, que Lacan caracterizaria como uma *demanda corporal* – uma demanda oral na qual o desejo do sujeito é comprometido – deixa o filósofo sem palavras. Em suma, da perspectiva de Kojève, a relação "humana" ou "antropogenética" é explicada com destreza no nível da intersubjetividade, mas o "corpo" em si é prematuramente relegado à natureza e à animalidade, ao manter uma longa tradição filosófica. Como resultado, a questão da sexualidade, o sintoma e a organização libidinosa do corpo – todas essas questões, que eram tão cruciais para o pensamento de Freud, são simplesmente deixadas de lado, deslocadas em prol de um discurso desencarnado na "relação com o outro". E, dessa forma, a terminologia da psicanálise ("o outro" ou "o simbólico") é devorada ou incorporada pela filosofia, integrada a um discurso familiar sobre o "reconhecimento" como se a psicanálise não fizesse nenhuma intervenção no vocabulário que empresta de outros domínios. Uma relação com o outro, de fato. Em vez de um encontro genuíno, o discurso da psicanálise é simplesmente reabsorvido pela tradição filosósfica, e os problemas que animam o desenvolvimento teórico de Lacan são abandonados em prol de um arranjo conceitual que já está estabelecido no discurso acadêmico do pós-modernismo. Paradoxalmente, então, a demonstração popular da dívida de Lacan para com a filosofia, embora prometa elucidar seu trabalho, tende não somente a evitar as mais importantes inovações conceituais de Lacan, como também a promover o apagamento do domínio psicanalítico como tal.

De forma geral, o problema central com a recepção de Lacan no mundo anglófono tem sido a mobilização de um maquinário interpretativo por parte dos leitores que simplesmente não sabem o suficiente sobre psicanálise, e para quem o apagamento do domínio clínico ocorre sem sequer ser notado. Mas essa dificuldade é também algo pelo qual a psicanálise em si é responsável. Isso porque a comunidade psicanalítica, muitas vezes, relutou demais em desenvolver seus aparatos conceituais de uma forma que dialogasse com outras disciplinas – embora o próprio Freud obviamente tivesse tais ambições para seu trabalho. Talvez isso seja compreensível, já que o principal interesse da psicanálise está, com razão, em seus próprios assuntos internos, e não em uma exposição de suas consequências para outro campo. Assim, se o conceito lacaniano do olhar se desenvolve em diálogo com Merleau-Ponty, a tarefa do analista não é demonstrar os efeitos desse conceito sobre a explicação fenomenológica da percepção, mas simplesmente refinar a estrutura teórica da psicanálise em si, e entender o que Lacan quer dizer quando caracteriza o olhar como um "objeto da pulsão". No entanto, o trabalho de Lacan tem consequências para outros campos que são merecedoras de maior exposição, como nos casos de Kojève e Saussure.

Essa mesma dificuldade poderia ser identificada em toda uma gama de pensadores. Vimos como Lacan foi "influenciado" por Heidegger, e como ele se referiu ao filósofo em muitas ocasiões. Mas ainda não sabemos como a discussão de Lacan sobre a angústia, baseada em uma problemática clínica (a lógica das relações entre angústia, gozo e desejo) e uma leitura do trabalho de Freud, poderia desafiar a explicação do filósofo para o ser-no-mundo. Seria a angústia, na peculiar relação com a morte que ela expõe, juntamente com a temporalidade ex-estática que revela, a manifestação de nosso modo autêntico e fundamental de ser, como sugere Heidegger, ou seria, na verdade, uma transformação da libido, ou talvez uma disposição do ego diante de algum perigo, como argumenta Freud? Ou seria, ainda, um momento particular na relação com o Outro, um modo de gozo no qual o desejo do sujeito é suspenso, como Lacan afirma em sua análise de Abraão e Isaque? Para começar a responder a tais perguntas, o filósofo teria de ler os textos de psicanálise com uma perspectiva de entender as implicações clínicas dessas questões. Uma simples documentação das referências que Lacan faz de passagem aos textos de Kierkegaard, Heidegger ou Sartre não ajudará em nada para esclarecer tais questões, mas só perpetuará a vaga ideia de que Lacan, de alguma forma, empresta a ideia do "ser-para-a-morte" de seu adversário filosófico. Dessa forma, o encontro entre filosofia e psicanálise mais uma vez será perdido.

Mesmo entre lacanianos, que em geral são mais envolvidos com desdobramentos conceituais em outros campos, um encontro genuíno com a filosofia foi amplamente evitado, como fica evidente na literatura secundária, em que um gesto de *expertise* entre seguidores tende a desprezar a tradição filosófica como uma arena de ignorante confusão. Essa, é claro, é a estrita contrapartida do gesto recuperativo do conhecimento acadêmico, que se deleita em demonstrar a absoluta dependência que Lacan tem dos pensadores aos quais se refere ("mais uma vez, a sombra de Hegel tropeça sobre o cadáver da terminologia de Lacan"). Esses gestos de autoridade e desmascaramento ("Só Lacan pode explicar o que todos os pensadores anteriores não entenderam" ou "Lacan meramente cita e recapitula uma montagem de fontes") são os sinais previsíveis de que um limite disciplinar está simplesmente sendo protegido, e ainda não foi atravessado de uma maneira madura – o que só indica que ainda há muito trabalho a ser feito. Mas mesmo essa pesquisa apressada sugere que o procedimento do próprio Lacan era mais aberto, e que ele lia os textos de filosofia com seriedade em seu propósito, disposto a ter seus próprios conceitos questionados, preservando, ao mesmo tempo, a especificidade de sua tarefa, e a diferença entre os domínios clínicos e filosóficos.

Da mesma maneira, portanto, seria um erro concluir que o sistema do próprio Lacan seja um aparato independente, um colosso interpretativo que possa ser aplicado mecanicamente a todos os outros campos conceituais – como se as categorias do Imaginário, Simbólico e Real, tendo se estabelecido com certeza dogmática, pudessem agora ser liberadas na pintura, no cinema, na cultura ianomâmi, nas teorias da democracia ou em debates contemporâneos sobre etnicidade e identidade nacional, sem que a teoria em si se desenvolva em resposta aos campos com os quais ela se envolve. Se há tráfego entre a filosofia e a psicanálise, ele não se desloca em uma única direção. Quando se segue o procedimento do próprio Lacan, e seu protocolo de leitura muitas vezes labiríntico, fica claro que a autossuficiência do sistema lacaniano – por mais agradável de usar que possa ser para seus seguidores – nunca foi certa, e que o próprio Lacan insistia nesse longo desvio pelo território filosófico estrangeiro, não para demonstrar o que ele já sabia, mas para desenvolver seu próprio aparato conceitual por meio do desafio desse outro domínio.

Lacan se voltou, então, para outros pensadores, não para demonstrar o fracasso deles em chegar a conclusões propriamente psicanalíticas, nem para empregar suas próprias categorias, repetindo em outro terreno as conclusões às quais ele já havia chegado, mas sim porque a comunidade psicanalítica não havia feito o suficiente para refinar seu próprio domínio conceitual, e poderia se beneficiar de um encontro contínuo com seus vizinhos. Portanto, sua guinada para a filosofia não foi nem um abandono da psicanálise em prol do estruturalismo, da antropologia ou do discurso filosófico (já que, afinal, ele não estava interessado em resolver problemas filosóficos), nem simplesmente uma questão de roubar dos outros (já que os conceitos que ele encontra são invariavelmente alterados uma vez que entram no domínio da psicanálise); nem, por fim, visava o tipo de sistema independente que poderia servir como trunfo intelectual em relação a outro conhecimento. Esse é o grande presente legado a nós pelo trabalho de Lacan, que muitas vezes nos enfurece com sua dificuldade: não é possível se contentar com um olhar superficial para "o famoso ser-para-a-morte", jogado às pressas como uma demonstração da superioridade de Lacan em relação a todos os outros pensadores, assim como também não se pode recolher no refúgio das familiares fórmulas extraídas de Kojève e Saussure.

Esse duplo gesto é a marca fundamental da relação de Lacan com a arena filosófica – mantendo, sem concessões, a especificidade teórica do campo psicanalítico, que tem seu próprio vocabulário complexo e muitas vezes técnico, e se desenvolve em resposta a um campo clínico distinto, ainda assim assumindo total responsabilidade pela articulação de seus conceitos, por meio de um rigoroso envolvimento com outros domínios relevantes, como os primeiros analistas sempre tiveram o cuidado de fazer. A persistente exploração dessa fronteira disciplinar, e o duplo movimento que exige, é o marco da relação de Lacan com outras áreas de conhecimento: "Em uma disciplina que deve seu valor científico unicamente aos conceitos teóricos que Freud criou [...] me pareceria prematuro romper com a tradição de sua terminologia. Mas me parece que esses termos só podem se tornar claros se for estabelecida sua equivalência com a linguagem da antropologia contemporânea, ou mesmo com os mais recentes problemas na filosofia, campos nos quais a psicanálise poderia muito bem recuperar sua saúde" (E/S, p. 32).

Claramente não é possível cobrir um conjunto tão complexo de questões em um espaço curto, mas tendo esboçado um terreno geral, vamos estreitar nossa pesquisa e abordar um exemplo com mais detalhes, para ver mais concretamente como Lacan trabalha atravessando diversas fronteiras à medida que seu pensamento se desdobra. Veremos como alguns fios são tramados, associando a *Ética* de Aristóteles, a lógica modal e a diferença sexual em um tecido estranho, mas intrigante. As complicações da argumentação são enormes, como logo se tornará aparente, e não faremos mais do que esboçar alguns dos caminhos que são abertos por esse exemplo – quatro caminhos, mais precisamente, antes de concluirmos. Mas mesmo esse esboço mínimo será suficiente para dar aos leitores uma visão mais concreta de como o pensamento de Lacan cruza com a tradição filosófica.

Em 1972-3, Lacan ministrou um seminário intitulado *Mais, ainda*, no qual seu pensamento sobre a diferença sexual deu um salto dramático. O texto de seu seminário, traduzido recentemente como *Sobre a sexualidade feminina*, teve uma enorme influência, não somente dentro da tradição lacaniana, mas sobre a teoria feminista francesa e em debates mais amplos sobre gênero e diferença sexual no contexto anglo-americano, em grande parte graças à tradução de uma parte do trabalho da antologia de Jacqueline Rose e Juliet Mitchell, *Feminine Sexuality*. Em seu *Seminário XX: Mais, ainda*, Lacan elabora uma narrativa sobre a "sexualidade feminina" – ou, mais precisamente, sobre o "gozo do Outro" – que parece romper com seu trabalho anterior. Isso porque, nos primeiros anos, Lacan havia provocadoramente insistido em manter a tese de Freud de que "só existe uma libido", e essa libido é "fálica", argumentando que o que Freud queria dizer com isso – embora obviamente ele não tenha usado essa terminologia – era que a sexualidade humana não seria governada pelas leis da natureza, e não culminaria em uma "sexualidade genital normal" que visa a procriação, mas seria governada pela ordem simbólica e pela lei do significante. Como Freud disse em *Três ensaios sobre a teoria da sexualidade*, não existe uma normalização genital que leve a um objeto biológico propriamente dito, mas somente uma série de pontos libidinosos (normalmente localizados em relação aos orifícios corporais) que não são mecanicamente situados em um desenvolvimento natural, mas são moldados por vestígios psíquicos de memória e relações com outros. A sexualidade tem um *histórico* no animal humano, mais do que um simples *desdobramento evolucionário*, exatamente por não ser automaticamente vinculada aos mecanismos do desenvolvimento natural (podemos esquecer Steven Pinker). E esse fato a respeito da sexualidade vale para todos os sujeitos falantes propriamente ditos, independentemente de sexo ou gênero: existe somente uma libido, e ela é fálica, no sentido de ser sujeita ao significado. Onde o instinto fornece aos animais uma fundação biológica e um *télos* de reprodução, dividido entre dois sexos, os humanos se deparam com modos de satisfação libidinosa que são organizados por representação. Sem entrar nos detalhes dessa discussão, podemos, ainda assim, ver por que Lacan afirma que "só existe uma libido", o que significa que a satisfação da pulsão nos seres humanos é separada da ordem da natureza, e sujeita a uma organização simbólica, de forma que a satisfação da pulsão seja sempre envolvida na relação com o outro, e à codificação simbólica do corpo.

A peculiaridade dessa posição é que não parece existir um modo claro de se distinguir entre os sexos. E de fato foi essa a posição de Lacan por muitos anos: para a psicanálise, a sexualidade não é dividida em uma forma "feminina" e uma "masculina", ou estruturada de acordo com os dois "sexos" biológicos – como se a diferença biológica pudesse, afinal, fornecer uma fundação para essa questão, apesar de Freud afirmar o contrário. Tampouco é possível se consolar com a noção culturalista de que a codificação social de "gênero" de alguma forma estabelecerá o que a natureza não consegue fornecer. Historicamente falando, é claro, muitas culturas de fato organizam a sexualidade de formas diversas, e Lacan provavelmente não ignorava esse fato. Mas a dimensão social da "identidade de gênero", estruturada como é no nível geral das práticas e normais culturais, é insuficiente para nos dizer o que a psicanálise precisa saber a respeito do assunto, cuja relação com a ordem simbólica é sempre particular. Assim, embora uma dada cultura possa, sim, mobilizar um bando de imagens para a feminilidade que ofereçam um ideal emaciado do corpo, não podemos concluir que toda mulher automaticamente se tornará anoréxica em resposta, como se o sujeito fosse simplesmente uma construção social. Segundo Lacan, "a promoção da relação do homem com o significante não tem nada a ver com uma posição 'culturalista' no sentido ordinário do termo" (*E/S*, p. 284). O "gênero", portanto, é uma categoria útil para análise histórica, mas do ponto de vista da psicanálise, a sexualidade do sujeito será modelada em cada caso de acordo com uma organização distinta, com modos particulares de satisfação, e é por isso que a psicanálise, como questão de procedimento metódico, não pode ocorrer em uma sala de aula, ou ser transmitida como outras formas de conhecimento, mas sim requer que cada sujeito explore o discurso singular que o defina. Esse é o grande mistério da psicanálise, mas também sua importância filosófica, no que diz respeito à diferença sexual: a questão da "diferença sexual" não pode ser resolvida por qualquer apelo às categorias habituais de "sexo" biológico e "gênero" cultural. E, paradoxalmente, é a tese sobre a "única libido" que ajuda a estabelecer essa afirmação.

Contudo, em 1972, o pensamento de Lacan dá um novo passo. Embora ele tenha insistido anteriormente que a libido, nos humanos, era governada pela ordem simbólica e pelas leis da linguagem – uma "relação com o Outro" que estrutura todos os sujeitos, independentemente do sexo biológico –, ele agora propõe que existe mais de uma maneira de se relacionar com esse Outro. Lacan até enfatiza a aparente contradição que isso apresenta, em relação ao seu trabalho anterior: "Eu digo que o inconsciente é estruturado como uma linguagem. Mas devo colocar os pingos nos is", e isso significa explorar não somente as leis da ordem simbólica, mas também sua "aplicação diferencial aos dois sexos" (*SXX*, p. 56). E ele sabe que seu público ficará espantado: "Então você admite, existem duas formas de fazer a relação sexual fracassar" (*SXX*, p. 56-7), ele escreve, duas maneiras para que a falta de normalização genital se manifeste. Tal é a afirmação de 1972, e talvez possamos já entender por que Lacan hesita em designar essa "segunda maneira" sob o signo da "feminilidade", já que o uso costumeiro de tal termo implicaria que estamos lidando ou com o sexo biológico ou com a categoria social mais ampla da identidade de gênero, ao passo que, na verdade, é uma questão de mais um gozo que aparece com alguns sujeitos, mas não pode ser atrelado a um grupo social ou biológico como um todo ("mulheres"), ou mesmo restrito, necessariamente, a um gênero ou um sexo: "Existe, portanto, a maneira masculina de girar em torno dele [i.e. a maneira fálica], e então a outra, que não designarei de outra forma porque estou em seu processo de elaboração este ano" (*SXX*, p. 57). Então, entende-se essa hesitação, mas, ainda assim, é claro que o intuito de Lacan é intervir no debate psicanalítico clássico sobre a diferença sexual por meio dessa tese sobre um modo de gozo que é "não-todo no Outro", ou não totalmente governado pela ordem do significante "fálico": "é com base na elaboração do não-todo que se deve abrir novos caminhos [...] para trazer algo de novo em relação à sexualidade feminina" (*SXX*, p. 57).

Então, esse é o nosso exemplo e, em muitos sentidos, podemos reorganizá-lo como uma tentativa de esclarecer alguns dos comentários mais famosos de Freud sobre a feminilidade: Freud observa que as mulheres têm uma relação diferente com a castração, e de fato uma relação diferente com a "lei", como suas notórias afirmações a respeito da falta de um superego nas mulheres (ou, mais precisamente, a formação de um superego diferente nas mulheres) deixam claro. E Lacan se aprofunda nessas afirmações sugerindo que a feminilidade requer a possibilidade (e já enfatizarei essa palavra, *possibilidade*, na qual a diferença sexual e a lógica modal se juntam – como se a feminilidade fosse só um modo de ser possível, e não necessário) de uma relação diferente com a ordem simbólica, uma relação que pode ter consequências éticas e clínicas também.

Os debates a respeito das visões de Freud sobre a "feminilidade" são enormes, obviamente, e não podemos fazer mais além de assinalar a questão de uma forma mais geral. Então, lembremos simplesmente a afirmação de Freud em "Algumas consequências psíquicas da distinção anatômica entre os sexos":

> Não posso me esquivar da noção (embora hesite em expressá-la) de que, para as mulheres, o nível do que é eticamente normal é diferente do que é para os homens. Seu superego nunca é tão inexorável, tão impessoal, tão independente de suas origens emocionais como exigimos que o seja nos homens. Os aspectos da personalidade que críticos de todas as épocas citaram contra as mulheres – de que elas demonstram menor senso de justiça do que os homens, que são menos dispostas a se submeterem às grandes exigências da vida, que elas muitas vezes são mais influenciadas em seus julgamentos pelos sentimentos de afeição ou hostilidade – tudo isso seria amplamente justificado pela modificação na formação de seus superegos que inferimos acima. (SE19, p. 257-8)

Seja porque alguém minimiza essa afirmação como uma expressão estereotípica dos preconceitos da época de Freud, seja porque alguém a celebra como uma percepção do fato de que a diferença sexual pode ter uma influência sobre questões éticas (de forma que a feminilidade possa tornar possível uma "voz diferente" ou uma "ética do cuidado" – um senso de justiça no qual a rigidez de uma lei masculina é implicitamente criticada), fica claro que Freud abriu um caminho ao mesmo tempo clínico e filosófico, na medida em que aponta para uma "modificação" na forma do superego (o que Lacan chamaria de uma relação diferente com a lei) que não somente busca identificar alguns aspectos da vida psíquica, como também tem implicações para nossa compreensão do que Freud chama de "justiça". Em Freud, a questão da diferença sexual é, portanto, explicitamente associada com a ética, e aqui novamente devemos enfatizar a dupla trajetória, pela qual Lacan fez mais do que qualquer outra figura na história da psicanálise para manter. Pois a tarefa de quem interpreta é complicada pelo fato de que o campo clínico não pode ser diretamente superimposto sobre o domínio da filosofia: a "lei" na psicanálise (e sua "modificação") não coincide imediatamente com a "lei" no domínio filosófico, e não pode automaticamente ser traduzida em um discurso generalizante sobre a ética e o bem. Contudo, se lembrarmos que o próprio Freud falou sobre o superego como a fundação do imperativo moral em Kant, começamos a ver como as questões clínicas, forjadas no terreno da psicanálise, podem, ainda assim, ter um impacto legítimo sobre o domínio da filosofia. Com esse exemplo em mente, sigamos o itinerário de Lacan um pouco mais a fundo.

Primeiro caminho: o diagrama da sexuação. Dado esse passo na direção do "gozo do Outro", no qual a lei geral da castração simbólica não é mais a única explicação, Lacan agora desenvolve a afirmação de Freud por meio da lógica simbólica, no "diagrama da sexuação" que mapeia dois modos de relação com o Outro, correlacionados com a diferença sexual.

Masculino		Feminino	
$\exists x$	$\overline{\Phi x}$	$\overline{\exists x}$	$\overline{\Phi x}$
$\forall x$	Φx	$\overline{\forall x}$	Φx

Figura 8.1 O diagrama da sexuação de Lacan

Do lado "masculino", a posição "normal" ou "fálica" é definida por meio da proposição de que todos os sujeitos, sendo desancorados da natureza, são destinados a encontrar seu caminho por meio da ordem simbólica. Lacan expressa essa afirmação em notação simbólica, com a fórmula $\forall x\, \Phi x$ ("Todos os sujeitos são submetidos ao significante fálico"). Agora, essa posição (a lei universal da existência simbólica) é paradoxalmente mantida por uma exceção à lei, que Lacan elabora seguindo a análise de Freud da horda primeva em *Totem e Tabu*, na qual Freud explica que todos os filhos concordam em obedecer à lei (aceitar a castração simbólica), exatamente em contraste ao "pai primevo", que permanece como a exceção à regra, da qual a lei deve ser protegida. Assim, o lado "masculino" do diagrama da sexuação inclui outra fórmula, $\exists x \overline{\Phi x}$ ("Existe um sujeito que não é submetido ao significante fálico"), e essa segunda fórmula, que forma parte da lei da castração do lado masculino, é considerada como uma posição excluída, uma exceção à lei, como Freud também afirma quando explica que o pai primevo sempre deve ser morto, uma vez que sua expulsão da comunidade por assassinato garante que a comunidade simbólica será estabelecida. Desse modo, as duas fórmulas parecem apresentar uma simples contradição, do ponto de vista lógico, mas em um sentido clínico elas têm o intuito de definir a antinomia que estrutura a sexualidade masculina ou fálica, no sentido de que a exceção à lei, na qual a possibilidade de um gozo ilimitado é mantida ($\forall x \overline{\Phi x}$), é exatamente o gozo que deve ser sacrificado, expulso ou renunciado para que surja o campo do desejo e da troca simbólica. Essa é a lógica da castração simbólica. Obviamente seria possível desenrolar essa "lógica da masculinidade" com certo detalhamento, com referências a Arnold Schwarzenegger e outros, cujos filmes representam a fantasia masculina na qual a lei da comunidade civilizada só pode ser sustentada, paradoxalmente, por uma figura excepcional que seja capaz de comandar um absoluto poder de violência, que em si é usado para expulsar a figura monstruosa, mecânica ou demoníaca (a máquina incontrolável ou o demagogo corporativo corrupto), cujo gozo absoluto ameaça o espaço da democracia e a troca capitalista. Na masculinidade, a democracia e o totalitarismo não são simplesmente contraditórios, como se não pudessem existir juntos, pelo contrário: são gêmeos, definindo e apoiando logicamente um ao outro. Tais discussões – sempre rápidas demais em todo caso – não são nosso propósito aqui, mas podemos pelo menos notar a tentativa de Lacan de fornecer uma explicação teórica rigorosa por meio da lógica simbólica, das "contradições" da masculinidade.

Enquanto o lado "masculino" do gráfico fornece uma relação com a castração simbólica que é total ("Todos os homens são sujeitos" etc.), o lado "feminino" fornece um segundo par de fórmulas no qual o sujeito não é completamente sujeito à lei. A segunda dessas fórmulas, $\overline{\forall x} \Phi x$, pode ser lida como "Nem tudo em uma mulher está submetido à castração simbólica". O universal, que funciona do lado masculino ("Todos os homens"), é assim negado do lado da feminilidade ("Nem tudo"). Desse modo, algo da mulher pode escapar da castração simbólica, ou não se submeter inteiramente à lei simbólica ("elas demonstram menos senso de justiça do que os homens" e "o superego delas nunca é tão inexorável"). Assim, o "gozo feminino" se distingue do "gozo fálico" ao cair parcialmente fora da lei do significante. Submetida à ordem simbólica como todos os seres falantes, a posição "feminina" é, ainda assim, "não-toda" governada por sua lei. E como foi o caso no lado masculino, e aqui encontramos uma segunda fórmula, mas nesse caso não é uma exceção à lei (como com o pai primevo). No lugar, encontramos uma fórmula que indica uma inscrição inevitável dentro da lei: $\overline{\exists x}\,\overline{\Phi x}$ ("Não existe um sujeito que não seja submetido à lei simbólica"). Essas fórmulas foram muito discutidas, e não há necessidade de enumerar a literatura aqui. Mas, como estamos explorando a maneira como Lacan usa a lógica simbólica para afiar algumas questões no debate sobre a diferença sexual, e para explicar seus "paradoxos" peculiares, vale notar que nessa segunda fórmula, que articula a versão feminina da sujeição à lei, não encontramos uma proposição universal, uma afirmação que possa ser distribuída por todos os sujeitos ("Todos os homens", etc.). No lugar, encontramos uma formulação que conta com o particular ("Não existe nenhuma mulher que não seja" etc.). O quantificador universal "todos" ($\forall$) é assim substituído por um quase-existencial "existe" ($\exists$), que qualquer leitor de Heidegger ou Derrida reconhecerá que é imensamente rico e complexo – o *il y a* (ou "existe") em francês é também a tradução do *es gibt* de Heidegger, no qual uma meditação extremamente complexa sobre a "presumibilidade" do Ser pode ser encontrada. Com Lacan, então, existe uma ligação entre o modo de ser da feminilidade – que não aparece ou se dá no universal, e não é inteiramente inscrito dentro da lei simbólica – e a questão do Ser em si. E a forma da lógica simbólica traz essas questões proeminentemente à superfície.

Surge, assim, um conjunto extremamente emaranhado de questões, e é possível ver como Irigaray assumiu esse desafio, associando a feminilidade a questões de ser e linguagem. E anjos.[24] Pois Lacan comenta sobre

---

24 Ver SCHWAB, Gail M. "Mother's body, Father's tongue: Mediation and the symbolic order". *Engaging with Irigaray*. Ed. Carolyn Burke, Naomi Schor, Margaret Whitford. Nova Iorque: Columbia, 1994, p. 351-78.

a "estranheza" desse modo feminino de ser: é *étrange*, diz Lacan, brincar com a palavra para "anjo" (*être ange* significa "ser um anjo"), e esse modo de ser cai fora do entendimento da proposição ("é..."). Não podemos dizer "isso é" ou "isso existe" sem mais nem menos, porque nem tudo pertence ao domínio da predicação simbólica; no entanto, esse mesmo impasse na simbolização significa que não podemos dizer "isso não é" ou "isso não existe" (ou de fato que "só existe uma única libido"). Para além do "sim" e do "não" do significante, para além da predicação simbólica e do conhecimento (é/não é), esse modo de ser, apresentado por meio do gozo do Outro, seria assim como Deus, ou talvez (*peut-être* – um ser possível) mais como um anjo. Assim, como sugere Lacan, e como Irigay também observa, ainda que de uma maneira muito diferente, a questão da sexualidade feminina pode, sim, envolver uma teologia e um desafio ontológico no qual a lei do pai não seja a completa verdade. "É na medida em que o gozo dela é radicalmente Outro, que a mulher tem algo mais próximo de uma relação com Deus" (*SXX*, p. 83).

Ademais, nessas fórmulas para a feminilidade, nós novamente encontramos um uso curioso da negação, pois o estranho "existe" da feminilidade, já desatrelado da simples afirmação da existência, também é apresentado sob o signo de uma certa negação ("Nem tudo em uma mulher é..."). Mesmo na primeira fórmula, nós nos deparamos com uma dupla negação ("Não existe nenhuma mulher que não"). Isso é muito diferente do que encontramos no lado masculino ("Todos os homens são..."). "É muito difícil entender o que significa negação", diz Lacan. "Se você olha um pouco mais de perto, você percebe, em especial, que existe uma grande variedade de negações" e que "a negação da existência, por exemplo, não é de forma alguma o mesmo que a negação da totalidade" (*SXX*, p. 34). Assim, não podemos considerar a formulação feminina para a inscrição simbólica ("Não existe nenhuma mulher que não seja sujeita ao significante") como o equivalente de seu equivalente masculino ("Todos os homens são sujeitos ao significante"), ainda que do *ponto de vista lógico* esses dois possam ser o mesmo. Na verdade, às vezes algo pode "aparecer" ou "existir" somente por meio de um tipo de negatividade ("Não... existe... nenhum... que não seja..."), particularmente se o discurso simbólico "normal" das proposições ("Todos os homens são") já pressupõe um modo de ser ou existência que em si é inadequado. O veículo da lógica simbólica parece, assim, forçar para a superfície uma variante no modo de negação que acaba influenciando na diferença sexual. A mulher não "existe", então, no entanto, "existe" a feminilidade. Não podemos dizer, na forma de uma afirmação simbólica, que ela "é" isso ou aquilo (um sujeito com um predicado que cobriria o campo de "todas as mulheres" e nos permitiria capturar sua essência como uma totalidade social ou biológica), e ainda assim é "possível" que "exista" algo de feminilidade, que tem exatamente a característica de não estar totalmente inscrita no significante – um ser no modo do "não-ser-escrito"), diz Lacan. "A discordância entre o saber e o ser é o que constitui meu tema", diz Lacan (*SXX*, p. 120). Lacan não diz que uma mulher "existe", então, ou de fato que ela "não é", mas sim que ela ex-siste: "Esse gozo que se experiencia, mas do qual não se sabe nada, não nos coloca no caminho da ex-sistência?" (*SXX*, p. 77). Tudo isso pode parecer muito distante do campo clínico que enfatizamos, contudo está claro que muitas experiências, de práticas de meditação ou dança extática até o encontro paralisante com a solidão absoluta que nenhum outro consegue alcançar – um buraco negro de verdade, de onde nenhuma palavra consegue escapar –, são provas de um lugar à margem da linguagem no qual o prazer e o exílio esperam a nós todos. Assim, embora o eu possa pertencer à fala, nem tudo do sujeito está inscrito ali. Como diz Lacan: por um lado, "o eu não é um ser, mas sim algo atribuído àquele que fala"; mas, por outro lado, "aquele que fala lida somente com a solidão, quanto ao aspecto da relação que só posso definir dizendo, como fiz, que não pode ser escrita" (*SXX*, p. 120).

A essa altura, vale fazer uma nota parentética de natureza metodológica. Por exemplo, seria possível alguém pensar que essas fórmulas exóticas têm a intenção de *descrever*, de um modo mais ou menos lógico, o que já foi descoberto no domínio clínico, de forma que essas fórmulas não seriam nada mais do que a tradução lacaniana dispensável e esotérica das teses de Freud sobre o superego feminino ou *Totem e Tabu*. No entanto, essas tentativas de uma formalização lógica de Freud não são meramente descritivas, mas usadas como um meio de descoberta. É quase como se Lacan acreditasse que os impasses conceituais que suas formulações lógicas produzem fossem, eles mesmos, capazes de revelar algo sobre o real. Ou seja, se nossas teorias se desenvolveram até certo ponto, mas permanecem inadequadas em alguns aspectos e incapazes de alcançar até onde gostaríamos, tais formulações poderiam produzir uma espécie de impasse que dê frutos. "O real só se pode inscrever com base em um impasse da formalização", diz Lacan (*SXX*, p. 93). Há uma aposta similar presente na ciência contemporânea, pela qual explicações matemáticas de fenômenos cósmicos, por virtude de sua própria consistência ou instabilidade internas, de alguma forma devem supostamente apontar para aspectos da realidade em si ("Deus não joga dados com o universo"). A matemática, portanto, não é um dispositivo meramente descritivo, mas sim um método real de investigação e pesquisa (uma fronteira curiosa entre as operações puramente simbólicas da matemática e o real do universo, pelo qual a física pretende ser responsável). Aqui, novamente, vemos que o fato de Lacan recorrer a outras disciplinas, por mais estranhas e exóticas que possam parecer, não é um simples afastamento dos interesses psicanalíticos, mas sim uma tentativa de usar o que ele encontra em outros domínios para explorar o terreno da psicanálise em si.

Segundo caminho: equivocação, ser condicional. Deixando todas essas questões bruscamente de lado, prossigamos agora para o próximo passo, para ver como Lacan imediatamente reformula toda essa apresentação em termos de uma certa "equivocação". Pois, como já vimos, "existe somente uma libido", e, no entanto, talvez... Como, então, essa equivocação reformula o que acabamos de ver expressado em uma lógica simbólica? Sabemos que a relação sexual falha, para Lacan, no sentido de que não há uma maturação libidinal que garantiria a sexualidade masculina e feminina em um destino mútuo harmonioso de reciprocidade natural. No lugar da relação sexual, temos uma passagem por meio do significante na qual a "sexualidade" é produzida como um fenômeno que é irredutível a qualquer instinto reprodutivo natural. Consequentemente, Lacan mais tarde diz que "o que compensa a relação sexual é, justamente, o amor" (*SXX*, p. 45). Essa tese sobre o deslocamento simbólico da sexualidade, sua falta de qualquer fundação natural, guiou Lacan por muitos anos e o levou a afirmar que a relação sexual fracassa. Tal é a consequência da vida no universo do discurso: "o universo é o lugar onde, devido ao fato da fala, tudo tem sucesso... Sucesso em quê?... sucesso em fazer a relação sexual fracassar" (*SXX*, p. 56).

Já no gráfico da sexuação, Lacan define esse fracasso no lado masculino em termos de dualidade lógica, de forma que a inscrição dentro da lei simbólica é acompanhada por uma exceção, e é exatamente essa exceção (um gozo absoluto) que deve ser excluída para que os filhos entrem no universo da troca simbólica (assim como a criança, para Freud, deve abrir mão do sentimento oceânico da grandiosidade infantil ou "narcisismo primário" para se comunicar com o outro). Mas essa mesma dualidade em relação à lei simbólica pode ser formulada de outra maneira, como uma proibição: o "gozo primal *deve ser renunciado*, para que o princípio do prazer e a ordem da troca simbólica sejam estabelecidos". Esse "deve" (ou *il faut* – é necessário) é a lei da castração simbólica. E assim, Lacan diz sobre o gozo absoluto que ele "não deve" (*qu'il ne faut pas*), no sentido de que deve ser renunciado ou descartado. Contudo – pois aqui está a equivocação –, essa mesma afirmação, a mesma enunciação da lei, carrega uma ambiguidade dentro de si que oferece a possibilidade da coisa exata que foi proibida. Pois, como aponta Lacan, *il ne faut pas* (não se deve), em francês, também sugere que "isso nunca falha". Jogando com a equivocação entre dois verbos, *falloir* ("ser necessário") e *faillir* ("falhar"), dois verbos que compartilham a mesma forma na terceira pessoa (*il faut*), Lacan aponta para uma equivocação: o gozo que *deve ser excluído* ou proibido *nunca falha em chegar* de qualquer forma (*SXX*, p. 58-9). Portanto, o gozo fálico, que cobre todos os seres falantes, todos os sujeitos que se submetem à castração simbólica, é um gozo do significante (a libido de Freud) que, ainda assim, retém uma relação obscura com o gozo primordial que foi supostamente renunciado. Isso parece valer para todos os sujeitos falantes que se deparam com a "sexualidade" como tal, e, no entanto, Lacan agora assinala essa equivocação como um fenômeno masculino. Essa equivocação, passada por meio da ambiguidade da linguagem natural, reformularia assim o que o diagrama da sexuação forneceu por meio da lógica simbólica.

E quanto à feminilidade nessa nova formulação? Especialmente se o único gozo que conhecemos, o único do qual podemos falar, for o gozo fálico? Como designar, ou abordar, outro gozo, se tal coisa existe (e não podemos dizer "isso é")? Lacan continua, usando o tempo condicional: "se houvesse outro gozo que não o gozo fálico, ele não deveria ser/não falharia em ser *aquele*" (*SXX*, p. 59, itálico adicionado). Ou seja, se por um momento fôssemos considerar outro gozo, ele só seria sustentado por meio do condicional, na forma gramatical de um "contrário ao fato" ("se houvesse..."). E assim que se buscasse consolidar essa possibilidade em uma afirmação da existência, já teria sido traduzida em gozo fálico. "O que *aquele* designa?", Lacan pergunta. "Ele designa o outro [o gozo do Outro] ou aquele em cuja base designamos o outro como outro [no caso, o gozo fálico]" (*SXX*, p. 60). A feminilidade é, assim, sustentada no modo condicional, por algum tempo ("se houvesse outro..."), até que seja designada como "existente" ("não poderia falhar em ser"), e nesse ponto desaparece, tendo sido substituída pelo gozo fálico habitual ("aquele").

Desse modo, vemos nessa segunda versão da argumentação, em que as notações de lógica simbólica são substituídas por uma afirmação ou sentença de verdade, a forma curiosa na qual a feminilidade "assombra" a margem da linguagem, emergindo como uma possibilidade, mas recusando-se a ser representada de forma proposicional. Onde a masculinidade pode ser formulada mais diretamente, "apresentada" como se estivesse em uma equivocação (a que é excluída/nunca falha), a feminilidade, em comparação, emerge sob o condicional e permanece possível por um tempo que a oração suspende diante de nós ("se houvesse outro..."), um tempo que é mantido aberto somente até que essa possibilidade seja designada "a ser", e nesse ponto desaparece ("a ser *aquela*"). Notem que, nessa segunda formulação, Lacan enfatiza que o tempo condicional ("se houvesse outra...") também funciona como uma proposição "se... então". "Se houvesse outro gozo... então...". Falando desse tempo condicional, Lacan diz: "isso sugere para mim que, para usá-lo, poderíamos empregar prótase e apódose" (*SXX*, p. 59). Como os comentários sobre a tradução apontam, "uma prótase assume o significado de uma cláusula 'se' em uma proposição do tipo se-então, e a apódose assume o significado da cláusula 'então'" (*SXX*, p. 59, nota 23). O que se ganha por meio dessa formulação, que os matemas do gráfico da sexuação não revelam, é o fato de que podemos designar – ou melhor, começar a abordar – a questão da "existência" do gozo do Outro somente se distinguirmos as proposições da ordem simbólica ("Todos os homens são..."), não somente da condicionalidade que ele traçou ("se houvesse..."), a afirmação "contrária ao fato" na qual nenhuma afirmação é feita de fato, mas também do *modo do ser* implicada na proposição "se-então".

Pois em tais proposições, como argumentaram Russell e Whitehead, nós não estamos afirmando *que algo existe*, mas somente que *se existe, então terá* tal e tal modo de ser – no caso, o modo de ser que não se consolida em uma entidade da qual se possa dizer que "é". Assim, "é falso que exista outro, mas isso não impede o que segue de ser verdade"; ou novamente, "a primeira parte [da frase] designa algo falso – 'se houvesse outro', mas não existe nenhum gozo que não o fálico [e o caso parece estar encerrado, exceto...] –, salvo aquele que diz respeito a qual mulher não diz uma palavra, talvez..." (*SXX*, p. 60). Essas duas formulações trazem, assim, outra dimensão do que vimos apresentado por meio da lógica simbólica – uma equivocação que reconfigura o lado "masculino" do gráfico da sexuação, e uma possibilidade condicional ("se houvesse" e "se-então") que refaz as fórmulas para a feminilidade, enfatizando um modo condicional de ser e uma temporalidade peculiar mantida por um discurso que colapsa assim que busca a resolução de um juízo de existência.

Terceiro caminho: a lógica modal. A *equivocação* que acabamos de acompanhar (*il ne faut pas* como "não deve ser" e "nunca falha") é, assim, uma remodelação da antinomia "masculina" do gráfico da sexuação, enquanto a oração *condicional*, com sua capacidade peculiar de sustentar outro gozo sem afirmar sua existência, junto com sua formulação lógica como um "se" que pode ser elaborado sem exigir que a coisa em questão seja verdadeira – tudo isso agora será reformulado, mais uma vez, em uma terceira versão que terá consequências muito maiores para Lacan, mas cujo caráter só podemos abordar brevemente. Dessa vez, é uma questão de lógica modal, e mais uma vez exigirá um tratamento das duas fórmulas com as quais começamos. Mais uma vez, aliás, pareceria que a ênfase de Lacan é na feminilidade, e que sua razão para trabalhar e retrabalhar esse terreno tem a ver com um esforço para formular um gozo que se situa no limite da simbolização.

Comecemos novamente com o lado "masculino". O gozo fálico, que é característico de todos os seres falantes, é o gozo que "nunca falha". É o gozo ao qual "todos os homens" estão sujeitos, como todos estão sujeitos a uma libido que é distinta, de acordo com Freud, da sexualidade instintiva. Nesse sentido, podemos dizer que a libido fálica é "inevitável" para todos os seres falantes. Ela tem o modo de ser da necessidade. Mas a vantagem da lógica modal é que ela nos permite formular outros modos de ser. Podemos ser capazes de dizer que algo "é" ou "não é", mas isso não é suficiente, pois podemos perguntar se algo "é" de fato ou somente como uma possibilidade, e se é necessariamente ou somente de uma maneira contingente. As formas modais nos permitem ser mais precisos do que o simples juízo de existência. Se Sócrates nos diz que "Todos os homens são mortais", isso significa que a mortalidade se atrela aos "homens" como um predicado inescapável, e que é um aspecto necessário de seu ser. Mas se eu sou um homem, posso não estar necessariamente vivendo em Nova Iorque. Se estou de fato vivendo em Nova Iorque, isso se atrela a mim, não por necessidade, mas de uma maneira contingente. Esse é, de fato, o caso, mas poderia não ser. Outro modo de ser, distinto do necessário, é o possível, pois como Aristóteles mostrou detalhadamente, uma coisa pode "ser" no modo do ser-possível, sem ser de fato o caso. O ser contingente é, portanto, distinto do ser possível, e ambos são distintos da necessidade. E existem os seres que precisamos designar como "impossíveis", tais como "os quadrados redondos".

necessário ⇄ impossível
possível ⇄ contingente

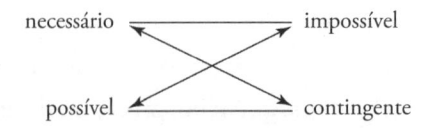

Figura 8.2 Versão padrão do quadrado lógico que mostra as relações entre os quatro modos de ser

```
        necessário ——————— contingente
                    ╲   ╱
                     ╳
                    ╱   ╲
        possível  ◀——————▶ impossível
```

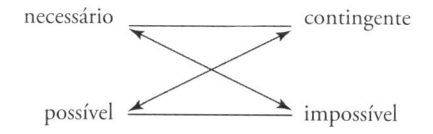

Figura 8.3 A modificação de Lacan para o quadrado lógico que mostra as relações entre os quatro modos de ser

Essas categorias – o necessário, o impossível, o contingente e o possível – que Lacan discute em um capítulo chamado "Aristóteles e Freud", foram organizadas em um quadrado lógico, que dá origem a relações mais profundas que são bastante complexas. Sem entrar nessas relações (embora elas sejam importantes para Lacan), lembremos simplesmente a versão padrão apresentada por Algirdas Greimas.

O quadrado não somente designa cada um dos quatro modos de ser, como mapeia suas relações uns com os outros, como indicado pelas setas. Assim, o necessário é oposto ao contingente, assim como o possível é oposto ao impossível. Se retornarmos então à "contradição" da masculinidade, podemos dizer que o gozo fálico, que é "necessário" como a lei da ordem simbólica, aparece somente quando o gozo ilícito do pai primevo foi expulso – excluído ou banido como "impossível". No universo do discurso, o gozo fálico é necessário, nunca falha em chegar, e é predicado na exclusão do gozo absoluto do pai primevo, doravante designado como ilícito ou "impossível". A exposição anterior de Lacan o leva, então, a modificar o quadrado lógico habitual, opondo o "necessário" ao "impossível". Ele é explícito a respeito dessa revisão: "o necessário", escreve, "é uma categoria modal", e seu oposto "não é o que você poderia esperar como oposto ao necessário, que teria sido o contingente. Conseguem imaginar? O necessário está associado ao impossível" (*SXX*, p. 59). A reconstrução de Lacan, portanto, fica da forma como segue.

Como vimos no gráfico da sexuação, o gozo fálico tem a força da necessidade (todos os homens) e depende da exclusão de um gozo ilícito ou "impossível" do pai primevo. Portanto, a feminilidade será elaborada nessa remodelagem em termos de "possível" e "condicional". Nós já abordamos esse ponto em nossos comentários anteriores, que ressaltavam a afirmação de Lacan de que quando se trata de gozo feminino, não podemos dizer "é" (necessariamente), ou mesmo que "não é" (ou que é "impossível"), mas somente que "pode ser" ou que "é possível". Mas existe ainda outra distinção entre o possível e o verdadeiro que a feminilidade pode exigir que expliquemos. Pois se dissermos que a feminilidade, ou o gozo do Outro, não pode ser excluída (já que não podemos mais dizer "só existe uma libido"), isso não significa que a possibilidade ocorrerá de fato. Se fosse o caso, não seria no modo da necessidade, mas somente no modo de um ser contingente, mas não sabemos que esse ser contingente é verdadeiro. Só sabemos que é uma possibilidade. Como então passamos do possível para o contingente? Essa é a questão crucial levantada pela reformulação que Lacan faz do quadrado lógico, em que, mais uma vez, as curiosas operações de lógica parecem resultar em frutos inesperados.

Para concluir, é aqui que devemos nos voltar para Aristóteles, que fala em "amizade" e "reconhecimento" sob o signo do amor: "o que Aristóteles evoca com o termo φιλία (*philia*), ou seja, o que representa a *possibilidade* de um vínculo de amor entre dois desses seres, também pode, ao manifestar a tensão em relação ao Ser Supremo, ser *revertido* [...] é pela coragem de suportar a intolerável relação com o Ser Supremo que os amigos, φίλοι (*philoi*), se reconhecem e se escolhem" (*SXX*, p. 85). Tal amizade, é claro – "o encontro eminentemente contingente com o outro" (p. 145) –, é uma abordagem de uma relação (amor) que assumiria o lugar da relação sexual, aquela reciprocidade natural que não existe na esfera humana. Assim sendo, essa amizade não seria evidência de "feminilidade". Mas ela nos mostra o movimento pelo qual uma "possibilidade" de amor "pode [...] ser revertida" e *efetivada* como o ser contingente da amizade.

Esse mesmo eixo que se move do possível para o contingente reaparece em diversos momentos cruciais no texto de Lacan, em um movimento de exposição que por fim vincula a questão da "relação sexual" à feminilidade, como dois modos de ser que não podem ser inteiramente inscritos na lei simbólica. Pois ambos, na explicação de Lacan, "não existem". Nós vimos que "não existe relação sexual" para Lacan, e vimos que, quando se trata de feminilidade, não podemos simplesmente dizer que ela "existe". Contudo, à medida que seu seminário avança, também vemos que, pelo mesmo critério, não podemos simplesmente dizer que "não existe" o gozo do Outro, e a lógica da feminilidade mantém aberta uma possibilidade para além da afirmação ou da negação de nosso discurso normal. Por causa dessa possibilidade, o gozo fálico não pode ser a verdade completa. "Por esse fato", diz Lacan, "a aparente necessidade da função fálica se revela uma mera contingência" (*SXX*, p. 94). Quase no final do seminário, Lacan retorna a essa questão, enfatizando a impossibilidade da relação sexual, mas também os outros modos de ser que proliferam em torno dessa impossibilidade: "Não é baseado no confronto com esse impasse, com essa impossibilidade pela qual se define um real, que o amor é colocado à prova? Em relação ao parceiro de uma pessoa, o amor só pode realizar o que, em uma espécie de licença poética, eu chamei de coragem, em relação a esse destino fatal" (*SXX*, p. 144). Tal "realização" permite a possibilidade de que uma relação tome forma, emerja além da mera possibilidade, em todo seu ser mortal e precário, por algum tempo, ainda que contingente. Um modo curioso de ser, mas "Não seria na abordagem do amor para o ser que surge o que faz do ser aquilo que só se sustenta por se malograr?" (*SXX*, p. 145).

9 O marxismo de Lacan, o Lacan do marxismo (de Žižek a Althusser)

Joseph Valente

A primeira questão a ser levantada em um ensaio que trate do marxismo de Lacan deve ser a seguinte: pode-se dizer que tal coisa existe? Na ausência de qualquer profissão de lealdade socialista por parte de Lacan, e dada sua notória aversão por engajamentos políticos institucionalizados, a relevância da doutrina ou da metodologia marxista para a teoria de Lacan não pode ser presumida, mas deve ser interrogada e qualificada. Pode-se dizer que esses elementos de teoria marxista – tanto conceitos individuais quanto paradigmas mais amplos – que estão espalhados pelo discurso de Lacan ressurgem com toda sua força e característico ímpeto político?

Slavoj Žižek, a figura mais comumente identificada com uma abordagem combinada marxista-lacaniana para a política cultural, reconheceu a necessidade de se dissipar alguma incerteza quanto a esse ponto. Vale explorar com certo detalhe as raízes do que se pode chamar de "lacano-marxismo" de Žižek, já que é possível afirmar, com segurança, que foi por causa do forte impacto e do charme contagioso dos muitos livros de Žižek que o nome de Lacan permaneceu tão popular em países anglófonos, e ainda por cima sobreviveu à turbulência anti-teórica dos anos 1990. Depois de explorar a singular visibilidade de Žižek como um marxista-lacaniano autodeclarado, quero voltar no tempo e dialogar com Louis Althusser, cujas tendências pouco ortodoxas, para não dizer heterodoxas, dos anos 1960, foram quase confirmadas, na opinião do Partido Comunista Francês, por seu flerte com a empreitada "decadente" da psicanálise.

A sublime conciliação de Žižek

Três décadas depois de Althusser e seus discípulos terem promovido leituras "sintomáticas" de Marx, Žižek reabriu a questão no começo de um de seus primeiros livros, o seminal *Eles não sabem o que fazem: O sublime objeto da ideologia*, no qual especula se a profética tese de Lacan de que "Marx inventou o sintoma" deveria ser desconsiderada como "simplesmente [...] uma vaga analogia".[1] Para rebater essa possibilidade, tão ameaçadora à sua própria proposta teórica, Žižek estabelece o conceito do "sintoma" como nada menos que o fulcro de uma "homologia fundamental" entre procedimentos psicanalíticos e marxistas de interpretação. Marx e Lacan concordariam quanto aos meios e objetivos de uma "leitura sintomática". Žižek é inegavelmente bem-sucedido em demonstrar que o sintoma lacaniano e sua "invenção" marxista anterior, a contradição materialista, seguem uma lógica formal similar. Em ambos os casos, o segredo patológico reside não em algum conteúdo oculto, subterrâneo, mas no mecanismo significante dominado pelo desejo pelo qual esse conteúdo é articulado dentro da economia psíquica ou política mais ampla. Em ambos os casos, portanto, a instância patológica não somente é anômala para o sistema que perturba, mas também singularmente característica desse sistema.

O argumento central de Žižek é que o sintoma psicanalítico equivale a uma expressão distorcida ou uma representação do desejo que é, em si, estritamente consistente com a construção normativa e edipiana desse desejo, seu caráter profundamente dividido e substitutivo. A tarefa do significante no qual neuroses histéricas e obsessivas amarram inextricavelmente o prazer com o sofrimento, a ação com a paralisia, a paixão com a debilidade, também forma a condição exclusiva e necessária da relação de objetos propriamente dita.

Por mais engenhosa que seja, a exposição que Žižek faz de uma "homologia fundamental" (*SO*, p. 11) entre o sintoma marxista e o lacaniano é desmentida por algo que aparece como uma nítida oposição em seu significado e sua função. A mais-valia de Marx, a realização da força de trabalho, carrega

---

[1] ŽIŽEK, Slavoj. *The Sublime Object of Ideology*. Londres: Verso, 1989, p. 11. Doravante citado no texto como *SO*.

uma força centrífuga latente; ela é menos sintomática em sua operação diária do que em seu potencial para catalisar a disrupção revolucionária de suas próprias condições sistêmicas. Em outras palavras, a formação e a expropriação da mais-valia são "estritamente internas" à troca de mercadorias plena, mas são também criadoras desses excessos, dos extremos da contradição econômica e do antagonismo de classe, que, na visão de Marx, destruirão o sistema capitalista. Já o sintoma de Lacan carrega uma energia centrípeta. Ele pode perturbar e até mesmo incapacitar a rotina diária do sujeito, além de sua vida familiar, seu desempenho profissional, seus envolvimentos românticos e sexuais etc., mas é também o mecanismo que permite que o sujeito organize o prazer associado a tais empreendimentos. Ao fazer isso, ele empresta ao sujeito uma consistência do ser em meio ao seu desconcerto. Segundo a expressão de Lacan, o sintoma está "em você mais do que você". O sintoma é aquilo que sustenta a pessoa, mesmo quando parece destruí-la. Para Marx, pelo contrário, a contradição sintomática, tal como a mais-valia, trabalha contra o capitalismo mais do que o capitalismo poderia saber, já que corroi (mesmo quando parece coroar) a troca universal de mercadorias.

Se situamos essas respectivas posições à luz da Décima Primeira Tese de Marx sobre Feuerbach, podemos apreciar como é profunda a divisão que Žižek nos faria omitir. É famosa a frase de Marx de que "os filósofos se limitaram a *interpretar* o mundo, de maneiras diversas; mas o importante é *transformá-lo*".[2] Durante sua longa carreira, Lacan foi aos poucos privilegiando o sintoma como um meio de interpretar a persistência do neurótico em sua sujeição à ordem sócio-simbólica. Já Marx, durante toda a sua longa carreira, foi aos poucos entronizando seu construto sintomático, a contradição materialista, como um meio de teorizar a suscetibilidade de qualquer ordem socioeconômica a uma mudança revolucionária.

Žižek conclui seu capítulo intitulado "Como Marx inventou o sintoma?" quase como começou, reiterando a homologia entre construtos marxistas e lacanianos, especialmente o par da mais-valia (*Mehrwert*) e do mais-de-gozar (*plus-de-jouir*). Mas, como se para confirmar uma necessidade não atendida de

---

[2] MARX, Karl; ENGELS, Frederick. *The German Ideology*. Nova Iorque: International Publishers, 1981, p. 123. Doravante citado no texto como *GI*.

uma análise funcional, Žižek enviesa sua comparação final com o propósito de tornar os efeitos sistêmicos da mais-valia adaptáveis não somente à economia do *plus-de-jouir*, mas também, e talvez principalmente, ao funcionamento do sintoma de Lacan.

Žižek identifica a mais-valia com o mais-de-gozar alegando que, em ambos os casos, a qualidade do excesso não acentua ou sucede uma substância já consolidada, mas é necessária para a existência da substância em questão. "É esse paradoxo que define o mais-de-gozar: não é um excedente que simplesmente se atrela a algum gozo fundamental 'normal', porque *o gozo como tal só emerge nesse excedente*, porque é constitutivamente um excesso" (*SO*, p. 52).

O "paradoxo" do excedente constitutivo tem uma adesão de alcance ainda maior na economia política de Marx. Se subtrairmos o excedente da mais-valia, não retornamos simplesmente ao valor de troca sobre o qual ele supostamente é baseado. Nós enfraquecemos o próprio meio pelo qual tal valor vem a predominar: o modo capitalista de produção necessariamente pararia. Por esse motivo, argumenta Žižek, o capitalismo deve ser entendido como uma vida em eterno desequilíbrio, impulsionado pelas contradições estruturais entre as forças de produção (força de trabalho) e as relações apropriativas de produção a perpetuamente "revolucionar suas próprias condições materiais" (*SO*, p. 52). Não existe "conformidade" no processo da produção capitalista, porque esse sistema econômico sozinho "deixa de existir se permanecer o mesmo, se atingir um equilíbrio interno" (*SO*, p. 53).

Para estender sua própria "conformidade" entre Marx e Lacan para além de uma simetria meramente formal, Žižek dá um passo além, profundamente desorientador. Para Marx, a possibilidade estrutural da pane e do colapso do capitalismo reside em sua necessidade de se transformar incansavelmente com o intuito de extrair mais-valia em uma base cada vez mais acelerada. Mas Žižek une a necessidade de transformação capitalista com sua esperada conquista, convertendo a mais-valia, a partir de um ponto de perigosa imprevisibilidade, em um fiador de negação dialética ou resolução ideal.

> Aqui se situa o paradoxo próprio do capitalismo, seu último recurso: o capitalismo é capaz de transformar seu limite, sua própria impotência, na fonte de seu poder – quanto mais se putrefaz, mais

sua contradição imanente é agravada, e mais ele deve se revolucionar para sobreviver. (*SO*, p. 52)

Assim, a verdadeira tônica do argumento de Žižek cresce não por sua afirmação de que a mais-valia como "uma coincidência de limite e restrição" é identificável com o *objeto a* de Lacan, o portador do gozo, em outras palavras, a encarnação de uma "falta fundamental constitutiva" (*SO*, p. 53). Ela, na verdade, visa a inferência de que a mais-valia é funcionalmente análoga tanto ao sintoma lacaniano quanto ao mais-de-gozar. O mais-de-gozar é entendido aqui como aquilo que subtende a própria cadeia significante que ela perturba de forma intermitente. Os riscos da argumentação de Žižek envolvem adaptar a noção de mais-valia a um papel paradoxalmente conservador na economia política, que é muito mais compatível com o conservadorismo das formulações analíticas radicais de Lacan do que com o ímpeto revolucionário da análise de Marx, de troca generalizada de mercadorias.

Imerso como está na oposição entre a fase anterior e a posterior da escola da teoria psicanalítica de Lacan, não surpreende ver um Žižek renegando sua própria apropriação indevida do conceito de mais-valia. É isso que ele faz quando joga Marx contra Marx sob a própria categoria de repúdio freudiano.

> Tudo isso, é claro, Marx conhece muito bem... e ainda assim, ainda assim, no... Prefácio à *Crítica da economia política*, ele procede como *se não soubesse*, descrevendo a própria passagem do capitalismo para o socialismo em relação a... [uma] dialética evolucionista vulgar de forças produtivas e as relações de produção. (*SO*, p. 53)

Mas a abordagem de Žižek para a mais-valia não contesta, de fato, esse modelo evolucionista em nome de uma alternativa marxista mais sofisticada que poderíamos chamar de programa "revolucionário". Pelo contrário, ao fazer da mais-valia a ruptura capacitadora no desenvolvimento capitalista, ele não somente disputa o princípio econômico de que as contradições entre as forças e as relações do capitalismo devem inevitavelmente introduzir a revolução socialista, como também impede a ideia de que essas mesmas contradições possam estabelecer condições favoráveis para intervir na ordem capitalista de produção e efetuar sua queda. Em outras palavras, Žižek teoriza a mais-valia como uma força que ocasiona uma reforma perpetuamente "revolucionária" *do* sistema que, em si, antecipa a revolução *contra* o sistema. Essa posição parece mais próxima dos críticos pós-modernos de Marx, tais como Foucault e Baudrillard, do que de Marx em si.

Ao fornecer uma incisiva análise lacaniana da economia capitalista, Žižek revela involuntariamente a sutil, mas profunda, incompatibilidade dos paradigmas psicanalíticos franceses e marxistas. Tanto Lacan quanto Marx concebem as economias sociais ou os sistemas psíquicos existentes como locais mantenedores de disrupção, que são internos e até mesmo essenciais para as operações dos próprios sistemas. Contudo, o plano de operação sobre o qual esses locais agonísticos aparecem difere muito de um caso para outro. A mais-valia em Marx constitui, *a priori*, uma necessidade estrutural do capitalismo, e seus efeitos disruptivos, portanto, funcionam como uma *poison pill* dentro do sistema, criando as condições de sua morte em potencial. Em comparação, o sintoma de Lacan constitui uma necessidade contingente, retroativa; contingente, porque qualquer traço significante pode servir, mas colocado em um futuro retrospectivo, ele *terá provado* como as necessidades disruptivas no sistema são alteradas por ele. O sintoma obedece e exemplifica a lógica causal freudiana e lacaniana da retroversão, que se desdobra em um futuro anterior. Enquanto a lógica da contradição traça um ciclo de dissolução e reconstrução, com representações visíveis de instabilidade histórica e fluxo, a lógica da retroversão registra um ciclo recuperativo no qual a mudança é o que já ocorreu.

Portanto, não existe algo como um marxismo de Lacan. Não porque um marxismo lacaniano imbuído da intenção e do espírito de uma revolução de classe, amplamente social, não exista – embora isso pudesse ser razão suficiente –, mas porque a lógica causal empregada por Lacan não delineia o mecanismo de agência histórica nas linhas marxistas, não contempla uma revolução (como insurgência) que não será também uma revolução (como repetição e retorno).

Contudo, existe claramente algo como um Lacan do marxismo, ou melhor, sempre houve, desde o começo da carreira de Lacan, tentativas de assimilar suas teorias à filosofia do materialismo dialético. Como Lacan poderia ter previsto, sua própria indiferença ao marxismo foi retribuída com uma certa fascinação marxista por ele. A razão se concentra na questão da agência, apesar da irreconciliabilidade específica de Lacan e Marx a esse respeito e, até certo ponto, por causa dela. O pragmatismo revolucionário do marxismo requer, afinal, uma versão robusta de agência, da qual a ontologia sociopolítica determinista do marxismo tende a se apropriar ou minar, especialmente em seu semblante altamente liberal. Em outras palavras, o marxismo requer uma justificativa para a inserção de subjetividade dentro do mecanismo prevalente como algo além de um agente livre ou um simples braço da máquina; em suma, requer uma subjetividade vista como *contingência* plenamente *intencionalizada*. A construção sistemática que Lacan faz do significante como sintomatizante, postulando a linguagem em sua forma material como ao mesmo tempo motivadora, estabilizadora e descentralizadora, poderia facilmente parecer um esquema para resolver o problema impossível do marxismo. No entanto, o esquema de Lacan tende a apontar na direção oposta do marxismo: em vez de extrair uma agência revolucionária das teias do determinismo, ele situa a agência como uma mediação definhante no autoposicionamento do significante, por meio do qual qualquer determinação social é entendida.

Como resultado, o uso marxista de Lacan para teorizar a questão da agência frequentemente foi muito mais engajado em explorar como os sujeitos *perdem* agência sob a influência de alguma ideologia "dominante". Em algo que poderia ser chamado de revolução "lacaniana", teóricos neo-marxistas como Althusser, Jameson, Laclau e, de forma mais autoconsciente, Žižek tratam o sujeito lacaniano como o local de possível resistência política à ordem social e ideológica reinante. Contudo, eles acabam concebendo esse sujeito como o local de resistência à disrupção dessa ordem, uma visão mais compatível com o modelo freudiano de resistência, visto como a contraparte terapêutica da repressão, do que com o marxismo.

Por motivos diversos, Louis Althusser parece ser o melhor estudo de caso daquilo que pode ser chamado de Lacan do marxismo. Diferentemente de Laclau ou Žižek, ele era um marxista comprometido, e não um social-democrata esquerdista. Ele aparece do outro lado do espectro no grupo daqueles que tentaram fornecer uma versão marxista de Lacan. Diferentemente de Jameson, Althusser não só refletiu criticamente sobre a teoria lacaniana como buscou torná-la um aspecto integral de sua própria perspectiva teórica. E diferentemente dessas outras figuras, Althusser se alinhava a Lacan quanto à questão de se estabelecer uma aliança intelectual e institucional entre o marxismo e a linha francesa de psicanálise deste último. Por fim, embora a apropriação feita por Althusser de conceitos lacanianos tenha se somado a um interesse por agência e ideologia desde o começo, sua ênfase mudou da agência para a ideologia, uma mudança paradoxal, já que ao mesmo tempo seu foco interpretativo mudou do registro do Imaginário para o conceito lacaniano do Simbólico. Quero explorar o paradoxo dessa dupla mudança, já que ele servirá para realçar um termo que sempre se provou cativante, ainda que indigesto para o marxismo: o inconsciente.

As relações de espelho de Althusser

Décadas depois de intelectuais marxistas em Paris terem feito suas investidas iniciais a um jovem Jacques Lacan a respeito de sua linha de psicanálise supostamente "materialista",[3] o agora celebrado analista-herege, recém-exilado da Associação Internacional de Psicanálise, se envolveu em uma aliança intelectual e profissional com o marxista Althusser, que se tornara suspeito, como vimos, na visão de um Partido Comunista Francês pego na época em meio a uma acelerada desestalinização por sua fascinação pela psicanálise. Para além de um *status* comum de rebeldia, que em si já seria um vínculo forte, os homens compartilhavam um comprometimento com o método estruturalista, que ambos buscavam introduzir em seus respectivos discursos críticos como um meio de reverter os desvios, o psicologismo e o economismo prevalentes dos princípios revolucionários de seus fundadores epônimos.

---

3 Como mencionado por ROUDINESCO, Elisabeth. *Jacques Lacan*. Nova Iorque: Columbia University Press, 1997, p. 58-60. Doravante citado no texto como *JL*. Ver também ALTHUSSER, Louis. *Writings on Psychoanalysis*. Nova Iorque: Columbia University Press, 1996. Doravante citado no texto como *WP*.

Ainda assim, a correspondência recém-descoberta entre Lacan e Althusser indica algo da antiga assimetria na afiliação. Mais uma vez, a atração conceitual ou teórica estava inteiramente do lado marxista. Althusser saudou o trabalho de Lacan como algo que dava à psicanálise uma base científica, parecida com aquela desfrutada pelo marxismo. O interesse de Lacan parece ter sido em grande parte profissional; depois de perder o espaço do hospital Sainte-Anne, Lacan precisava não somente de instalações alternativas para suas palestras, como também de uma nova infusão de apoio e entusiasmo de um público, que Althusser, de seu posto na École Normale Supérieure, estava ansioso para reunir (ver *JL*, p. 293-308).

De acordo com essas dedicações divergentes, a impressão de que Lacan e Althusser emprestaram um do campo discursivo do outro em seus trabalhos era dramaticamente diferente em tipo e importância. Em sua pedagogia, Lacan colocava periodicamente suas próprias descobertas teóricas em uma vaga analogia com princípios marxistas, principalmente com o intuito de familiarizar os intelectuais mais jovens e mais politizados da École com seu vocabulário conceitual altamente especializado. Já Althusser explorou o aspecto mais estabelecido e influente da teoria do próprio Lacan, o Imaginário, como a chave provisória para todas as mitologias sociais, ou melhor, a mitologia social propriamente dita. É nesse momento, durante o início dos anos 1960, que a distinção entre a afetação incidental de marxismo por parte de Lacan e a apropriação instrumental de Lacan por parte do marxismo se torna evidente.

Althusser achou muito convincente a explicação de Lacan para o estádio do espelho como a introdução do registro do Imaginário, porque ela sugestivamente modulava o canônico modelo-reflexo de ideologia de Marx. Em *A ideologia alemã*, Marx e Engels criam sua mais famosa interpretação da característica dinâmica da ideologia.

> A consciência nunca pode ser nada além da existência consciente, e a existência dos homens é seu processo de vida de fato. Se em toda ideologia os homens e suas circunstâncias aparecem de cabeça para baixo como em uma câmera escura, esse fenômeno surge tanto de seu processo de vida histórico quanto da inversão de objetos da retina

em seu processo de vida físico [...] nós demonstramos os reflexos ideológicos e ecos desse processo de vida [...]. Portanto, todo o resto da ideologia e suas formas correspondentes de consciência não retêm mais o semblante de independência. Elas não têm história e nem desenvolvimento, mas os homens, desenvolvendo sua produção material e seu intercâmbio material, alteram [...] seu pensamento e os produtos de seu pensamento. Não é a consciência que determina a vida, mas sim a vida que determina a consciência. (*GI*, p. 47)

A grande intervenção de Althusser sobre o tópico, "Ideologia e o Estado", lê essa passagem como a relegação do registro ideológico ao *status* de epifenômeno. "A ideologia", escreve Althusser, "é concebida como pura ilusão, puro sonho, ou seja, um nada. Toda sua realidade é externa a ela... é meramente o reflexo pálido, vazio e invertido da história real".[4] Por sua causa, tal visão dessubstancializada da ideologia requer a reificação do conteúdo material podado da prática material, e assim revela um idealismo latente, o legado do legado hegeliano do qual Marx não se livrou completamente até os *Grundrisse*. A construção alternativa de Althusser tende a mudar o teor da ideologia do domínio epistêmico para o onto-pragmático, de questões de falsa consciência para questões de uma "falsa posição", tudo sem perder o sentido pejorativo de mistificação que é crucial para qualquer abordagem marxista do conceito. Para isso, ele precisa teorizar a errância ou o mal-entendido como parte, mais do que um afastamento, da realidade assim equivocada; precisa se mover da "ilusão pura" para a ilusão performativa. Não é coincidência que sua primeira tentativa séria nesse sentido, o ensaio "Marxismo e humanismo", tenha surgido no ano seguinte ao seu contato inicial com a obra de Lacan.

Ao investigar pela primeira vez o texto "O estádio do espelho como formador da função do eu" (*E/S*, p. 1-7), de Lacan, Althusser não teria como não ficar surpreso com a sobreposição do registro do Imaginário de Lacan com a caracterização da ideologia de Marx. Ambos servem para definir a consciência não como um veículo relativamente autônomo de iluminação, mas como

---

4 ALTHUSSER, Louis. *For Marx*. Nova Iorque: Pantheon, 1969, p. 233-4. Doravante citado no texto como *FM*.

uma impostura totalmente reflexiva, profundamente heterônoma. É claro, ambos representam a consciência como reflexiva no sentido literal também, já que a inversão da imagem da câmera escura ("de cabeça para baixo") ou a imagem retinal para Marx e a imagem especular para Lacan trazem respectivamente a alienação efetuada nos domínios ideológicos e do Imaginário. Ambos forçam a compreensão e a autoconsciência do sujeito a assumir "uma direção ficcional" e um "destino alienador", como escreve Lacan:

> [...] a forma total do corpo pela qual o sujeito antecipa em uma miragem a maturação de seu poder é dada a ele somente como *Gestalt* [...] ela lhe aparece, acima de tudo, em um tamanho contrastante (*un relief de stature*) que o fixa e em uma simetria que o inverte [...]. Assim, essa *Gestalt* [...] por esses dois aspectos de seu surgimento, simboliza a permanência mental do *eu*, ao mesmo tempo em que prefigura sua destinação alienante. (*E/S*, p. 2)

A ideia de Lacan de uma "identificação" quimérica no espelho também carrega aquele ímpeto performativo que Althusser não vê na concepção de ideologia marxista. Ainda trabalhando sob uma profunda "descoordenação motora" (*E/S*, p. 4), o sujeito passa a ser um todo (auto) reconhecível através, e somente através, da imagem da forma corporal que o espelho lhe empresta. Longe de não ter "nenhuma história, nenhum desenvolvimento", o Imaginário lacaniano é a própria matriz do *Bildung* individual, em que "um drama", com seu próprio "impulso interno", leva o sujeito da "insuficiência" da "imagem corporal fragmentada", por meio da "forma de sua totalidade" integrada, à "armadura de uma identidade alienante" (*E/S*, p. 4). Assim, a função do Imaginário é levada em conta na realidade da vida do homem, e até mesmo a constitui, sem de qualquer forma ser coincidente com essa realidade ou perder a conotação de ilusão e erro.

Da mesma maneira, a "destinação alienante" do estádio do espelho diverge da ideologia em Marx, porque o Imaginário se apropria da própria noção de uma condição natural ou própria de subjetividade, política ou não; o Eu não é alienado de sua essência ou verdade, mas *em* sua essência ou verdade. Essa vertiginosa condição de ser você mesmo *como outro*, que Lacan chama de *méconnaissance*, de certa forma afasta ainda mais do que a clássica alienação marxista, pois implica uma impossibilidade fundamental de autocoincidência. Ao mesmo tempo, ela permite uma certa "instância do ego" (*E/S*, p. 2), na qual o desconhecimento antecipatório sutura a brecha entre o suporte natural ou biológico do corpo e a determinação social do sujeito.

Com sua instalação do fantasmático na base da experiência vivida, o estádio do espelho de Lacan apresentou a Althusser um modelo ontológico para sua teoria revisionista. Em sua adaptação, a ideologia não consiste em uma "construção imaginária" ou "sistema de representações", mas sim em "uma relação imaginária, *vivida* entre os homens e suas condições de existência", ou seja, as "relações reais" de produção que delimitam seu mundo. Mais sucintamente, Althusser acredita que a ideologia expressa a "unidade sobredeterminada da relação real e da relação imaginária entre [homens] e suas condições reais" (*FM*, p. 233-4), uma fórmula não menos descritiva da postura do bebê em relação a seus *disjecta membra* como mediado por sua suposição imaginária de uma forma corporal totalizada no espelho.

Em qualquer um dos casos, a unidade sobredeterminada de relações do real e do imaginário com as condições de existência introduz uma desarticulação nas condições determinantes em si, permitindo que ações sejam tomadas, gestos sejam feitos e esforços sejam produzidos não totalmente imanentes em suas circunstâncias ou automaticamente ditados por seu contexto. Althusser observa: "Está em sua sobredeterminação do real pelo imaginário e do imaginário pelo real que a ideologia é *ativa* em princípio, que reforça ou modifica a relação entre os homens e suas condições de existência" (*FM*, p. 234).

Com essa lógica, Althusser é capaz de reconceber a ideologia como uma modalidade pragmática, mais do que cognitiva, e como o local definitivo de toda prática social e política. Em outras palavras, o modelo de especularidade de Lacan alegorizado pelo famoso estádio do espelho permitiu que Althusser encontrasse na ideologia a fonte da agência, bem como o local de sua alienação. Mas, é claro, o Imaginário tem como seu *télos* não a subjetividade, mas a auto-objetificação, e, na medida em que a ideologia representa uma forma pública ou coletiva de relação do Imaginário, ela impede qualquer desembaraço do surgimento e da alienação da agência. Althusser chega ao ponto de admitir que a efetividade permitida pela ideologia nunca pode ser instrumentalizada; quem quer que use a ideologia já foi apanhado por ela. De fato, a ideologia se revela como a modalidade pragmática por excelência exatamente porque, nessa teoria, os homens só podem transformar suas condições e fazer sua própria história por meio do desvio do desconhecimento. "O marxismo e o humanismo" já abraça a substância da fenomenologia do Imaginário de Lacan, que também não tem a ver com autoconhecimento, mas sim com *a necessidade de seu fracasso* na formação do *self*, do ego, cuja "agência" pode, portanto, nunca ser exercida.

O que Althusser não entende totalmente é o fato de que a posição lacaniana que ele aborda demanda, afinal, não somente uma revisão da especulação marxista sobre a ideologia, mas uma reconcepção do problema da agência. Ao traçar o limite na instrumentalidade em vez da simples intencionalidade, Althusser renega as implicações mais radicais de seu protótipo lacaniano. Sua expressão reflete a ilusão de que o desconhecimento é uma espécie de formação de concessão, na qual, em qualquer momento sincrônico, a possibilidade de ter um propósito é preservada em meio e até mesmo por intermédio de seus deslocamentos ideológicos. Mas o Imaginário lacaniano se aproxima mais de outro tropo freudiano: o bloco mágico, no qual, por meio de um meandro diacrônico, a agência é produzida como traço, como aquilo que promete já ter sido exercido. A lógica da retroversão, esclarece Lacan, delimita não somente a especularidade do espelho, que é tão crucial na constituição da subjetividade, como também a função contínua do ego, e, assim, do sujeito ideológico.

Constituído "em uma direção fictícia" e por meio do "impulso interno" (*E/S*, p. 4) da autoprojeção imaginária, o *self* Imaginário/Ideológico não pode ser submetido a qualquer força externa de determinação, social ou não, até que tenha sido constituído como tal, ou seja, até que o "engodo da identificação espacial" (*E/S*, p. 4) ou a identificação de classe se estabeleçam. Em outras palavras, ele não é nem determinado em outro lugar, nem inteiramente alienado, mas *terá sido ambos*. Nesse vinco do tempo, em que o futuro e o passado se sobrepõem e expulsam o presente, está alojado o que podemos chamar de "agência virtual" de ambos os modelos teóricos, sua resistência em comum à totalização de condições sócio-históricas. Na forma temporal como um todo, em que o futuro ultrapassa o passado movendo-se para trás, reside a impossibilidade de se efetivar essa agência virtual em uma base instrumental ou até mesmo intencional. A suposição de maestria, seja ela "jubilante" (a criança de Lacan, *E/S*, p. 1) ou "astuta" (a classe dominante de Althusser, *FM*, p. 235), equivale a uma revelação do *status* já cativo de uma pessoa. Em uma inversão do predicamento existencial clássico, o *self* Imaginário/Ideológico não é condenado a ser livre, mas é livre para ser implicado, antecipadamente.

Essa posição ético-política paradoxal é consistente do ponto de vista estrutural com o impasse de Lacan descrito como o *vel* da subjetividade em *Os quatro conceitos fundamentais da psicanálise* (*SXI*, p. 209-15). Ali, o sujeito pode se recusar a sacrificar sua particularidade, a "desaparecer" sob o peso da ordem simbólica, mas somente ao considerável preço de desistir da subjetividade completamente à maneira de uma foraclusão psicótica. A homologia desses momentos de desenvolvimento atesta ao que chamei de conservadorismo radical do pensamento de Lacan: radical ao teorizar o sujeito como construto para além de suas determinações sócio-históricas positivas; conservador ao delinear um mecanismo simbólico que converte perpetuamente esse estado de contingência em determinação sócio-histórica retroativa.

O duplo vínculo que essa lógica impõe a uma crítica marxista da ideologia deveria ser evidente: sua aptidão para articular o problema da ideologia só encontra equivalente em sua inaptidão para fornecer uma solução dialética satisfatória. Em Althusser, esse duplo vínculo emerge no ponto em que a ideologia como dimensão pragmática, a que permite uma ação concertada, encontra a ideologia como local de desconhecimento constitutivo, o que segrega a ação da concepção, propósito e estratégia, viciando assim a própria agência que prometia.

O silêncio de Althusser a respeito das implicações de seu registro prático para uma prática revolucionária diz muito a respeito da distância do marxismo tradicional que ele vinha tomando em sua afiliação intelectual com Lacan. Essa distância se tornou muito maior quando Althusser continuou sua elaboração sóciopolítica do Imaginário, mas o fez no contexto de um engajamento com o Simbólico de Lacan. Contudo, ironicamente, essa distância não o aproximou de empregar ou até mesmo de entender a teoria da formação do sujeito do próprio Lacan durante esse período. Pelo contrário, o esforço de Althusser para estabelecer o Simbólico como a base da ideologia só anuncia, com um megafone, a imensurabilidade subjacente da lógica de causação marxista e psicanalítica. Na verdade, esse empreendimento consumou sua incompreensão do "conservadorismo radical" de Lacan. Tendo subestimado o teor conservador do Imaginário, ele não entendeu a importância radical do Simbólico.

O Simbólico Imaginário

Althusser incorreu críticas por isolar o componente Imaginário do complexo sistema em camadas de Lacan, ao repensar a problemática ideológica.[5] Mas, embora esse isolamento envolva uma omissão total e incapacitante do Real, ele paradoxalmente se concretiza *por meio* de uma solicitação do Simbólico.

Pouco antes de começar a emprestar de Lacan a sério, Althusser escreveu um artigo exaltando o "retorno a Freud" de Lacan como uma ocasião para que seu próprio público marxista retornasse à psicanálise. No prefácio a "Freud e Lacan", e novamente na introdução, Althusser toma o cuidado de segregar a descoberta revolucionária e o objeto crítico genuíno da psicanálise, que é a cena da representação inconsciente, da ilusão ideológica dominante de Freud, que Althusser designa como "psicologismo".[6] Esse é um estratagema especialmente significativo, já que o próprio Lacan, de quem Althusser certamente emprestou o termo, identificava o psicologismo com a filosofia terapêutica americana de fortalecimento do ego do paciente como um mecanismo *socialmente adaptável*, e, portanto, com conformismo psicanalítico. Althusser reforça explicitamente essa identificação como um

---
5 Ver BARRETT, Michele. "Althusser's Marx, Althusser's Lacan". *In*: KAPLAN, E. A.; SPRINKER, Michael (Eds.). *The Althusserian Legacy*. Londres: Verso, 1993.
6 ALTHUSSER, Louis. "Freud and Lacan". *Lenin and Philosophy*. Nova Iorque: Monthly Review, 1971, p. 201. Doravante citado no texto como *FL*.

meio de livrar Lacan, em especial, do estigma burguês que a psicanálise tipicamente assume aos olhos dos marxistas. Ele associa o psicologismo, "no qual toda ou parte da psicanálise contemporânea, particularmente nos Estados Unidos, saboreia as vantagens da rendição" (*FL*, p. 200-1), com uma "recaída" similarmente prudente de princípios marxistas básicos, o "pragmatismo" (*FL*, p. 201). Seu rodeio em "tudo ou parte" tem o efeito de elevar o excepcional *status* de Lacan *dentro* da "psicanálise contemporânea" à dignidade de uma exceção *da* psicanálise contemporânea, ao menos em seu perfil burguês corrompido, e para realinhá-lo, paradoxalmente, por meio de seus inimigos comumente predispostos com o marxismo em si.

De fato, uma distinção que Althusser expõe entre a psicanálise propriamente dita, definida como uma ligação exclusivamente freudiana-lacaniana, e o psicologismo, ou seja, o resto da psicanálise, na verdade requer uma distinção mais sutil entre dois pontos, cada um com sua variação "socialista" e também psicanalítica. De um lado está o empenho para promover a adesão à normatividade e à conformidade social ou a cooperação com a autoridade existente, seja por si mesmo ou por algum outro motivo; de outro, está o esforço para teorizar a heteronímia constitutiva e, portanto, inevitável, de homens e mulheres dentro da ordem social.

O primeiro projeto deve ser dissociado tanto do lacanianismo quanto do marxismo – sob os títulos de psicologismo e pragmatismo – como algo que eles não somente denunciam, mas também explicam. Os registros dessa explicação são, como alternativa, o Imaginário e o Ideológico. Tanto o psicologismo quanto o pragmatismo alimentam o desconhecimento de uma consciência unificada, possuída, autocentrada, que interpreta a função imaginária do ego como a realidade de um sujeito soberano, mas que adota, no mesmo movimento, uma postura conciliatória, se não cúmplice, em relação aos interesses ideológicos dominantes da sociedade burguesa. Enquanto essas estratégias pareceriam ressaltar a alegação de Althusser de que assim que o domínio imaginário é presumido, a catividade ideológica é selada, elas também atestam o caráter distintamente burguês e, portanto, historicamente relativo da homologia da *méconnaissance* imaginária e ideológica (ou seja, um desconhecimento estruturalmente necessário). Afinal, é exclusivamente a cultura do humanismo liberal que eleva o *Bildung* ou a autoprodução individual a uma injunção amplamente social, impedindo, assim, o que Lacan chama de "a assunção jubilatória" de uma autoimagem integral com a "armadura de uma identidade alienante" (*E/S*, p. 2).

O segundo projeto é identificado tanto com o lacanianismo quanto com o marxismo de acordo com o que eles assumem, um deles focando nas condições materiais do desenvolvimento sócio-histórico (forças/relações de produção) e o outro nas condições materiais do comportamento simbólico (a cadeia dinâmica de significantes). Para Althusser, as estratégias ou escolas de pensamento encontram um terreno comum na concepção do Simbólico de Lacan, redutivamente traduzido como a "lei de cultura", que na teoria assume o centro do palco no lugar do Imaginário nesse ensaio (*FL*, p. 209). Visto como o repositório de "códigos de atribuição humana" (*FL*, p. 209), derivados dos processos concretos de reprodução material e social, o Simbólico oferece uma complexa articulação teórica da percepção fundamental de Marx de que "o sujeito humano [...] não é o 'centro' da história" (*FL*, p. 218). Visto como a máquina teatral de um desejo inscrito constitutivamente na textura do inconsciente (o discurso do Outro), o Simbólico dá uma expressão teórica elaborada ao *insight* fundamental de Freud de que o sujeito "não tem a forma de um ego, centrada no 'ego', na 'consciência' [...] que o sujeito humano é descentralizado" (*FL*, p. 218). Ao passo que o Imaginário fornece a Althusser uma teoria de campo unificada de alienação, na qual o desconhecimento individual e uma mistificação ideológica coletiva se alimentam um do outro, o Simbólico fornece a Althusser uma teoria de campo unificada do afastamento ainda mais radical que está envolvido em se tornar humano em primeiro lugar, seja enquanto ser sexuado ou totalmente social.

Ali, mais uma vez, o itinerário do marxismo e da psicanálise vai além de rastrear as origens e os lineamentos complexos da espécie específica da heteronímia radical que eles abordam. Em escalas e ritmos temporais amplamente diferentes, ambos procuram intervir nos mecanismos e rebater os efeitos insuportáveis dessa heteronímia. E embora o foco dado por Althusser ao registro Simbólico em "Freud e Lacan" tenha sucesso em sustentar seu caso pelo valor hermenêutico de uma aliança com a psicanálise "científica", ele agrava as complicações que tal aliança impõe por teorizar um poderoso projeto ativista de esquerda, um projeto que requer uma dimensão pragmática não encantada pelo desconhecimento. Longe de estabelecer uma, a versão de Althusser para o Simbólico como a "Lei de Cultura" baseia o Imaginário/Ideológico em uma matriz domesticadora, normalizadora e, afinal, quietista. Ou seja, emparelhada exclusivamente com o registro Imaginário como acontece em "Marxismo e humanismo", a ideologia serve como um necessário "relé" de resistência desviado por suas variantes mais dominantes ou "prevalentes". Quando mais tarde ela é postulada como embutida na ordem Simbólica, a ideologia serve como o relé pelo qual o sujeito inexoravelmente "encontra o seu próprio lugar, a âncora própria do seu lugar" (*FL*, p. 213) justamente ao assumir a agência intencionalizada essencial para qualquer mobilização séria de resistência. Não coincidentemente, a identificação do ideológico com o pragmático, tão arduamente proposta em "Marxismo e humanismo", desaparece totalmente no texto posterior, que não faz provisão ativista de nenhum tipo.

Parte do problema que Althusser encontra quanto a essa questão surge de sua compreensão grosseira sobre a complexa relação do Imaginário e do Simbólico no sistema de Lacan. Parte surge de sua interpretação também equivocada do Simbólico em si. Ambas são efeitos de uma estrutura interpretativa marxista paradoxalmente militante contra a promoção de objetivos políticos marxistas. A respeito do problema anterior, dois postulados básicos de Lacan parecem pertinentes: primeiro, os registros (Imaginário, Simbólico, Real) são irrevogavelmente amarrados uns ao outros; segundo, o Simbólico goza de primazia, contendo os outros dois, na prática. Juntos, esses princípios resultam em uma gama de possibilidades construtivas. Por exemplo, os registros podem ser alinhados com modalidades lógicas distintas: o Imaginário com uma lógica de identidade, o Real com uma lógica de contingência radical, e o Simbólico com uma lógica de relação diferencial que não somente articula os outros, como também os potencializa em primeiro lugar. Outra opção seria ver a representação social do Imaginário como uma luta, um combate de iniciação e rivalidade que pressupõe a lei Simbólica em toda sua articulação hierárquica de diferenças, e, no entanto, permanece irredutível àquela lei, capaz até mesmo de ter algum impacto sobre suas operações. Antes, Althusser trata o Imaginário não como simplesmente inscrito por dentro, mas subordinado pelo Simbólico, uma espécie de subsidiária integral.

> Esses dois momentos são dominados, governados e marcados por uma única lei, a *Lei do Simbólico* [...] mesmo o Imaginário [...] é marcado e estruturado em sua dialética pela dialética da ordem *Simbólica* em si, ou seja, pela dialética da ordem humana, da norma humana [...] na forma da ordem do significante em si [...]. A criança sexuada se torna uma criança humana sexual submetendo seus fantasmas ao Simbólico, e se tudo 'der certo', por fim se torna e se afirma como é. (*FL*, p. 210-3)

Althusser meramente adapta a curvatura excêntrica da topografia psicossocial de Lacan às simetrias verticais do pensamento marxista clássico: o Simbólico ocupa a posição da base material, abrangente e determinante, enquanto o Imaginário detém o lugar da superestrutura. Mas, no processo, a ideologia, a manifestação pública do Imaginário, retorna ao estado em que estava no trabalho inicial de Marx: uma exalação auxiliar, epifenomenal, fantasmática, algo a ser desmistificado e dissolvido.

De uma perspectiva marxista, as implicações políticas dessa redução são ainda mais problemáticas devido à equiparação do Simbólico com "a norma humana, da qual a 'aceitação, a recusa, o sim ou o não' ditos à criança são apenas detalhes, as modalidades empíricas dessa ordem constituinte" (*FL*, p. 210). Em algo que equivale a uma inversão da ontologia política de Lacan, Althusser considera a "ordem do significante" como a "forma" externa, o veículo contingente de uma norma de espécie unitária, em vez de considerar normas humanas contingentes, ou a normatividade em si, como ao mesmo tempo sujeita à lei do significante e sustentada por ela. Ele vicia, assim, o caráter distinto do Simbólico de Lacan, que deve ser universal sem ser totalizante ou totalitário.

A chave para o Simbólico de Lacan, que Althusser não vê, é que ele *não* constitui uma lei no sentido positivo, ou seja, uma injunção ou norma passível de especificação, por mais abrangente que seja, mas é uma lei no sentido transcendental, uma negação constitutiva que gera a própria possibilidade de "aceitação, recusa, sim ou não", de significado e de avaliação: em suma, todos os aspectos diacríticos da existência social. O Simbólico estabelece um limite fundamental que, ao designar certas coisas como tabu, paradoxalmente serve para canalizar e flexibilizar o desejo ao mesmo tempo, necessitando, mas também facilitando, uma bateria de substituições de significantes, por meio das quais o afeto primordial pode ser canalizado para a fabricação de um mundo-da-vida. Vale a pena lembrar, nesse sentido, que o significante primário no Simbólico de Lacan, o falo, não somente nega ao sujeito nascente o gozo da díade materna (o dueto que liga mãe e filho em um abraço letal), como também defende o sujeito contra as demandas perigosamente claustrofóbicas dessa ligação primordial.

> A mãe é um grande crocodilo, e você se vê dentro de sua boca. Você nunca sabe o que pode irritá-la repentinamente, fazendo aquela boca fechar. Esse é o desejo da mãe [...]. Existe um cilindro, feito de pedra [...], o que chamamos de falo. É o cilindro que protege você, caso a boca se feche de repente.[7]

Como resultado, o substituto fálico, a metáfora paterna, se divide entre o "não" prescritivo (*non*) e o nome autorizador (*nom*), articulando uma lei cuja obstinação formal (memorializada na expressão "a rocha da castração") é capaz de tremenda variabilidade em conteúdo. Por meio da mesmíssima dinâmica de substituição figurativa, o Simbólico admite simultaneamente uma transferência de autoridade da proibição edipiana para regras mais localizadas e códigos que definem o direito positivo. O Simbólico também admite uma transferência de investimento do tabu edipiano para novos objetos licenciados e orientações. Os intercruzamentos agonísticos e intricados desses vetores transferenciais e intensidades (bem como bloqueios, incoerências, conflitos, perturbações e ambivalências que geram) esculpem uma rede cuja estabilidade reside menos em seus poderes de comando do que em seus poderes de apropriação.

O sujeito do Simbólico de Lacan, com sua famosa representação por um significante para outro significante, não é assim normalizado, como

---

7 LACAN, Jacques. *Seminar XVII apud* FINK, Bruce. *The Lacanian Subject*. Princeton: Princeton University Press, 1995, p. 56-7.

presume Althusser. Pelo contrário, ele é estruturado na errância. A seu desejo não é atribuído um objeto próprio ou um caminho fixo, mas ele é mobilizado dentro e por meio da irremediável perda ou ausência destes. É exatamente por meio dessa transação contínua que o Simbólico em si passa a ser coerente. Todo sujeito retifica a ausência no Outro referindo-se inconscientemente à sua própria "falta de ser" àquele Outro como o único terreno possível de realização ou validação. Um erro não justifica o outro, mas para a máquina sublimemente recuperativa de Lacan, dois vazios equivalem à plenitude. É uma prova das diferenças sutis, mas significativas, entre a dialética lacaniana, que atravessa o espaço curvo associado à física quântica, e a dialética marxista, que permanece consonante com uma estrutura einsteiniana, se não newtoniana, o fato de que Althusser consiga por um lado superestimar o potencial ativista do registro "prático" de Lacan, que é o Imaginário, e que por outro subestime a função determinista do registro estrutural de Lacan, o Simbólico.

Outra forma de iluminar essa questão é recordar que o Simbólico é profundamente inconsistente, o que também permite sua imbricação com o Real, que Althusser ignora. E essa inconsistência é estritamente correlativa com a realidade do inconsciente, o sujeito barrado (ou $). O primeiro contém um espaço coletivo que requer, como vimos, a sutura da subjetividade; o último contém uma reserva "privada" que já é sempre transindividual, o discurso do Outro. Dessa parceria desigual e abrasiva vêm tanto a produção quanto a cooptação da agência política em Lacan, nossa capacidade para intervenção para fins que não os nossos ou que nunca seriam "nossos". Em compensação, Althusser prevê um simbólico completamente consistente, possuído de "absoluta eficácia" (*FL*, p. 209).

> Lacan demonstra a eficácia da Ordem, da Lei, que aguarda à espreita cada criança desde antes de seu nascimento. E a apanha antes de seu primeiro choro, atribuindo-lhe seu lugar e papel e, portanto, seu destino fixo. (*FL*, p. 211)

Lacan diria que a visão de um Simbólico como esse caracteriza o molde paranoico da mente, uma perspectiva hermenêutica não desconhecida do marxismo convencional que insiste em achar tudo densa e minuciosamente interconectado em um todo fechado, intato e motivado. Sob essa ordem, o Imaginário/Ideológico nunca pode ser mais do que um reflexo e um reforço de algum circuito integrado da inapelável "lei de cultura".

Contudo, ironicamente, o Imaginário e, por extensão, a ideologia, só podem ser considerados determinados pela matriz do Simbólico na medida em que o Simbólico é em si estruturado à maneira do Imaginário, como uma "unidade ortopédica", um Outro idêntico a si mesmo, não barrado, portanto, um tipo de Imaginário-Simbólico. Não coincidentemente, a paranoia é em si o produto de uma fase atrasada do Imaginário, "uma passagem do Eu especular para o Eu social", como diz Lacan (*E/S*, p. 5). A reversão emerge claramente no ensaio de Althusser "Ideologia e aparelhos ideológicos de Estado",[8] que faz uso explícito de conceitos lacanianos na tentativa de sintetizar os elementos de sua teoria da ideologia em desenvolvimento. Na relevante subseção do ensaio "Sobre a Ideologia", Althusser volta à sua noção de uma "relação vivida imaginária" e a explica por meio de uma separação dos elementos. A ideologia é "imaginária" ao constituir uma "representação ilusória" das condições de existência (*I*, p. 162). Mas essas distorções imaginárias só têm realidade ao serem inseridas em práticas materiais, e tornando-se uma parte essencial delas, da maneira como os sujeitos vivem sua relação com o mundo. Como a distorção imaginária, seguindo a lógica especular de Lacan, prova a possibilitação das práticas em si, Althusser pode reiterar sua principal inovação na ideologia-crítica marxista: "Não existe uma prática [material] exceto pela ideologia e na ideologia" (*I*, p. 170). Mas como as práticas materiais incorporam distorções imaginárias como o veículo de relações vividas, Althusser deve acrescentar uma segunda tese: "Não existe uma ideologia exceto pelos sujeitos e para os sujeitos" (*I*, p. 171). Nossas "perspectivas de mundo" ilusórias são sempre formas de *auto*-equívocos.

Essa última tese retém algo da "instância do ego" e, talvez para abafar sua tônica voluntarista, Althusser vai insistir que "a categoria do sujeito só é constitutiva de toda ideologia na medida em que toda ideologia tem a

---

8 ALTHUSSER, Louis. "Ideology and the State". *Lenin and Philosophy*. Nova Iorque: Monthly Review, 1971, p. 159-60. Doravante citado no texto como *I*.

função (que a define) de constituir indivíduos concretos como sujeitos" (*I*, p. 171). Por um lado, esse sentimento prevê o enquadramento da ideologia como uma aproximação muito mais *literal* do cenário do estádio do espelho do que qualquer coisa que Althusser já tivesse tentado. O conceito de interpelação de Althusser descreve o funcionamento básico da ideologia: a ideologia funciona ao chamar meu nome. Essa nova ideia, introduzida nesse ensaio, considera os indivíduos que assumem uma identidade social (des)conhecendo-se na imagem de alguém invocado por seu outro social. Por outro lado, e de forma ainda mais importante, o sentimento acima pressagia uma confusão do registro "formativo" do Imaginário com o registro da subjetividade inscrita (o Simbólico). E é exatamente isso o que ocorre. A figura de interpelação de Althusser é um policial cuja intimação, "Ei, você!", funde o papel do duplo social com a lei do pai.

Em outras palavras, a voz da autoridade funciona como a agência formativa do *self* Imaginário/Ideológico, mais do que o "impulso interno" da autoprojeção do indivíduo. O sujeito é, portanto, não só chamado a obedecer às designações normalizadoras da "lei de cultura", mas é constituído como o (des)conhecimento desse chamado. Mesmo o espaço teórico para a resistência, brevemente aberto no estádio do espelho de Lacan, é fechado aqui em antecipação. Existe uma evidência indiscutível dessa foraclusão na mudança da "antecipação" inexata, ainda que capacitadora, do ego Imaginário de Lacan, para o reconhecimento exato, ainda que reflexivo, do sujeito ideológico de Althusser.

> [...] o indivíduo saudado se vira para olhar [...]. Por quê? Porque ele reconheceu que a saudação era 'realmente' dirigida a ele, e que foi *realmente ele* que foi saudado [...] chamado verbal ou assobio, aquele que é saudado sempre reconhece que é realmente ele que está sendo saudado. (*I*, p. 174)

A regularidade excepcional com a qual o transeunte certo responde ao "chamado" é menos uma evidência empírica do que um emblema narrativo da eficiência perfeita da convocação ideológica. De fato, essa perfeição surge do *status não empírico*, de estrutura profunda e trans-histórica ("eterno") do Imaginário/Ideológico. Althusser até invoca o exemplo clássico da inscrição simbólica, "a criança não nascida [...] certa por antecipação de que carregará o nome do pai", como seu meio de ilustrar a afirmação de que "a ideologia sempre-já interpelou indivíduos como sujeitos" e "que indivíduos são sempre-já sujeitos", ou seja, sujeitos da ideologia (*I*, p. 176).

Para que não confundamos as operações de seu registro Imaginário/Ideológico com as dinâmicas da ordem Simbólica que ele parece estar deslocando, deixe-me contrastar brevemente a maneira como a convocação sempre acerta na mosca em Althusser, e a maneira com que uma carta sempre chega a seu destino em Lacan. A convocação sempre encontra seu caminho *diretamente* e parece contar com um suposto circuito *a priori* de condicionamento social, no qual o sujeito a ser constituído já está presente como o destinatário preferido do chamado, no indivíduo abordado. Em Lacan, a carta (em ambos os sentidos) que sempre chega ao seu destino é contingente e sem sentido em si, e só possui uma força semiótica em sua articulação juntamente com uma cadeia significante que excede a compreensão de seu destinatário. Sendo assim, a carta não é de maneira nenhuma designada ou particularmente adequada para seu destinatário. Pelo contrário, ela pode parecer bastante estranha a ele. Mas por essa carta ter sido mediada de maneiras particulares, por aglomerações de significantes particulares, e adquirido valências específicas como resultado, a análise de sua relação figurativa com aquela exorbitante rede de significantes, o discurso do Outro, sempre revelará uma certa lógica para sua chegada e seu posicionamento do sujeito que ela afeta. Para Lacan, a carta sempre chega ao seu destino exatamente por conta do poder recuperativo do significante que, ao se antecipar ao próprio significado que promete, transforma perpetuamente a chegada em destino, a contingência em proporção.

O fato de Althusser não conseguir entender essa lógica tende a trancar seu próprio pensamento psicanalítico em uma estrutura do Imaginário. Ainda que ele ensaie a linguagem do Simbólico, ele não pode falar ao discurso do Outro. Em nenhum lugar isso fica mais claro do que em sua longa e conclusiva exemplificação do processo interpelativo. Ao combinar a "estrutura especular" formativa da ideologia com a lei paterna, Althusser arruma uma forma de produzir, em suas palavras, uma estrutura "*duplamente* especular" (*I*, p. 177), um Imaginário duplo, deslocando completamente o Simbólico. De um lado do espelho, o sujeito ideológico é constituído por meio de um falso reconhecimento confirmado, do outro lado do espelho, por um Pai divino. É fácil ver como o cenário de interpelação de Althusser traduz os elementos do Outro de Lacan para os elementos de um outro imaginário óbvio. Em vez de uma rede de significantes que insistentemente descentralizam os sujeitos que eles posicionam, Althusser levanta a hipótese de um "Outro Sujeito Único e Absoluto" – central a um teatro fantasmático de "*reflexões especulares*" constitutivas (*I*, p. 179). Ele concede aos sujeitos interpelados um senso imaginário de autoidentidade protegida em troca pela sua disposição em "trabalhar sozinhos" em sua própria sujeição (*I*, p. 181). Portanto, em todos os estágios da transação ideológica, Althusser sistematicamente omite o inconsciente, substituindo-o por algo semelhante à ultrapassada noção de "falsa consciência".

Mais do que um capricho individual, a substituição de Althusser é sintomática da antiga propensão a pensar diversas formas de inconsciência *sem* o inconsciente, uma tendência que ajuda a explicar tanto a esperança persistente de uma reaproximação com a psicanálise quanto a persistente frustração desssa esperança. Na *méconnaissance*, Althusser descobriu uma versão de tal inconsciência com um *imprimátur* lacaniano para recomendá-la. Mas isso também se mostrou uma oportunidade tentadora demais para envolver o discurso da psicanálise sem envolver a descoberta característica da psicanálise. A promoção e a adaptação que Althusser faz de concepções lacanianas tendiam, assim, a reproduzir o encontro fracassado do marxismo com a psicanálise sob o pretexto de consertá-lo.

Lacan pode ter entendido exatamente isso. A natureza casual e superficial de sua correspondência com Althusser certamente indica uma fé limitada no projeto intelectual cooperativo que Althusser estava propondo. O que é mais certo, e talvez mais surpreendente, é que, no final das contas, Althusser claramente entendia isso. Em uma pungente carta a um amigo, por volta de 1977, Althusser responde a uma consulta sobre "as 'relações' entre ideologia (ou formações ideológicas concretas) e o inconsciente"

(*WP*, p. 4) ao admitir que ele havia deixado esse problema não somente sem solução, como também sem abordagem:

> Eu disse que deveria haver alguma relação ali, mas ao mesmo tempo proibi a mim mesmo de inventá-la – considerando que era para mim um problema sem soluções [...] nas notas finais para Freud e Lacan, mas ali também, no artigo sobre aparatos ideológicos de Estado, existe um limite que não foi ultrapassado. (*WP*, p. 4-5)

Como Althusser havia declarado anteriormente o inconsciente como o objeto definidor da psicanálise, o fato de ele ter admitido que evitou aplicá-lo à questão da ideologia não é nada menos que extraordinário. Ainda mais extraordinária é sua confissão de uma incompreensão contínua e total de como, e até mesmo se, tal aplicação pode ser feita.

> Deste modo, quando você aponta para mim 'a pergunta' 'Como você vê uma elaboração conceitual entre o inconsciente e a ideologia?', eu só posso responder que não vejo. (*WP*, p. 5)

Althusser em seguida diz "Nem toda pergunta implica uma resposta" (*WP*, p. 5), e, dada a natureza da pergunta, sua resposta pode ser traduzida como "Nem todo noivado prolongado – digamos, entre o marxismo e a psicanálise – implica um casamento".

Adaptando o famoso lema de Lacan "não existe relação sexual", houve muito pouca *relação* teórica entre marxismo e Lacan. Assim como os parceiros "masculinos" e "femininos" em uma relação sexual são divididos por diferenças tão marcadas de disposição lógica que só podem ser transpostas com uma imposição mutuamente narcisista uma sobre a outra, da mesma forma, as lógicas que definem cada formação analítica se provaram até hoje tão grandemente irreconciliáveis, apesar de seus momentos de afinidade, que a retroversão ou foi reduzida à contradição (Althusser) ou a contradição foi subordinada à retroversão (Žižek). O marxismo de Lacan nunca existiu, em reconhecimento dessa discórdia insolúvel; mas o Lacan do marxismo, sim, existiu como o desconhecimento jubilante, mas afinal alienante, de uma harmonia projetada.

10 Ética e tragédia em Lacan

ALENKA ZUPANČIČ

A discussão que Lacan faz a respeito da ética da psicanálise está intimamente conectada com sua discussão sobre a tragédia, mas não devemos nos esquecer de que essa conexão não é imediata. A ética, bem como a tragédia, é abordada em relação a outro conceito central, o do desejo. Qualquer associação que exista entre ética e tragédia vem desse conceito. Também se deve ter em mente que, na teoria lacaniana, existe uma associação muito direta entre desejo e comédia. Lacan introduz, desenvolve e ilustra seu famoso grafo do desejo por meio da leitura que faz do livro de Freud sobre o *Witz* (*O chiste e sua relação com o inconsciente*), acrescentando alguns exemplos próprios e levando a discussão ao seu clímax com um breve, mas pungente, comentário sobre Aristófanes e Molière.[1] No final de *A ética da psicanálise*, o seminário no qual a questão central da relação entre a ação e o desejo que habita em nós é explorada em sua trágica dimensão, Lacan nos lembra mais uma vez dessa outra dimensão cômica.

> Por menos tempo que eu tenha dedicado até então ao cômico aqui, vocês puderam ver que, ali também, é uma questão da relação entre a ação e o desejo, e da incapacidade fundamental da primeira de alcançar a segunda. (*SVII*, p. 313)

De fato, a "relação entre a ação e o desejo" é o que define o campo da ética, e a exploração da tragédia e também da comédia oferece uma maneira produtiva de se examinar as diferentes formas que essa relação pode assumir. Embora a ideia seja focar na perspectiva da tragédia (a perspectiva que é identificada em grande parte com a discussão de Lacan sobre a ética), a

---

1 Ver LACAN, Jacques. *Le Séminaire V: Les Formations de l'inconscient*. Paris: Seuil, 1998.

outra dimensão, cômica, deve ser ao menos mencionada com outra possível inclusão nesse tópico.

O posicionamento de Lacan a respeito da ética da psicanálise não pode ser simplesmente identificado com seus comentários sobre diferentes obras de tragédia (e comédia). Hamlet não está aqui para ilustrar qualquer modelo de conduta ética. Tampouco Antígona ou Sygne de Coûfontaine. Eles estão aqui porque todos personificam um certo impasse do desejo, bem como uma certa maneira de lidar com esse impasse. Em outras palavras, eles estão aqui porque o impasse do desejo é aquilo com que a psicanálise lida primariamente, que ela apresenta e comprova. Estão aqui porque esse impasse é o que compõe os sonhos – sonhos que não são nada menos do que aquilo que levou Freud à descoberta do inconsciente.

A primeira característica notável que chama a atenção em relação ao envolvimento de Lacan com a tragédia é o fato de que tudo acontece dentro de um período relativamente curto e preciso de seu ensino, entre 1958 e 1961. Enquanto conduzia seu sexto seminário, *O desejo e sua interpretação*, ele embarcou em um longo e detalhado comentário sobre *Hamlet*, de Shakespeare. No ano seguinte, que foi o ano de *A ética da psicanálise*, ele apresentou sua famosa leitura de *Antígona*, de Sófocles. E no outro ano, ainda, enquanto focava seu seminário no tópico da transferência, ele propôs uma análise surpreendente da trilogia dos Coûfontaine, de Paul Claudel (*O refém, O pão duro* e *O pai humilhado*). Além disso, há uma abundância de referências a Édipo (tanto a Édipo Rei quando a Édipo em *Colono*) em todos os *Seminários* acima mencionados.

É como se nesses anos Lacan quisesse explorar e – ficamos tentados a dizer – desenvolver até o fim a estrutura conceitual fundamental que caracterizava esse período de seu ensino, e que poderia ser formulada em termos de uma antinomia absoluta entre a ordem significante e o reino do gozo. Lacan situava o gozo ao lado da Coisa (o *das Ding* de Freud), e esse esquema constituía a noção crucial do seminário sobre a Ética. Absolutamente isolado e separado tanto do Simbólico quanto do Imaginário, o *das Ding* aparece como um Real inacessível, ou melhor, como o Real cujo acesso pode exigir o mais alto preço. Na medida em que ele se empenha para fornecer esse acesso, a psicanálise em si constitui uma trágica experiência. Para Lacan, afirmar que "a tragédia está na vanguarda de nossas experiências como analistas" (*SVII*, p. 243), e postular uma equivalência entre "a ética da tragédia" e "a da psicanálise" (*SVII*, p. 258), refere-se exatamente ao preço que o sujeito deve pagar para ter acesso a esse Real. Pois o Real constitui a própria essência do ser do sujeito, a essência que é simultaneamente criada e extirpada pelo advento da ordem significante. Lacan não insinua que a ordem do significante roube o sujeito de alguma possessão prévia (e completa) de seu ser – esse ser é completamente coextensivo com a ordem simbólica, e, ainda assim, é separado dela por uma brecha que pode ser descrita como existencial.

Édipo: o risco da castração

A noção que articula os dois lados da dicotomia do significante e da Coisa é a do desejo. A estrutura do desejo é a estrutura da ordem significante, da linguagem e sua diferenciação inerente. Daí a insistência de Lacan no caráter metonímico do desejo. Contudo, o que o desejo afinal almeja e o que, ao mesmo tempo, funciona como sua condição absoluta, está situado no lado da Coisa. O desejo encarna a própria divisão, ou brecha, que corresponde à natureza trágica da experiência do desejo. No entanto, não é exatamente isso que Lacan tem em mente. Não satisfeito em simplesmente apontar essa divisão no próprio núcleo da existência humana, Lacan não se junta à lamentação da natureza trágica da condição humana. Pelo contrário, ele sutilmente reverte a própria perspectiva que leva a tais lamentações. Pois, de acordo com ele, a essência da tragédia não está na forma como ela expõe essa suposta divisão trágica do sujeito humano; ela está, na verdade, no fato de que o herói ou a heroína trágica é justamente alguém que (voluntariamente ou não) embarca no caminho de abolir a divisão em questão. É daí que surge a tragédia: daquilo que se precisa fazer (experienciar ou "pagar") para obter acesso ao Real, do qual o sujeito propriamente dito é separado por definição. Em outras palavras, não há nada "trágico" a respeito da divisão em si que o significante introduz no sujeito. Reconhecer essa divisão é uma experiência comum que pode envolver uma certa dose de frustração e todo tipo de neurose, mas em si não se torna o que se pode chamar com razão de "experiência trágica". A glorificação dessa divisão como "trágica", a postulação da patética *grandeur* da existência humana como resultante dessa ferida em seu cerne, é vista por Lacan como a contraparte ideológica de cada ordem (política) existente. Sua mensagem é simplesmente a seguinte: em vez de perseguir seus desejos, você deve renunciar a eles, aceitar a trágica impossibilidade que se situa em seu cerne, e se juntar ao caminho do bem comum.

Existe uma sugestão política muito distinta nas evoluções de Lacan em *A ética da psicanálise,* que tem a ver exatamente com essa crítica da divisão trágica. "Não existe absolutamente nenhuma razão", ele afirma, "pela qual deveríamos nos tornar os fiadores do sonho burguês" (*SVII*, p. 303). Do que consiste esse "sonho burguês"? Ele consiste da tentativa de associar conforto individual com o serviço de bens (bens privados, bens familiares, bens domésticos, bens de nosso ramo ou profissão, bens da comunidade, etc.). Se o que Lacan chama de "disseminação universal do serviço de bens" implica "uma amputação, sacrifícios, de fato uma espécie de puritanismo na relação com o desejo que ocorreu historicamente" (*SVII*, p. 303), então o objetivo da análise não pode e não deve ser deixar o sujeito o mais confortável possível com essa "amputação". A análise não está aqui para nos ajudar a aceitar os sacrifícios que a sociedade inflige a nós, nem compensar esses sacrifícios com a satisfação narcisista associada à nossa consciência da "divisão trágica" que nos divide e nos impede de estarmos totalmente satisfeitos. Ela propõe um jogo totalmente diferente, que reverte a perspectiva sobre o bem, de forma que este não seja mais visto como algo que possa ser obtido por meio de determinados sacrifícios, mas sim algo que possamos usar como "pagamento" para obter acesso à única coisa que realmente importa:

> Finalmente chegamos ao campo do serviço de bens; ele existe, é claro, e está fora de questão negá-lo. Mas invertendo as coisas, eu proponho o seguinte [...]: não existe nenhum outro bem além daquele que possa servir para pagar o preço pelo acesso ao desejo. (*SVII*, p. 321)

Essa reversão da perspectiva sobre o bem recebe uma ilustração muito pungente na figura de Édipo. Lacan foca no crucial período de tempo que se passa entre o momento em que Édipo é cegado e o momento em que ele morre (que corresponde aproximadamente ao período coberto por Édipo em *Colonus*), um período de tempo que Lacan compara com o que ocorre no final da análise.

Em primeiro lugar, Lacan enfatiza que Édipo foi enganado exatamente por seu acesso à felicidade, "tanto a felicidade conjugal quanto a felicidade de seu trabalho como rei, de ser o guia para a felicidade do Estado" (*SVII*, p. 304), ou seja, a felicidade relacionada ao "serviço de bens". Em seu ato de se cegar, Lacan reconhece um ato de abrir mão da exata coisa que o cativou (no caso, essa "felicidade"). Ao mesmo tempo, Lacan insiste no fato de que abrir mão do bem que o cativou não impede que ele exija tudo, todas as honras devidas à sua patente. Embora ele tenha renunciado ao serviço de bens, nada da preeminência de sua dignidade em relação a esses mesmos bens é abandonado. Ademais, Édipo continua a buscar o próprio desejo que o levou para além do limite, ou seja, o desejo de saber. De acordo com Lacan, "Ele aprendeu e ainda quer aprender algo mais" *(SVII*, p. 305). Essa zona na qual Édipo entra renunciando ao serviço de bens não é, portanto, algum tipo de estado nirvânico em que ninguém é mais movido por qualquer desejo ou aspiração, completamente destacado de "questões mundanas". Não que a renúncia aos bens e ao poder evite ou nos impeça de formular qualquer demanda. Pelo contrário, é exatamente essa renúncia que nos coloca na posição de fazer demandas, bem como na posição de agir em conformidade com o desejo que existe em nós. Mas do que trata exatamente essa renúncia? Como disse acima, não tem a ver com renunciar aos "prazeres da vida". A experiência analítica mostra que a verdadeira oposição não é entre perseguir o prazer ou a felicidade e renunciar a eles, digamos, em nome de algum dever. Os deveres que impomos a nós mesmos e experienciamos como "sacrifícios" são, frequentemente, uma resposta ao medo dos riscos envolvidos caso não nos impuséssemos esses deveres. Em outras palavras, eles são exatamente a forma como nos agarramos àquilo que mais tememos perder. E é esse medo (ou essa "possessão") que nos escraviza e nos faz aceitar todo tipo de sacrifício. O que Lacan quer dizer é que essa possessão não é um bem empírico que temos e não queremos perder. É de natureza simbólica, que é exatamente o que a torna tão difícil de se abrir mão. Renunciar a esse "bem" não é tanto renunciar a algo que nós temos, mas sim renunciar a algo que não temos, mas que ainda assim está segurando nosso universo. Em outras palavras, "a psicanálise ensina que no final é mais fácil aceitar a interdição do que correr o risco da castração" (*SVII*, p. 307). Essa fórmula é, na verdade, crucial para a "ética da psicanálise", que poderia ser definida como aquilo que nos liberta nos fazendo aceitar o risco da castração. Em certo sentido, isso nos coloca na posição em que não temos nada a perder. No entanto, embora não seja falso, esse modo de colocar as coisas pode ser enganoso, já que sugere algum tipo de perda definitiva para além da qual não podemos mais desejar ou nos apegar a nada, justamente o contrário do que pretendemos. A perda em questão, na verdade, supostamente deve liberar o campo do desejo – liberá-lo no sentido de que o desejo não dependa mais da interdição (da Lei), mas seja levado a encontrar e articular sua própria lei.

Contudo, isso está longe de ser óbvio. A relação entre desejo e lei é complexa. Por um lado, é simplista demais manter que as interdições e as proibições suprimem nosso desejo e evitam sua total realização. Por outro, também não é preciso o suficiente dizer que elas constituem o desejo, que é o próprio ato da interdição que constitui o desejo. A ocorrência do desejo é correlativa com a ocorrência da ordem significante, que é mais ampla que o domínio das leis e das proibições. O desejo ocorre quando uma necessidade é articulada no significante, tornando-se, assim, uma demanda. O desejo é o algo na demanda que nunca pode ser satisfeito – ou seja, reduzido de volta a uma necessidade. O próprio fato de eu dirigir minha demanda ao Outro introduz algo nessa demanda que se esquiva da satisfação; por exemplo, uma criança que exige comida de seus pais não ficará satisfeita simplesmente com a comida que recebe. É isso que justifica a metonímia do desejo.

> O homem, um novo Aquiles em busca de outra tartaruga, está condenado, por conta de seu desejo de ficar preso no mecanismo da fala, a essa abordagem infinita e nunca satisfeita, associada ao

próprio mecanismo do desejo que chamamos simplesmente de discursividade.[2]

Estamos lidando com uma impossibilidade inerente de o desejo ser (completamente) satisfeito, e essa configuração é ao mesmo tempo o motor e o impasse do desejo. A intervenção da lei, longe de simplesmente "reprimir" nosso desejo, nos ajuda a lidar com o impasse ou a impossibilidade envolvida no mecanismo do desejo propriamente dito. Em resumo: a lei dá uma forma significante à impossibilidade envolvida no próprio fenômeno do desejo. A operação fundamental da lei é sempre proibir algo que em si seria impossível. O fato de que a lei associa esse impossível a algum objeto particular não nos deveria impedir de enxergar isso. Ao designar um determinado objeto como proibido, a lei faz duas coisas: ela isola a Coisa impossível que o desejo almeja, mas nunca obtém, e fornece uma imagem dessa Coisa. Essa imagem (a mulher do meu vizinho, por exemplo) deve ser distinta daquilo que, no nível do simbólico, não é nada além do significante do impossível como tal. A lei condensa o impossível envolvido no desejo em um "lugar" excepcional. Por meio dessa lógica de exceção, ela libera o campo do possível. É por isso que a intervenção da lei pode ter um efeito libertador sobre o sujeito. Ela torna possível para Aquiles não gastar cada minuto de sua vida tentando entender por que ele não consegue alcançar a tartaruga, ou tentando obstinadamente fazê-lo. Ela pode torná-lo um membro produtivo da comunidade. Esse é o motivo pelo qual Lacan, embora se recuse a colocar a análise a serviço de produzir membros felizes da comunidade, também se recusa a concordar com o discurso que defende a libertação do desejo da repressão e do espólio da lei. O que ele quer dizer é que a lei suplementa a impossibilidade envolvida na própria natureza do desejo por uma interdição simbólica e que, portanto, é errôneo presumir que, ao eliminar essa interdição, nós também eliminaremos a impossibilidade envolvida no desejo. Ele não alertou, por exemplo, na convulsão de 1968, para algum estado caótico que poderia resultar da abolição de determinadas leis e proibições. Tampouco alertou para um desejo humano

---

2   Lacan, *Le Séminaire V: Les Formations de l'inconscient*, p. 122.

desenfreado. Pelo contrário, ele alertou para o fato de que o desejo, cansado de lidar com sua própria impossibilidade, desistiria e se resignaria a qualquer coisa em vez de tentar encontrar sua própria lei.

Nós já citamos a tese de Lacan segundo a qual "é mais fácil aceitar a interdição do que correr o risco da castração". Contudo, como deve ficar claro a partir do que acabamos de desenvolver, isso não significa que a interdição nos proteja de sermos expostos à castração (ou seja, de passar por uma perda de algo que temos). O "medo da castração" é o medo de perder aquilo que constitui um suporte de significação para a falta envolvida na experiência do desejo em si. A interdição é o que fornece esse suporte; é o que dá uma forma significadora à falta (ou à experiência da "castração") que já está lá.

A psicanálise, como concebida por Lacan, não é algo que vá restituir a velha e boa lei onde não há uma. Embora muitos problemas clínicos possam de fato ser atribuídos ao fracasso da lei em funcionar para o sujeito como um fator estabilizador, o trabalho da psicanálise não é de forma alguma garantir que o sujeito por fim concorde com o ideal desta ou daquela autoridade. Seria melhor dizer que, uma vez que as coisas vão tão longe (a ponto de produzir uma neurose, por exemplo), elas só podem ir mais longe. Em princípio, é mais fácil obedecer à lei do que contornar o desejo. Mas todos os defeitos e disfunções que aparecem na clínica (bem como na psicopatologia da vida cotidiana) nos lembram não somente de que isso nem sempre funciona, mas também de que ela nunca funciona perfeitamente. A psicanálise não está aqui para consertar o dano, para ajudar a máquina social a funcionar melhor e reconstruir o que quer que tenha sido mal construído. Ela está aqui para nos levar mais longe pelo caminho onde nossos "problemas" nos colocaram, está aqui como a "guardiã" do outro caminho, o que consiste em contornarmos nosso desejo. Emblemática desse "outro caminho" é a história de Édipo que, embora inconscientemente, deixa o abrigo da interdição, é levado a abrir mão da coisa que o cativava, e entra no domínio no qual "está em jogo o reino absoluto de seu desejo [...] algo que é suficientemente enfatizado pelo fato de que ele se mostra irredutível até o fim, exigindo tudo, não abrindo mão de nada, absolutamente irreconciliável" *(SVII*, p. 310). É isso que torna possível para Lacan insistir no fato de que a renúncia aos bens e ao poder, que supostamente seria uma punição, "não é de fato uma punição" (*SVII*, p. 310). Consequentemente, a tragédia, pelo menos na perspectiva do que Lacan chama de dimensão trágica da experiência analítica, não é necessariamente tão "trágica" assim, mas pode produzir o tipo de libertação que ocorre no caso de Édipo.

Hamlet: o desejo perdido

Laurence Olivier decidiu guarnecer sua versão cinematográfica de *Hamlet* com estas palavras: "Esta é a tragédia de um homem que não conseguia se decidir". O tom cômico dessas palavras, o fato de que toda a tragédia de *Hamlet* pode de fato ser expressa nesse tipo de *Witz*, deveria nos lembrar da ambiguidade central que opera no impossível envolvido no desejo, uma ambiguidade que pode tomar tanto o caminho da comédia quanto da tragédia. Shakespeare explora sua trágica dimensão, e Lacan o segue nesse caminho:

> A estrutura fundamental da eterna Saga, que está lá desde as origens do tempo, foi modificada por Shakespeare na maneira com que revelou como o homem não é simplesmente possuído pelo desejo, mas precisa encontrá-lo – encontrá-lo à sua custa e com muita dor.[3]

De fato, a história de *Hamlet* não trata de abrir mão ou deixar de abrir mão do desejo. Hamlet é um homem que se perde de seu desejo, e a pergunta "O que fazer?", tão central na trama, aponta para esse fato. Um dos aspectos que sempre preocupou os intérpretes de *Hamlet* é justamente a incapacidade do herói de agir, suas dúvidas e hesitações que o fazem adiar o ato de matar Claudius. Duas leituras dessa incapacidade que se tornaram as mais famosas são a leitura romântica e a psicanalítica (inicial). A primeira, baseada na interpretação de Goethe, enfatiza a antinomia do pensamento e da ação: o herói é um "intelectual", e essa atitude de conhecimento e reflexão faz, para usar as palavras do próprio Hamlet, as correntes de suas empreitadas darem errado e deixarem de ser ação. A interpretação analítica inicial, baseada em alguns comentários de Freud, mas desenvolvida extensamente por vários analistas da

---
3 LACAN, Jacques. "Hamlet". *Ornicar?*, 24: 24, 1981.

"primeira geração", também é bastante conhecida. Ao matar o pai de Hamlet e se casar com sua mãe, Claudius percebe o desejo inconsciente de Hamlet, o desejo da criança pela mãe, o desejo edipiano de eliminar aquele que parece ser um obstáculo para seu desejo. Diante das ações de Claudius, Hamlet se vê na posição de um cúmplice, e não consegue atacar o usurpador sem simultaneamente atacar a si mesmo.

Embora preserve os dois conceitos cruciais dessas leituras (conhecimento e desejo), a interpretação de Lacan os subverte justamente na essência. Quanto à leitura edipiana, Lacan aponta que, se aceitamos sua perspectiva, então, Hamlet é movido por duas tendências: aquela que é encomendada pela autoridade de seu pai e aquela que corresponde à sua vontade de defender sua mãe, de guardá-la para si mesmo. Ambas as tendências deveriam levá-lo na mesma direção: matar Claudius. Ademais, se ele tivesse atacado imediatamente seu padrasto, não seria por ter encontrado uma oportunidade perfeita de se livrar de sua própria culpa? Assim, tudo leva Hamlet nessa única direção, mas ainda assim ele não age. Por quê? Um *tour de force* genuíno que Lacan realiza em relação a essa questão é apontar que, embora o desejo seja de fato algo contra o qual Hamlet luta o tempo todo, esse desejo deve ser considerado no lugar exato em que está situado na peça. E esse tipo de consideração leva Lacan a concluir que o desejo em jogo está longe de ser o desejo de Hamlet: não é seu desejo por sua mãe, mas sim o desejo de sua mãe.[4] Não é somente no clímax, na "cena do armário", que Hamlet é literalmente enlouquecido pela questão do desejo de sua mãe: por que e como ela pode desejar esse objeto malicioso, inadequado e indigno, esse "rei esfarrapado"? Como poderia ela abandonar tão rápido o esplêndido objeto que era o pai de Hamlet e escolher esse miserável que só poderia dar a ela uma satisfação passageira? Essa questão do desejo de sua mãe também tem uma parte importante na outra questão, que diz respeito ao papel do saber em *Hamlet*.

A respeito do retrato de Hamlet como um "intelectual moderno", cuja absorção no pensamento e na meditação enfraquece sua habilidade de agir, Lacan insiste em um fato que já havia chamado a atenção de Freud: em diversas ocasiões, Hamlet não tem nenhum problema em "agir". Ele mata

---

4   LACAN, Jacques. "Hamlet". *Ornicar?*, 25: 20, 1982.

Polônio sem hesitar; envia Rosencrantz e Guildenstern à morte sem nenhum remorso. Para Lacan, isso aponta claramente para o fato de que a dificuldade que Hamlet tem com esse ato específico está na natureza desse ato em particular. Embora seja verdade que o "obstáculo" que torna esse ato tão incômodo é o obstáculo do saber, o que está em jogo não é simplesmente o que Hamlet sabe, mas aquilo que ele sabe sobre o que seu pai sabe. Ocorre com frequência que as coisas mais óbvias sejam as mais difíceis de notar, e Lacan foi o primeiro a apontar o aspecto mais impressionante de *Hamlet*. O que distingue o drama de Hamlet do de Édipo e o que, em primeiro lugar, desencadeia todo o drama de Hamlet, é o fato de que o pai sabe. O pai sabe – o quê? Ele sabe que está morto, o que não se refere somente ao fato empírico de que ele faleceu. Ele se refere, acima de tudo, ao fato de que ele foi traído, de que lhe roubaram sua função simbólica e que, também como objeto de amor, ele foi imediatamente abandonado pela rainha (e é nesse ponto que a questão do desejo da mãe de Hamlet é incluída nessa questão do saber de seu pai).

No entanto, o que está em jogo não é simplesmente o fato de que o Outro sabe, mas sim o fato de que o *sujeito* sabe que o Outro sabe. Lacan aponta que existe uma correlação direta entre o que, do lado do sujeito, pode ser exprimido em termos de "o Outro não sabe", e a constituição do inconsciente: um é o lado reverso do outro. Para simplificar, a pressuposição de que o Outro não sabe é o que ajuda a manter a barra que separa o inconsciente do consciente. Uma ilustração divertida disso pode ser encontrada na piada do homem que acredita ser uma semente. Ele é levado a uma instituição psiquiátrica onde os médicos finalmente o convencem de que ele não é uma semente, mas sim um homem. Assim que ele deixa o hospital, ele volta muito assustado, alegando que há uma galinha do lado de fora e que ele está com medo de ser comido. "Caro amigo", diz seu médico, "você sabe muito bem que não é uma semente, mas um homem". "É claro que *eu* sei disso", responde o paciente, "mas e a galinha, sabe?". Aqui conseguimos entender muito bem a correlação entre o Outro que não sabe e o inconsciente.

Outra coisa interessante que tem sua relação com essa questão da codependência entre o "não saber" do Outro e o inconsciente é um aspecto muito peculiar de Hamlet, mais especificamente o fato de que ele finge ser louco. Lacan afirmou:

> [Shakespeare] escolheu a história de um herói que é forçado a fingir loucura para seguir os caminhos tortuosos que o conduzem a levar a cabo seu ato [...] [Ele] é levado a fingir loucura, e até mesmo, como diz Pascal, a ser louco junto com todos. Fingir loucura é, portanto, uma das dimensões do que poderíamos chamar de estratégia do herói moderno.[5]

Em relação à piada que lembramos há pouco, poderíamos dizer que Hamlet está fingindo ter medo de ser comido pela galinha, que é a única maneira pela qual ele pode impedir os outros de adivinharem o que ele sabe sobre o saber do Outro, mas também o único meio pelo qual ele mesmo consegue lidar com esse saber insuportável.

Em *Hamlet*, o Outro sabe e faz com que o sujeito saiba. O que inaugura a história de *Hamlet* é o fato de que "algo é levantado aqui – o véu que recobre a linha do inconsciente. Esse é exatamente o véu que tentamos levantar na análise, não sem resistência, como se sabe".[6] O véu em questão é, claro, o véu da castração. Contudo, isso não significa simplesmente que Hamlet seja confrontado com o fato de que o Outro é ele mesmo sujeito à castração, que é o que ocorre em qualquer curso "normal" da história do sujeito. O que está em jogo com o que Hamlet sabe sobre o que *seu* pai sabe é a diferença entre o fato de que "o Outro não existe" (que é outra forma de dizer que o Outro é sujeito à castração) e o fato de que o Outro ainda assim *funciona* – ou seja, tem um papel simbólico e eficácia palpável. É essa diferença que é abolida em *Hamlet*, levando ao colapso do Outro simbólico. O colapso do Outro simbólico é, portanto, relacionado não com o fato de que o sujeito sabe a respeito da falta do Outro, nem com o fato de que o próprio Outro sabe a respeito disso, mas sim ao fato de que

---

5 LACAN, Jacques. "Desire and the interpretation of desire in Hamlet". *Literature and Psychoanalysis*. Ed. Shoshana Felman. Baltimore: The Johns Hopkins University Press, 1982, p. 20.
6 LACAN, Jacques. "Hamlet". *Ornicar?*, 25: 30, 1982.

o sujeito sabe que o Outro sabe. É somente nesse ponto que o saber em questão não pode mais permanecer inconsciente. Para Lacan, o inconsciente não é simplesmente o sujeito não saber isto ou aquilo. Uma coisa pode permanecer inconsciente, embora o sujeito saiba perfeitamente bem a respeito (como na piada que usamos como exemplo). Contanto que o sujeito possa fingir ou acreditar que o Outro não sabe que ele "não existe", o Outro (simbólico) pode funcionar perfeitamente bem e constituir o suporte do desejo do sujeito. O que provoca seu colapso é o fato de que o saber do sujeito coincide com o saber do Outro.

As famosas palavras de Hamlet sobre o tempo estar "fora dos gonzos" podem ser entendidas como uma referência exata a esse colapso da ordem simbólica. O destino de Hamlet é selado pelo fato de que ele é convocado a "resolvê-lo". Esse apelo pode ser considerado como o exato oposto do que acontece na análise. Ao revelar o mesmo que é tão brutalmente revelado para Hamlet, a análise leva o sujeito a uma relativa autonomia perante o Outro, ao passo que o que acontece em *Hamlet* é que o destino do herói é cercado no destino do Outro de uma maneira muito definitiva e conclusiva. A dívida que ele deve pagar ou acertar, a dívida que desencadeia essa máquina infernal, é a dívida do Outro (seu pai). Quando ele finalmente encontra seu desejo e com ele sua capacidade de agir, é em relação ao Outro (Laerte). Ele executa seu ato durante um evento providenciado pelo Outro (Claudius e Laerte); mata Claudius com a arma do Outro (Laerte); e o faz na "hora do Outro" (a hora da morte, quando já está mortalmente ferido). Lacan chama nossa atenção para o fato de que o que leva Hamlet a agir e, ainda que indiretamente, a executar seu ato, é o que ocorre na cena do enterro de Ofélia. É a imagem de Laerte que, em uma expressão violenta de seu luto por Ofélia, salta para dentro de sua cova. É essa representação, de uma relação passional do sujeito com um objeto, que faz Hamlet (re)descobrir parte dessa paixão e zelo. Ao ver Laerte sofrendo, ele murmura algumas palavras bastante enfáticas,

> What is he whose grief
> Bears such an emphasis, whose phrase of sorrow
> Conjures the wand'ring stars, and makes them stand

> Like wonder-wounded hearers? This is I,
> Hamlet the Dane.[7*]

– e salta para dentro de sua cova. De repente, temos essa afirmação peculiar do que Hamlet é (sugerindo também o que ele veio fazer aqui). Ele parece ter encontrado seu desejo, "certamente só por um breve momento, mas um momento longo o suficiente para a peça terminar",[8] e ele o encontra por meio do que continua sendo uma identificação imaginária com o Outro (seu outrora amigo e agora rival, Laerte). Mas, ainda assim, mesmo depois dessa "metamorfose", Hamlet não vai simplesmente em frente e mata Claudius. Ele se envolve em algo que supostamente seria um duelo amigável com Laerte. Ele se envolve em algo que poderia ser chamado de outra metonímia, durante a qual ele é mortalmente ferido pela espada envenenada, as espadas são acidentalmente trocadas, ele se vê na posse da arma mortal, descobre a traição, e somente então, já morrendo, mata Claudius.

Seria possível dizer que em *Hamlet* o problema não é de uma ação que não consegue acompanhar o desejo. É mais o fato de que a ação não tem nada para acompanhar, já que é justamente o desejo que falta em *Hamlet*. A tragédia de Hamlet é a tragédia do desejo que perdeu seu suporte no inconsciente (no Outro) e não consegue achar seu próprio caminho, mas só pode tentar se apegar ao que resta do Outro na forma dos "outros empíricos" que cercam o herói. A relação de Hamlet com o desejo nunca tem uma resolução. Seu ato é tão conclusivo só por conta de ser, muito literalmente, seu ato final. Parece não haver nenhuma necessidade inerente para Hamlet de realizar seu ato. Ele o faz "pegando o último trem"; ele o realiza atrelando-o a algo que já está sendo realizado, ou está chegando ao fim, no caso, sua vida.

---

7   SHAKESPEARE, William. *Hamlet, The Complete Works of Shakespeare*. 3. ed. Ed. David Bevington. Glenview: Scott Foresman, 1980, 5.1.254-58.

*   N.T.: Quem é que se queixa
    com ênfase tão grande e com palavras
    que invocam as estrelas e as detém
    como ouvintes pasmados? Sou eu,
    Hamlet, o dinamarquês.

8   LACAN, Jacques. "Hamlet". *Ornicar?*, 25: 24, 1982.

Agora olharemos para duas outras tragédias que lidam explicitamente com a questão de um elo inerente que existe entre o desejo e a perspectiva do *fim*. Justamente na medida em que o desejo é, por definição, inconclusivo, envolvido na metonímia potencialmente infinita dos significantes e objetos, a questão da "realização do desejo" (termos de Lacan) é intimamente conectada com a questão de se dar um fim a essa metonímia possivelmente infinita.

Antígona e Sygne: a realização do desejo

Embora Antígona e Sygne de Coûfontaine, heroína da peça de Claudel *O refém*, se vejam em posições muito diferentes e personifiquem duas configurações éticas um tanto opostas, elas ainda assim têm algo essencial em comum. Esse algo essencial é a "realização do desejo".

O que exatamente a realização do desejo significa no contexto da teoria lacaniana? Como mostramos em outra ocasião,[9] está claro que não significa a concretização do desejo. Não significa a realização daquilo que o sujeito deseja. Na teoria lacaniana, não existe o que se chama de objeto desejado. Existe o objeto demandado e existe o objeto-causa do desejo que, não tendo conteúdo positivo, se refere ao que obtemos se subtrairmos a satisfação que encontramos em dado objeto da demanda (que temos) por esse objeto. Essencialmente ligado a essa lógica da subtração que causa uma metonímia (possivelmente) infinita, o desejo não é nada além daquilo que introduz no universo do sujeito uma "medida incomensurável ou infinita", como coloca Lacan. O desejo não é nada além dessa "medida infinita", ou, para emprestar o termo de Kant, uma "magnitude negativa". Nessa perspectiva, realizar o desejo de alguém significa realizar, "medir" o infinito, e substanciar essa magnitude negativa. Dissemos antes que a realização do desejo não significa a realização daquilo que o sujeito deseja; não significa a realização de um objeto de desejo previamente existente. O único objeto do desejo existente é a falta que sustenta sua metonímia. Nessa perspectiva, a realização do desejo só pode significar uma coisa: fazer um objeto "independente", "autônomo" a partir dessa exata falha. Significa, no sentido

---
9 Ver ZUPANČIČ, Alenka. *Ethics of the Real*. Londres: Verso, 2000, p. 251.

estrito, a produção ou "criação" do objeto do desejo. O objeto do desejo, como objeto, é o resultado desse ato (de realizar o desejo). Produzir o objeto do desejo significa fazer um objeto da medida infinita que está em funcionamento no desejo na forma de falta ou vazio.

No deslizar dos significantes, no movimento de um significante para outro, algo escapa constantemente, ou é percebido dessa forma, como excesso ou falta. Existe, portanto, uma falta de significante que é presente em toda representação (de significação), induzindo seu movimento metonímico. O desejo é formado como algo que sustenta essa metonímia. Nesse contexto, a "realização do desejo" se refere à operação na qual esse vazio, que somente é perceptível por meio da falha dos significantes em representar a Coisa, obtém sua própria representação. Não quer dizer que a Coisa finalmente encontra seu significante: não há significante da Coisa, mas existe a possibilidade de um objeto vir a representar essa mesma falta do significante. E é exatamente tal objeto que pode funcionar como a encarnação da Coisa (em uma fase posterior de seu ensino, Lacan concebeu esse tipo de objeto também em termos de um significante: um significante singular que representa a própria falta de significante, o "significante sem significado"). A diferença entre a metonímia do desejo e a realização do desejo é a diferença entre o vazio presente em cada representação sem estar em si representado e o vazio que obtém sua própria representação. O exemplo topológico de Lacan de um objeto que possa representar a Coisa é o exemplo de um vaso. Um vaso é "um buraco com algo em volta". Um vaso é o que materializa o vazio ou vácuo em seu centro. Ele faz esse vazio parecer alguma coisa. Um vaso pode ser considerado "como um objeto feito para representar a existência do vazio no centro do real que é chamado a Coisa, esse vazio como representado na representação apresenta a si mesmo como um *nihil*, um nada" (*SVII*, p. 121). A "realização do desejo" deve ser situada precisamente na perspectiva desse nada, vindo a ser representado como alguma coisa. Ou seja, a falta que é envolvida na infinita metonímia do desejo é, por assim dizer, isolada como tal e apresentada em uma representação singular, em um objeto privilegiado e separado, um objeto como nenhum outro objeto.

Se alguém define a realização do desejo em termos de criação de um objeto singular que encarna o próprio vazio envolvido no movimento metonímico do desejo, essa pessoa pode ver melhor como ele se relaciona com a história de Antígona. *Antígona* é, de fato, um dos "vasos" mais esplêndidos produzidos na história da literatura. Para Antígona, um ato em particular vem a representar a Coisa. Isso, é claro, não quer dizer que o ato em questão *seja* a Coisa, ou que o enterro de Polinices seja a "realização do desejo de Antígona". A Coisa não é nada além do vazio materializado pelas ações de Antígona, e a realização do desejo não é nada além do que faz esse vazio parecer como tal. Em *Antígona*, a Coisa é representada nessa Outra coisa, que é o enterro de Polinices ou, mais precisamente, é representada naquilo a que Antígona é sujeita por causa de sua insistência nessa Outra coisa. A Coisa é representada na própria figura de Antígona, que materializa o vazio ou o vácuo no cerne do desejo. O fato de que ela deve morrer por sua insistência tem, é claro, um papel crucial nessa "realização do desejo" específica. Pois qual seria a função da morte nessa configuração? Devido ao que é introduzido pelo advento da ordem simbólica, a morte não é simplesmente algo que acontece conosco cedo ou tarde (destacando-nos, assim, "empiricamente" da ordem simbólica que tem sua própria vida autônoma), mas que pode em si se tornar um risco ou uma aposta na ordem simbólica. Sempre que alguém diz "eu preferia morrer a...", é exatamente isso que acontece. Separar-se da ordem simbólica se torna uma possibilidade dentro da ordem simbólica, algo que pode ser (simbolicamente) representado como tal. É o colapso da ordem simbólica como representada dentro da ordem simbólica. Em *Antígona*, estamos lidando exatamente com isso: a representação da própria ruptura com o domínio da representação.

A morte pode entrar na ordem simbólica como uma espécie de significante absoluto, como um significante "negativo" de tudo que o sujeito é. "Negativo" porque, em vez de enumerar infinitamente tudo que pode constituir o ser de um sujeito, ele condensa esse "todo" na forma da "perda de tudo". Temos um exemplo perfeito disso no famoso lamento de Antígona que ocorre depois de ela ser condenada à morte. Em seu longo discurso, ela lamenta o fato de que, entre outras coisas, ela nunca viria a conhecer o leito conjugal, o laço do matrimônio ou ter filhos. A lista das coisas das quais ela seria privada por sua morte precoce (não somente as coisas que ela tinha e perderia, mas também as coisas que ela não tinha mas poderia ter tido, caso continuasse a viver) não tem a função de exprimir um arrependimento. Tem a exata função de fazer um "todo" da inconclusiva metonímia de sua existência e de seu desejo. Ao aceitar a morte e falar sobre ela nos termos mencionados acima, Antígona põe um fim à metonímia do desejo, realizando, de uma só vez, o potencial indefinido/infinito dessa metonímia. Justamente por ser indefinido/infinito, esse potencial só pode ser realizado (constituído como uma entidade realizada, "inteira") *como perdido*, ou seja, moldado na forma negativa. Aqui, a realização é igual à representação do ser do sujeito que é, por definição, não representável. É a isso que Lacan se refere quando, em relação a Antígona, fala sobre o "ponto no qual as falsas metáforas do ente [*l'étant*] podem ser distinguidas da posição do Ser [*l'être*] em si" (*SVII*, p. 248), localizando esse ponto na circunstância em que Antígona será enterrada viva em uma tumba. A realização do desejo, então, implica a realização da Coisa, no sentido de introduzir a Coisa na ordem simbólica às custas da ordem simbólica que é substituída, por assim dizer, por um objeto privilegiado que representa o próprio vazio em seu centro.

Contudo, esse não é o único caminho que a realização do desejo pode tomar. No ano seguinte ao seu seminário sobre a ética, Lacan discutiu uma configuração muito diferente enquanto comentava a peça de Paul Claudel, *O refém*. A heroína dessa peça, Sygne de Coûfontaine, assim como Antígona, se encontra sob o imperativo ético de realizar a Coisa. No entanto, a diferença crucial está no fato de que para Sygne, o caminho que leva à sua realização em um objeto privilegiado ou significante que pudesse representá-lo está fechado desde o início. Ainda mais preciso é o fato de que a primeira coisa que Sygne deve fazer, em nome da Coisa, é descartar seu significante. Pedem-lhe que realize sua Coisa descartando aquilo que já está lá para representá-la. Pedem-lhe que a realize fora de qualquer suporte de significação, na própria negação (*Versagung*) do significante. Ela não pode sequer contar com o suporte de significação de uma forma negativa, como no caso de "representar o não representável", que é tão crucial em *Antígona*.

Isso justifica aquilo que é, de um ponto de vista estético, a diferença mais notável entre Antígona e Sygne de Coûfontaine. No caso de Antígona, Lacan insiste muito no efeito de um "esplendor sublime" ou "beleza sublime" produzidos pela figura de Antígona. Esse efeito, claro, não tem nada a ver com a aparência de Antígona, mas tem tudo a ver com o lugar que ela ocupa na estrutura da peça. Já no caso de Sygne, Lacan aponta que, apesar do martírio que ela atravessa e que poderia ter produzido o mesmo efeito, é o oposto que acontece. Durante a cena final da peça, Sygne é apresentada a nós agitada por um tique nervoso no rosto. Lacan enfatiza que

> Esse esgar da vida que sofre é certamente mais prejudicial ao *status* da beleza do que o esgar da morte e da língua estendida que podemos evocar em relação à figura de Antígona quando Creonte a encontra enforcada.[10]

Nós temos, assim, o esgar da vida em oposição ao esgar da morte, e o destino do belo parece ser decidido entre as duas. No entanto, olhando mais atentamente, nota-se que a diferença entre as posições das duas heroínas não pode ser formulada simplesmente como a diferença entre vida e morte, mas diz respeito à possibilidade de a morte funcionar como o significante absoluto (ainda que negativo) do ser do sujeito. O que está em jogo em *Antígona* não é simplesmente o limite entre vida e morte, mas sim o limite entre vida no sentido biológico da palavra e vida como uma capacidade do sujeito de ser o suporte de uma determinada verdade do desejo. A morte é precisamente o nome desse limite entre duas vidas, é o que ressalta o fato de elas não coincidirem, e que uma das duas vidas pode sofrer e deixar de existir por causa da outra. A morte é o que marca, cristaliza e circunscreve essa diferença.

No caso de Sygne de Coûfontaine, a situação é muito diferente.[11] Na história de Sygne, a morte não tem esse valor do limite. A morte (que Sygne

---

10 LACAN, Jacques. *Le Séminaire VI: Le Transfert*. Paris: Seuil, 1991, p. 324.
11 Para uma análise lacaniana mais detalhada da peça, ver ŽIŽEK, Slavoj. *The Indivisible Remainder*. Londres: Verso, 1996, p. 115-19; e ZUPANČIČ, Alenka. *Ethics of the Real*. Londres: Verso, 2000, p. 211-59.

abraçaria com prazer caso a oportunidade se apresentasse) não é uma opção, nem está em jogo. Seria possível até dizer que Sygne já está morta quando a peça começa: ela continua a existir, mas tendo perdido toda razão de viver, ou, mais precisamente, tendo perdido a possibilidade de ser o suporte de uma determinada verdade. Sua causa na vida está morta. Ela espera pela vinda da morte; ela não tem nada a perder. E, no entanto, revela-se que ela tem, sim, algo a perder: mais precisamente, a morte. O que lhe pedem para fazer (em nome da causa que já está perdida, mas que era sua única causa) é viver no sentido mais enfático do termo: casar-se, fazer amor, procriar. Estamos realmente no oposto de Antígona e sua lamentação, na qual ela reconhece que nunca se casará, nunca desfrutará do leito conjugal ou ter filhos. Tudo aquilo de que Antígona está sendo privada constitui o martírio de Sygne, sendo que o detalhe crucial reside no fato de que ela deve viver essa "ressureição" com aquele que assassinou sua causa e seus pais.

No caso de Antígona, a outra vida (a vida como suporte da "Outra coisa" envolvida no desejo) se torna visível e é "realizada" na cena da morte como o algo da vida que a morte não consegue atingir. Ela é, assim, visível *per negativum*, é visível por meio do deslumbramento, do esplendor sublime que é a própria imagem do algo que não tem uma imagem. No caso de Sygne, essa pressuposição muda e a situação é revertida: ela não pode morrer por sua causa, não pode realizá-la por meio do sacrifício de tudo que ela tem. Ela só pode realizá-lo abrindo mão do que ela é – por meio da rejeição do próprio significante que representa seu Ser. O resultado é que, em seu caso, a realização do desejo produz algo que não é uma representação do vazio, mas sim sua presença mais material na forma da carne da heroína, que é trazida para o primeiro plano pelo tique que a anima.

Lacan introduz sua discussão da representação da Coisa com o exemplo tirado, como ele diz, da "mais primitiva das atividades artísticas", a olaria. Se em grande medida seu comentário sobre *Antígona* pode ser relacionado à topologia fundamental do vaso como uma representação emblemática do Nada, então seu comentário sobre *O refém* poderia ser, do ponto de vista topológico, relacionado com outra "atividade artística". O que temos em mente é o trabalho de Rachel Whiteread, que certamente teria chamado a atenção de Lacan, tivesse ele vivido para vê-lo, pelo único motivo de que o trabalho dela é também um trabalho de olaria, de "esculpir o Nada", mas de uma maneira e com um resultado que são bem o oposto do que se tem na olaria tradicional. No caso do vaso, nós temos um "nada" com algo em torno dele. A forma material do vaso concretiza o nada em seu centro. Esse nada é criado com a criação do vaso e representado por ele. Isso também significa que o vazio ou o vácuo deve sua objetividade ao algo que o circunda. Agora, a questão é: como fazer esse vazio "ficar sozinho em pé"? Como representar esse vazio sem interpor a superfície da representação? Rachel Whiteread exibe o vazio no sentido mais literal da palavra. Ela toma um objeto criado, como, por exemplo, um armário, um cômodo ou uma casa, todos eles pertencentes aos objetos que materializam o vazio em seu centro; seria possível dizer que seu ponto de partida não é nada além de diferentes representações da Coisa que, por causa de sua incorporação em nossa vida cotidiana e rotina, de alguma forma perdeu o poder de nos fascinar como tal. O que ela faz, então, é preencher o espaço vazio e depois remover o algo que delimitou e "materializou" previamente esse espaço vazio. Seu primeiro trabalho do tipo é *Closet* (1988), um molde de gesso do lado interno de um armário. O que anteriormente era um vazio constituído na referência à sua estrutura material, agora se torna, em si, um objeto sólido que se mantém em pé sozinho. Ela faz o mesmo no caso do cômodo. Temos um grande cubo de plástico: o vazio se tornou sólido e as paredes desapareceram. Armário, cômodo, mesa, cadeira, cama, casa – todas essas coisas com as quais somos muito familiarizados mais uma vez se tornam Coisas. No entanto, dessa vez a Coisa não é mais simplesmente "presente como ausente"; a própria ausência agora se torna a presença mais material (seria quase possível dizer que a Coisa é agora "ausente como presente"). E é exatamente essa presença completa que não permite o vazio ou espaço vazio que é o próprio corpo da ausência; ela é, por assim dizer, a ausência ou o vazio mais denso.

As esculturas de Whiteread oferecem uma ilustração topológica muito sugestiva do que a "realização do desejo" significa quando não pode tomar o caminho da representação – quando o vazio (como objeto real do desejo) não pode sequer ser representado em uma "forma negativa". No caso de

Sygne de Coûfontaine, bem como no caso do trabalho de Whiteread, o vazio da Coisa é realizado de uma maneira material: como carne trêmula ou um bloco maciço de matéria. Não quer dizer que o tique do rosto de Sygne seja equivalente ao bloco de matéria de Whiteread, mas sim que o tique nos torna cientes da presença de seu corpo inteiro como um "bloco de matéria", que permanece ali depois de seu suporte simbólico ser retirado. Em ambos os casos, a Coisa não aparece mais como algo que existe além da realidade simbólica, algo que só pode ser representado na realidade de uma forma negativa. Ela foi "condescendida" à realidade, sem simplesmente se fundir com ela: a Coisa agora faz parte da realidade como uma "pedra no caminho" da própria realidade. A Coisa é a coisa que faz com que a realidade nunca se coincida totalmente consigo mesma.

Deixemos como conclusão o que, aqui, não pode assumir nenhuma outra forma que não seja a de uma sugestão. Essa presença da Coisa como uma "pedra no caminho" da realidade já beira o que mencionamos no começo como a outra abordagem possível à questão do "desejo e ética": a perspectiva da comédia. Se a comédia também lida com a relação entre ação e desejo, e com o fracasso fundamental da primeira em alcançar o segundo, então se deveria enfatizar a seguinte diferença entre a tragédia e a comédia: enquanto na tragédia o fracasso em questão é essencialmente ligado à figura da falta (que se origina no fato de que a ação nunca alcança a Coisa que o desejo almeja), na comédia o fracasso se materializa na forma de um excedente (resultante do fato de que a ação vai longe demais ou "excede" o desejo). Seria possível dizer que, no caso da comédia, se Aquiles não consegue alcançar a tartaruga, é porque ele a ultrapassa com seu primeiro passo. Um exemplo disso seria uma situação (muito similar às comédias dos Irmãos Marx) em que você diz a alguém "me dá um tempo" e esse alguém tira um relógio do bolso e entrega a você, colocando, assim, um fim à metonímia possivelmente interminável do desejo.

11 Uma abordagem lacaniana para a lógica da perversão

JUDITH FEHER-GUREWICH

Poucos são aqueles que confessam voluntariamente ter, entre seus defeitos, a falta de senso de humor. Da mesma forma, ainda não encontrei o raro espécime que admitiria ser um pervertido. Essa infeliz situação se deve, entre outras coisas, ao fato de que a perversão, mesmo na era lacaniana, sempre permaneceu excluída. A perversão não é uma estrutura do desejo que evoca simpatia ou afinidade. Ademais, Lacan não descreveu a perversão com a mesma pletora de *insights* clínicos que forneceu para a histeria, a neurose obsessiva e a fobia. Ele foi capaz de extrair dos casos de Freud – Dora, o Homem dos Ratos e o Pequeno Hans – essas estratégias subjacentes a toda vida psíquica, e que, portanto, não precisam mais ser percebidas em termos patológicos: é inevitável que o sujeito humano "escolha" uma neurose (*SE1*, p. 220), permitindo que ele ou ela negocie a linha tênue que há entre a necessidade de conquistar gratificação erótica e o medo de perder a capacidade de querer. Por isso, concessões neuróticas são profundamente arraigadas no tecido da vida cotidiana e não são, portanto, menos respeitáveis que qualquer outra produção criativa. O que a psicanálise pode oferecer, àqueles que buscam seus serviços, são caminhos meramente alternativos que possam romper a rotina mortal da compulsão da repetição.

Desse modo, o material clínico fornecido por Freud ofereceu a Lacan as ferramentas de que ele precisava para mostrar como a neurose revela, de forma implícita, que os seres humanos estão profundamente envolvidos em um plano de pesquisa que coloca a sexualidade em seu centro. Provavelmente, pelo fato de o próprio Freud não ter fornecido um caso clínico detalhado do mecanismo de perversões, mas insistido na natureza radicalmente perversa da sexualidade infantil, o legado de Lacan sobre a questão da perversão permanece ambíguo. Lacan "gosta" de exaltar seu *modus operandi* como o modelo definitivo da vida ética, como ele faz em seu célebre ensaio "Kant com Sade".[1] Pelo mesmo motivo, ele não desatrela explicitamente a estrutura da perversão nem da homossexualidade, nem do que tem sido comumente descrito como práticas perversas.

Na visão de Lacan, a perversão é semelhante ao desejo propriamente dito. Para ele, assim como para Freud, o desejo humano em si é perverso, na medida em que desafia as leis da adaptação e da sobrevivência encontradas no mundo animal. Nesse sentido, a lógica da perversão só pode servir como um modelo do que é atuante em todos nós. Tal perspectiva, contudo, não oferece uma orientação específica sobre como abordar a perversão clinicamente. Portanto, vejo minha tarefa como uma tentativa de extrair do *corpus* de Lacan uma teoria da perversão que faça jus às maneiras como ele abordou a neurose. Refiro-me com isso a uma conceituação da perversão sem a definição pejorativa que continua a ser onipresente em tratados médicos e legais, bem como na maioria dos textos psicanalíticos.

O que é a perversão, então? Perversão é uma forma de pensar ou desejar, de tentar se manter vivo psiquicamente. Assim como a histeria, a neurose obsessiva e a fobia, a perversão tem uma lógica que organiza a posição psíquica de um sujeito em relação a outros. Contudo, diferentemente do neurótico, o pervertido pode acessar a gratificação psíquica somente se tornando o agente da fantasia do outro (seu alvo e/ou parceiro), para expor a angústia fundamental que tal fantasia camufla. Isso certamente explica por que o desejo perverso produz o horror, o medo e a consternação naqueles que testemunham seu modo de operação.

A perversão não possui as ferramentas psíquicas para fabricar a fantasia edipiana que pode sustentar o funcionamento do desejo. Já os pervertidos são excelentes em expor a fantasia do outro e as diversas mentiras sociais que tal fantasia necessariamente impõe. Essa situação peculiar explica, em certo nível, por que a perversão é percebida como uma ameaça ao vínculo

---

1 LACAN, Jacques. "Kant avec Sade". Trad. James B. Swenson Jr. *October*, 51: 55-75, inverno de 1989.

social. A missão dos pervertidos, estranhamente, não envolve um desejo de ser feliz. O que eles querem a todo custo é descobrir uma lei, para além da máscara da ordem social, que possa trazer consolo ao seu tormento. O drama do pervertido é que ele ou ela tem sucesso onde o neurótico fracassa: enquanto o neurótico mantém o desejo vivo inventando estratégias para evitar sua realização, o pervertido tem sucesso em viver do desejo do neurótico à custa de se sacrificar no processo. Enquanto os pervertidos veem mais claramente do que os neuróticos a arquitetura da vida social, eles têm menos espaço para se enganar, e sem um outro no caminho, sua capacidade de fomentar sonhos e expectativas fica seriamente enfraquecida.

Acredito que o retorno a Freud, de Lacan, tenha permitido que a estrutura da perversão emergisse não como uma forma de aberração sexual – porque, como Freud demonstrou amplamente, toda sexualidade é uma aberração[2] –, mas como uma forma de funcionamento psíquico que remonta às vicissitudes do complexo de Édipo. Para Lacan, portanto, a perversão não é uma sintomatologia como o voyeurismo, o sadismo, o exibicionismo, o *bondage* e similares, mas sim um modo específico de desejar e compreender o mundo.

Para entender a distinção que Lacan faz entre a lógica da perversão e a lógica da neurose, pode ser útil pensar sobre a maneira como a própria estrutura do desejo de uma pessoa é moldada. Esse processo pode melhorar o entendimento sobre a proximidade da perversão e da neurose, à medida que se descobre que o próprio modo de uma pessoa se relacionar com o mundo pode, às vezes, lembrar o que o próprio pervertido vivencia. Esse exercício requer que olhemos primeiro para as principais doutrinas da teoria lacaniana.

Sabe-se bem que a contribuição mais importante de Lacan para a psicanálise consiste em ter aplicado os *insights* do estruturalismo à definição de Freud para o complexo de Édipo. Contudo, vejo como impossível entender a dialética em funcionamento na neurose e na perversão sem descrever como os protagonistas psíquicos freudianos – id, ego e superego – são rearticulados no modelo lacaniano. Portanto, para entender a abordagem

---

2 "Fomos levados à conclusão de que uma disposição para as perversões é uma disposição original e universal do instinto sexual humano" (*SE VII*, p. 231).

altamente contraintuitiva de Lacan da definição freudiana para o tabu do incesto, é importante elucidar o viés estruturalista que Lacan aplica ao modelo topológico de Freud.

Notemos primeiro que Lacan desmembra os estágios de desenvolvimento de Freud introduzindo, desde o início, a dimensão do Outro em todas as intersecções das dinâmicas edipianas. Assim como Freud, Lacan coloca o narcisismo no coração da sexualidade humana. Mas, diferentemente de Freud, ele não percebe o narcisismo como um estágio que possa ser superado por meio da introdução do tabu do incesto. Em certo sentido, o tabu do incesto já está presente nas margens da vida da criança antes que ela tenha tido uma chance de experienciar, por si mesma, como é ter uma identidade de ego. Porque, para Lacan, o amor próprio é sempre mediado e reverberado pelo desejo dos outros primordiais; não há necessidade, em seu julgamento, de fazer uma distinção radical entre o ego como agente do princípio de realidade e o ego como um objeto narcisisticamente ungido pelo sujeito. A visão que o sujeito tem do mundo e de si mesmo é necessariamente mediada não somente pela forma como o Outro vê a criança e o mundo, mas também por meio de mensagens e pistas que o Outro involuntariamente transmite e que, para a criança, forma os marcos de sua realidade. Nesse sentido, Lacan introduz uma dimensão intersubjetiva primordial à teoria do ego de Freud. Para Lacan, não existe nenhuma outra realidade para o sujeito além daquela que coloca em risco ou reforça sua sobrevivência psíquica.

O estádio do espelho

O que é o ego? Como constituímos esse aparato que nos dá a aparente certeza de que somos quem somos, e de que vemos o que vemos? Lacan remonta a origem do ego ao que ele chama de estádio do espelho. O estádio do espelho é um momento estrutural no desenvolvimento psíquico, quando a criança encontra no olhar da mãe a imagem que moldará sua autopercepção. O estádio do espelho inaugura para a criança o momento de experienciar que ela é o objeto do desejo e do amor da mãe. Uma pessoa não consegue se reconhecer como um objeto desejável a menos que o Outro tenha indicado que ela é a menina de seus olhos, o objeto exclusivo de seu desejo. Essa condição pressupõe, é claro, que a mãe seja um ser desejante, ou seja, que ela queira algo que não tem. Além disso, a experiência de ser o objeto do desejo do Outro implica que o sujeito registre que ele ou ela também possa não ser reconhecido como tal. No entanto, tal reconhecimento depende de uma mãe que transmita ao filho o sentido de que seu desejo vai além do prazer que ela obtém de ver seu bebê. Em outras palavras, a criança deve "trabalhar" para capturar a atenção da mãe. No entanto, essa estratégia tão sedutora requer que a criança tenha entendido até certo ponto o que falta à mãe. Qual a natureza de seu desejo? Até onde ela vai para conseguir o que quer?

Como Freud observou em seu último ensaio sobre a feminilidade, à mãe falta o falo (*SE22*, p. 126), o que significa, de acordo com Lacan, que a ela falta o que poderia lhe trazer realização. Lacan lê Freud de uma forma diferente de outras escolas, que continuam insistindo que Freud iguala o pênis ao falo. Para Lacan, o falo representa para a criança o significante do desejo da mãe com o qual a criança tenta se identificar. O falo é, portanto, não um objeto, mas uma "lacuna" que pode ser preenchida por qualquer signo ou significante que transmita à menina ou ao menino algo relacionado com o que a mãe quer.

O lugar do gozo na dinâmica edipiana

Se o desejo da mãe não consegue situar seu filho como um ser independente que ela possa admirar, amar e desejar, o filho então enfrentará o gozo da mãe. *Jouissance*,* em francês, é um termo jurídico que se refere ao direito de usufruir de alguma coisa, sem ser seu dono. O gozo do Outro, portanto, se refere à experiência do sujeito de ser, para o Outro, um objeto de desfrute, de uso ou abuso, em contraste a ser o objeto do desejo do Outro. É somente quando a criança passa a perceber que a mãe quer algo que a criança não tem (e ainda por cima não entende) que a ameaça de seu gozo se tornará real e a criança será forçada a mudar de posição.

---

* N.T.: No caso, uma acepção que, em português, caberia ao termo "usufruto".

É nessa conjuntura que o *status* da criança como um objeto do desejo será colocado em risco, e o senso de unidade que ela obteve do olhar da mãe dará lugar a um medo de ser devorada pela demanda incompreensível do Outro. Essa angústia fundamental forçará a criança a encontrar algum meio de sair da situação amedrontadora. Se ela não for o objeto exclusivo do desejo da mãe, ela pode se arriscar a se tornar o objeto do gozo da mãe como Outro.* A criança será levada a pensar "O que ela quer de mim?", "O que posso fazer ou ser para satisfazer seu desejo?", "Existe algo ou outro alguém que possa atender à sua enigmática demanda?". Em outras palavras, a angústia criada na criança pelo gozo da mãe desencadeia a necessidade de encontrar um escape de algo que parece uma ameaça à existência psíquica da criança. A solução para esse enigma assustador está exatamente no ponto em que Lacan situa o conceito de castração de Freud, ou seja, o momento em que a criança é capaz de fornecer uma "tradução" da incompreensível demanda da mãe.

Se a mãe indica à criança que deseja algo pertencente a um domínio situado para além da gratificação suprida pela criança, esta será levada a mudar a natureza da sua dúvida. Em vez de tentar adivinhar o que é preciso para ser ou não ser o falo da mãe, a criança abandonará a posição de rival daquele que rouba a atenção da mãe (o irmão, o pai, o telefone) e passará a questionar o que o Outro tem que ela mesma não tem.

A essa altura, duas diferentes ordens da realidade se apresentam. Por um lado, existe a descoberta de que a criança não pode ser tudo que consiga satisfazer a mãe; por outro, existe o fato de que, exatamente por não poder ser objeto exclusivo do desejo da mãe, ela deve estar permanentemente em falta, de forma que sua autorrepresentação não corresponda mais ao significante do desejo de sua mãe. Em outras palavras, a criança (como objeto) experiencia a diferença entre o que a mãe quer e o papel que ela mesma pode exercer nesse desejo. O sinal do desejo (o significante) se torna desconectado do significado (a coisa à qual o sinal aponta).

---

* N.T.: Em inglês, *m(Other)*.

O nascimento do inconsciente

De forma geral, a teoria de Lacan reverte nossa suposição intuitiva a respeito da relação entre a palavra e a coisa. A coisa não está esperando que uma palavra a represente; na verdade, é a palavra que cria a coisa. A linguagem sempre precede o mundo que representa. Lacan invoca os *insights* da linguística estrutural para demonstrar que as palavras que usamos têm uma função que transcende a necessidade de comunicação.

O termo "significante", cunhado por Ferdinand de Saussure, assume uma valência específica na leitura que Lacan faz de Freud, porque nos fornece uma forma de entender como uma experiência específica pode deixar para trás um vestígio que não seja diretamente relacionado com o conteúdo dessa experiência em si. Assim, quando Lacan diz que o inconsciente "é estruturado como uma linguagem" (*SIII*, p. 167), isso significa que o inconsciente não é repositório das pulsões, ou o depósito para "representações-de-coisa" (*SE4*, p. 295-6). O inconsciente não tem um conteúdo fixo. Portanto, no momento em que a criança encontra o significante do desejo de sua mãe, o Imaginário, o Simbólico e o Real se desmembram em diferentes categorias qualitativas. A criança como uma coisa/objeto de gozo (o Real), a criança como uma imagem desejada (o Imaginário), e a criança como incapaz de encarnar o significante do desejo do Outro (o Simbólico) não são mais fundidas pelo princípio do prazer. Essa desarticulação causa uma mudança que inaugura a repressão primária e o nascimento do inconsciente.

Lacan transforma o entendimento de Freud sobre a repressão primária. O que está sendo reprimido não é o anseio edipiano proibido, mas sim os significantes carregados que marcam a separação psíquica do domínio materno. O inconsciente evoca, assim, por meio de um processo de reação em cadeia, as próprias experiências que permitiram que o sujeito fosse cortado do gozo do Outro. O inconsciente do sujeito nasce, então, no momento em que o gozo do Outro se traduz no desejo do Outro. Como diz Lacan, "A castração significa que o gozo deve ser recusado, de forma que ele possa ser alcançado na escada invertida (ou escala invertida) da Lei do desejo" (*E/S*, p. 324, modificado). É aqui que o conceito de castração simbólica de Lacan e o superego de Freud se separam. Essa transformação do gozo em desejo não envolve, como no caso de Freud, uma injunção paterna que força para a clandestinidade a fantasia incestuosa ou edipiana ("Você não pode se casar com a mamãe, e sua mamãe não pode mimá-lo o quanto quiser"). Na verdade, como veremos, a castração é a operação que promove a formação da fantasia edipiana.

Para Lacan, portanto, a proibição do incesto, ou o Nome-do-Pai, pode ser chamada de lei só porque o significante desconectado da criança, que é seu significado, opera como uma proteção psíquica contra o gozo do Outro. O incesto, nesse sentido, tem uma conexão sexual somente na medida em que se refere à "mistura" entre as pulsões eróticas da criança e o gozo do bebê pela mãe, ou seja, o gozo do bebê pela mãe como coisa/significado. Lacan teoriza a proibição do incesto como a capacidade da criança de se identificar com as pistas, os significantes, as sinalizações do desejo da mãe por algo que o Outro da mãe – o pai, por exemplo – parece possuir, algo que possa levar a criança a um porto mais seguro fornecido pelo desejo e pelos interesses desse Outro. Podemos ver, aqui, como Lacan responde à dinâmica edipiana de Freud por outro caminho: a criança não é forçada a deixar a mãe e seu gozo; na verdade, ela é levada na direção do domínio paterno, graças às insinuações da mãe. Os significantes do desejo da mãe salvam a criança de seu gozo. Assim, a lei da proibição do incesto é a operação por meio da qual, graças ao desejo da mãe pelo que se situa além da criança, a criança será projetada para novos polos de identificações nos quais o ideal do ego será constituído.

O "ideal do ego" (*SE22*, p. 65) é um termo cunhado por Freud para definir certas características parentais das quais a criança se apropriará para fortalecer seu senso de identidade. O processo de identificação com essas características envolve a mimese, mas também mobiliza a energia da criança para ser e fazer coisas que, por sua vez, trarão uma gratificação narcisista (arremessar uma bola como o pai, querer ser médico, "ser uma boa garota" de acordo com diretivas parentais, etc.). Nesse sentido, o ideal do ego é o destinatário tanto da dinâmica do estádio do espelho (a fonte do narcisismo) como também dos mais elusivos significantes do desejo dos pais. É por isso que as crianças não são clones de seus pais; as mensagens parentais inconscientes intervêm moldando as maneiras como a criança tentará ser ou ter o que o Outro quer.

Gênero não é uma diferença sexual

Essa questão sobre o que o Outro quer envolve a criança na crucial problemática do enigma da diferença sexual, que é a pedra angular da descoberta do inconsciente por parte de Freud. Aqui devemos exercer cautela, porque quando dizemos "diferenças sexuais", normalmente estamos nos referindo à diferença entre meninas e meninos. Contudo, o que Lacan mostra é que, embora no mundo social a diferença sexual pareça se referir às diferenças anatômicas entre homem e mulher, não é isso que significa na psicanálise. Embora seja verdade que, com a ajuda do discurso social, o ego acabará definindo a diferença sexual como algo concreto, no nível do inconsciente a diferença sexual não é primariamente relacionada com a diferença biológica, mas com outra coisa.

A discrepância entre o que a criança é (como real) e o que ela representa (como imaginário) ou deixa de representar (o significante do desejo do outro) abre para ela a possibilidade de descobrir uma nova ordem, um novo domínio de investigação. A energia psíquica que é despertada na criança por meio dos significantes do desejo da mãe produz o engima da diferença sexual. Ao seguir as setas do desejo da mãe na direção dos sinais fornecidos pelo domínio paterno (i.e., o ideal do ego), a criança conseguirá se situar como uma menina ou um menino no mundo social. Dessa forma, o ideal do ego contém, e até certo ponto decide, a competição ditada pela dinâmica do estádio do espelho. A criança agora recebe um caminho que lhe permitirá estabelecer um limite para o gozo da mãe e, pelo mesmo motivo, afastar a questão urgente e não resolvida da diferença sexual. Para colocar ainda de outra forma, o processo da identificação com as características masculinas e femininas do pai, que parece evocar qualidades em sintonia com o desejo da mãe, fornecerá à criança as respostas prontas que lhe definirão um lugar no tecido social. O gênero e suas expectativas culturais, obrigações e rituais são, portanto, um dos resultados da dinâmica edipiana.

A divisão do sujeito

Mas essa solução não resolve todos os aspectos, porque o real da diferença sexual não é abordado pelos ideais sociais envolvidos na dissolução do complexo de Édipo. Nesse sentido, como aponta Lacan, o complexo de Édipo é um estratagema, uma distração bem-vinda do monótono trabalho de pesquisa sobre um mistério que continua a assombrar a criança. Não é porque a criança agora se identifica com características dos pais ou avós, que ela pode fazer um progresso substancial em entender esse vínculo inefável entre o que ela sente por dentro (anseios autoeróticos) e aquela parte do gozo do Outro, que não pode ser inteiramente traduzida por meio dos significantes do desejo do Outro. A gratificação erótica que a criança experiencia em seu corpo, e que ela associa à sua experiência como objeto do desejo da mãe, não pode ser separada do fato de que ela está, até certo ponto, a serviço do gozo de sua mãe ("Ela está fazendo isso em benefício dela ou meu?"), que não é uma experiência desprovida de angústia.

Nesse sentido, defender-se da ameaça do gozo do Outro que está em funcionamento tanto no nível das pulsões quanto no nível do Outro é exatamente o que produz a divisão no sujeito entre o inconsciente e o ego. Portanto, a formação do gênero meramente desloca o enigma da diferença sexual, ela não o resolve.

Assim, esses significantes enigmáticos do desejo do Outro, que evocam o real da diferença sexual, não desaparecem simplesmente. Justamente por reterem algo da experiência da separação do gozo da mãe e serem carregados de um sentimento de exclusão dessa misteriosa ordem de realidade na qual o pai está situado (cena primal de Freud), eles contradizem a ordem dos significados fixos que o processo de identificação fornece. Isso explica por que o ego "escolhe" ignorar a explosiva questão do real da diferença sexual. No entanto, pelas costas do ego, no nível do inconsciente, esses mesmos significantes do desejo do Outro, convocando esses momentos de cortes do gozo do Outro, continuam a circular. Eles atraem para suas teias vestígios, palavras, cheiros, gostos, conexões homofônicas, metáforas, metonímias: qualquer coisa relacionada a experiências ambíguas similares que evoquem essa estranha mistura de prazer erótico e rejeição dolorosa.

Como esses significantes conotam a separação, e não a fusão, nossa economia psíquica em funcionamento no nível da consciência – dependente da recompensa do estádio do espelho, no qual éramos o objeto exclusivo do desejo do Outro – os reprimirá e se concentrará em construir uma narrativa que afasta a natureza enigmática da diferença sexual. Existe uma solução para o enigma do amor e do desejo, como os contos de fadas demonstram amplamente: "Um dia meu príncipe virá". É claro, tal narrativa deve, até certo ponto, obedecer às regras estabelecidas pelo contrato social. Por isso, para Lacan, assim como é implicitamente para Freud, o nascimento do ego do sujeito no domínio dos símbolos, da linguagem e da significação social é concomitante com o nascimento do desejo inconsciente.

A fantasia edipiana revisitada

É aqui que vemos como Lacan inverte a fantasia edipiana de Freud. No nível dos reprimidos, os significantes do desejo do Outro, desimpedidos pelas limitações da negação, do gênero e da morte (sendo esta a caracterização que Freud faz da gramática do inconsciente), se conectarão para formar uma resposta mais potente ao enigma. Nesse sentido, a fantasia do incesto não é a causa da repressão primária. Pelo contrário, essa fantasia é produzida após a formação do inconsciente. Os significantes do desejo do Outro, que constituem a reação em cadeia em funcionamento no inconsciente, representam o desejo do Outro para algo que permanece fora de alcance. Afinal, é com a ajuda desses significantes que a criança fabricará uma fantasia que parece resolver o enigma da diferença sexual. No entanto, como esses significantes condensam a experiência paradoxal de serem salvos por meio de uma separação que envolve um misto de prazer e angústia, eles retêm o "conhecimento" de que o gozo atua contra a sobrevivência psíquica.

Portanto, não surpreende que o sujeito procure manter uma distância entre o desejo inconsciente e a fantasia criada. Tanto no nível do ego quanto no nível do inconsciente, a que Freud chamou de superego, chega como salvação, punindo qualquer tentativa de transgredir a barreira do incesto. Conseguimos, agora, entender melhor o que Freud quis dizer com sua teoria da sexualidade infantil, segundo a qual o menino teme a castração e a menina inveja o pênis do menino.[3] Tal teoria é uma mera fantasia produzida após o fato da castração.

Da fantasia à neurose

Tal teoria/fantasia está no cerne de todas as construções neuróticas, como a fobia, a histeria e a neurose obsessiva. É uma montagem baseada na necessária limitação psíquica do indivíduo, que não é preparado para aceitar, no processo de seu desenvolvimento, que no final não existe nenhuma resposta para o enigma. A razão pela qual o desejo humano recebe uma chance de operar é exatamente o fato de que uma brecha deve permanecer aberta no sistema. Contudo, como a economia psíquica percebe essa brecha aberta como uma possível ameaça à sua busca por satisfação, que desde o início da vida é intimamente ligada ao Outro, o sujeito será levado a preencher essa falta com uma fantasia que tenta entender o absurdo.

A teoria de Freud a respeito da sexualidade infantil é, de fato, baseada nas reconstruções de seus pacientes, de como eles explicam a diferença entre meninos e meninas. No entanto, tal teoria não é um sistema fechado. Se os meninos imaginam que a menina deve ter perdido seu pênis no caminho, eles ainda se perguntarão que crime ela teria cometido para sofrer tal destino, e temerão que a mesma punição lhes seja infligida. Já a menina, horrorizada com tamanha injustiça, não deixará de tentar entender o que é preciso para obter um objeto tão precioso. Assim, o enigma persiste, apesar das falsas soluções que o ego tenta continuamente fornecer.

A meta da psicanálise

O que Lacan oferece à psicanálise, portanto, é um entendimento de como o sujeito foi levado a acreditar que o acesso à sua fantasia seria

---
3 *SE IX*, p. 207-26.

intimamente ligado a um Outro todo-poderoso, que puniria qualquer forma de transgressão. É por isso que o sujeito inventará os cenários neuróticos mais complexos para atrair esse Outro, para se defender dele ou até mesmo assumir responsabilidade e culpa para que a fantasia possa permanecer intacta. O processo da psicanálise consiste em vir a perceber que a fantasia que preenche a falta no Outro é somente um artefato, com o intuito de produzir uma resposta errada a uma pergunta que deve permanecer em aberto.

A estrutura da perversão

Estamos agora equipados para olhar para a perversão. Em que momento da dialética edipiana ocorre a estrutura perversa?

Enquanto o neurótico investe toda sua energia psíquica na criação de barreiras para proteger sua fantasia edipiana e evitar sua realização, o pervertido não pode descobrir no desejo do outro os argumentos que possam justificar a elaboração de tal fantasia. A falta que ele certamente encontrará na mãe, e que lhe permitirá constituir a si mesmo como seu falo, não pode, por sua vez, ser traduzida confiavelmente em um desejo direcionado para o polo paterno. A criança então se paralisa. Enquanto é confrontada com o enigma da diferença sexual formulado na pergunta "O que ela quer?", a criança permanece presa entre o desejo da mãe pelo falo, que a criança representa, e o gozo, que ela obtém daquele objeto imaginário. A possibilidade de se inventar uma solução fantasmática que traria a criança para o outro lado da castração simbólica é suspensa, porque os significantes do desejo da mãe não conseguem dar à criança o sentimento de que o enigma da diferença sexual possa encontrar uma solução fantasmática como essa.

Enquanto o futuro neurótico recebe uma chance tanto de reconhecer a falta no Outro quanto de encontrar uma estratégia que possa cobrir essa falta por meio de uma divisão entre o ego de um gênero definido e a busca por uma fantasia inconsciente, o pervertido é confrontado com uma problemática diferente. Ao passo que seu desenvolvimento psíquico leva o paciente ao ponto em que a falta no Outro força um confronto com o gozo, tanto no nível da pulsão quanto no nível do gozo do Outro, os significantes – as pistas que permitem a tradução do gozo em desejo – não estão disponíveis. O porto seguro das identificações por meio das quais o paciente poderia encontrar uma posição de gênero na sociedade é posto em risco, porque o desejo da mãe não é dirigido para o polo paterno e seus atributos culturais. O pervertido é forçado a descobrir outras alternativas para se defender da ameaça do gozo do Outro. O pervertido precisa lidar com o fato de que a falta no Outro não consegue encontrar significantes para simbolizar seu significado, mesmo que esses símbolos sejam puramente imaginários.

A falta "real" na mãe

A falta da mãe, em outras palavras, é real. Ela realmente representa uma força que desestabiliza o já frágil ponto de ancoramento de sua subjetividade. Então o pervertido não tem escolha: ele deve renegar a castração da mãe. Mas que fique claro: o pervertido sabe muito bem que existe uma discrepância entre o falo e ele mesmo, embora ele não tenha os meios de simbolizar a discrepância. No entanto, é por meio da revelação dessa discrepância que a questão do real da diferença sexual se abre. Os pervertidos, contudo, não têm à sua disposição as pistas que lhes permitirão "aceitar" que a castração simbólica seja a condição para explorar os meandros do desejo do Outro. Eles não têm outra escolha senão dedicar sua energia psíquica a garantir que a mãe permaneça fálica, com a criança identificada como seu objeto de desejo, ou a descobrir uma solução para a falta "real" na mãe. Nesse processo, é claro, seu anseio por entender o prazer erótico que dispara de suas pulsões os força a suportar a desastrosa percepção de que o "real" da mãe diz respeito a eles, na medida em que eles podem ou não ser objeto de seu desejo.

Assim, o desejo dos pervertidos não tem a oportunidade de ser organizado em torno de encontrar uma solução fantasmática para o real da diferença sexual. O enredo clássico da dinâmica edipiana, com sua cota de mentiras, faz-de-conta e teorias sexuais, não é acessível a eles. É por isso que eles buscarão desesperadamente acessar a castração simbólica que poderia trazer alívio à sua desgraça. Seu único recurso será desafiar qualquer lei que se apresente a eles, transgredindo essa lei na esperança de finalmente descobrir uma ordem de realidade mais forte e mais estável do que as mentiras e enganações que organizaram a realidade psíquica de sua infância. Os pervertidos precisarão, portanto, encenar um enredo que lhes permitirá expor tais enganações para impor uma lei, graças à qual o Outro possa permanecer todo-poderoso. No entanto, como essa lei não pode ser ditada pelos significantes do desejo do Outro, os pervertidos são forçados a criar, eles mesmos, uma lei própria, que lhes pareça representar uma ordem superior àquela aceita pelos mortais comuns.

As estratégias de sobrevivência da perversão

No entanto, para manter a ilusão de que tal lei existe, os pervertidos não têm medo de se oferecer ao gozo do Outro. Em outras palavras, eles optam por expor o próprio lugar onde o neurótico luta para aceitar a perda que a castração simbólica envolve. O pervertido se alimenta da angústia do neurótico para obter gratificação libidinal.

Uma de minhas primeiríssimas pacientes, cuja estrutura perversa se tornou aparente de imediato no tratamento, logo desconfiou do meu *status* como analista. Na época, eu tentava me situar como pós-graduanda em um instituto de psicanálise americano, ao mesmo tempo em que cogitava obter uma formação extra de uma escola lacaniana. É claro que eu não tinha ideia dos sinais que estava emitindo, claramente uma mistura de angústia, arrogância e hesitação, inconsciente como eu era na época de que tal mudança de fidelidade teórica vinha afetando a maneira como eu a ouvia. Pouco depois de eu começar a atender essa paciente, ela me enviou uma carta descrevendo em detalhes um assassinato que ela planejava cometer naquele mesmo dia. Ela arrematou o golpe recomendando que eu buscasse supervisão para seu caso. Fiquei em uma situação difícil e estava apavorada: a qual lei eu deveria me submeter? À polícia, ao instituto psicanalítico ou à lei do meu desejo? Qual era minha responsabilidade nesse *acting out*? Claramente, a intenção inconsciente da minha paciente era desafiar minha legitimidade como analista, e ela teve sucesso ao me expor no lugar em que eu havia me recusado a me render à lei da castração.

Assim, os pervertidos se esforçam para chegar ao ponto em que o enigma pode ser formulado; no entanto, eles não têm as pistas, os significantes com os quais produzir uma teoria/fantasia que possa entendê-los. Eles são, portanto, forçados a repetir várias vezes um enredo que os protege contra o terror do gozo do outro, que é equiparado à "real" realidade da falta da mãe. No entanto, eles experienciam essa falta não como relacionada ao desejo do Outro (ex: o desejo pelo pai), mas como um estado degradado que deve ser recusado a todo custo mantendo-se as condições por meio das quais o Outro permanece fálico. Para o pervertido, a falta no Outro é experienciada como algo tão repugnante que sequer pode começar a ser formulada por meio da linguagem. Em outras palavras, essa falta não pode, sob nenhuma circunstância, ser comparada à brecha aberta simbólica que pode ser desvendada no final da análise, uma vez que a fantasia edipiana foi reduzida a alguns vestígios obsoletos de experiências da infância. A falta é literalmente relacionada à impossibilidade de dar ao desejo feminino um *status* que não o fálico.

Por causa dessas barreiras psíquicas, os problemas impostos ao pervertido na formação da identidade não são os mesmos que o neurótico enfrenta. De fato, essa identidade não é organizada pelo princípio segundo o qual o neurótico é dividido entre as ilusões de formações de gênero e a busca inconsciente do real e da diferença sexual. Apesar das aparências, o gênero do pervertido não é tão estável e tão defendido quanto o do neurótico; ele ou ela não é tão dedicado a defender um espaço como uma menina ou um menino no tecido social. Nesse caso, o gênero é uma construção ou uma montagem consciente que não tem o intuito direto de obliterar o enigma escorregadio da diferença sexual. Tal enigma não é uma questão para o pervertido. O que preocupa o pervertido é a necessidade de satisfazer a pulsão erótica e, ao mesmo tempo, encontrar uma estratégia que possa obliterar a falta "real" no Outro.

Representações culturais de estratégias perversas

Podemos facilmente encontrar, ao nosso redor, exemplos do que constitui a lógica perversa nas produções culturais. O ícone da *drag queen* mostra como o gênero é um objeto social que pode ser construído ou desconstruído à vontade. No mundo acadêmico, a teoria *queer* empresta da lógica da perversão o ato discursivo que expõe, no outro, exatamente as maneiras como o gênero não corresponde ao destino da anatomia. A teoria *queer*, nesse sentido, não pode funcionar sem uma "vítima", e, por esse motivo, refuta a política identitária, a solidariedade *gay* e um falso sentimento de cumplicidade entre os marginalizados. A inclinação essencialista da teoria feminista é outro alvo para a teoria *queer*, porque, longe de ajudar a causa das mulheres, ela ofusca a fluidez do gênero e seu potencial subversivo.

A teoria *queer* também gosta de expor a suposta neutralidade da psicanálise como uma fachada para sua intenção heteronormativa latente. Contudo, se os efeitos da teoria *queer* são altamente instrutivos para suas vítimas (se estas ao menos se dessem ao trabalho de conhecer sua profunda sagacidade, como algumas feministas e psicanalistas fizeram), a teoria *queer* em si não consegue funcionar sem o gozo de um protagonista. Isso deixa pouco espaço para um detalhamento de ideias, a menos que tais ideias façam parte diretamente do projeto de expor a falsidade dos compromissos neuróticos, sejam eles teóricos, culturais ou pessoais.

Um exemplo da estratégia perversa em operação

Para o pervertido, não há conforto no sucesso de sua operação. A diversão está no processo, não no resultado. Um neurótico pode obter um prazer contínuo em invocar uma fantasia que lhe faça companhia, mas um pervertido não tem esse luxo. Ele precisa trabalhar o tempo todo em nome de suas pulsões, com uma quantidade limitada de válvulas de escape. Um dos exemplos mais incisivos desse processo pode ser encontrado em muitas passagens de Nabokov. Na minha visão, Nabokov representa o melhor exemplo da arte da perversão em ação.

Olhemos para uma famosa passagem de *Lolita*. Humbert precipita, sem querer, a morte de sua mulher, Charlotte, depois que ela descobre seu diário, no qual ele a chama de "a mulher Haze, a grande megera, a velha rancorosa, a mãe detestável".[4] Charlotte sai correndo de casa e morre atropelada por um carro. O monólogo desencadeia no leitor um sentimento inaceitável de assombro.

---
4 NABOKOV, Vladimir. *Lolita*. Nova Iorque: Vintage, 1991, p. 95.

Não tivesse sido eu tão tolo – ou um gênio tão intuitivo – de guardar aquele diário, os fluidos produzidos pela raiva vingativa e pelo ardor da vergonha não teriam cegado Charlotte em sua corrida até a caixa de correio. Mas mesmo que a tivessem cegado, ainda assim nada teria acontecido, não fosse o destino preciso, esse fantasma sincronizante, misturar dentro de seu alambique o carro e o cachorro e o sol e a sombra e o molhado e o fraco e o forte e a pedra. *Adieu*, Marlene! [...] E chorei. Senhoras e senhores do júri – eu chorei.[5]

Então cá estamos nós, incapazes de ficar furiosos com Humbert, tentados a concordar que Charlotte é "uma vaca", mesmo sabendo muito bem que Lo havia acabado de perder sua mãe e que agora ela seria a presa da luxúria de Humbert, sem nenhuma escapatória em vista. No entanto, nós nos assombramos, pegos em nosso próprio gozo, expostos ao exato lugar em que nós – cultos, éticos, leitores altamente socializados – quase choramos porque o destino foi tão esteticamente generoso com Humbert. E, se por acaso optarmos por nos horrorizarmos, por que é que continuamos lendo? Podemos realmente nos convencer de que a literatura nos exonera de nossas próprias tendências pedófilas voyeuristas? Mas e quanto ao próprio Humbert? Uma vez que ele supera esse obstáculo, conseguirá ele se divertir mais do que alguns momentos por meio de suas lágrimas de alegria? Não; é o que a página seguinte nos diz: "Seria possível supor que com todos esses obstáculos removidos e uma perspectiva de deleites ilimitados e desvairados pela frente, eu teria relaxado mentalmente, soltando um suspiro de delicioso alívio. *Eh bien pas du tout!*".[6] O pobre Humbert volta à estaca zero. A fantasia não está na mente, mas no fazer. Mais angústia, mais maquinações, mais tramas...

Quando a perversão flerta com a sublimação

É muito difícil imaginar a ordem da alegria perfeita que o pervertido busca para além de seu desprezo pela vida social, pelas mentiras sociais, pelos

---

5 *Ibid.*, p. 103.
6 *Ibid.*, p. 105.

confortos culturais e agradáveis e pelas crenças convenientes. Em seu *Lições de literatura*, Nabokov continua sendo nosso vizinho, porque podemos segui-lo quase até o fim. No entanto, existe algo em sua abordagem e suas crenças que nos dá uma impressão do estranho mundo da lógica perversa.

Poderíamos quase sugerir que Nabokov se aproxima o máximo possível de dar à perversão uma qualidade quase sublimatória. Seu talento está em nossa impressão de que ele já obteve um certo nível de contentamento por ter encontrado, no mundo da natureza, a própria lei que pode transgredir convenções sociais. Para ele, a natureza quase substitui o enigma do real e da diferença sexual.

"Literatura é invenção. Ficção é ficção. Chamar uma história de história real é um insulto tanto à arte quanto à verdade."[7] Nabokov alega encontrar, por meio da ficção, uma alternativa à verdade: a arte inspirada pelo desejo neurótico nunca tem certeza de nada. "Todo grande escritor é um grande enganador, assim como o é a arqui-trapaceira Natureza" (p. 5). Aqui, Nabokov encontra um polo de identificação que derrota a metáfora paterna e sua insuportável divisão: a Natureza é verdadeiramente a mãe fálica que elegeu Vladimir como um membro exclusivo de seus apoiadores. A Natureza sempre engana, assim como a mãe fálica; o pervertido não tem ciência de que ela também está em falta? "Desde o simples engano da propagação até a prodigiosamente sofisticada ilusão de cores protetoras em borboletas ou pássaros, existe na Natureza [escrita com N maiúsculo, é claro] um sistema maravilhoso de feitiços e truques. O escritor de ficção só segue o comando da Natureza" (p. 5).

Esse indivíduo afortunado pode acreditar nos feitiços e truques da mãe fálica sem risco de ser engolido por uma onda ou de cair em um precipício. Mas Nabokov leva sua lógica além. Ele encontra na natureza – ou seja, na mágica da literatura – o espaço que lhe permite se esquivar do mistério do sexo.

> Existem três pontos de vista pelos quais um escritor pode ser considerado: como um narrador, um professor e um mago [...]. O narrador, procuramos pelo entretenimento, pelo estímulo mental

---

7 NABOKOV, Vladimir. *Lectures on Literature*. San Diego: Harvest, 1982, p. 5. Outras referências serão feitas entre parênteses no texto.

dos mais simples, pela participação emocional, pelo prazer de viajar por alguma região remota no espaço e no tempo. Podemos procurar o professor não somente pela educação moral, mas também pelo conhecimento direto, por fatos simples. Infelizmente, conheci pessoas cujo objetivo ao ler os romancistas franceses e russos era aprender algo a respeito da vida na alegre 'Parri' ou na tristonha Rússia. Por fim, e sobretudo, um grande escritor é sempre um grande mago, e é aqui que temos a parte realmente empolgante, quando tentamos entender a magia individual de sua genialidade [...]. (p. 5-6)

Isso pode estar relacionado com a idiotice da minha própria educação patriarcal francesa, mas confesso que Nabokov acertou em cheio no meu gozo! Só posso sentir vergonha por ter adorado o conto *Os Três Mosqueteiros*, sofrido uma lavagem cerebral "ética" por Sartre, tentado aprender sobre sexo com *Madame Bovary* ou, até pior, com Maupassant. Com o senhor Nabokov como meu professor, eu não teria me saído muito bem, mas sua intenção "perversa" pode ter me poupado de muitos anos de psicanálise. "Parece-me", escreve Nabokov, "que uma boa fórmula para testar a qualidade de um romance seria, no longo prazo, uma fusão da precisão da poesia com a intuição da ciência" (p. 6). Esse é um belo toque perverso que diz uma verdade à qual resistimos, muitas vezes.

"Para desfrutar dessa magia, um leitor sábio lê o livro de um gênio não com o coração, nem tanto com o cérebro, mas sim com a espinha. É ali que ocorre o arrepio revelador, ainda que devamos nos manter um pouco distantes, um pouco desinteressados, durante a leitura" (p. 6). Esse é o lugar, claro, em que o neurótico pode escolher a curiosidade ardente no lugar da indiferença e pegar em sua rede não borboletas, mas sim aqueles significantes muito carregados sexualmente que, por sua vez, o levariam até onde Nabokov se recusa a se aventurar. Ele continua: "Então, com um prazer que é tanto sensual" – a pureza de uma pulsão distante do terror da castração – "quanto intelectual" – inalterado para ele pela pressão do enigma do desejo do Outro –, "devemos assistir o artista construir seu castelo de cartas e a transformação deste em um belo castelo de aço e vidro" (p. 6).

E aqui nós temos uma ordem que é tanto não enigmática quanto sólida, uma ordem que transcende a patética realidade da história e das aspirações neuróticas e corrompidas dos seres humanos. Existe, então, algo que se pode chamar de montagem perfeitamente perversa. Mas não nos deixemos atrair pela perfeição, porque uma vez que uma página é escrita, o trabalho recomeça do zero sem trégua nenhuma e, pior, sem nenhum ponto de partida confiável.

Meu ensaio não é uma apologia à perversão. É simplesmente uma tentativa de demonstrar que, graças a Freud e a Lacan, recebemos as ferramentas não somente para desmistificar a distinção entre o normal e o patológico, como também para entender como o mistério do sexo está no coração da inteligência humana. As vias que levam à eternamente desconhecida terra da sexualidade são obstruídas por barreiras inesperadas. Ainda que elas não possam ser superadas, a luta para superá-las requer que se desenvolvam as qualidades da determinação e criatividade que são evidentes na história analítica – e, na verdade, humana.

12 O que é uma clínica lacaniana?

DIANA RABINOVICH

Existe uma clínica lacaniana? Sem dúvida. Ela se baseia na fidelidade ao método psicanalítico freudiano, uma fidelidade que, paradoxalmente, exige inovação. Se a psicanálise freudiana é um método de pesquisa e tratamento da psique, ela continua o sendo em Lacan, ainda que transformada. A clínica psicanalítica emprega a "cura pela fala" e Lacan, como ninguém, revolucionou a relação entre linguagem e psicanálise. A associação livre ainda é o fio que percorre toda a prática psicanalítica, enriquecida graças a uma linguística subvertida. Sua racionalidade é formalizada e determinada pelo domínio da associação livre, processo no qual o acaso é rigorosamente explorado. Esse programa resulta em uma liberdade de qualquer suposto determinismo, seja biológico ou sociológico, que enfraqueceria o próprio exercício da psicanálise. A psique a ser curada é vista como um efeito-sujeito causado pela interação dos significantes no inconsciente, um processo que dissolve sua solidez supostamente egoica e, em uma palavra, a dessubstancializa. Portanto, a clínica lacaniana requer uma complexa bateria conceitual, que pode ser desencorajadora para aqueles que esperam cômodas receitas técnicas. Se existe uma coisa que o aprendiz de psicanalista não vai encontrar, é uma receita. Não somente porque uma receita não seria apropriada para a especificidade de cada inconsciente, mas porque o inconsciente e o sujeito que ele gera são profundamente marcados pela historicidade que afeta o exercício da psicanálise em cada período e que afeta retroativamente o inconsciente em si.

Lacan foi chamado de estruturalista, e isso é parcialmente verdade, claro; mas para ele, qualquer estrutura – com uma falta ou buraco no centro – é marcada pelas vicissitudes da história, precisamente por meio da ordem simbólica que organiza. Não existe exemplo melhor do que a forma como o balbucio infantil, que Lacan chamou de *lalangue*, ou alíngua, é relevante para a constituição do sujeito, ao mesmo tempo em que os produtos da ciência e da tecnologia afetam a subjetividade. Com o tempo, o método freudiano alcançou profundidades teóricas que lhe dão novo brilhantismo e uma maior eficácia. Os parâmetros que permitem essa extensão conceitual e prática são as três ordens do Imaginário, do Simbólico e do Real.

Lacan repensa a transferência, e ele o faz por meio de uma exploração sem precedentes da tríade que orienta seu trabalho: amor, desejo e gozo. Ele começa com a redefinição do papel do psicanalista como alguém que ocupa o *locus* simbólico do ouvinte e cujo poder "discricionário" consiste em decidir o significado da mensagem do sujeito. Ele só pode, no entanto, interpretar esse significado da forma como é produzido pelos significantes específicos fornecidos pela associação livre do analisando. Esse ouvinte privilegiado é alguém que supostamente teria algum conhecimento a respeito do inconsciente específico em jogo; ou seja, como o "sujeito-que-deve-saber", ele ou ela formará a base estrutural da transferência. Mas essa transferência não é meramente a reprodução do que já aconteceu; em seu centro está um fator ignorado por Freud, mas já descrito por Melanie Klein: o objeto parcial, o referente latente que é revelado quando a construção do analisando do sujeito-que-deve-saber colapsa. Focarei em um dos aspectos menos desenvolvidos da clínica lacaniana – sua articulação das neuroses, uma empreitada teórica que enfatizava sua dimensão lógica. Em especial, examinarei o conceito do *objeto a* (que, de acordo com o próprio Lacan, foi sua única contribuição para a psicanálise) e o desenvolvimento das fórmulas da sexuação. Esses conceitos abrem uma nova dimensão em nosso pensamento a respeito da sexualidade (em particular, a sexualidade feminina), a posição do psicanalista e a relação entre linguagem e inconsciente.

O núcleo que estrutura a clínica lacaniana é a não existência da relação sexual. Essa proposição pode ser reformulada de três maneiras diferentes: não existe conhecimento da sexualidade no inconsciente; existe um inconsciente porque não há complementaridade nos sexos; e não existe "ato" sexual. A falta, uma falha própria da estrutura em Lacan, consiste da ausência da relação sexual. Diante de tal falta, vários suplementos são produzidos de forma a suturá-la. No centro do inconsciente existe um buraco, a brecha da relação sexual, um buraco que é o nome lacaniano para o complexo da castração. Existem duas formas de não existência lógica, ou seja, de falta, que são centrais para a práxis, na medida em que são o corolário da relação sexual não existente: a não existência da verdade como um todo e a não existência do gozo como um todo.

A lei sexual surge onde falta o instinto sexual. Essa lei, essa interdição, é coerente com o desejo inconsciente, e até implica a identidade do desejo e da lei. Para o ser falante, ela institui a dimensão da verdade em uma estrutura ficcional. Assim, a psicanálise "tem uma consistência do ponto de vista social que é diferente da de outros discursos. É um vínculo de dois. É por isso que ela substitui a falta de relação sexual".[1] Essa falta estabelece esse ponto real fornecendo um "impossível" inteiramente específico da psicanálise. Uma oposição entre verdade e o Real atravessa a clínica lacaniana em uma dialética que não foi nem sintetizada, nem ultrapassada. O Real é aquilo que sempre retorna e é indissociável da modalidade lógica do impossível, uma lógica que é incompatível com a representação e um correlato do não todo, ou seja, de um conjunto inevitavelmente aberto. A verdade na psicanálise é contingente e particular, um conceito que já se expressava nas teorias estoicas da lógica.

Quanto à clínica, os momentos em que Lacan enfatiza a relação entre o que é verdade e interpretação analítica são quando a historicização do sujeito conquista a primazia no trabalho analítico. Quando ele dá prioridade ao real em sua relação com a tarefa psicanalítica, ele enfatiza a lógica e a estrutura. Se a interpretação é renovada recorrendo-se à equivocação dentro da linguagem, isso também é feito, até escandalosamente, modificando-se a duração ortodoxa das sessões por meio da escansão. Devemos nos lembrar de que Freud estabeleceu a duração de uma sessão em 45 minutos com base no tempo de retenção de atenção que funcionava melhor para ele, nunca em relação à temporalidade do inconsciente. Sessões breves se tornaram o centro de um escândalo e, por causa do escândalo, as pessoas se esqueciam de que as sessões deveriam ser de duração variável em relação a como o trabalho do analisando se desdobra. A duração varia de acordo com a

---

1 LACAN, Jacques. "La troisième". *Lettres de l'E.C.F.*, 16: 187, 1974 (Paris).

abertura e o fechamento do inconsciente, que usa o tempo padrão para favorecer a resistência de forma a se contrapor ao fechamento que resulta de sessões com tempo fixo.

O tempo cronológico e a temporalidade do inconsciente são diferentes. Essa mudança certamente aumenta a responsabilidade do psicanalista, seu "poder discricionário", mas ela também interrompe a ação rotineira; ela desperta a pessoa de cochilos confortáveis. Embora Lacan apontasse que o analisando é perfeitamente capaz de lidar com uma sessão de 45 minutos, nada muda na sessão ultrabreve. Abreviar a sessão enfatiza a simultaneidade de diversas linhas nos significantes da livre associação do analisando. Se a interrupção é oportuna ou não só se descobrirá depois, *après-coup*, porque o efeito de uma interpretação só pode ser lido em suas consequências. Isso envolve um risco, que deveria ser calculado como possível, embora esse cálculo não seja garantido contra erros. A psicanálise é uma prática ateísta, e ao ato analítico falta um Outro que o garanta. Nenhum Deus e nenhum nome próprio pode atuar como Deus para os psicanalistas; nem mesmo o nome de Lacan garante a eficácia e a precisão de nosso trabalho.

O mesmo pode ser dito sobre a hesitação calculada da neutralidade analítica, na qual o psicanalista intervém ao recuar intencionalmente de sua neutralidade, impondo sanções ou concedendo aprovação com base em significantes e no desejo dos Outros históricos do analisando, não como uma função de seus sentimentos pessoais. Essa hesitação sempre foi praticada, ainda que nunca admitida publicamente, e depende do uso da contratransferência. Assim, a hesitação calculada envolve o desejo do psicanalista, um conceito que corrige distorções da contratransferência, situando-o apropriadamente como uma reação imaginária dupla, que o psicanalista deveria abordar da mesma forma como se exerce o papel do morto em uma partida de *bridge* – ou seja, ao não participar mais do jogo especular.

Esses tipos de intervenções ocorrem na estrutura de uma repetição que não é entendida como uma mera reprodução do passado, conceito que levou a uma interpretação de toda associação livre relacionada ao psicanalista, no "aqui, agora e comigo" da transferência, ao ponto do tédio. A hesitação calculada da neutralidade não é uma norma "técnica". Ela é empregada porque o psicanalista deveria preservar para o analisando a dimensão imaginária do não domínio, da imperfeição, da ignorância (com sorte, douta) que enfrenta cada novo caso.

O amor de transferência é instituído desde o começo, já que é baseado na formação estrutural do sujeito-suposto-saber, que produz uma conjuntura entre um sujeito não dividido e o saber inconsciente. Essa construção torna possível a elisão da divisão do sujeito, uma divisão que nunca deve ser esquecida na psicanálise. Quando o psicanalista assume essa posição estrutural, ele nunca deve se esquecer de que também é um sujeito dividido. Quando o analisando concorda em se submeter à regra da associação livre, ele remove toda a suposição do conhecimento de seus dizeres, aceitando que não sabe o que diz, embora não saiba o que sabe. O efeito-sujeito produzido pela associação livre – o sujeito dividido – passa a existir na medida em que abandona seu conhecimento do ego.

Para Lacan, o psicanalista deveria exercer o papel do sujeito-suposto-saber, mas situado em uma posição cética, rejeitando todo o conhecimento exceto por aquele colhido dos dizeres do analisando. Essa é uma versão cética da regra de Freud, de uma atenção flutuante segundo a qual o psicanalista ouve isotonicamente (atribuindo o mesmo valor a tudo que é dito) e não oferece nenhum acordo. O psicanalista deveria até "fingir" se esquecer de que seu ato (concordar em ouvir as palavras do analisando e aceitar o manto do sujeito-suposto-saber) causa o processo psicanalítico. Essa estratégia leva à posição do psicanalista como objeto, subjacente à sua posição como sujeito-suposto-saber que aceita ser a causa desse processo.

Devemos agora ser mais precisos quanto à função do *objeto a*, uma função que sustenta o papel do sujeito-suposto-saber e é também o referente latente da transferência. O *objeto a* é o objeto que causa o desejo; ele está "por trás" do desejo na medida em que o provoca, e não deve ser confundido com o objeto que funciona como alvo para o desejo.

A primeira falta à qual Lacan nos envia incansavelmente é a falta de um sujeito. Não existe nenhum sujeito natural determinado. Lacan critica todos os conceitos naturalistas do sujeito. Essa falta chega no exato momento em que o organismo humano é capturado pela linguagem, pelo simbólico que o priva de qualquer unidade subjetiva possível. Mas, na estrutura, esse sujeito, que não é, tem um *locus* como um objeto relativo ao Outro, seja relativo ao seu desejo ou ao seu gozo. Em outras palavras, somos primeiro um objeto. Como um objeto, podemos ser uma causa do desejo para o Outro ou um condensador de gozo, o ponto de recuperação do gozo para o Outro. Mas para que o bebê humano encontre seu lugar, seja como causa ou *plus-de-jouir* (mais-de-gozar), primeiro deve ocorrer uma perda. Essa perda opera em relação à sua inscrição no Outro. Somos o remanescente do buraco que fazemos no Outro quando caímos como objetos, um remanescente que não pode ser assimilado pelo significante.

Assim, o sujeito emergente testa seu lugar no Outro jogando com o desaparecimento; por exemplo, ele se esconde e espera que alguém o procure. Essa situação assume implicações dramáticas quando esse desaparecimento não é notado. Ele busca criar um buraco no Outro para que sua falta seja sentida. O Outro, provavelmente a mãe, inicialmente lamentará sua perda. A criança busca ativamente se separar em uma *separtition*, como diz Lacan no *Seminário: A angústia*, porque quando ele cria um buraco no Outro, transformando-se em uma perda, ele sai em busca de outra coisa.

O luto após o desmame é o luto da mãe, não do bebê. Para que essa perda comece a operar, o sujeito precisa primeiro descobrir a falta, e o único lugar em que ele ou ela pode descobri-la é no Outro; em outras palavras, ao considerar o Outro incompleto, ou barrado. Essa perda situa o sujeito de duas formas. Em uma, o sujeito é aquele objeto visto como causa para o Outro, e isso, na medida em que é uma causa personificada associada a emoções viscerais, é a verdade de uma relação específica com o desejo que determina a posição do sujeito. Tal verdade parcial revela tanto a falta do sujeito quanto a falta do Outro. Por outro lado, é um gozo extra que o Outro recupera diante da ausência de um gozo sexual absoluto e inteiro. Dessa maneira, Lacan recupera duas principais dimensões do objeto freudiano: o objeto é primeiro a "causa" como objeto perdido do desejo e vestígio da experiência mítica da satisfação; o objeto é também um mais-de-gozar libidinoso na tradução que Lacan faz de *Lustgewinn*, o distintivo ganho de prazer fornecido por processos primários, um excedente na energia do gozo resultante da circulação da catexia; esse segundo conceito sustenta a economia política do gozo na clínica lacaniana. Lacan mostra como o núcleo do pré-consciente, que fornece a unidade do que normalmente se chama *self*, é o *objeto a*, que fornece ao sujeito um consolo diante da ausência do gozo inteiro.

Um exemplo simples pode servir como ilustração. Uma mulher de seus trinta e poucos anos me procura porque está passando por períodos de inércia, durante os quais ela para de cuidar de sua família, seu trabalho e sua aparência. Nesses períodos, ela sofre de episódios de bulimia, aos quais ela se refere como *comiditis*, ou "comer em excesso", quando come basicamente doces, fica deitada na cama lendo livros de romance e dorme. Ela comete um ato falho ao dizer *comoditis* (excesso de conforto) em vez de *comiditis*, o que torna possível começar a formular sua fantasia básica cujo axioma seria algo como: "alguém dá doces a uma menininha". O conforto e a passividade, ambos características presentes nas mulheres da família, têm relação com o desejo de um avô paterno, um padeiro profissional, que alimentava todas as "suas mulheres". A passividade, o descuido, o querer ser cuidada por outros estão associados a ser esse objeto alimentado pelo Outro histórico. Em outras palavras, ela era um objeto que permitia-se ser alimentada com doces. Isso ao mesmo tempo lhe fornecia um doce prêmio de gozo e permitia que continuasse sendo a "causa" do avô, cujo papel na família havia deslocado seu pai. A análise de sua posição como objeto relativo ao desejo daquele Outro alterou sua fixação por ele e lhe abriu a possibilidade de decidir se ela queria o que desejava.

As modalidades lógicas do amor

O *objeto a* também organiza, de forma latente, o amor de transferência. A psicanálise revela que a principal modalidade lógica do amor é a contingência: a psicanálise mostra que o amor funciona como uma interminável carta de amor sustentada pelo *objeto a* como um encalhe, sua causa e seu mais-de-gozar. A psicanálise lacaniana distingue, então, duas formas privilegiadas e contingentes de suplementos para a relação sexual que não existe – o falo e o *objeto a*. Sua conjunção produz esse curioso objeto, o *agalma* de Platão, o milagroso detalhe que desempenha o papel do objeto do desejo. É a atração que desencadeia o amor de transferência e se apresenta como alvo do desejo, não sua causa. A fórmula é precisa: o *objeto a* é habitado pela falta do falo ou "menos fi", e assim nos envia para o caminho do falo imaginário da castração. O sujeito imagina que passará a possuir o objeto que lhe falta. Mas o desejo inconsciente, entendido como desejo do desejo do Outro, não tem a ver com possessão. O desejo do Outro é sempre reduzido a desejar *a*, o objeto que é sua causa. Aquele que se perde no caminho de possuir o objeto é o neurótico, que não quer saber nem a respeito de sua própria posição como objeto que causa o desejo do Outro, nem que o desejo do Outro existe porque o Outro é incompleto – em falta – também.

Sexuação	Tipo de amor	Modo lógico
$\forall x. \phi x$	Amor ao próximo	Possibilidade
$Not\ \exists x.\ Not\ \phi x$	Amor cortês	Impossibilidade
$\exists x.\ Not\ \phi x$	Carta de amor	Necessidade
$Not\ \forall x.\ \phi x$	*Lettre d'amur*	Contingência

Figura 12.1. Matriz dos quatro modos lógicos de amor

Na medida em que o amor de transferência é modulado por meio da demanda do analisando, o último também assume diferentes modalidades lógicas. Cada uma dessas modalidades lógicas desenvolve as fórmulas de sexuação de Lacan do *Seminário XX* e fornece um novo *insight* sobre a posição sexuada do sujeito no amor. A partir dos seminários ministrados em 1973-4, intitulados *Les Non-dupes errent* (Os não-tolos erram), é possível deduzir a figura 12.1, que articula os quatro modos lógicos do amor seguindo as fórmulas de sexuação. Como as tabelas de Lacan se apoiam em um trocadilho que associa *nécéssité* (necessidade) a *ne cesse de s'écrire* (não para de ser escrito), elas são difíceis, se não impossíveis, de serem traduzidas para o inglês. Assim, eu simplesmente reproduzirei a matriz essencial.

Deixe-me dizer brevemente algo a respeito dos dois últimos tipos de amor. A modalidade da "carta de amor" imagina o amor como necessário, e presume que o amor sexual deve substituir um sempre possível amor ao próximo ou fraterno. Esse é o mecanismo pelo qual uma ilusão de relação sexual é reintroduzida: uma necessidade lógica é substituída pela necessidade ou pelo instinto biológico ausente. Na outra ponta do espectro, o comando "amai o próximo" tende a expulsar o corpo e o desejo de seus respectivos lugares.

Do lado feminino da sexuação, ninguém pode dizer "Não" à função fálica; a impossibilidade surge com a não existência da Mulher como Mulher. O amor cortês aparece neste ponto, é o amor em seu lugar respectivo em relação ao desejo, na medida em que o imaginário do corpo é o meio que reúne o Simbólico do gozo e o Real da morte. Ali, o modo lógico é a impossibilidade das relações sexuais. No lado do universal feminino, a mulher-não-toda, encontramos a Mulher que se sustenta como um valor sexual pela modalidade da carta de amor, já que é um modo pelo qual o amor revela sua verdade. A última modalidade é a da contingência radical e assume a forma do que Lacan chamou de *lettre d'amur* (e não *lettre d'amour*).* Ali, o amor revela sua verdade, mais especificamente o fato de que, para o ser falante, a união sexual é sujeita a encontros fortuitos. Na escrita especial de Lacan, o *amur* – um neologismo em francês – é homofonicamente próximo de *amour* (amor), mas implica a partícula privativa *a-*, enquanto sugere o muro, *mur*, que nos remete ao muro da castração. Embora o amor, em sua contingência, não reforce esse muro da castração, ele aceita a brecha aberta pela ausência da relação sexual no inconsciente. Como *mur* é também homófono de *mûre* (maduro), *amur* ironicamente invoca a impossibilidade do amor maduro. Contudo, o movimento do amor pretende estabelecê-lo como necessário, escondendo, assim, a contingência corporal do *objeto a* que sustenta e desencadeia o encontro. Talvez uma versão adequada em inglês fosse *love ladder*,* se porventura um muro pudesse ser escalado. Todo esse movimento da necessidade até a contingência, e vice-versa, é esboçado em *Mais, ainda*: "O deslocamento da negação desde o 'para de não ser escrito' até o 'não para de ser escrito', em outras palavras, desde a contingência até a necessidade – ali está o ponto de suspensão ao qual todo o amor está ligado" (*SXX*, p. 145).

---

* N.T.: Em português, uma das soluções de tradução encontrada foi "carta de (a)muro".
* N.T.: "Escada de amor", trocadilho com "*love letter*", ou carta de amor.

Essa trajetória lembra a progressão que muitas vezes aparece no final de uma análise, quando o sujeito-suposto-saber evapora pelos ares. Do lado do analisando, isso marca a destituição do sujeito; então, no entanto, o amor pelo conhecimento inconsciente persiste, sem ser suturado por um sujeito. O *objeto a* também emerge em sua imensurabilidade e contingência radical, que o diferencia de um objeto de troca e sua medida comum, e assinala o remanescente inassimilável da constituição subjetiva. Tal remanescente pode ser chamado *désêtre* ou "des-ser", já que não é nada mais do que um falso ser cujo vazio é revelado no lado do psicanalista. O psicanalista, então, longe de ser um ouvinte dotado de poderes discricionários, se torna a mera semelhança do *objeto a*.

O inconsciente estruturado como *uma* linguagem, ou seja, como *lalangue*, ou alíngua, não está incluído na linguagem como uma verdade universal, e sua ciência, a linguística, é substituída pela *linguisterie* (pseudolinguística) em conjunção com uma clínica do não-todo, da particularidade, uma clínica governada por uma lógica modal e uma topologia nodal. Precisamos ressaltar que, se os dizeres do analisando aderem a uma lógica modal, a interpretação analítica deve, por sua vez, aderir a uma lógica apofântica, seguindo a noção de Aristóteles (*apophanisis* significa revelação em grego), uma lógica de afirmação e asserção. A interpretação se articula com o dizer da não existência (da relação sexual, da verdade em sua totalidade e do gozo em sua totalidade). O dizer apofântico coloca um limite, portanto, é sentido e vai contra o significado. Ele nunca se colocará do lado dos quantificadores universais, porque é sempre um dizer particular.

Um exemplo pode ilustrar como a interpretação se situa nessa dimensão lógica. O paciente era um mulherengo conquistador, aquilo que chamamos de Don Juan, cuja vida era constantemente perturbada pelos muitos casos que mantinha. Durante toda sua análise, ele me dizia: "Sabe, doutora, todas as mulheres querem a mesma coisa". Quando eu perguntava: "O quê?", ele respondia: "Ah, você sabe...". Isso se repetiu muitas vezes, até que um dia ele se apaixonou por uma mulher. Ele me disse que tinha dúvidas a respeito dela, e havia concluído que essa mulher deveria ser como todas as outras. Repeti minha pergunta, e, por fim, ele respondeu: "Bem, você sabe, elas são todas vadias". Eu respondi imediatamente: "Obrigada pelo elogio", em um tom altamente irônico calculado como uma vacilação de neutralidade, pois não fiquei nem brava, nem ofendida. Na verdade, eu havia insinuado: "Obrigada, também me incluo entre todas as mulheres, não sou exceção". Com essa intervenção, interrompi a sessão. O ponto importante era que eu havia abandonado a posição de exceção na qual o analisando me colocara. Eu estava na mesma posição que *a* outra exceção, o mestre, sua mãe, em primeiro lugar – a única mulher a quem ele era fiel –, e, em segundo lugar, sua esposa, como substituta da mãe. Ao simplesmente me incluir na série "todas as mulheres são vadias", eu abri o conjunto fechado da Mulher universal ao me recusar a assumir o lugar da exceção que garantiria que o conjunto da Mulher fosse um conjunto universal fechado. Aqui, o significado não era a questão central. Essa interpretação produziu uma reação intensa no analisando. Ela lhe abriu um espaço que não era limitado exclusivamente pelo desejo de sua mãe, e parou sua compulsão por conquistar mulheres.

Quando estamos do lado do não-todo associado à feminilidade, o inconsciente permanece uma estrutura aberta; do lado fálico, o inconsciente é um conjunto fechado. Os significantes, na medida em que são um conjunto aberto, não são organizados como uma cadeia que implica uma série linear. No lugar, estamos lidando com uma articulação governada pela lógica da proximidade. Essa abordagem ao conhecimento inconsciente não é contraditória em relação a como ela funciona como um conjunto fechado. Assim, duas formas de focar na verdade em sua relação com o inconsciente são esboçadas. Ambas são meias-verdades. Em relação ao conjunto fechado, a verdade envolve a existência de um limite que o torna um meio-dizer. No conjunto aberto, só encontramos verdades particulares, uma a uma. O psicanalista, como se fosse um Don Juan, deve assumir cada inconsciente, um a um, porque ele sabe que não há um "inconsciente como um todo", que a proposta universal lhe será negada. Cada psicanalista terá de fazer uma lista, um a um, dos vários inconscientes que ele teve de analisar. Portanto, o decifrar do conhecimento inconsciente tem duas dimensões: o semidizer, ou *midire*, do conjunto fechado, e o verdadeiro dizer da particularidade máxima do conjunto aberto.

A ética apropriada para esse conjunto ao mesmo tempo fechado e aberto, que é o inconsciente, é uma ética de "dizer bem" (*bien dire*). A fidelidade a ela envolve ser uma vítima do conhecimento inconsciente exatamente porque "*non-dupes err*" (o trocadilho de Lacan com *noms du père* – os nomes do pai – e *les non-dupes errent*, os não-tolos erram). Espera-se que sejamos as vítimas dóceis desse saber inconsciente, porque o Bem Dito com o qual estamos lidando não é o da criação literária, ainda que uma retórica, que varia dependendo da *lalangue*, ou alíngua, seja inerente a ele. Estamos lidando com esse Bem Dito que responde ao conhecimento inconsciente de cada analisando. Essa é a razão, no fundo, pela qual não existe uma técnica psicanalítica.

A neurose e as fórmulas de sexuação

A relação sexual que não existe nos atormenta, nos persuade e, afinal, nos leva à psicanálise. Em virtude dessa impossibilidade que faz um buraco no saber inconsciente, a psicanálise nos fornece "casos de verdade", aponta como as vidas reais são atormentadas por esse Real. O neurótico mostra uma verdade que, como não é dita, é sofrida e suportada. Essa é sua carta de apresentação. O sofrimento deve ser considerado um evento na medida em que cobre um dizer, uma enunciação, e é seu efeito. Esse sofrimento pode ser um sintoma, mas também um *objeto a* como causa. Então, podemos começar a trabalhar.

Quando o neurótico busca conhecimento, essa busca é em um nível ético, e, de acordo com Lacan, ele é aquele que delineia novos caminhos na relação entre a psicanálise e a ética. A busca pelo *père-vers* (trocadilho que Lacan faz com "perverso" e "*vers le père*" – ou seja, "em direção ao pai") é uma busca pelo gozo. O neurótico se questiona sobre como administrar os impasses da lei. Ele sabe, ao seu modo, que tudo relacionado ao gozo se desdobra em torno da verdade do saber. O horizonte de sua busca é o gozo absoluto. Contudo, a questão central para ele é que sua verdade está sempre do lado do desejo, não do gozo, exatamente porque ele se situa como um sujeito dividido ($). Ele se situa em relação àquilo em que ele acredita, aquelas verdades ocultas que ele representa em sua própria carne. Para ele, assim como para o pervertido, aquilo que é foracluído é o gozo absoluto, não o Nome-do-pai.

Quando o autoerotismo é descoberto, o elo do sujeito com o desejo do Outro (principalmente a mãe como Outro) é muitas vezes questionado, o que pode desencadear uma neurose. Esse questionamento coloca o drama da importância do Outro em jogo, na medida em que o *objeto a* lhe fez um buraco. O *a* cairá no buraco feito no Outro. O significante (ϕ) fálico se coloca nesse mesmo buraco. Esse buraco indica o ponto em que o Outro é esvaziado do gozo.

Cada neurose tem sua própria maneira de aceitar esse ponto da castração no Outro que indica a não existência do gozo como total ou absoluto. As duas principais neuroses – neurose obsessiva e histeria – podem ser localizadas em ambos os lados das fórmulas de sexuação, na medida em que o particular de cada lado nos mostra uma forma diferente de fornecer uma base para a lei primordial.

Do lado da exceção está o pai mítico de *Totem e Tabu* – a figura colocada por Freud no centro da neurose obsessiva, que nega a função fálica e desfruta das mulheres "como um todo" – ou seja, todas as mulheres. O pai mítico é ávido por gozo e leva seus filhos a uma rebelião que culmina em seu assassinato e devoração totêmica. Isso termina com a comunhão dos irmãos, sendo que cada um deles pode agora ter uma mulher, e com a criação de um contrato social mítico, baseado na interdição do "todo" das mulheres. Ressaltemos que o que é proibido é o "todo" das mulheres, e não a mãe. Nesse caso, o gozo como "todo" vem em primeiro lugar e mais tarde é proibido pelo contrato entre os irmãos. A lei que detém o gozo absoluto do pai mítico aparece em segundo lugar. Essa lei é cúmplice da escrita das cartas de amor, que, no nível universal, é a base do amor ao próximo ou de um senso de comunidade religiosa.

Do lado do "não existe nenhum" do particular feminino, encontramos a lei edipiana, com a interdição do desejo da mãe, que Freud descobriu em pacientes com histeria. A lei edipiana estabelece uma genealogia do desejo na qual a mãe é declarada proibida. O sujeito é culpado sem saber, porque a lei chegou primeiro e se refere ao desejo da mãe, não ao gozo. Em *O avesso da psicanálise*, lemos: "O papel da mãe é o desejo da mãe [...]. Isso não é algo que se possa suportar assim, indiferentemente.

Sempre causa desastre. Um grande crocodilo, em cuja boca você está – essa é a mãe. Nunca se sabe se ela de repente decidirá fechar sua armadilha".[2] O risco é ser devorado por essa mãe-crocodilo, um risco do qual o sujeito se defende com o falo. Lacan defende que Jocasta sabia algo a respeito do que havia acontecido na encruzilhada onde Édipo mata Laio, e que Freud não questionava seu desejo, o que levou ao egocentrismo do filho/falo que Édipo era para ela. Aqui, temos em primeiro lugar o desejo proibido da/pela mãe, e, em segundo lugar, sua transgressão. Observem que o que é proibido manifestamente é o desejo pela mãe, mas que, por trás disso, torna-se visível o desejo da própria mãe, ao qual responde o desejo do filho por ela. Aqui, a lei aponta o objeto do desejo e ao mesmo tempo o proíbe. Essa lei é um correlato do amor cortês, o impossível, e mostra um posicionamento apropriado do desejo.

Comecemos com a neurose obsessiva e seu desejo, que aparece como um desejo impossível de possuir o "todo" das mulheres. O neurótico obsessivo, diante dos impasses da lei, aspira a um conhecimento que lhe permitirá se tornar o mestre, um saber no qual ele tem interesse por causa de sua relação com o gozo. Ele também sabe que, diante de uma perda de gozo, a única recuperação disponível de gozo é fornecida pelo *objeto a*. Essa perda constitui o centro em torno do qual a dívida, que desempenha uma função crucial para ele, é estruturada. O gozo deve ser autorizado quando se baseia em um pagamento eternamente renovado: o neurótico obsessivo é, portanto, incansavelmente comprometido com a produção, com uma atividade incessante. Diferentes formas de dívida são incluídas em seus rituais, nos quais ele encontra o gozo por meio do deslocamento. O mestre é a exceção para ele, esse Outro anterior à castração, ao esvaziamento de gozo e à lei após o assassinato do pai. Ele pensa sobre a morte para evitar o gozo e sustenta o mestre com seu próprio corpo, que age como um cadáver, obedecendo, poderíamos dizer, ao lema de Ignatius Loyola: *perinde ac cadaver*, obedecer até o fim como um cadáver. Diante da exceção que nega a castração, sua resposta é não existir, o que causa aquele sentimento peculiar que

---

2 LACAN, Jacques. *Le Séminaire XVII: L'envers de la psychanalyse, 1969-1970*. Paris: Seuil, 1991, p. 129. Ver também p. 167 para outra versão dessa passagem.

sempre o faz se sentir como se estivesse fora de si mesmo, como se nunca estivesse onde está. Assim, ele sustenta essa exceção que é o pai mítico, esse senhor cujo escravo cadaverizado ele se torna.

Por outro lado, a paciente histérica tanto reprime quanto promove esse ponto na direção do infinito, que é um gozo absoluto impossível de se obter. Como é impossível de se obter, ela recusa qualquer outro gozo; nenhum bastaria, em comparação com o gozo impossível. Ela supõe que a Mulher – a Mulher que Lacan chamaria de "outra" mulher – tem o conhecimento de como fazer um homem gozar, um lugar impossível que ela anseia alcançar. Diante desse impasse, ela sustenta seu desejo como insatisfeito; se o gozo absoluto é inalcançável, tudo que lhe oferecem é "não isso". Essa situação a leva a questionar o mestre de forma que ele produza algum conhecimento, aquele conhecimento que a Mulher teria caso existisse. É por isso que qualquer fragilidade do pai é tão importante para ela, como sua doença ou sua morte. Ela se apressa para sustentá-lo, não importa como, porque ela não quer saber nada de uma impotência que tornaria o gozo absoluto ainda mais inalcançável.

Sua tragédia é o fato de que ela ama a verdade como a não existência do gozo como um todo. Se amar é dar o que você não tem, ela revela o teatro leniente da histeria nesse sentido, sua própria versão de amai o próximo, um contraponto de tudo pelo outro da oblação obsessiva. Nesse teatro leniente, ela encena o sacrifício, não a dívida, no qual ela oferece a si mesma como fiadora da castração, mesmo para sua própria vida. Diante da não existência da Mulher, ela opta por *faire l'homme* como a histérica (fazer o papel de um homem, mas também "fazer" um homem), com toda a ambiguidade dessa fórmula, que pode ser entendida ou que ela assumirá o papel do homem ou que ela constituirá o homem, ainda que não qualquer homem, aquele homem que saberia o que "a" mulher saberia, caso ela existisse. Ela se identifica com o homem relativo à mulher. Portanto, ela finge ter aquela semelhança que é o falo, de forma a se identificar com aquele "pelo menos um homem" que tem conhecimento a respeito "da" mulher. Essa mulher como um todo que não existe, impossível de registrar logicamente no inconsciente, é a base do desejo insatisfeito da paciente histérica.

O que é, então, uma mulher? É ela que consegue ver a luz na psicanálise, que é aberta a um gozo duplo como não contraditório, que consegue se colocar de ambos os lados das fórmulas de sexuação. Do lado do "não como um todo", um gozo se abre para ela sob o signo do misticismo; do outro lado, existe o gozo fálico. Aquela "uma mulher" se expressa no lado masculino como "uma" mulher, mas sempre a mesma. Portanto, nessa estrutura temos registrada a matriz de um mal-entendido entre os sexos. Essa grade lógica mostra que as neuroses são a verdade de um fracasso, o fracasso da estrutura do significante em relação à inscrição da relação sexual.

Como podemos pensar a relação entre estrutura e história nessa clínica? Para Lacan, a biografia de uma criança é sempre secundária na psicanálise, porque é contada posteriormente. Como essa biografia, essa história de família, é organizada? Ela depende de como o desejo inconsciente aparece para o pai e a mãe. Portanto, nós precisamos não somente explorar a história, mas também a forma como cada um dos seguintes termos esteve efetivamente presente para cada sujeito: saber, gozo, desejo e o *objeto a*. Assim, a biografia de uma criança pode ser encarada como a maneira pela qual a estrutura se tornou um drama vivo para cada sujeito. A chave para como essa estrutura se tornou um drama é o desejo do Outro em sua articulação com o gozo. O ponto central é o elo entre o gozo absoluto como perdido e o desejo do Outro barrado. Esse elo se forma no *objeto a*, a causa do desejo e do mais-de-gozar. O sujeito deve se colocar como a causa do desejo que ela foi para o outro, e decidir se ela quer o que deseja – se ela quer ser a causa desse desejo. Da mesma forma, o sujeito deve abandonar a fixação pelo mais-de-gozar que suplementa a perda do gozo que também habita o Outro, abrindo, assim, espaço para outras formas de recuperar o gozo. Nossas biografias contingentes, que se tornam necessárias *a posteriori*, fornecem a possibilidade de uma escolha, e a psicanálise nos leva a esse limiar. A clínica de Lacan não se envolve em um determinismo absoluto, já que impede o papel central da contingência, que permite ao analisando a pequena margem de liberdade que faz da psicanálise nem uma impostura, nem uma mistificação. Para concluir, gostaria de enfatizar que uma clínica lacaniana almeja, acima de tudo, o "bem-dizer" (*bien dire*). Ela deve fazer da modéstia uma virtude, sem esquecer o próprio desejo do psicanalista, com todo o peso da responsabilidade adicional que isso requer.

13 Para além do falo: Lacan e o feminismo

DEBORAH LUEPNITZ

Sobretudo, nada de pais educadores, é melhor que se retraiam de qualquer magistério.[1]

Nos Estados Unidos dos anos 1970, no pico da segunda onda do feminismo, Sigmund Freud era o homem que as mulheres adoravam odiar. Não sem razão. A especialidade médica praticada em nome de Freud por analistas americanos (homens, em sua maioria) se dedicava não a ajudar pacientes (mulheres, em sua maioria) a descobrir seu desejo, mas a colocar em prática ideias a respeito de uma feminilidade "normal".[2] Para aqueles que começavam a questionar as convenções da domesticidade e da heterossexualidade, a psicanálise, ao falar em "masoquismo feminino" e "inveja do pênis", parecia a inimiga da libertação das mulheres. As palavras de Freud foram tiradas de contexto para provar isso.

Porém, em 1974 a feminista britânica Juliet Mitchell publicou *Psicanálise e feminismo*, que viria a ter um impacto enorme sobre uma geração de mulheres, tanto acadêmicas quanto ativistas. Mitchell escreveu: "[uma] rejeição da psicanálise e dos trabalhos de Freud é fatal para o feminismo. Independentemente de como ela tenha sido usada, a psicanálise não

---

1   LACAN, Jacques. "Seminar of 21 January 1975". *Ornicar?*, 3: 104-10, 1975 apud MITCHELL, Juliet; ROSE, Jacqueline. *Feminine Sexuality: Jacques Lacan and the école freudienne*. Nova Iorque: Norton, 1982, p. 167.
2   Para uma história crítica da americanização da psicanálise, ver JACOBY, Russell. *The Repression of Psychoanalysis*. Nova Iorque: Basic Books, 1983. Para uma das primeiras críticas feministas de Freud e da psiquiatria, ver MILLET, Kate. *Sexual Politics*. Nova Iorque: Ballantine Books, 1969. Ver também LUEPNITZ, Deborah. "'I want you to be a woman': Reading desire in Stoller's case of 'Mrs. G.'". *Clinical Studies: International Journal of Psychoanalysis*, 2: 49-68, 1996.

é uma recomendação *para* uma sociedade patriarcal, mas sim a análise *de* uma. Se temos interesse em entender e contestar a opressão das mulheres, não podemos nos dar ao luxo de negligenciá-la".[3]

O trabalho de Mitchell permitiu que aqueles à esquerda política fossem além do materialismo dos debates "inato *versus* adquirido" das ciências sociais. Nem a biologia, nem a cultura poderiam esgotar o significado da fantasia individual ou da subjetividade. Freud adotou o sujeito desejante como seu principal tópico de investigação, e a leitura de Freud mais compatível com a ideologia feminista, de acordo com Mitchell, era a de Jacques Lacan. Ela chegou a defender o estilo recôndito de Lacan, referindo-se às infelizes consequências do estilo acessível e facilmente censurável de Freud.

Mitchell deu continuidade a esse trabalho inovador com a publicação, em 1982, de *Feminine Sexuality: Jacques Lacan and the école freudienne*, que editou em conjunto com Jacqueline Rose – um livro que foi um divisor de águas no contato de feministas anglófonas com Lacan. As reações das leitoras a seus excertos traduzidos dos *Escritos* e do *Seminário XX* tendiam a se dividir de forma bem definida segundo as áreas. Lacan formou um séquito feminista na academia – em sua maior parte nas humanidades –, na qual seus conceitos de "olhar" e da controversa e problemática natureza do gênero inspiraram comentários brilhantes. Em 1992, somente dezoito anos depois de a psicanálise ter entrado na teoria feminista, já havia material suficiente para compilar um *Dicionário de Feminismo Psicanalítico* de quinhentas páginas.[4]

Diferentemente das feministas acadêmicas, a maioria das clínicas feministas anglófonas não encontrou, em seu contato com a escrita de Lacan, nenhuma razão para ir além. Menos acostumadas a lidar com textos filosóficos difíceis, elas viam o estilo de Lacan como obscurantista e elitista, e reclamavam, com certa razão, que suas ideias não podiam ser avaliadas sem acesso às longas ilustrações clínicas oferecidas por Freud,

---

3 MITCHELL, Juliet. *Psychoanalysis and Feminism*. Nova Iorque: Vintage Books, 1974, p. xiii.
4 WRIGHT, Elizabeth (Ed.). *Feminism and Psychoanalysis: A Critical Dictionary*. Oxford: Blackwell, 1992. Embora o dicionário contenha verbetes relacionados à teoria das relações de objeto, Klein e Jung, a maioria é relacionada a Lacan. Várias contribuições são de psicanalistas, a maioria acadêmicos.

Klein e Winnicott. Espalharam-se rumores de que Lacan era abusivo com pacientes e que ele usava a breve sessão de análise para atender um número enorme de pessoas, cobrando preços astronômicos.[5] Por fim, a maioria das psicanalistas sentia que a dependência que Lacan tinha do conceito do falo e da "metáfora paterna" as remetia a todos os aspectos errados de Freud. Freud, como ele mesmo admitiu, havia subestimado o papel da mãe no desenvolvimento da criança. E, diferentemente de Melanie Klein e dos analistas de relações de objeto na Inglaterra, Lacan parecia estar levando em frente a tradição freudiana de ignorar as mães e a fase pré-edipiana. Assim, a maioria das psicanalistas feministas anglófonas gravitava ou em torno de Klein ou da teoria das relações de objeto. A própria Mitchell deixou Lacan para trás e se tornou uma psicanalista kleiniana, ignorando-o quase completamente em seu trabalho posterior.

É bastante irônico que Lacan fosse rejeitado por psicanalistas clínicas e promovido com entusiasmo na academia. Mais do que qualquer outro analista, Lacan insistia que a psicanálise era definida exclusivamente por meio de uma interação discursiva entre analista e analisando. De fato, a cena psicanalítica na França diferia radicalmente da cena na América do Norte: os clínicos, bem como os acadêmicos – tanto feministas quanto não feministas –, se tornavam "lacanianos". Até mesmo Simone de Beauvoir, sempre desconfiada da psicanálise, incorporou o estádio do espelho de Lacan em sua explicação sobre o desenvolvimento feminino.[6]

Alguns escritores anglófonos que basicamente não abrem mão dos *Escritos* ainda parecem acreditar que a teoria lacaniana pode ser reduzida a alguns conceitos, todos glorificando o falo. Assim, pode ser necessário tirar o falo do palco central para entender o que mais Lacan tem a oferecer às feministas, em especial àquelas comprometidas com a prática psicanalítica, seja como analistas, seja como analisandas.

---

5 Ver REY, Pierre. *Une saison chez Lacan*. Paris: Robert Laffont, 1989. Ver também ROUDINESCO, Elisabeth. *Jacques Lacan & Co.: A History of Psychoanalysis in France 1925-1985*. Trad. Jeffrey Mehlman. Chicago: University of Chicago Press, 1990.
6 BEAUVOIR, Simone de. *The Second Sex*. Nova Iorque: Vintage Paperback, 1952, p. 313.

Os complexos familiares

Uma obra que costuma ser negligenciada é "Os complexos familiares", escrita por Lacan em 1938 como um verbete de enciclopédia.[7] De acordo com Jacques-Alain Miller, ele foi excluído dos *Escritos* somente por seu tamanho. Apesar de certas referências condescendentes a "povos primitivos", "Os complexos familiares" é, de certa forma, um texto à frente do seu tempo, uma vez que argumenta o quão pouco do que é considerado "natural" a respeito das famílias, e a respeito do desenvolvimento humano em geral, pode ser atribuído à natureza. Isso marca um tema importante na teoria lacaniana. Referências posteriores à "metáfora paterna" e ao "nome do pai" não refletem uma crença de que famílias devam consistir de um pai e uma mãe, unidos em matrimônio. O "terceiro termo" necessário para sinalizar um limite para o gozo da criança com a mãe pode ser fornecido por um pai de carne e osso, por outro adulto que cuide da criança, ou simplesmente por meio da própria fala da mãe.[8] Lacan argumenta ainda que o termo "complexo" deveria substituir "instinto" ao teorizar seres humanos, uma vez que instintos humanos são muito mais fracos do que os de outras espécies e, além disso, são expressados como uma demanda por meio da fala. Um "complexo" não é nem orgânico, nem aprendido, mas situado "entre" os dois. Freud, é claro, já havia formulado o complexo de Édipo, e a este Lacan acrescentou outros dois: os complexos de "desmame" (*sevrage*) e de "intrusão".

Na discussão de Lacan a respeito do complexo de desmame, o que surpreende é a ausência de um vínculo sentimental entre mãe e bebê. Ele é ainda mais claro do que Freud na argumentação de que a *separação* do seio – mais do que estar no seio – cria o desejo duradouro por conexão. Lacan reconhece que o desmame pode se tornar "traumático", de maneiras

---

7 O texto completo de *Les Complexes familiaux dans la formation de l'individu* (Paris: Navarin, 1984), de Lacan, não foi traduzido para o inglês. Veja a forma abreviada traduzida por Carolyn Asp sob o título "The family complexes". *Critical Texts*, 5: 12-29, 1988. Também em *Autres écrits*, p. 23-84.

8 Charles Shepherdson afirma essa ideia em seu rigoroso *Vital Signs: Nature, Culture, Psychoanalysis* (Nova Iorque: Routledge, 2000).

associadas com diversos sintomas neuróticos. Mas em nenhum lugar ele sugere que seria o comportamento da mãe *em si* – sua incapacidade de uma adaptação quase perfeita como a mãe winnicottiana – o causador de problemas.[9] De acordo com Lacan, é a imagem do *sein* materno (em francês, tanto "seio" quanto "útero") que domina a vida humana. Ele afirma que nossa necessidade de deixá-lo é uma realidade inseparável de toda nostalgia humana, religião e crença em utopias políticas.

Se a mãe não é a figura dominante que é na teoria das relações de objeto, então tampouco ela é ausente da teoria de Lacan. A feminista Shuli Barzilai, em *Lacan and the Matter of Origins*, a compara a um "gato da Alice", que aparece e desaparece em momentos cruciais de seu trabalho.[10] Lacan não oferece conselhos úteis sobre técnicas de maternidade, nem se entrega à fácil culpabilização da mãe pela qual as relações de objeto britânicas e a psicologia do ego americana são famosas. Nessas visões mais convencionais de desenvolvimento, a mãe se torna uma mercadoria preciosa: nós desenvolvemos um Verdadeiro *Self* se arrumamos uma boa, ou melhor, uma que seja "suficientemente boa".

Na visão de Lacan, a coisa mais importante que uma mãe pode fazer é *não* estar em um estado de "preocupação materna primária" com seu bebê, mas ser um sujeito por si só, que não espera que a criança a complete. Quem ou o quê mais ela deseje – seja marido, amante ou trabalho – não é tão importante quanto o *fato* de que ela deseja algo além da criança. Seria possível esperar que esse conceito de maternidade atraísse as feministas, que lutavam contra a acusação de que "mães que trabalham" são responsáveis por todos os males da humanidade, e que é "natural" para as mulheres estarem presas em um caso de amor com sua cria.

A ambiguidade da palavra francesa *sein* ressalta um ponto fundamental: até mesmo a separação do bebê e do seio, que alguns poderiam considerar como a separação "original", remonta a um evento anterior – quando o bebê deixa o útero. Lacan sempre complicará nossos esforços

---

9 Ver WINNICOTT, D. W. *Through Pediatrics to Psychoanalysis*. Nova Iorque: Basic Books, 1975.
10 BARZILAI, Shuli. *Lacan and the Matter of Origins*. Stanford: Stanford University Press, 1999.

para construir uma teoria linear, fazendo com que seja difícil pensar em um primeiro estágio. Para ele, há somente os "primeiros".

Cerca de vinte anos depois de "Os complexos familiares", Lacan volta ao complexo do desmame em seu sétimo seminário, quando ele introduz o termo *das Ding* ("a coisa") (*SVII*, p. 43-71). Enquanto uma criança mais velha pode se identificar com a mãe como um sujeito por si só, e o bebê se identifica com ela como um objeto ou um objeto parcial, de acordo com Lacan existe um momento anterior no qual a criança experiencia a mãe sem qualquer capacidade que seja de representação. A essa altura, a mãe existe não no registro imaginário, mas somente no domínio do Real. É ao *das Ding* que nos referimos em nossas nostalgias. Quando, como adultos, ansiamos pelo que foi perdido, nós nos referimos psiquicamente a algo desconhecido e anterior à simbolização, embora o que se esquive da representação também tenha um aspecto abominável. Assim, por mais que tenhamos anseios não identificáveis por aquilo "que foi", também somos aterrorizados por imagens do *das Ding* (Slavoj Žižek usou esse conceito lacaniano para refletir sobre as imagens placentárias em filmes de terror como *Alien*).[11]

O conceito ligeiramente bizarro de *das Ding* tem uma grande relevância clínica. Não é por acaso que Lacan dedica dois capítulos a ele em seu *A ética da psicanálise*. Ali, ele explica por que a análise não deve ter nada a ver com ajudar o paciente a se "ajustar" melhor à sociedade. Para Lacan, o domínio da análise é o desejo; a psicanálise não pode fazer nada mais do que permitir que o sujeito confronte sua relação com ele. O desejo, como sabemos, não tem de fato um objeto; não se pode dizer que ele é *por* alguma coisa. Ou melhor, na medida em que ele é por alguma coisa, ele também é necessariamente por alguma outra coisa. Necessidades e demandas podem ser satisfeitas, mas o desejo não, e a substituição é sua regra mais confiável. Assim, se o analisando está no processo de descobrir o que poderíamos chamar de "a verdade" de seu próprio desejo, esse processo envolverá investigar as substituições como elas existem na história daquele sujeito. A cadeia de deslocamentos sempre se moverá na direção da infância, e certamente para encontros com a mãe – encontros que nunca podem excluir o *das Ding*. É

---

11 ŽIŽEK, Slavoj. *The Sublime Object of Ideology*. Nova Iorque: Verso, 1989.

na análise que podemos vir a perceber que nossos primeiros desejos eram inexpressáveis, nosso primeiro objeto incognoscível, e que cada "reencontro" com o objeto do nosso desejo ao longo da vida nunca será inteiramente separável da ilusão.

O "complexo de intrusão" se refere aos encontros da criança pequena com irmãos e outros rivais na disputa pela atenção dos pais, e isso inclui o que Lacan chama de "estádio do espelho". Este ocorre quando o bebê tem por volta de dezoito meses de idade e reconhece sua imagem no espelho pela primeira vez. A criança, nesse estágio, é relativamente descoordenada, e, se já caminha, ainda está lutando para melhorar seu senso de equilíbrio e controle muscular. Como nunca se viu de fora, a criança não teve a oportunidade de saber que seu corpo tem uma certa forma e tamanho consistentes, facilmente localizável no espaço. Sempre curiosa, a criança se afasta da mãe ou do guardião, olha no espelho e começa "a assunção jubilatória de sua imagem especular" (*E/S*, p. 2). Esse eufórico momento de desenvolvimento tem seu lado melancólico. Depois de nos reconhecermos no espelho, estamos sujeitos a passar a vida olhando para fora em busca de evidências de quem nós somos. Buscaremos espelhos comuns (que enganam, no mínimo, ao inverter direita e esquerda) e olharemos para o olhar especular dos outros que certamente também distorcerão, diminuirão, aumentarão. A identidade, para Lacan, é necessariamente um estado alienado – algo crucial para o funcionamento no mundo, mas também radicalmente instável. O analisando olhará para o analista como um espelho definitivo, acreditando que possa finalmente haver uma resposta para a pergunta "Quem sou eu?". O trabalho de análise prepara o paciente para perceber que não há "tu és isto" – nenhuma verdade que possa ser dada por uma agência fora do sujeito.

Sobre a questão do complexo de Édipo, existem diferenças grandes entre Freud e Lacan. O menino e a menina de Freud passam pela fase anal e oral de forma paralela; na "fase genital", eles comparam corpos, e concluem que, como somente o menino tem pênis, a menina deve ter perdido o dela ou está esperando por um. Esse conhecimento termina o complexo de Édipo do menino e começa o da menina. O que Lacan enfatiza é que essas observações, medos e fantasias a respeito do corpo só podem ser entendidos em termos de momentos antecedentes – para o complexo do desmame, por exemplo, no qual a perda de uma parte do corpo (o mamilo) já estava em jogo. O treinamento do uso do penico apresenta outro momento no qual a criança é obrigada a lidar com algo que cai ou sai do corpo; as fezes são perdidas ou "abandonadas". Lacan também nos lembra de que muito depois da fase do espelho permanecemos sujeitos aos efeitos do "corpo fragmentado" com os quais ela tem início. Assim, ele afirma em "Os complexos familiares":

> Essa fantasia [da castração] é precedida por toda uma série de fantasias de desmembramento que recuam em uma sequência retroativa, desde o deslocamento e o desmembramento, passando pela privação de órgãos sexuais até um estripamento, chegando mesmo à fantasia de ser engolido ou enterrado.[12]

O medo da castração é, assim, uma localização imaginária de um medo mais onipresente e inominável. Quando voltamos ao menino e à menina freudianos no tanque de areia comparando seus corpos, vemos não uma queda repentina da segurança para o terror de Adão e Eva no jardim, mas sim crianças cujas vidas são coextensivas com preocupações a respeito do corpo. Algum tempo depois, as crianças usam suas teorias sobre diferenças sexuais como um meio de responder a uma pergunta que elas não tinham a capacidade de formular em linguagem, até este importante momento: "O que está faltando neste meu corpo?". Alguma coisa sempre foi experienciada como perdida, mas o desenvolvimento da fala nessa idade significa que é o corpo *edipiano* a ser oferecido como um meio de abordá-la. Lacan observou que muitos seres humanos usam o pênis para cobrir seu onipresente senso de falta corporal, então ele escolheu o termo "falo" para se referir ao nosso desejo por completude. O falo significa, portanto, paradoxalmente, o oposto de preenchimento – ou seja, a falta. Enquanto o pênis é um órgão que alguns indivíduos possuem e outros não, o falo é aquilo que ninguém pode ter, mas todos querem: uma crença na unidade corporal, na completude, na autonomia perfeita. O falo, como Lacan explica em seu "O significado do falo", de 1958, não é um objeto

---
12 LACAN, Jacques. "The family complexes". Trad. Carolyn Asp. *Critical Texts*, 5: 20, 1988.

como o seio, o pênis ou o clitóris. É um significante, que acaba designando toda a diferença binária.

Lacan sempre falava do falo não como uma coisa, mas sim uma posição pela qual diferentes objetos circulam. Os adultos podem usar a riqueza, as realizações ou seus próprios filhos como objetos fálicos. Dessa maneira, os "objetos" são desejados por seu valor representativo, sua capacidade de fazer o sujeito se sentir completo. A "função fálica", em outras palavras, não é específica do gênero; ela tem a ver com ser e ter, com a falta e a negação da falta – para todos os sujeitos. Se a biologia de fato entra nesse conjunto crucial de questões, é principalmente no nível da descrição do estado "original" de incompletude. Ou seja, de acordo com Lacan, a experiência de algo que falta ou foi perdido pode ser condicionada à "prematuridade específica do nascimento" em nossa espécie, em contraste com outros cuja prole nasce muito mais preparada para se virar sozinha (*E/S*, p. 4). Em *O projeto*, Freud afirma que "o desamparo inicial dos seres humanos é a *fonte primordial de todos os motivos morais*" (*SE1*, p. 318; grifo no original). Diana Rabinovich sustenta que essa ideia freudiana de impotência é constantemente reformulada por Lacan.[13]

A castração

Considerando a singular formulação de Lacan para o falo, não surpreende que seu conceito de "castração" seja bem diferente do de Freud. Em outras palavras, a castração é a capacidade do sujeito de reconhecer "A mim me falta". Longe de ser algo a se evitar, a castração é uma necessidade e um absoluto pré-requisito para a capacidade de amar. Com respeito aos dois sexos, Lacan especifica que "[a] mulher não deve passar pela castração nem mais nem menos do que o homem".[14]

De maneira alguma Lacan está acabando com a diferença entre mulheres e homens; pelo contrário, ele insiste nela. Talvez somente psicóticos como o Dr. Schreber (no famoso estudo de caso de Freud) consigam viver como homem e mulher ao mesmo tempo – recusando o sacrifício que o

---

13 RABINOVICH, Diana. *El concepto de objeto en la teoria psicoanalitica: Sus incidencias en la dirección de la cura*. Buenos Aires: Manantial, 1988, p. 122.
14 Jacques Lacan, "Seminar of 21 January 1975", p. 168.

resto de nós (neuróticos) fazemos ao abrir mão de uma identidade continuamente masculina ou feminina. Quando Freud descreveu a "descoberta" que a menina fazia da inferioridade de seus genitais, muitas feministas perguntaram se ele estava descrevendo fantasias de *crianças* ou as suas próprias. Para Lacan, não pode haver nada faltando do real do corpo feminino. Falta é algo que existe no registro imaginário; é operativo (embora de diferentes maneiras) para todos. Então, o falo não é o que os homens têm e as mulheres não; poderíamos dizer que é aquilo que os homens acreditam ter e considera-se que as mulheres não tenham.

Uma pergunta que se faz com frequência é: se Lacan não quer que confundamos o pênis com o falo, então por que ele não denominou o falo de algo menos peniano, talvez o "todo" ou o "ômega"? Lacan, com a intenção de apresentar sua teoria como uma releitura de Freud, cita a extrema importância da imagem do falo para os antigos. Em um contexto diferente, no entanto, em uma seção sobre Aristóteles e Freud, ele escreveu: "é preciso usar, mas usar de verdade, até gastar, coisas assim, muito simples, palavras antigas" (*SXX*, p. 60). Em *The Daughter's Seduction*, Jane Gallop sugere que essa passagem descreve o que Lacan faz com as palavras "falo" e "castração". Ela escreve: "Talvez ele as esteja esgotando, correndo o risco da essência, correndo perigosamente perto de posições patriarcais, de forma a esgotar o 'falo' e a 'castração', até que elas sejam completamente banalizadas". E ainda: "É uma forma e tanto de arruinar o valor de troca pelo uso!".[15]

O gozo feminino

Freud sustentava que havia somente um tipo de libido: a masculina. Durante todos os anos 1950, Lacan pareceu concordar com ele. Nas décadas seguintes, no entanto, as questões que as interlocutoras femininas de Lacan levantavam pareciam ter um impacto. Muitos observadores acreditam que ele estava respondendo diretamente a elas quando optou por dedicar seu seminário de 1971-2 a questões da sexualidade feminina. De fato, aquele seminário está repleto de comentários sobre o "MLF" – o

---

15 GALLOP, Jane. *The Daughter's Seduction*. Ithaca, NY: Cornell University Press, 1982.

Mouvement de Libération des Femmes –, comentários que parecem, às vezes, jocosos e paternalistas.

Em uma de suas raras divergências em relação a Freud, Lacan afirma: "Freud alega que existe somente a libido masculina. O que isso significa, senão que um campo nada desprezível é assim ignorado? Esse campo é o de todos os seres que assumem o *status* de uma mulher – presumindo que esse ser assume o que quer que seja de seu destino" (*SXX*, p. 80).

Lacan seguiu e elaborou uma teoria da sexualidade feminina nos termos de um gozo "para além" do gozo fálico. Este é um gozo do órgão (mulheres, é claro, também têm acesso a ele). A respeito desse gozo feminino ou "suplementar", talvez Lacan fosse mais do que caracteristicamente oblíquo. Ele explica comparando-o à experiência do místico:

> O misticismo não é tudo que não seja política. É algo sério, sobre o qual pessoas diversas nos informam – na maioria das vezes mulheres, ou pessoas brilhantes como São João da Cruz, porque ninguém é obrigado, quando se é homem, a se situar do lado da [função fálica]. Também é possível se situar do lado do não-todo. Existem homens que são tão bons quanto as mulheres. Acontece. E que também se sentem perfeitamente bem a respeito disso. (*SXX*, p. 76)

Lacan mantinha que o gozo feminino era, no entanto, difícil para os homens comuns compreenderem, apesar de sua fascinação: "desde o tempo em que imploramos a elas, imploramos de joelhos – e da última vez eu falei em psicanalistas mulheres – que tentassem nos dizer, mas nem uma palavra! Nunca conseguimos tirar nada delas" (*SXX*, p. 75). Estaria Lacan admitindo ignorar a experiência das mulheres para abrir um espaço para suas próprias narrativas? Ou estaria ele, na verdade, inventando uma história sobre a mulher como o "continente obscuro"? Considerando as "mulheres psicanalistas" e os outros escritores que ele optou por ignorar, podemos muito bem perguntar se Lacan realmente desejava o conhecimento pelo qual ele aparentemente estava tão disposto a rastejar.[16]

---

16 Lacan nunca comentou diretamente o trabalho de Luce Irigaray, Hélène Cixous ou de autoras como Woolf, Colette ou H. D., lidas por muitos por seus *insights* sobre a sexualidade feminina.

De qualquer forma, ele foi insincero ao afirmar que não "tirou nada delas". Na verdade, existem razões para acreditar que Lacan, um emprestador inveterado, tenha se inspirado diretamente, para seu modelo do gozo feminino, em "O místico", penúltimo capítulo de *O segundo sexo*.[17] Simone de Beauvoir escreve, por exemplo, "Os escritos de Santa Teresa mal deixam espaço para dúvida, e eles justificam a estátua de Bernini que nos mostra a santa desmaiando em um excesso de voluptuosidade".[18] Aqui está Lacan, escrevendo vinte anos depois: "é como para Santa Teresa – você só precisa ir a Roma e ver a estátua de Bernini para imediatamente entender que ela está gozando. Não há dúvidas disso" (*SXX*, p. 76).

Diferentemente de Lacan, Beauvoir descreveu pelo menos dois tipos de místicos: "o narcisista" (por exemplo, Madame Guyon), que simplesmente anseia pela atenção pessoal dos céus, e "o viril" (como Santa Teresa e São João da Cruz), cujas visões extáticas formam parte de um projeto teológico e uma vida de ação. Intrigante é o fato de que tanto Lacan quanto Beauvoir privilegiavam a posição sexuada do outro: ele favorecia o feminino em detrimento do gozo fálico, ao passo que ela valorizava o misticismo viril em detrimento do não viril. Em nenhum dos casos essas posições correspondiam literalmente ao sexo biológico.

Não existe relação sexual

Uma das formulações mais importantes de Lacan diz respeito à "não existência" da relação sexual. Mencionada pela primeira vez no *Seminário XIV* e expandida no *Seminário XX*, essa afirmação amplifica o famoso comentário de Freud: "Devemos lidar com a possibilidade de que algo na natureza do instinto sexual em si é desfavorável à realização da satisfação completa" (*SEII*, p. 188-9).

Ele recusou um convite para uma série de entrevistas com Simone de Beauvoir. Marguerite Duras, uma das poucas que Lacan admirava abertamente, considerava seus elogios tão condescendentes quanto egoístas. Ver seu "Hommage fait à Marguerite Duras du *Ravissement de Lol V. Stein*". A entrevista de Duras com Suzanne Lamy é citada em Roudinesco, *Jacques Lacan & Co.*, p. 522.

17 Ver o fascinante texto de Françoise Collin, "La Liberté inhumaine: Ou le marriage mystique de Jacques Lacan et Simone de Beauvoir" (*Les Temps modernes*, 605: 90-114, ago.-out. 1999).
18 Beauvoir, *The Second Sex*, p. 743.

Lacan não queria dizer que o amor não existe ou que as pessoas não se regozijam com o prazer sexual. O que não existe é o amor romântico que permite que indivíduos completem uns aos outros, tornando-se um só, como as lendárias criaturas do *Simpósio* de Platão. Pareceria que Lacan tinha em comum com feministas críticas sociais um sentimento de que o "amor verdadeiro" seria supervalorizado no Ocidente contemporâneo. Mas, ao passo que feministas viam o problema como uma construção social, Lacan via a impossibilidade da relação sexual como amplamente estrutural – nosso destino como sujeitos divididos pelo inconsciente.

Feminismos franceses

Nos anos que se seguiram ao *Seminário XX* de Lacan, algumas "feministas francesas" usaram sua leitura de Freud para avançar em suas próprias direções teóricas. E, de uma forma um tanto irônica, muitas feministas que trabalhavam em inglês começaram a promover entusiasmadamente as ideias de Julia Kristeva, Luce Irigaray e outros, embora não fique claro se elas se autointitulariam "feministas" sem uma qualificação significativa.

Kristeva, uma filósofa da linguagem nascida na Bulgária e colaboradora da publicação de vanguarda *Tel Quel*, é conhecida por seu interesse nos limites da linguagem – especialmente no que ela chama de "semiótica". Esse é o domínio no qual as crianças, ainda não capazes de falar, experienciam a "matéria-prima" da fala –, seus sons e gestos, enquanto eles permeiam a relação da criança com a mãe. Kristeva acrescentou ao paradigma pré-edipiano da mãe-bebê o conceito do "pai imaginário", também chamado de "pai da pré-história pessoal".

Sobre a questão do feminismo, é famosa sua frase: "Uma prática feminista só pode estar [...] em conflito com o que já existe, de forma que podemos dizer 'não é isso' e 'também não é isso'. Por 'mulher', me refiro àquilo que não pode ser representado, o que não é dito, o que permanece para além de nomenclaturas e ideologias. Existem certos 'homens' que são familiarizados com esse fenômeno".[19] Alguns leitores apreciam a rejeição

---

19   KRISTEVA, Julia. "La Femme, ce n'est jamais ça". *Tel Quel*, 59, outono de 1974 (entrevista), traduzida em MARKS, Elaine; COURTIVRON, Isabelle de (Eds.). *New French Feminisms: An Anthology*. Amherst: University of Massachusetts Press, 1980, p. 134-8.

de Kristeva a um feminismo liberal e cooptável. Outros a veem como uma "filha obediente" de Lacan, porque parece adotar sua visão um tanto etérea da feminilidade.

Irigaray talvez seja mais conhecida por se apropriar da leitura estrutural que Lacan faz de Freud, ao mesmo tempo em que recusa tudo que vê como masculinista na psicanálise. Em 1974, ela publicou *Speculum of the Other Woman*, no qual repudia a visão freudiana da mulher como um homem defeituoso, atrelando sua misoginia à da filosofia ocidental. Seu alvo é Freud, não Lacan, mas claramente alguns de seus ataques verbais contra o falocentrismo e a mistificação da mulher se aplicam a ele também. Três semanas após a publicação de *Speculum*, Irigaray foi demitida de seu cargo de docente na Universidade de Paris, em Vincennes.[20]

Irigaray não se contenta com uma prática feminista que simplesmente insista que "não é isso"; pelo contrário, ela argumenta a favor da formulação de novas teorias e práticas – até mesmo uma nova linguagem – que não seja falocêntrica, mas baseada nos corpos e prazeres da mulher. Ela escreve: "Se continuarmos nos falando na mesma linguagem, vamos reproduzir a mesma história [...]. Se continuarmos falando a mesma coisa, se nós falarmos como os homens têm feito há séculos [...], vamos nos perder, nos desencontrar".[21]

Contra um feminismo que promoveria a androginia, ou o apagamento do gênero, Irigaray defende "uma ética da diferença sexual". Ao descrever a diferença, ela escreveu: "*Mas a mulher tem órgãos sexuais mais ou menos por toda parte*. Ela sente prazer em quase todos os lugares [...], a geografia de seu prazer é muito mais diversificada, mais múltipla em suas diferenças, mais complexa, mais sutil do que se imagina".[22] Além disso, ela argumenta que a psicanálise não conseguiu representar as lésbicas se não de acordo com modelos pré-existentes de homossexualidade masculina. E ela insiste

---

20 Ver JONES, Ann Rosalind. "Writing the Body: Toward an Understanding of *l'écriture féminine*". *Feminist Studies*, 7: 247-63, verão de 1981.
21 IRIGARAY, Luce. "When our lips speak together". *This Sex Which Is Not One*. Trad. Catherine Porter. Ithaca: Cornell University Press, 1985, p. 205.
22 IRIGARAY, Luce. "This sex which is not one". *This Sex Which Is Not One*. Trad. Catherine Porter. Ithaca: Cornell University Press, 1985, p. 28.

também na importância de se encontrar maneiras de representar a relação entre mãe e filha na psicanálise.

Embora aprecie a ousadia e a vitalidade da escrita de Irigaray, a feminista Ann Rosalind Jones observa que Irigaray tem pouco, ou nada, a dizer a respeito de classe, raça ou história das mulheres em particular, sendo assim vulnerável à acusação de que essencializaria a experiência da mulher.[23] Margaret Whitford, em comparação, alega que tais acusações subestimam o projeto de Irigaray, que ela vê como nada menos que uma tentativa de "desmantelar por dentro as bases da metafísica ocidental".[24]

A sexuação

O desafio tanto para o feminismo quanto para a psicanálise é criar uma teoria e uma prática que não neguem a diferença sexual nem gerem novas e coercivas antinomias. Há quem acredite que isso é exatamente o que Lacan teria tentado fazer com seu diagrama da sexuação, apresentado de forma mais completa no *Seminário XX*. Os símbolos e a sintaxe da lógica formal podem parecer a linguagem menos provável para algo tão alógico quanto o sexo, mas é exatamente o minimalismo do diagrama que limita uma proclividade em relação a conteúdos enganosos.

No lado "masculino" do diagrama, Lacan escreveu uma fórmula lida geralmente como "Todos os homens são sujeitos à função fálica". No lado "feminino", ele escreveu uma fórmula geralmente lida como: "Nem tudo de uma mulher é sujeito à função fálica". A diferença é que, enquanto os homens podem ser discutidos como uma classe, não existe um conjunto de "todas as mulheres". Lacan acreditava que embora as mulheres fizessem parte de uma ordem fálica ou simbólica, elas não estavam nela "todas juntas". Assim, ele descrevia as mulheres como *pas tout* [não todas]. Sabemos que, historicamente, as mulheres foram mantidas fora da ordem simbólica. Também poderíamos dizer que existe algo a respeito da mulher que resiste a ela.

---
23 Jones, "Writing the Body: Toward an Understanding of *l'écriture féminine*", p. 96.
24 WHITFORD, Margaret. "Rereading Irigaray". *Between Feminism and Psychoanalysis*. Ed. Teresa Brennan. Londres: Routledge, 1989, p. 108.

A metade de baixo do diagrama da sexuação mostra o lado "feminino" tendo acesso a duas posições libidinais, enquanto o lado "masculino" tem acesso a somente uma. Assim, qualquer "mulher" pode optar por se associar com a função fálica ou com o "significante do Outro barrado" – uma maneira de descrever o gozo que está além do falo.[25]

Mais uma vez, se essas distinções parecem absurdamente sutis e abstratas, elas ao menos têm a virtude de não nos prender em paradigmas neoconfucionistas segundo os quais o homem seria racional e a mulher, emocional – paradigmas que aparecem continuamente na psicologia popular.[26] Lacan também deixou claro, ao explicar o diagrama da sexuação, que ele não estava simplesmente colocando machos biológicos de um lado e fêmeas biológicas do outro. Como ele explicou, referindo-se ao lado "feminino": "Qualquer ser falante, como expressamente formulado na teoria freudiana, seja provido dos atributos da masculinidade – atributos que ainda não foram determinados – ou não, tem a permissão de se inscrever nesta parte" (*SXX*, p. 80).

Como os dois lados se relacionam um com o outro? Como o desejo se move dentro da divisão da sexuação? Ellie Ragland sugeriu, de uma forma muito bela: "Heterossexuais ou homossexuais, nós nos sentimos atraídos sexualmente uns pelos outros porque não somos inteiros e porque não somos os mesmos".[27]

Lacan e a cura pela fala

Lacan sempre manteve que o único propósito de seu ensino era formar analistas. Como mencionado anteriormente, sua prática clínica era não normativa em seus objetivos. Enquanto analistas de outras escolas queriam

---

25 Ver WRIGHT, Elizabeth. *Lacan and Post-Feminism*. Cambridge: Icon Books, 2000; assim como FINK, Bruce. *The Lacanian Subject*. Princeton: Princeton University Press, 1995, para explicações úteis sobre o diagrama da sexuação. Ver também p. 137-46 e p. 219-20.

26 Para um exemplo de trabalho bem aceito sobre a diferença sexual que evita as armadilhas habituais, ver LEADER, Darian. *Why Do Women Write More Letters Than They Post?*. Londres: Faber & Faber, 1996, publicado nos Estados Unidos como *Why Do Women Write More Letters Than They Send? A Meditation on the Loneliness of the Sexes*. Nova Iorque: Basic Books, 1996.

27 Ellie Ragland, *Feminism and Psychoanalysis: A Critical Dictionary*, p. 206.

que os pacientes se identificassem com o ego do analista, Lacan sentia que a análise teria fracassado se isso ocorresse. Feministas poderiam ter interesse nisso e em outros aspectos da prática lacaniana também – aspectos que pouco foram mencionados na literatura.

Com o intuito de esboçar fundações para uma articulação feminista do trabalho de Lacan que fosse além da teoria para a prática clínica, ofereço as seguintes perguntas: 1) Qual é a posição do analista?; 2) De onde vem o sofrimento neurótico?; 3) Como podemos entender o complexo de Édipo?; 4) Quem pode analisar?

1) Qual é a posição do analista?

No mundo anglófono, desde Freud tem sido comum falar da "maternalização do analista". Rejeitando as metáforas de Freud sobre o analista como um chaveiro ou um cirurgião, clínicos como Winnicott representam a relação analítica em termos de mãe e criança. O trabalho da mãe analítica não é necessariamente amar, mas sim reconhecer o paciente e assim compensar o mau espelhamento na infância. Uma crítica feminista das relações de objeto poderia perguntar se a maternalização do analista e a infantilização correspondente do paciente fazem sentido, em um contato que teria o intuito de ajudar as mulheres a descobrir seus desejos como mulheres.

A mãe suficientemente boa não é o modelo que Lacan tem do analista. Na verdade, ele coloca o analista no papel do Outro, uma posição que ele também identifica com a morte. O objetivo da análise, para Lacan, não é fornecer reparação por negligência materna, nem mesmo para melhorar a comunicação com os vivos, mas sim mudar a relação do sujeito com os mortos e ajudá-lo a examinar o significado da mortalidade.

2) De onde vem o sofrimento neurótico?

Freud afirmou, após a análise de Dora, que ele nunca havia desistido completamente de sua "teoria da sedução", segundo a qual o abuso sexual de fato causa neuroses. Contudo, ele passou a acreditar que fantasias edipianas não resolvidas, mesmo na ausência de trauma, poderiam criar os mesmos tipos de sintomas. Desde Freud, muitas controvérsias focaram na questão de qual aspecto de sua teoria (sedução ou Édipo) seria "mais verdadeiro".

Existem pessoas que passam anos de suas vidas perguntando "Será que fui sexualmente molestado quando criança, ou foi imaginação minha?". O fato de que não há indicações de realidade no inconsciente não significa que os seres humanos sejam (ou devam ser) indiferentes a questões que cercam a ocorrência de abuso sexual.

A formulação que Lacan faz dos três registros pode ser útil para mitigar o binarismo: real ou imaginado? Pense, por exemplo, em uma paciente com fobias e sintomas ginecológicos tão incapacitantes que ela se pergunta se teria sido abusada na infância, apesar de não ter nenhuma lembrança de acontecimentos como esse. Durante a análise, ela descobre que sua mãe foi estuprada aos treze anos de idade por um parente do sexo masculino. Sua mãe havia mantido segredo com a intenção benigna de "não sobrecarregar" sua filha. No entanto, a mesma mãe não conseguia deixar de comunicar inconscientemente à sua filha uma representação do corpo feminino como algo vergonhoso e propenso à violação. Como a história do ferimento ao corpo da mãe foi reprimida, estava sujeita a voltar em algum ponto na geração seguinte. O fracasso, então, não estava no Imaginário da paciente (a falta da lembrança de um acontecimento), mas no Simbólico (uma história omitida), resultando em um retorno ao Real (de sintomas corporais da paciente). Pode-se dizer, também, que toda ocasião de abuso sexual deve ser considerada em todos os três registros.

3) Como podemos entender o complexo de Édipo?

Durante décadas, as feministas observaram que o complexo de Édipo emprestava sua estrutura de uma história cujo protagonista é um homem. Além disso, a história foi usada muitas vezes para criar uma narrativa de desenvolvimento oportuna limitada a: "Mamãe, papai e eu". Lacan acreditava que o Édipo em *Colonus* de Sófocles – a história de Édipo no exílio – continha mais psicanálise do que Édipo Rei, pois é somente no exílio que Édipo passa a fazer as perguntas importantes e assume sua castração. Sua tragédia, como a nossa, segundo Lacan, não depende simplesmente do famoso triângulo familiar, mas de um caso mais fundamental de equívoco de identidade.

A psicóloga feminista Carol Gilligan, que, assim como Luce Irigaray, contestava a ausência de representações mãe-filha na psicanálise, recomenda reavivar o mito de Eros e Psiquê. Nesse mito, que começa com a resistência de uma filha ao amor convencional, a luta pela verdade não leva ao exílio e ao suicídio, mas sim ao casamento e ao nascimento de uma filha chamada "Prazer".[28]

Em seu *Seminário: A transferência*, Lacan também introduziu uma trilogia de peças com protagonistas femininas, a trilogia da família Coûfontaine, de Paul Claudel. Essa obra, que não chegou a chamar a atenção de feministas, conta a história de três gerações de mulheres, a partir do início do século XIX, que culmina na figura de Pensée. Talvez Pensée seja uma figura feminista mais subversiva do que Psiquê, cuja história reinstaura a família nuclear. Pensée rejeita o casamento tradicional, ama seu filho, abraça o futuro. Ademais, diferentemente de Antígona, Pensée – por ser capaz de fazer perguntas a respeito de sua mãe e avó, e por evidenciar a história da família – não é condenada a reproduzir suas tragédias. Porta-voz eloquente do desejo, ela pergunta: "Não sou eu dona de mim mesma, da minha alma e de meu corpo? E disto que fiz de mim mesma?".[29] O editor do *Seminário VIII* intitulou a seção da trilogia de Claudel de "O mito de Édipo hoje".

4) Quem pode analisar?

Assim como Freud, Lacan acreditava veementemente na importância de se formar analistas leigos (não médicos). Lacan teria supostamente renunciado da Société Psychnalytique de Paris em parte por conta dessa questão.[30] Menos conhecida é a história da recusa de Freud em excluir candidatos com base em suas preferências sexuais. Em 1920, a Associação Holandesa de Psicanálise pediu conselhos a Ernest Jones, perguntando se

---

28 GILLIGAN, Carol. *The Birth of Pleasure*. Nova Iorque: Knopf, 2002.
29 A trilogia consiste de: *L'Otage, Le Pain dur* e *Le Père humilié*. In: CLAUDEL, Paul. *Théâtre, II*. Paris: Gallimard, 1965, p. 567. Ver LACAN, Jacques. *Le Séminaire VIII*. Paris: Seuil, 1991.
30 Ver Roudinesco, *Jacques Lacan & Co*.

deveria ou não aceitar um homossexual como membro. Jones era contra, e escreveu para Freud, que respondeu:

> Sua dúvida, caro Ernest, a respeito da possibilidade de aceitar homossexuais como membros, foi considerada por nós e nós discordamos de você. Na verdade, não podemos excluir tais pessoas sem outras razões suficientes, uma vez que não podemos concordar com seus processos judiciais. Sentimos que uma decisão em casos como esses deve depender de uma análise detalhada das outras qualidades do candidato.[31]

Embora a Sociedade Britânica de Psicanálise excluísse candidatos *gays* e lésbicas até muito recentemente, lacanianos aparentemente seguem Freud nessa questão.[32]

Lacan, que passou sua carreira alertando contra "pais educadores" e outros mestres, continua atraindo acólitos, incluindo algumas feministas. Entre as feministas que se envolveram com o trabalho de Lacan, um bom número deu as costas para ele. Jane Gallop, por exemplo, que defendeu a formulação de Lacan para o falo em seus trabalhos iniciais, mudou de ideia alguns anos depois, ao declarar: "Falo/pênis: a mesma diferença".[33] Outras mantiveram uma perspectiva mais equilibrada.[34]

Hoje, no auge da terceira onda do feminismo, Lacan ironicamente se tornou o homem que muitas mulheres odeiam amar. Um ressentimento residual não impediu que elas passassem a entender que o respeito, se não o amor, é a onda do presente. Pois sem a psicanálise, o feminismo corre o

---

31 Citado em LEWES, Kenneth. *The Psychoanalytic Theory of Male Homosexuality*. Nova Iorque: Simon & Schuster, 1988, p. 33.
32 O'CONNOR, Noreen; RYAN, Joanna. *Wild Desires and Mistaken Identities: Lesbianism & Psychoanalysis*. Nova Iorque: Columbia University Press, 1993.
33 GALLOP, Jane. *Thinking Through the Body*. Nova Iorque: Columbia University Press, 1988, p. 124.
34 Para perspectivas feministas equilibradas sobre Lacan, ver, por exemplo, GROSZ, Elizabeth. *Jacques Lacan: A Feminist Introduction*. Londres: Routledge, 1990; e TURKLE, Sherry. *Psychoanalytic Politics: Freud's French Revolution*. Nova Iorque: Guilford, 1992; assim como DEAN, Tim; LANE, Christopher. *Homosexuality and Psychoanalysis*. Chicago: University of Chicago Press, 2001; e PICKMANN, Claude-Noëlle. "Féminisme et féminité: Vers une hystérie sans maître?". *La Clinique lacanienne*, 2: 65-84, 1997.

risco de capitular diante de uma compreensão puramente materialista das mulheres ou de se contentar com uma narrativa muito reduzida da fantasia, da sexualidade e da subjetividade. Sem o feminismo, a psicanálise corre o risco de ser usada para impor o que o próprio Freud chamava de misoginia "normal". Temos motivos para esperar que um contato provocador entre eles continue a aumentar os poderes do feminismo e da psicanálise, de libertar e questionar.

14 Lacan e a teoria *queer*

TIM DEAN

Lacan morreu antes do surgimento da teoria *queer*, mas ele certamente teria se engajado nesse novo discurso, assim como se engajou em tantos outros, caso tivesse vivido para conhecê-lo. Sua crítica psicanalítica à psicologia do ego e à adaptação às normas sociais tem muito em comum com a crítica política feita pela teoria *queer* aos processos sociais de normalização. De fato, embora a genealogia intelectual da teoria *queer* remonte a Michel Foucault, pode-se argumentar que a teoria *queer* começa na verdade com Freud, mais especificamente com suas teorias da perversidade polimorfa, da sexualidade infantil e do inconsciente. O "retorno a Freud" de Lacan envolve a redescoberta de tudo que há de mais estranho e refratário – tudo que permanece estranho aos nossos modos normais e sensatos de pensar – a respeito da subjetividade humana. Assim, de uma perspectiva anglo-americana, Lacan faz a psicanálise parecer bastante *queer*. Como resultado de seu desprezo por normas de todo tipo (inclusive normas de inteligibilidade), a psicanálise lacaniana pode fornecer uma munição útil para a crítica da teoria *queer*, voltada àquilo que passou a ser conhecido como heteronormatividade.

O termo "heteronormatividade" designa todas aquelas maneiras pelas quais o mundo é compreensível a partir de um ponto de vista heterossexual. Ele presume que uma relação complementar entre os sexos seria tanto um arranjo natural (a maneira como as coisas são) quanto um ideal cultural (a maneira como as coisas deveriam ser). A teoria *queer* analisa como a heteronormatividade estrutura a importância do mundo social, impondo, assim, uma hierarquia entre o normal e o anormal, ou *queer*. Em sua compreensão de como as categorias do normal e do patológico emergem em uma relação mutuamente constitutiva, a teoria *queer* se inspira na explicação revisionista de Foucault para o poder moderno, e, mais especificamente, nas histórias críticas da nosologia de Georges Canguilhem.[1] Foucault argumenta que o poder na Era Moderna pode ser distinguido por sua operação produtiva (proliferando categorias de ser subjetivo), em vez de meramente negativa (proibindo ou suprimindo tipos de comportamento). Em vez de um modelo de poder centralizado, vertical (que ele chama de poder jurídico), o século XIX testemunhou o nascimento daquilo que Foucault chamava de biopoder, uma forma mais difusa de poder que cria ativamente modos de ser por meio de técnicas de classificação e normalização. Diferentemente do poder jurídico, o biopoder não é atribuído a um indivíduo (como o rei) ou um grupo (como proprietários de terras), mas opera transindividualmente por meio do discurso e das instituições. Embora o conceito de discurso para Foucault difira significantemente daquele de Lacan, sua noção transindividual de poder é um tanto homóloga à teoria da ordem simbólica de Lacan: ambas representam estruturas transindividuais que produzem efeitos subjetivos, independentemente da agência ou volição de qualquer indivíduo particular.

Um dos principais exemplos que Foucault oferece de operação do biopoder é a invenção, no final do século XIX, do homossexual como uma identidade distinta, uma forma de individualidade. Foucault afirma que antes de 1870, aproximadamente, não era realmente possível uma pessoa pensar em si mesma como homossexual, não importa o tipo de sexo que fizesse ou com quem, porque a categoria da homossexualidade ainda não existia. Contudo, uma vez que o homossexual foi nomeado como um tipo de pessoa caracterizada por uma psicologia distinta, a atividade sexual com um membro do mesmo sexo passou a ser entendida não somente como um pecado ou um crime, mas também uma doença e um desvio da norma.[2] Por meio de transformações como essa, o poder moderno depende menos de leis e tabus do que da força das normas sociais para regular o comportamento. E, como o exemplo da homossexualidade sugere, processos de

---

1 Ver CANGUILHEM, Georges. *The Normal and the Pathological (1966)*. Nova Iorque: Zone Books, 1989.
2 FOUCAULT, Michel. *The History of Sexuality, Volume 1: An Introduction*. Trad. Robert Hurley. Nova Iorque: Random House, 1978, p. 42-3.

normalização dependem muito de formas de identidade para garantir o controle social. Quanto maior a diversificação de identidades subjetivas, mais firmemente o poder mantém seu controle sobre nós.

A partir da explicação de Foucault para o poder, depreendemos que não se resiste às forças de normalização inventando-se novos tipos de identidade social ou sexual, como muitos dos grupos defensores do radicalismo sexual nos Estados Unidos ainda parecem acreditar. Nos anos 1960 e 1970, movimentos políticos como o dos direitos civis, da libertação das mulheres e da libertação *gay* se desenvolveram em torno de categorias de identidade (negros, mulheres, *gays*, lésbicas) para resistir ao *status quo*. O ponto central desses movimentos era o trabalho de conscientização, no qual a pessoa aprendia como se identificar ativamente como membro de um grupo minoritário oprimido. Essas formas de política identitária se provaram notavelmente eficazes em gerar mudanças sociais de grande escala, mas suas limitações se originavam de sua fé na identidade como base da ação política. A crítica da política identitária que emergiu nos anos 1980 e 1990 veio do feminismo (em especial o feminismo psicanalítico) e da resposta de base comunitária à crise da AIDS. O debate público bem no início da epidemia estigmatizou agressivamente os primeiros grupos de pessoas a manifestarem mortalidade por AIDS, principalmente usuários de drogas injetáveis e homens *gays*. Políticos de direita e a mídia caracterizaram a AIDS como uma doença de identidade – algo que você pegaria por ser um determinado tipo de pessoa. A AIDS era representada como uma "doença *gay*" e até explicada como punição divina pela prática de um sexo não natural, embora as lésbicas não estivessem adoecendo.

Em resposta a esse discurso reacionário, ativistas *gays* insistiam que o HIV (o vírus que causa a AIDS) era transmitido por meio de atos específicos, não de tipos de pessoas, e que a noção da AIDS como uma "doença *gay*" era perigosamente enganosa, porque promulgava a ideia de que uma pessoa permanecia imune à infecção pelo HIV contanto que se identificasse como um heterossexual normal. Os ativistas *gays* começaram a ver como o discurso de identidade, que nos anos 1970 se mostrara com tanto potencial, tinha suas desvantagens, assim como os ganhos políticos conquistados com tanto esforço foram erodidos pelo novo argumento, que a AIDS parecia fornecer, para privar de direitos os homens *gays*. Em vez de serem aceitos gradualmente na sociedade *mainstream*, os *gays* de repente passaram a ser representados como pervertidos sexuais disseminadores de doenças, juntamente com drogados e grupos de imigrantes não brancos (como os haitianos), que mostravam uma alta incidência de AIDS. O discurso público demonstrava menos preocupação em ajudar os doentes do que em proteger a "população geral" que eles poderiam contaminar. Como Simon Watney indicou em sua análise do discurso da mídia sobre a AIDS no Reino Unido e nos Estados Unidos, a ideia de uma população geral implica uma noção de *populações descartáveis*, assim como a categoria do normal define a si mesma em relação ao patológico, do qual necessariamente depende.[3] Por isso, "população geral" pode ser entendida como outro termo para uma sociedade heteronormativa. Aqueles excluídos da população geral, seja por sua sexualidade, raça, classe ou nacionalidade, são *queer* por definição.

Dessa forma, "*queer*" passou a significar menos uma orientação sexual específica ou uma identidade erótica estigmatizada e mais um distanciamento crítico da norma heterossexual branca de classe média. Os homens *gays* que passaram a ser demonizados na epidemia da AIDS assumiram o epíteto pejorativo *queer* e o abraçaram como o rótulo para um novo estilo de organização política, que focava mais em construir alianças e coalizões do que em manter limites de identidade: um ativismo que abre mão da campanha política *mainstream* em prol de táticas de guerrilha mais dramáticas de curto prazo. Enquanto a libertação *gay* depositou sua confiança na política identitária, o ativismo *queer* envolveu uma crítica de identidade e um reconhecimento de que diferentes grupos sociais poderiam transcender sua identidade com base em particularismos para resistir à sociedade heteronormativa. Assim, enquanto o *gay* se opõe ao heterossexual, o *queer* se coloca de forma mais ampla em oposição às forças da normalização que regulam a conformidade social. Seguindo a compreensão que Foucault tinha da função disciplinar das identidades sociais e psicológicas, o *queer*

---

3   WATNEY, Simon. *Policing Desire: Pornography, AIDS, and the Media*. Minneapolis: University of Minnesota Press, 1987.

é anti-identitário e definido mais pela relação do que pela substância. O *queer* não tem essência, e sua força radical evapora – ou é normalizada – assim que o *queer* se funde em uma identidade psicológica. O termo *queer* não é simplesmente uma palavra mais nova e moderna para *gay*; ele, na verdade, altera a forma como pensamos a homossexualidade e o ser *gay*. Seu anti-identitarismo gera tanto a promessa quanto o risco que o *queer* oferece à política progressista – a promessa de que podemos pensar e agir para além dos limites da identidade, inclusive a identidade de grupo, e o risco de que, ao fazê-lo, as especificidades de raça, gênero, classe, sexualidade e etnia podem ser ignoradas ou perdidas. A teoria *queer* é o discurso que explora essas promessas e riscos.

Com sua origem política na crise da AIDS, a teoria *queer* encontrou sua inspiração intelectual no primeiro volume da *História da sexualidade* (1976) de Foucault, um tratado que trata mais de poder do que de sexo. A forma como entendemos a relação entre Lacan e a teoria *queer* depende, em grande parte, de como interpretamos a abordagem que Foucault dá à psicanálise na *História da sexualidade*. A opinião acadêmica tradicional mantém que o trabalho de Foucault fornece uma crítica aprofundada da psicanálise, e muitos teóricos *queer* foram rápidos em desprezar o pensamento lacaniano como incansavelmente heteronormativo. Em contrapartida, de um ponto de vista lacaniano, Joan Copjec mostrou de um modo muito persuasivo a incompatibilidade básica entre a metodologia de Lacan e as formas de historicismo derivadas de Foucault.[4] No entanto, apesar de seus comentários depreciativos sobre a psicanálise, a *História da sexualidade* apresenta um argumento que em certos aspectos é cognato com uma perspectiva lacaniana radical sobre a sexualidade. Sem diluir a especificidade de Foucault ou de Lacan, pode ser possível lê-los juntos de uma nova maneira, rearticulando seus corpos de trabalho para os propósitos da crítica *queer*.

Composta em um *milieu* lacaniano (embora sem nunca mencionar o nome de Lacan), a *História da sexualidade* lança uma polêmica contra o que Foucault chama de hipótese repressiva. Essa hipótese afirma que o

---

4 COPJEC, Joan. *Read My Desire: Lacan against the Historicists*. Cambridge, Mass.: MIT Press, 1994.

desejo humano é distorcido por restrições culturais que, uma vez retiradas, liberariam o desejo e permitiriam sua realização natural e harmoniosa, eliminando assim as diversas neuroses que afligem nossa civilização. Ao retratar o desejo e a lei em uma relação antagônica, a hipótese repressiva infere uma condição pré-cultural ou pré-discursiva do desejo em seu estado "bruto". Foucault, assim como Lacan, sustenta que não existe nenhum estado pré-discursivo como esse. Antes, o desejo seria produzido positivamente mais do que reprimido pelo discurso; o desejo segue a lei, não se opõe a ela. Em 1963, mais de uma década antes da *História da sexualidade*, Lacan argumentou que "Freud encontra um equilíbrio singular, um tipo de co-conformidade – se me permitirem dobrar meus prefixos – da Lei e do desejo, originária do fato de que os dois nascem juntos" (*T*, p. 89). Essa afirmação se acorda bem com a crítica que Foucault faz da hipótese repressiva.

Portanto, embora seja correto caracterizar a *História da sexualidade* como uma historicização crítica da psicanálise, é importante distinguir qual versão da psicanálise a crítica de Foucault ataca. Essa distinção é mais complicada do que se poderia imaginar, porque Foucault raramente atribui nomes às posições contra as quais argumenta. A linha liberacionista da psicanálise, com uma leitura de Freud que recomendava libertar o desejo da repressão social, se origina primariamente do trabalho de Wilhelm Reich e Herbert Marcuse – pensadores de quem Lacan era igualmente (ainda que de forma diferente) crítico. Reich e Marcuse foram os arquitetos psicanalíticos da revolução sexual dos anos 1960 e 1970, um projeto cujas asserções provocavam o ceticismo tanto de Foucault quanto de Lacan.[5] Foucault se opõe mais categoricamente à maneira pela qual a ideia de repressão nos encoraja a pensar sobre o desejo como algo que a cultura nega; e certamente a explicação de Freud para a função do tabu do incesto no complexo de Édipo representa os imperativos culturais como uma negação do desejo primordial. Contudo, a crítica foucaultiana de uma concepção ingênua de

---

5 Ver MARCUSE, Herbert. *Eros and Civilization: A Philosophical Inquiry into Freud*. Nova Iorque: Random House, 1955; e REICH, Wilhelm. *The Function of the Orgasm: Sex-Economic Problems of Biological Energy*. Trad. Theodore P. Wolfe. Nova Iorque: Noonday Press, 1961.

repressão – repressão considerada como uma força puramente externa – o instiga a argumentar contra todas as fórmulas de negação em que o desejo esteja envolvido, e, assim, sua polêmica deixa pouco espaço conceitual para qualquer consideração de negatividade.

Apesar de Lacan confirmar a consubstancialidade da lei e do desejo, ele e Foucault divergem na questão da negatividade. Essa diferença fundamental se torna evidente quando lembramos que o subtítulo em francês do volume introdutório de Foucault é *La volonté de savoir* (A vontade de saber), uma expressão que seu tradutor para o inglês deliberadamente omitiu ao intitular o livro simplesmente como *The History of Sexuality: An Introduction* [A história da sexualidade: Uma introdução]. A preocupação de Foucault em mapear a epistemofilia – o projeto de obter a verdade de nosso ser ao "forçar o sexo a falar", como ele coloca – contrasta diretamente com a ênfase de Lacan na "vontade de *não* saber", uma formulação que ele usa para caracterizar o inconsciente. Enquanto Lacan quer reconceitualizar o inconsciente em termos desindividualizados, Foucault deseja repensar aquilo que estrutura a subjetividade em termos puramente positivos, sem recorrer a noções de repressão, negação ou inconsciente.

Entretanto, as descrições de poder feitas por Foucault muitas vezes soam notavelmente cognatas com uma concepção lacaniana do inconsciente. Por exemplo, em uma entrevista conduzida na França pouco após a publicação de *A vontade de saber*, Foucault explicou: "O que eu quero mostrar é como as relações de poder podem penetrar materialmente no corpo em profundidade, sem depender sequer da mediação das próprias representações do sujeito. Se o poder assume o controle do corpo, não é tendo de ser primeiramente interiorizado no consciente das pessoas".[6] Ao falar de uma força que afeta o corpo humano sem a mediação da consciência, Foucault deixa claro que por "poder" ele não quer dizer ideologia. Nessa representação, o poder conquista seus efeitos por meio de caminhos distintos dos da identificação, da interpelação ou da internalização. Assim, Foucault se

---

6 FOUCAULT, Michel. "The History of Sexuality" (entrevista com Lucette Finas). *Power/Knowledge: Selected Interviews and Other Writings, 1972-1977*. Ed. Colin Gordon. Trad. Colin Gordon, Leo Marshall, John Mepham e Kate Soper. Nova Iorque: Pantheon, 1980, p. 186.

distancia da teoria marxista-lacaniana de poder associada a Louis Althusser. Contudo, ao assinalar a inadequação da interpelação como uma categoria explanatória, Foucault sugere que o poder não deveria ser entendido em termos imaginários, ou seja, em termos do ego e sua dialética de reconhecimento/desconhecimento. Antes, o poder opera similarmente a uma concepção despsicologizada do inconsciente, na medida em que compromete a autonomia da vontade individual e, portanto, enfraquece a noção humanista do sujeito constituinte. De fato, como Arnold I. Davidson observou recentemente, "a existência do inconsciente foi um componente decisivo no *antipsicologismo* de Foucault".[7]

Esse compromisso com o antipsicologismo sinaliza o que Lacan e Foucault têm em comum de mais fundamental; é o que torna ambos, cada um à sua própria maneira, suspeitos de uma identidade subjetiva. Para Lacan, a identidade representa uma defesa do ego, uma artimanha do Imaginário idealizada para evitar o desejo inconsciente. Assim, a partir de sua perspectiva – e aqui ele diverge de Foucault – a categoria do desejo não é casada com a identidade, mas, pelo contrário, ameaça a coerência rigorosamente regulada da identidade. Para Lacan, o desejo não é mais uma categoria psicológica, já que é conceitualizada como um efeito da linguagem – ou seja, como inconsciente. Lacan despsicologiza o inconsciente ao considerá-lo linguístico: "O inconsciente é essa parte do discurso concreto, enquanto transindividual, que não está à disposição do sujeito para restabelecer a continuidade de seu discurso consciente" (*E/S*, p. 49). No pensamento lacaniano, o inconsciente não existe *dentro* dos indivíduos: ele compõe uma dimensão crucial da subjetividade de uma pessoa sem fazer parte da mente. Portanto, a teoria psicanalítica do inconsciente introduz uma divisão constitutiva na subjetividade humana que frustra a possibilidade de qualquer identidade unificada, sexual ou não.

Ao teorizar a subjetividade em termos de linguagem e cultura, Lacan também desnaturaliza o sexo. Não existe nenhuma relação natural ou normal

---

[7] DAVIDSON, Arnold I. "Foucault, psychoanalysis, and pleasure". *Homosexuality and Psychoanalysis*. Ed. Tim Dean e Christopher Lane. Chicago: University of Chicago Press, 2001, p. 44; grifos originais.

entre os sexos, ele insiste: "*Il n'y a pas de rapport sexuel*". O *status* axiomático na doutrina lacaniana da impossibilidade da relação sexual alinha essa linha de psicanálise com a crítica da teoria *queer* à heteronormatividade. Assim como os teóricos *queer*, Lacan sustenta que não existe nenhuma complementaridade natural entre homem e mulher – e que tal complementaridade, aliás, tampouco é um ideal desejável. De fato, Lacan alertou seus colegas psicanalistas a respeito do uso do poder da transferência no ambiente clínico, para inculcar ideais culturais como a heterossexualidade harmoniosa. Ele lançou sua mais dura polêmica contra a visão do objetivo da análise como uma "adaptação à realidade", porque esse objetivo reduz o trabalho clínico a pouco mais do que a imposição de normas sociais. Lacan tinha ciência de como era infame o ideal social da heterossexualidade genital, de como ela funcionava prontamente como um requisito normativo de terapias de adaptação. Como zombou em *A ética da psicanálise*, "Deus sabe que obscuridades permanecem numa pretensão como o advento da 'objetalidade genital' [*l'objectalité genitale*] e – Deus sabe com que imprudência – de nossa conciliação com uma realidade" (*SVII*, p. 293). A adaptação à realidade e a conquista da heterossexualidade genital andam de mãos dadas como aspirações, pois, como reconhece Lacan, a realidade social é heteronormativa. Como o propósito da psicanálise lacaniana não é o "ajuste à realidade", o trabalho clínico deve tomar o cuidado de resistir a promover a heteronormatividade. Mais no início do mesmo seminário, Lacan é bastante explícito a respeito desse perigo, observando que "reforçar as categorias da normatividade afetiva tem efeitos que podem ser inquietantes" (*SVII*, p. 133-4). É significativo que Lacan enfatize os possíveis perigos de se abusar do poder terapêutico em seu Seminário sobre *A ética*, porque, desse modo, ele deixa claro que, longe de operar como um agente de normalização social, a psicanálise deveria considerar seu trabalho como uma resistência à normalização. A crítica ética de Lacan à adaptação subjetiva evidencia a distância de sua teoria em relação à representação que Foucault faz da psicanálise como uma instituição normalizadora.

Mas ao desnaturalizar o sexo e a sexualidade, Lacan sugere mais do que a ideia comparativamente familiar de que o sexo seria um construto social. O antinaturalismo psicanalítico não se resume a um mero culturalismo.

Antes, sua explicação de como o discurso gera o desejo especifica de forma mais precisa a função da negatividade em criar a subjetividade humana. Lacan situa a causa do desejo em um objeto (*l'objet petit a*) que passa a existir como resultado do impacto da linguagem sobre o corpo, mas que não é em si discursivo. O *objeto a* é o que permanece depois que as redes simbólicas da cultura mutilam o corpo, e assim o objeto nos lembra do encaixe imperfeito entre linguagem e corporalidade. Ao recusar a categoria do pré-discursivo como uma ficção enganosa, Lacan argumenta que o objeto-causa do desejo é *extradiscursivo* – algo que não pode ser contido dentro da linguagem ou dominado por ela, e, portanto, não pode ser entendido como um construto social. Essa distinção entre o pré-discursivo e o extradiscursivo é crucial para entender a diferença entre Lacan e Foucault, já que a epistemologia foucaultiana não tem nenhum equivalente conceitual da categoria de extradiscursividade. A teoria do discurso de Foucault, que tão efetivamente explica as operações de poder, não consegue distinguir o pré-discursivo daquilo que excede o domínio da linguagem.

Ao elaborar essa distinção, Lacan fornece uma nova explicação anti-identitária para o desejo. Seu conceito de objeto permanece central em sua demonstração de que, em suas origens, o desejo não é heterossexual: o desejo é determinado não pelo sexo oposto, mas pelo *objeto a*, que necessariamente precede o gênero. A teoria do objeto de Lacan revisa tanto a noção freudiana de escolha de objeto sexual (na qual presume-se que o objeto tenha gênero) quanto as teorias de relações de objeto que sucederam Freud (principalmente no trabalho de Melanie Klein e D. W. Winnicott). Lacan desenvolve sua teoria do objeto a partir das ideias de Freud a respeito da sexualidade polimorficamente perversa e os instintos componentes – ou seja, ele desenvolve uma teoria freudiana para além dos impasses conceituais do próprio Freud. Em seu *Três ensaios sobre a teoria da sexualidade*, Freud alegava que a peculiar temporalidade da vida sexual humana o havia levado a concluir que o instinto não tem nenhum objeto ou objetivo pré-determinado: "Parece provável que o instinto sexual seja, de início, independente de seu objeto; tampouco é provável que sua origem se deva aos atrativos de seu objeto" (*SE7*, p. 148). Ao invalidar a noção popular de que o desejo erótico é congenitamente orientado para o sexo oposto, esse *insight* psicanalítico impõe um desafio fundamental à heteronormatividade. E é graças a ideias como essa – a independência original que o instinto tem de seu objeto – que Freud, mais do que Foucault, pode receber os créditos de fundador intelectual da teoria *queer*.

Para entender a teoria do *objeto a* de Lacan e como ela deseterossexualiza o desejo, precisamos considerar mais a fundo a explicação de Freud para o instinto sexual e seu objeto contingente. Como sugere seu corte do elo natural entre instinto e objeto, Freud desmembra o instinto em seus componentes, argumentando que a noção de um instinto unificado no qual as partes funcionariam juntas, harmoniosamente, no modelo do instinto animal, seria uma ficção sedutora; ela não descreve com precisão como a vida instintiva humana opera. Não existe nenhum instinto sexual único e unificado nos humanos, afirma Freud, mas somente pulsões parciais, instintos componentes. Instinto é um conceito evolucionário, uma forma de pensar a respeito da adaptação de um organismo ao seu ambiente. Para Freud, contudo, o sujeito humano é essencialmente mal-adaptado ao seu ambiente, e o inconsciente se apresenta como o sinal dessa má adaptação. Pensadores psicanalíticos pós-Freud formalizaram a distinção entre instinto e pulsão, que permanece um tanto rudimentar no trabalho do próprio Freud.[8] A distinção é particularmente importante em termos de *status* epistemológico da psicanálise, já que a teoria da pulsão tende a ser interpretada como um dos aspectos mais retrógrados do freudianismo, uma marca de seu essencialismo. Mas, na verdade, a distinção entre instinto e pulsão confirma o afastamento de Freud das concepções biologistas da sexualidade. Se o instinto pode ser situado no nível da necessidade biológica, então a pulsão é resultado da captura do instinto nas redes da linguagem, uma vez que precisa ser articulada em uma cadeia significante em qualquer tentativa de encontrar satisfação. Lacan deixa clara essa distinção: "o instinto é o efeito da marca do significante sobre as necessidades, sua transformação pelo efeito do significante em algo fragmentado e em pânico, a que chamamos de pulsão" (*SVII*, p. 301).

---

8 Ver *SXI*, esp. p. 161-86; e LAPLANCHE, Jean. *Life and Death in Psychoanalysis*. Trad. Jeffrey Mehlman. Baltimore: Johns Hopkins University Press, 1976.

Fragmentada ou parcializada por redes simbólicas, a pulsão é, portanto, *des*orientada ("em pânico") de uma maneira a desmentir as noções convencionais de orientação sexual. A própria ideia de orientação sexual presume que o desejo pode ser coordenado em uma única direção, que pode ser simplificado e estabilizado. Outra maneira de colocar isso seria dizer que a ideia de orientação sexual *disciplina* o desejo ao regular seu *télos*. A noção de orientação – incluindo a orientação pelo mesmo sexo – pode ser vista como normalizadora no sentido de que tenta totalizar fragmentos descoordenados em uma unidade coerente. O correlato conceitual de orientação é a identidade sexual, uma categoria psicológica que se conforma ao entendimento instintivo do sexo. Instinto, orientação e identidade são conceitos psicológicos, não psicanalíticos. Esses conceitos normalizam a teoria psicanalítica ainda mais esquisita das pulsões parciais e do desejo inconsciente, unificando as descontinuidades deste em formações de identidade reconhecíveis. O impulso de coordenar e sintetizar é uma função do ego e revela uma visão imaginária do sexo. Isso vale tanto para as noções de orientação homossexual e identidade *gay* quanto para a identidade heterossexual. Tanto a identidade hétero quanto a *gay* omitem a dimensão do inconsciente. Como uma orientação ou identidade, a homossexualidade é normalizadora, ainda que não socialmente normativa. Em outras palavras, embora a homossexualidade esteja longe de representar a norma social, como uma identidade minoritária, ela de fato se conforma aos processos de normalização que regulam o desejo em categorias sociais para fins disciplinares.

Com essa distinção em mente, podemos começar a apreciar como a alegação radical de Freud de que a psicanálise "descobriu que todos os seres humanos são capazes de fazer uma escolha objetal homossexual e de fato fizeram uma no inconsciente" não vai longe o suficiente no desmantelamento de uma visão identitária do sexo.[9] A alegação de que todos fizeram uma escolha objetal homossexual em seu inconsciente enfraquece a noção de uma identidade sexual fluida, mas sem desafiar a suposição de que a escolha objetal seja determinada pelo gênero. Para uma escolha objetal se qualificar

---

9 Freud faz essa afirmação em um acréscimo a uma célebre nota de rodapé, em 1915, em seu *Three Essays on the Theory of Sexuality* (*SE*7, p. 145).

como homossexual, ela deve representar uma seleção baseada na similaridade do gênero do objeto com a do sujeito que faz a seleção. Isso implica que o gênero dos objetos ainda seja discernível no nível do inconsciente, e que a sexualidade diga respeito a objetos reconhecidamente "inteiros", como homens e mulheres (ou ao menos formas masculinas e femininas). Mas tais suposições são invalidadas pela própria teoria das pulsões parciais de Freud, bem como pelo conceito de *objeto a*, um tipo de objeto parcializado que Lacan deriva da teoria das pulsões de Freud. Ao desenvolver seu conceito de *objeto a*, Lacan invoca as pulsões oral, anal e escópica que Freud discute em "Os instintos e suas vicissitudes" (1915), acrescentando à lista incompleta de Freud a pulsão invocante (na qual a voz é vista como um objeto). A partir das pulsões parciais que Lacan enfatiza, é possível ver imediatamente que o gênero de um objeto permanece irrelevante para o funcionamento básico das pulsões. De fato, ao longo de todo seu trabalho, Lacan permaneceu em dúvida a respeito da ideia de uma pulsão genital, e era menos otimista do que Freud parecia ser, às vezes, quanto à possibilidade de subordinar as pulsões parciais à genitalidade na puberdade. Lacan nunca esteve preparado para admitir inequivocamente a existência de uma pulsão genital. Como ele concluiu no final de sua carreira, "[uma] pulsão, como representante da sexualidade no inconsciente, nunca é nada além de uma pulsão parcial. Essa é a ausência [*carence*] essencial, isto é, daquilo que poderia representar no sujeito o modo em seu ser, do que nele é masculino e feminino".[10] A parcialidade das pulsões revoga a heterossexualidade no nível do inconsciente.

Se, no que diz respeito ao inconsciente, não faz sentido falar em escolhas objetais heterossexuais ou homossexuais, então, uma teoria da subjetividade que leve em conta o inconsciente poderia ser extremamente útil a partir de uma perspectiva *queer*. Contudo, embora o projeto de Foucault de repensar o poder como intencional, mas não subjetivo, introduza formulações homólogas a uma compreensão desindividualizada do inconsciente, a teoria *queer*, em geral, tem relutado em aceitar quaisquer categorias psicanalíticas, exceto

---

10 LACAN, Jacques. "Position of the unconscious". *Reading Seminar XI: Lacan's Four Fundamental Concepts of Psychoanalysis*. Ed. Richard Feldstein, Bruce Fink e Maire Jaanus. Trad. Bruce Fink. Albany: State University of New York Press, 1995, p. 276.

as da formação do ego imaginário. Os teóricos *queer* desenvolveram análises sutis das defesas do ego heterossexual, considerando as diversas estratégias que a identidade heterossexual emprega para manter sua integridade. Mas o potencial completo da radicalização de Freud ainda não foi explorado pela crítica *queer*, que, apesar de seu pós-modernismo, tendia a permanecer em um nível psicanalítico equivalente ao do annafreudianismo. Essa relutância em utilizar Lacan pode ser explicada de diversas formas, e uma delas tem a ver com a ênfase na negatividade psíquica que decorre de se entender a sexualidade em termos de inconsciente e pulsões parciais. O utopismo social da teoria *queer* – seu desejo de criar um mundo melhor – muitas vezes se estende para um utopismo inapropriado da psique, como se condições sociais e políticas melhoradas pudessem eliminar o conflito psíquico.

A parcialização que Freud faz da pulsão desacredita não somente a viabilidade da complementaridade sexual, mas também a possibilidade da harmonia subjetiva. Em contraste com a funcionalidade do instinto sexual, a pulsão revela a disfuncionalidade de um sujeito em conflito consigo mesmo como resultado da existência simbólica. Caracterizada pela repetição, mais do que pelo desenvolvimento, a pulsão não funciona necessariamente na direção do bem-estar do sujeito. Na verdade, sua distância em relação aos ritmos orgânicos significa que a pulsão insiste no nível do inconsciente a ponto de colocar em risco a vida do sujeito. Por esse motivo, Lacan alinha a pulsão com a morte e não com a vida, alegando que "a pulsão, a pulsão parcial, é fundamentalmente uma pulsão de morte e representa em si a porção da morte no ser vivo sexuado" (*SXI*, p. 205). Vale lembrar que a pulsão de morte não é um conceito essencialista ou organicista, já que deriva de uma inferência a respeito do efeito da linguagem sobre a matéria corporal; é como sujeitos *culturais* que nós, humanos, somos afligidos pela pulsão de morte. Não existe uma pulsão de morte essencial, inata; na verdade, a maneira disfuncional e antinaturalista pela qual as pulsões parciais deixam de contribuir para a vida empresta a cada pulsão uma qualidade misteriosa e lúgubre.

Ao conceitualizar a subjetividade humana em termos linguísticos, Lacan despe Freud dos vestígios residuais do biologismo que persistem na psicanálise clássica. Como parte desse projeto mais amplo, ele desenvolve uma negatividade psíquica – em particular, a teoria da pulsão de morte – em termos de gozo, uma categoria tecnicamente ausente da obra de Freud. Dentre os muitos significados que esse termo pode evocar, o principal é aquilo que está "para além do princípio do prazer". O gozo positiviza a negatividade psíquica, revelando a forma paradoxal de prazer que pode ser encontrada no sofrimento – por exemplo, o sofrimento causado por sintomas neuróticos. Assim como a pulsão de morte era para Freud, o gozo é um conceito absolutamente central para Lacan, embora ele também tenha sido negligenciado em apropriações *queer* da psicanálise francesa. A teoria *queer*, que tem um discurso tão elaborado do prazer, mostra pouca consideração pelo que excede o princípio do prazer. Embora tenha surgido como uma resposta à crise da AIDS, a teoria *queer* não tem se mostrado especialmente hábil em pensar a morte como qualquer outra coisa além de um ponto final.[11]

Essa lacuna conceitual resulta em parte do extenso trabalho de Foucault sobre o significado e o papel do prazer na cultura grega. O segundo volume de seu *História da sexualidade: O uso dos prazeres* (1984) examina como o prazer erótico e outros se tornaram objetos do pensamento ético grego – ou seja, como o prazer (mais especificamente, *aphrodisia*) se tornou uma questão de debate e reflexão séculos antes de se tornar uma questão de lei e proibição.[12] Parte do que fascina Foucault a respeito do discurso ético grego sobre o prazer é sua diferença em relação às ideias modernas a respeito do prazer; em particular, ele argumenta que, embora a forma como se lidava com o prazer na cultura grega fosse sujeita a discussão, os prazeres não eram entendidos como índices da identidade de uma pessoa. A prática ética grega não envolvia o que Foucault chama de "hermenêutica do sujeito", ou seja, um processo de autodeciframento baseado no comportamento erótico de alguém. Cético a respeito do emprego de teorias do desejo para entender o *self*, Foucault coloca em contraponto às técnicas modernas de

---

11 A principal exceção a esse problema geral é o trabalho de Leo Bersani; deste, ver, em especial, "Is the rectum a grave?". *AIDS: Cultural Analysis/Cultural Activism*. Ed. Douglas Crimp. Cambridge, Mass.: MIT Press, 1988, p. 197-222.
12 FOUCAULT, Michel. *The History of Sexuality, Volume 2: The Use of Pleasure*. Trad. Robert Hurley. Nova Iorque: Random House, 1985.

autoidentificação o elaborado discurso grego sobre *aphrodisia*, no qual a *self-fashioning*, ou automodelagem, não dependia de revelar o verdadeiro desejo do *self*. Ele desenvolve, assim, uma argumentação histórica para a polêmica de seu volume introdutório, com a célebre conclusão de que "o ponto de união para o contra-ataque contra o emprego da sexualidade não deveria ser o desejo sexual, mas sim os corpos e os prazeres".[13]

Ao argumentar contra a potencialidade de qualquer teoria do desejo, Foucault tenta situar sua explicação da sexualidade firmemente fora de uma estrutura psicanalítica. Para isso, ele posiciona o desejo como uma categoria irremediavelmente psicológica e, mais surpreendentemente, insinua que o prazer é uma categoria, de algum modo, externa à psicanálise. Foucault quer sugerir que o prazer continua epistemologicamente distinto do desejo – que, como Arnold I. Davidson coloca, "embora não tenhamos dificuldade para falar a respeito da distinção entre desejos falsos e verdadeiros e entendê-la, a ideia de prazeres falsos e verdadeiros [...] é conceitualmente equivocada. O prazer é, por assim dizer, exaurido por sua superfície, pode ser intensificado, aumentado, suas qualidades modificadas, mas ele não tem a profundidade psicológica do desejo".[14] Contudo, a partir de uma perspectiva psicanalítica, a distinção entre prazeres falsos e verdadeiros é exatamente o que o conceito de gozo aborda. A ideia elementar de divisão subjetiva envolve reconhecer que uma agência psíquica pode experienciar o prazer à custa de outro – que o prazer ou a satisfação no nível do inconsciente pode ser registrado como desprazer pelo ego.

Mas a categoria freudiana de desprazer não é exatamente o que Lacan quer dizer com gozo, nem deveríamos entendê-lo simplesmente como uma forma especialmente intensa de *aphrodisia*, já que o gozo não é um subconjunto do prazer. Na verdade, o prazer funciona de forma profilática em relação ao gozo, estabelecendo uma barreira ou limite que protege o sujeito daquilo que Lacan chama de "infinitude" do gozo – uma falta de limite que pode sobrecarregar o sujeito a ponto de extingui-lo. Por isso, o gozo não deve ser equiparado à *petite mort* do orgasmo, já que esta confere um prazer e um

---

13 Michel Foucault, *The History of Sexuality, Volume 1: An Introduction*, p. 157.
14 Davidson, "Foucault, psychoanalysis, and pleasure", p. 46.

limite que ajuda a regular o gozo. A existência do gozo como infinitude – como o conceito da pulsão de morte – permanece uma inferência que Lacan extrai da dependência que a subjetividade tem da vida simbólica: na ordem simbólica, o gozo de uma pessoa sempre já está quase todo evaporado. Assim, Lacan desenvolve a noção freudiana da divisão subjetiva menos em termos de diferentes partes da mente (consciente, pré-consciente, inconsciente, ego, id e superego) do que de um sujeito essencialmente alienado no Outro, no qual o *Outro* é entendido não como outra pessoa ou um diferencial social, mas como uma zona impessoal de alteridade criada pela linguagem. Para Lacan, não existe nenhum sujeito sem um Outro; portanto, sua teoria da subjetividade desindividualiza nosso entendimento do sujeito, mostrando como o *sujeito* é muito mais do que um sinônimo de *pessoa*.

A importância dessa reconcepção de subjetividade está em como o gozo do Outro complica o prazer individual. Nossa existência como sujeitos da linguagem envolve uma autodivisão e perda de plenitude da qual o Outro supostamente estaria isento. Tendo perdido algo, imagino que o Outro goze disso; ou, em outras palavras, correlata a qualquer sentimento de incompletude subjetiva é a sensação de que alguém, em algum lugar, está melhor do que eu. É isso que Lacan quer dizer com a expressão "o gozo do Outro" – a suspeita de que outro alguém esteja se divertindo mais do que eu, e talvez classes inteiras de pessoas estejam melhor do que eu. Em todos os outros lugares o gozo parece ilimitado, em comparação com os prazeres restritos que tenho a permissão de desfrutar. Por isso, qualquer experiência de prazer vem entrelaçada com alguma suposição a respeito do gozo, mais especificamente o gozo do Outro. A partir disso, decorre que um compromisso com a "busca da felicidade" individual (como a Declaração da Independência dos Estados Unidos coloca) subestima a dependência que o prazer tem do gozo do Outro – e, assim, interpreta erroneamente a busca pelo prazer como uma questão de autodeterminação, e não da relação de um com o Outro.

As formulações de Lacan a respeito do "gozo do Outro" também são úteis para pensar a respeito de mecanismos de exclusão social, como o racismo e a homofobia. Slavoj Žižek dedicou muitos volumes a mostrar como a intolerância étnica, incluindo suas manifestações recentes no leste europeu, podem ser entendidas como uma reação ao gozo do Outro.[15] Ele argumenta que organizações de vida social e cultural diferentes das suas, como as que são mantidas por outros grupos raciais e étnicos, podem provocar a fantasia de que esses grupos de pessoas estariam se divertindo às suas custas. Por exemplo, o antissemita imagina que os judeus "roubaram" seu gozo, ao passo que o supremacista branco fantasia que os imigrantes estejam invadindo suas fronteiras nacionais, vivendo à custa do governo e gozando de benefícios que seriam seus de direito. Essa preocupação com o modo como o Outro organiza seu desfrute ajuda a explicar essa obsessão com o comportamento sexual de grupos sociais vilipendiados, já que embora o gozo permaneça irredutível ao sexo, ele tende a ser interpretado em termos eróticos. O gozo de diferentes grupos sexuais – por exemplo, *gays* e lésbicas – tem um papel importante em como certas fantasias heterossexuais são organizadas e podem explicar as reações violentas que alguns heterossexuais têm diante da própria ideia de homossexualidade. Pais que acreditam que o filho estaria melhor morto do que sendo *gay* podem cair na fantasia da homossexualidade como uma infinitude de gozo, uma forma de excesso sexual incompatível não só com a decência e a normalidade, mas até mesmo com a vida em si. De fato, é assim que a AIDS muitas vezes foi entendida: uma morte causada por um excesso de gozo. Como uma formação de reação ao gozo, a homofobia envolve, assim, mais do que a ignorância a respeito de diferentes sexualidades; é improvável que ela seja erradicada por meio de uma conscientização ou de um laboratório de sensibilização.

Eu sugeri que a ênfase sobre o prazer, na genealogia da sexualidade de Foucault, permanecia comprometida pela negligência de sua dimensão negativa, uma negligência que vem como consequência de sua insistência metodológica em pensar no poder produtivamente, em termos puramente positivos. Mas Foucault chega perto, de fato, de conceitualizar o gozo em um momento crucial de seu primeiro volume de *História da sexualidade*. A menos de cinco

---

15 Ver, por exemplo, ŽIŽEK, Slavoj. *For They Know Not What They Do: Enjoyment as a Political Factor*. Nova Iorque: Verso, 1991.

páginas do fim do livro, Foucault alega que a sexualidade é imbricada com a pulsão de morte na medida em que o emprego da sexualidade consegue nos persuadir de que o sexo é tão importante a ponto de valer a pena sacrificar a vida de uma pessoa pelas revelações que ele pode transmitir: "O pacto faustiano, cuja tentação foi instilada em nós pelo emprego da sexualidade, é agora da seguinte maneira: trocar a vida em sua totalidade pelo sexo em si, pela verdade e pela soberania do sexo. Vale a pena morrer pelo sexo. É nesse sentido (estritamente histórico) que o sexo é de fato imbuído do instinto de morte".[16] Essa notável passagem fornece outra maneira de entender a ideia fundamentalmente psicanalítica de que, por razões históricas, nós almejamos o gozo por meio do sexo, embora o gozo envolva mais do que se queira dizer com *eros*. O gozo tem tanto a ver com Tânatos quanto com Eros. A separação que Freud faz entre sexualidade e genitalidade – uma separação que afrouxa decisivamente o domínio da heteronormatividade em nosso pensamento – foi reconcebida por Lacan em termos de gozo e *objeto a*. Como a causa e não o objetivo do desejo, o *objeto a* desheterossexualiza o desejo ao revelar sua origem nos efeitos da linguagem, mais do que nos efeitos do sexo oposto. Sua insistência de que o gozo não seria redutível ao sexo – como a demonstração que Foucault faz da relação historicamente contingente entre sexo e identidade – representa outra forma de apontar para o lugar comparativamente incidental da genitália na sexualidade.

Portanto, a categoria lacaniana de gozo poderia ser extremamente útil para os tipos de análise que interessam à teoria *queer*. No entanto, infelizmente a explicação estratégica de Foucault para o prazer levou muitos teóricos *queer* dos Estados Unidos a verem, erroneamente, o prazer de uma forma otimista, como se ele não fosse complicado pelo gozo e pudesse ser estendido sem encontrar nada além de barreiras ideológicas. Em outras palavras, o utopismo da teoria *queer* muitas vezes retrata os obstáculos à felicidade sexual como totalmente externos, como se não houvesse limites internos para o prazer (por "internos", não quero dizer dentro da pessoa no sentido psicológico, mas dentro do mecanismo do prazer em si – o mecanismo pelo qual o prazer é entendido como inseparável do gozo do Outro). Desenvolver um

---

16 Michel Foucault, *The History of Sexuality, Volume 1: An Introduction*, p. 156.

discurso sobre o sexo que enfoque primariamente no prazer mais do que na reprodução biológica ou na reprodução das normas sociais continua sendo um empreendimento político vital. Mas é terrivelmente ingênuo imaginar que o sexo possa ser uma questão somente de prazer e autoafirmação, mais do que uma questão também de gozo e negatividade. Se quisermos entender o sexo para além dos termos naturalísticos, precisaremos pensar essas formas de negatividade que Freud chamou de inconsciente e pulsão de morte. Para tornar os discursos políticos e culturais sobre o sexo menos ingênuos, seria preciso envolver o considerável esforço de remoldar esses discursos de acordo com princípios psicanalíticos, mais do que psicológicos. Isso implica não um projeto de traduzir debates anglo-americanos para um vocabulário lacaniano, mas a disposição muito mais desafiadora de pensar o sexo em termos da lógica *queer* que a psicanálise disponibiliza.

15 O pós-vida de Lacan: Jacques Lacan encontra Andy Warhol

CATHERINE LIU

Jacques Lacan é um pensador e clínico cuja compreensão sobre os meios de gravação e transmissão lhe permitiu viver de forma póstuma, com um *status* de celebridade pop conquistado na vida intelectual da Paris pós-guerra. Ele não só é um adversário de respeito para os herdeiros oficiais de Freud, mas também emergiu como rival de outro superastro, Jean-Paul Sartre. A história de sua exclusão (ou excomunhão)[1] da Associação Internacional de Psicanálise, e sua subsequente notoriedade, é crucial para o estudo teórico de sua recepção na academia anglófona: existe uma aura transgressora ou diabólica em torno da soberania de suas ações e pensamento. Sua insistência no significante é a chave para a destruição de uma hermenêutica humanista que envolve recepções mais ortodoxas de Freud. Ademais, o interesse de Lacan pela cibernética parece antecipar o flagelo das questões levantadas pelo progresso tecnológico. As reações ao seu desvio das ortodoxias psicanalíticas revelaram o fervor religioso com o qual os guardiões do freudianismo tentaram proteger seu território. Hoje, o trabalho de Lacan continua a nos ensinar lições, não somente sobre psicanálise, mas a respeito da mídia e da história também.

Bancar o mestre nas ondas do rádio permitia a Lacan uma atuação tanto como charlatão quanto como mestre – pensemos, por exemplo, na sua performance em *Télévision*: sua atitude analítica parecia uma postura de pura provocação a seus colegas mais conservadores. Em suas performances pedagógicas, Lacan demonstrava que todas as formas de intersubjetividade,

---

1 Ver o dossiê sobre a "excomunhão" em *Television: A Challenge to the Psychoanalytic Establishment*. Trad. Denis Hollier, Rosalind Krauss e Annette Michelson. Ed. Joan Copjec. Nova Iorque: W. W. Norton, 1990.

mediadas por transferência ou outras formas de telecomunicação, se baseavam em uma miragem fascinante de reciprocidade ou compreensão mútua. Usando os *insights* da linguística e da antropologia estrutural como condições para ponderar a questão da *la parole*, Lacan muitas vezes afirmava o óbvio: "Falar é, antes de mais nada, falar com outros" (*SIII*, p. 36). Ao fazê-lo, porém, ele enfatizava o *status* primário do material linguístico e revelava as limitações das abordagens que o negligenciam.

Como podemos "explicar" ou "analisar" Lacan? Laurence Rickels nos ensinou que o processo de explicação envolve a melancólica incorporação de um discurso soberano que termina digerindo e violentando o texto inassimilável ao pré-mastigá-lo para um consumo mais fácil. Ademais, o mapeamento que Lacan faz dos quatro discursos (do mestre, universitário, histérico e do analista) convida o trabalho da explicação a adotar o discurso universitário. Esse discurso é o lugar em que todas as formas de complexidade e ambiguidade têm correspondentes no campo do conhecimento. O discurso universitário reproduz, como um duplo pálido e domesticado, a estranheza do heterogêneo e do radicalmente diverso. Michel de Certeau apontou o caminho de saída desse impasse rumo a uma historiografia que, em sua atenção à escrita e à história, demonstra que é possível lidar de forma psicanalítica com sujeitos rebeldes de estudo sem subjugá-los a cumprir a ordem institucional do dia: foi seu trabalho que abriu caminho para o que segue.

O Lacan de Warhol

Juntar Jacques Lacan e Andy Warhol requer uma explicação: ainda que pareça que seus caminhos nunca tenham se cruzado, o não encontro empírico pode dar lugar a uma intimidade conceitual que ainda não foi desencavada. Enquanto Lacan emergiu como um apóstata intelectual no campo da psicanálise que lutou contra truísmos da psicologia do ego depois de ser banido da burocracia psicanalítica, Warhol ganhou notoriedade por meio de seus trabalhos de foto-serigrafia, que funcionavam como uma sedutora polêmica contra a noção de autenticidade no traço da mão e do gesto do artista. Tanto Lacan quanto Warhol eram mestres do controle da imagem, e eles afirmavam, ainda que de maneiras muito diferentes, a qualidade radicalmente mediada da intersubjetividade enquanto se recusavam a conceder um espaço de atividade política positiva, iniciando uma dialética negativa em relação ao pensamento crítico que era tanto a subversão quanto a radicalização do engajamento da Escola de Frankfurt com a cultura de massa. Eles atacavam uma Utopia moderna que se baseava, no caso de Lacan, nas leituras de Freud pelo viés terapêutico e da psicologia do ego, e, no caso de Warhol, na institucionalização do expressionismo abstrato como arte elevada. Seria mera coincidência que, tanto para Jacques Lacan quanto para Andy Warhol, 1964 tenha se provado um ano extremamente importante? Em 1964, Lacan ministrou seu primeiro seminário após sua "excomunhão" oficial da Société Française de la Psychanalyse, a SPF, e, indiretamente, da Associação Internacional de Psicanálise (IPA); esse seminário redefiniu questões fundamentais do ensino de Lacan, e foi chamado de *Os quatro conceitos fundamentais da psicanálise*.[2] O ano de 1964 também foi aquele em que Andy Warhol teve sua primeira exposição individual na cidade de Nova Iorque, na Leo Castelli Gallery, lançando uma carreira como artista que trouxe a cultura popular para a criação da *fine art*, afirmando a saturação do campo visual com a "iconografia lapidar" da mercadoria e imitando as técnicas da produção em massa. Marcel Duchamp, com seus *ready-mades*, havia exaltado a importância do objeto produzido em massa para a produção da arte contemporânea, mas ele foi em grande parte ignorado pelos pintores da Escola de Nova Iorque: Warhol levou as lições de Duchamp a um outro patamar.

Lacan discordava da ênfase dada pela Associação Internacional de Psicanálise para a adaptação às condições da existência pós-guerra, que foram cada vez mais reestruturadas de acordo com uma sociedade de consumo, ou vida, ao estilo americano. Seria de se imaginar que Lacan e Warhol fossem antagônicos na época, pois o primeiro parecia recusar a felicidade prometida por versões americanas consumistas da psicanálise terapêutica, enquanto o segundo parecia produzir uma arte pronta para a cultura do consumo. Em defesa, Benjamin Buchloh aponta para o rigor do polêmico

---

2 O seminário foi ministrado em 1964. O texto do seminário foi publicado em 1973 como *Le Séminaire XI: Les quatre concepts fondamentaux de la psychanalyse* (Paris: Seuil).

posicionamento de Warhol contra o elitismo da abstração do alto modernismo. Buchloh demonstra que Warhol foi capaz de superar as formações de compromisso no trabalho de Robert Rauschenberg e Jasper Johns, cuja técnica de colagem e citações de uma cultura da mercadoria parecem tímidas e afetadas perto da afirmação absoluta de Warhol, de uma invasão de imagens produzidas em massa no campo pictórico.[3] Não podemos dissociar a produtividade de Warhol da Factory, que oferecia condições únicas de trabalho que ele explorou completamente. Ele dizia diretamente aos colecionadores que não fazia muitas de suas pinturas, e teria supostamente "comprado" a ideia das pinturas das sopas Campbell de outra pessoa disposta a vender. Ele confirma, com entusiasmo, sua admiração pela criatividade e energia dos outros, e fala de si mesmo como alguém que mal é capaz de acompanhar seus dinâmicos seguidores: "Creio que tenho uma interpretação realmente vaga de 'trabalho', porque acho que só estar vivo já é trabalho demais em algo que você nem sempre quer fazer. Nascer é como ser sequestrado".[4] Mas onde outros encontraram um processo mágico de fazer arte na ação, Warhol via a si mesmo como em um emprego: "Por que as pessoas acham que artistas são especiais? É só um emprego como outro qualquer".[5]

A Factory era composta de um grupo de fãs e seguidores ardorosos que entendiam, de alguma maneira, que ao atacar as fundações da arte erudita, Andy daria ao bando de aspirantes a astros do *rock* de Long Island, herdeiras drogadas, pequenas *drag queens* burguesas e sapatões frustradas, acesso a um enclave de produção artística que até então só incluía homens heterossexuais, brancos e, às vezes, enrustidos. A noção de acesso alternativo prometida por Lacan era um tanto diferente: ele oferecia a seus seguidores uma leitura de Freud que era pontuada pelo advento do significante e, ao fazê-lo, liberava a psicanálise do fardo de uma ortodoxia engessada baseada nas restrições normativas da psicologia do ego e sua ênfase na conexão, nas

---

3 BUCHLOH, Benjamin. "Andy Warhol's one-dimensional art: 1956-1966". *Andy Warhol: A Retrospective*. Nova Iorque: Museum of Modern Art, 1989.
4 WARHOL, Andy. *The Philosophy of Andy Warhol (From A to B and Back Again)*. San Diego: Harcourt Brace, 1975, p. 96.
5 *Ibid.*, p. 178.

relações saudáveis, etc.⁶ Tanto Lacan quanto Warhol afirmam um sujeito cuja submissão às leis da repetição torna inexorável sua relação com o signo (tanto como letra quanto como ícone). Sob a égide da mercadoria, os sujeitos barrados da psicanálise lacaniana e da arte contemporânea arrostam as condições do desejo no campo do significante.

Um movimento alternativo da psicanálise se cristalizou em torno da pessoa e do trabalho de Lacan, que trazia a marca indelével de sua insolência e carisma. Antes de Sherry Turkle estudar formas de vida *on-line*, ela realizou uma investigação da cultura da psicanálise francesa durante os anos 1970 e 1980.⁷ Turkle concluiu que a emergência de Lacan como o herói *cult* de um movimento dissidente incitou a disseminação de uma cultura da psicanálise na cultura francesa em geral. A definição de Turkle para a cultura popular talvez seja um pouco vaga (entrevistas com pessoas de todos os tipos parecem bastar como sua matéria-prima, e uma amostra da cobertura jornalística substitui seu trabalho sobre a mídia de massa); no entanto, ela foi uma importante testemunha dos conflitos inflamados e intensos debates que assolaram o movimento lacaniano. Sua narrativa sobre a guerra civil psicanalítica é corroborada pelo trabalho de Elisabeth Roudinesco sobre a história da psicanálise na França. Sob a influência de Lacan, uma quantidade enorme de trabalho foi realizada, escândalos foram provocados, paixões foram inflamadas, carreiras feitas e destruídas, pessoas sentiram repulsa e atração. Um espaço transferencial de produtividade se cristalizou em torno de sua pessoa, e esse clima inspirou tanto loucura quanto trabalho.

Resistores críticos

Benjamin Buchloh conclui que a importância política do trabalho de Warhol deve ser entendida de uma maneira alegoricamente negativa: perante o trabalho do mestre do Pop, o espectador da arte contemporânea não pode mais se iludir a respeito da frágil barreira entre arte e comércio. Warhol relega o espectador ao trágico destino do consumidor:

---
6 HARTMANN, Heinz. *Ego Psychology and the Problem of Adaptation*. Nova Iorque: International Press, 1958.
7 TURKLE, Sherry. *Psychoanalytic Politics: Jacques Lacan and Freud's French Revolution*. 2. ed. Nova Iorque: Guilford Press, 1992.

Warhol unificou dentro de seus construtos tanto a visão de mundo empresarial do final do século XX quanto a visão fleumática das vítimas dessa visão de mundo, que são os consumidores. A primeira, com sua implacável insegurança e ar de indiferença estrategicamente calculados, que lhe permitem continuar sem nunca sofrer um questionamento em termos de responsabilidade, se combina com a de seus opostos, os consumidores, que podem celebrar no trabalho de Warhol seu próprio *status* como sujeitos que foram apagados. Regulados como são pelos gestos eternamente repetitivos de produção e consumo alienados, eles são barrados – como as pinturas de Warhol – do acesso a uma dimensão de resistência crítica.[8]

Warhol entendeu que as condições da arte contemporânea eram barradas da resistência crítica e, ao afirmar tal limite, ele confrontou a situação em vez de evitar as condições contemporâneas da produção artística. Para entender a importância política de Warhol como um artista, devemos entender seu asceticismo em relação à possibilidade de uma resistência crítica. A atitude estranhamente afirmativa que ele tinha em relação à cultura de massa, por um lado, e a repetição e o acaso, por outro, lhe permitiam anular a intencionalidade artística com o rigor de Cage ao mesmo tempo em que o excedia. Em sua mobilização da indiferença e da contingência, o olhar hipnotizado de Warhol era dirigido ao firmamento de imagens produzidas em massa e degradadas cuja aura ele reproduzia e celebrava. Na leitura de seu *a: a novel*, Liz Kotz enfatiza que a publicação de uma transcrição de conversas com o *superstar* da Factory, Ondine, emprega o princípio *ready-made* da criação artística inventado por Duchamp no início do século XX. De acordo com Kotz, *a: a novel* captura o "fluxo contínuo da linguagem" e a consistência do balbucio, da ambiguidade e do absurdo que caracteriza a comunicação oral.[9] Vendo-o como uma baboseira, o *establishment* literário menosprezou o romance de Warhol, recusando-se a reconhecer que os mecanismos conceituais de um Duchamp, de um Cage ou de um On Kawara poderiam ter um efeito sobre

---

8 Buchloh, "Andy Warhol's one-dimensional art: 1956-1966", p. 57.
9 Ver KOTZ, Liz. *Words on Paper Not Necessarily Meant to Be Read as 'Art': Postwar Media Poetics from Cage to Warhol.* Columbia University, 2001 (Tese de doutorado), em especial o capítulo "Conclusion: An aesthetics of the index?", p. 350-62.

o ideal da produção literária como um empreendimento heroico. Portanto, o trabalho de Warhol em geral, mas especialmente seu trabalho literário, não é apolítico de uma maneira simples. Ao focar exclusivamente em um processo de pintura que atacava as noções de criatividade e originalidade, Warhol minava a idealização *popular* da produção artística: portanto, seu trabalho e a forma como ele é feito lançam uma campanha de destruição contra qualquer idealização da criatividade ou da intencionalidade. Ao se recusar a editar as transcrições de intermináveis conversas que teve com um Ondine alterado por anfetamina, ele permitiu que o gravador e o transcritor deixassem suas marcas em uma obra de literatura cuja radical abertura ao acidente, ao ato falho, ao erro de digitação e ao lapso de atenção é estabelecida na indiferença de uma mídia baseada no tempo: a fita eletromagnética. Ele permitiu que a gravação em fita e sua tradução ou transcrição para texto tivesse a palavra final em um processo que ele não hesitava em chamar de "escrita". *a: a novel* é, portanto, um anti-romance: é um romance que almeja destruir o lirismo ao usar engenhocas *low-tech* para interpretar de forma literal a estética do "fluxo de consciência" de James Joyce.

Lacan e suas lições podem ser entendidas com um caráter político exatamente porque ele também manteve uma indiferença e uma impassibilidade de janota (parecida com a "visão fleumática" de Warhol) perante os acontecimentos de maio de 1968. Em "Radiophonie", Lacan discorre sobre sua recusa às noções acadêmicas da pedagogia e seu desprezo pela idealização do ativismo político, contando a seguinte anedota:

> Lembro-me do desconforto de um jovem que se pretendia marxista e estava misturado em meio a uma plateia composta de um bom número de membros do (único) Partido, o Partido Comunista Francês, que havia comparecido em peso (sabe Deus por quê) à leitura de meu texto 'Dialética do Desejo e Subversão do Sujeito' [...].
> Ele me perguntou: 'O senhor acredita que atingirá qualquer tipo de resultado só de escrever algumas letras no quadro-negro?'. Tal exercício, no entanto, teve seus efeitos: e eu tenho a prova – meu livro, *Escritos*, foi recusado pela Fundação Ford [...]. A Fundação Ford descobriu que não tinha verba suficiente para ajudar na

publicação e na verdade achava bastante impensável me publicar. É só que o efeito que eu produzo não tem nada a ver com comunicação da fala, mas tudo a ver com um deslocamento do discurso.[10]

A Fundação Ford havia se recusado a financiar a tradução dos *Escritos* para o inglês; por outro lado, forneceu a verba para a tradução de *Psicologia do ego e o problema de adaptação*,[11] escrito por Heinz Hartmann em Viena, nos anos 1930, e publicado em inglês no ano de 1958. Nesse trabalho, Hartmann afirma que o ego não deveria ser visto como o local de conflito entre o superego e o id, mas sim como uma função que permite que ocorram concessões e adaptações a uma *realidade* inquestionável. Lacan só tinha desprezo por Hartmann, que foi presidente da IPA durante os anos de sua própria marginalização, então essa rejeição pela fundação americana deve ter sido duplamente insultante. O fato de ter relatado essa anedota em uma entrevista de rádio é ainda mais significativo: elétrico, ele entendia a função do rádio como uma voz superegoica. O rádio transforma a voz em um material aural que nos sacode, porque parece ser audível em todo lugar ao mesmo tempo. Lacan repreende o movimento de esquerda por sua ingenuidade: a demanda por "um efeito imediato" fazia parte de uma fantasia de eficiência política e resistência crítica. Ele quis alertar seus interlocutores que as instituições americanas tinham um efeito político invisível sobre a vida intelectual do pós-guerra, censurando e policiando a tradução de textos, e que o próprio Lacan mal estava do lado do poder ali. Com a publicação do livro de Frances Stonor Saunders, *Cultural Cold War: The CIA and the World of Arts and Letters*,[12] não podemos mais ver as atividades dessas organizações filantrópicas americanas como inocentes: a Fundação Ford se envolvera institucional e ideologicamente com a CIA (Central Intelligence Agency, a agência de inteligência dos Estados Unidos) na disseminação de uma visão imperialista da Europa pós-guerra, reformada e reestruturada

---

10 LACAN, Jacques. "Radiophonie". *Autres écrits*. Paris: Seuil, 2001, p. 407.
11 HARTMANN, Heinz. *Ego Psychology and the Problem of Adaptation*. Nova Iorque: International Universities Press, 1958.
12 SAUNDERS, Frances Stonor. *The Cultural Cold War: The CIA and the World of Arts and Letters*. Nova Iorque: New Press, 2000.

sob o domínio americano.¹³ A posição de Lacan se baseava em uma dupla recusa: a primeira resistia ao chamado marxista para uma ação imediata e efetiva; a segunda resistia à reformulação de sua escrita para se adequar aos padrões da Fundação Ford.

Revoluções de outubro

Rosalind Krauss condenou a explicação lacaniana para a subjetividade, por sua cumplicidade em celebrar e afirmar os prazeres febris da cultura visual e popular. Ao mobilizarem a teorização de Lacan para a identificação em relação à imagem, Joan Copjec e Slavoj Žižek inverteram a relação da teoria crítica com a cultura popular.¹⁴ Krauss determina que, nessa versão dos Estudos Culturais e Visuais, não existe nenhuma possibilidade de se chegar a uma resistência crítica contra uma recepção consumista dos produtos da mídia de massa. Pode ser que não fique claro a partir dos argumentos de Krauss o que seria uma resistência crítica, mas talvez tenha relação com um desgosto pelo popular que se reflete na revista *October*, que se tornou o padrão materialista em comparação com o qual o trabalho dos lacanianos foi insuficiente. Em certo sentido, ela lembra o aluno revoltado de Lacan, e sua crítica pode ser parafraseada muito livremente como "Você acha que consegue ter um efeito político ao descrever a subjetividade como sendo constituída por uma relação identificatória com a imagem?". Seu modo de crítica emprega a negatividade da Escola

---

13 Edward H. Berman, em seu *The Influence of the Carnegie, Ford and Rockefeller Foundations on American Foreign Policy* (Albany: State University of New York Press, 1983), fornece um relato detalhado das maneiras como organizações filantrópicas, sob a categoria de estudos da "paz mundial", trabalharam de perto com agências governamentais para promover a pauta da política externa da Guerra Fria: estudantes estrangeiros eram apoiados assim como elites estrangeiras, temas específicos de pesquisa eram encorajados, enquanto outros eram desprezados.

14 Ao longo de seu trabalho, Laurence Rickels insistiu na compatibilidade radical da psicanálise com a mídia de massa, a tecnologia e a cultura popular, mas sua inversão das hierarquias da teoria crítica se provou menos consumível do que a de Žižek: seu trabalho sobre a modernidade, a Califórnia e a perversão é mais histórica e é inteiramente envolvida com Freud, mais do que com Lacan. Lacan se mostra mais popular junto a teóricos anglófonos da cultura popular.

de Frankfurt sem, no entanto, mencionar Horkheimer ou Adorno. Ela aponta que muitas vezes os Estudos Culturais não oferecem nada mais do que "uma recodificação mítica da cultura popular". Contudo, quando ela tenta oferecer uma alternativa à infernal repetição do consumismo, suas lições se tornam menos convincentes. Ela acredita que os Estudos Culturais e Visuais negligenciam o materialismo histórico: ela oferece a resistência crítica como uma estratégia que dará um fim à loucura da repetição, do espelhamento e da mimese que molda a relação entre a disciplina acadêmica e a cultura de consumo. Assim como o "fetichismo", o termo "resistência" exerce um papel duplo na linha de fogo para os discursos marxista e psicanalítico, bancando o estranho agente duplo de duas explicações completamente diferentes de determinismo. Os *Quatro conceitos fundamentais* de Lacan (*SXI*) oferecem uma explicação da repetição (*automaton*) que ocorre na linguagem como o acaso (*tuchê*). Essa afirmação da repetição é, antes de tudo, uma maneira pela qual o analista lacaniano se recusa a prometer a obtenção da cura como fim da repetição.

Na crítica que Krauss faz aos Estudos Culturais, a história dessa disciplina acadêmica é quase ignorada. Os Estudos Visuais moldados pela teoria lacaniana são o substituto para uma disciplina que se originou em Birmingham, na Inglaterra, moldada pelo trabalho de Raymond Williams e Stuart Hall. Para Krauss, a teoria lacaniana e sua recepção nos Estados Unidos tampouco têm história. Devemos discutir a consequência de se negligenciar esta última: a questão da primeira não entra no escopo deste artigo, mas deveria ser mantida em mente ao considerarmos os termos vagos com os quais Krauss esboça sua argumentação.

De um lado de um certo espectro político, é considerado uma aberração o fato de que a universidade sequer pensa a respeito da psicanálise ou cultura popular, porque os objetos do conhecimento acadêmico deveriam ser consagrados por uma tradição que, no entanto, parece cada vez mais contingente. Do outro lado, a acessibilidade da cultura popular se opõe ao elitismo dos objetos de estudo acadêmicos, objetos de valor estético enigmático, aos quais o crítico tradicional serve como uma espécie de guardião e virgem vestal. Contudo, Žižek garimpa ilustrações do pensamento do mestre na cultura popular americana. Há um método em ação aqui, e que exige reflexão. Seria a cultura popular o espelho da teoria psicanalítica? Para Rickels, a especificidade da Califórnia como um filosofema e hieróglifo da modernidade só pode ser lida por meio da teoria psicanalítica. Para Žižek, não existe nenhum marcador histórico instaurado, e até mesmo a relação bastante óbvia entre a sensibilidade de Hitchcock para a Guerra Fria e a relação de Lacan com a academia francesa do plano Marshall é abjurada em nome da teoria pura.

Krauss conclui que os lacanianos vinham conspirando com os Estudos Culturais e a estética modernista para produzir os servos mais fiéis do capitalismo global, iniciados nos prazeres da imagem desmaterializada, prontos para assumir suas posições obedientemente como consumidores competentes e despolitizados. Nunca ficou muito claro que a psicanálise fosse capaz de oferecer uma análise crítica do capitalismo, ou que aspirasse a tal: certamente, o próprio *status* da análise crítica e das críticas deve ser levemente perturbado pelos aspectos mais radicais da aventura freudiana. Lacan decerto agiu mais como um agente provocador baudelaireano durante os acontecimentos de maio de 1968, mas a radicalidade de sua insistência em uma leitura linguística e estruturalista da relação analítica foi, muitas vezes, mais atuada do que comunicada. E o fomento desses anos certamente contribuiu para os riscos que ele assumiu em seus experimentos pedagógicos e analíticos.

Quando as lições lacanianas são idealizadas como aforismos lapidares, estamos condenados, assim como Žižek, a explicações sem fim. As dele são mais brilhantes do que as de outros, mas não menos sintomáticas. Não é acidente, claro, que a explicação seja a sina do seguidor, pois sob a influência de Lacan e na rede de seu campo transferencial, suas declarações mais difíceis, improvisadas, são recebidas como se fossem compreensíveis. Esse entendimento de Lacan confisca o suporte material de suas lições e o papel que o gravador e o transcritor tiveram ao preservar suas lições. Krauss diz apoiar, insinceramente, a importância dos suportes materiais e alude a mudanças culturais que são relacionadas com a "mídia eletrônica [que] está agora reorganizando amplos segmentos da economia global",[15] mas ela ignora o problema da fita eletromagnética. Para Krauss, os Estudos Culturais sofrem

---

15 KRAUSS, Rosalind. "Welcome to the cultural revolution". *October*, 77: 84, verão de 1996.

de um fundamental mal-entendido a respeito do material visual, e ela vê a ênfase na identificação e no estádio do espelho na teoria cultural baseada na psicanálise como sendo contínua com a recusa modernista da textualidade no campo visual. Essa guinada visual e a revolução cultural que ela promete são sintomas, para Krauss, da participação da Academia na produção de "espaços imaginários e recém-forjados, nos quais os sujeitos da nova ordem cultural e social possam narrativamente (e fantasmaticamente) se projetar".[16] De forma implícita, Krauss acusa Žižek, Copjec e Norman Bryson de lerem Lacan erroneamente, porque eles priorizam o reino do imaginário em detrimento do reino do simbólico e, ao fazê-lo, negligenciam o significante, que Krauss descreve como "basal" para a constituição do sujeito. O *Quatro conceitos fundamentais* é o lugar do qual a maioria dos lacanianos acadêmicos deriva uma teoria da subjetividade baseada em uma leitura específica do olhar, e esse trabalho moldou boa parte da recepção anglófona de Lacan.[17]

É impossível decidir quem está certo e quem está errado aqui: é mais importante entender que, ao acusar os "lacanianos foucaultianos e althusserianos" de entender errado os "suportes materiais", Krauss ignora o gravador e a transcrição onipresentes como o suporte material no qual o ensino de Lacan é baseado. Temendo explicar o óbvio, devo insistir que os *Seminários* não são nada mais, nada menos, do que a reconstituição de transcrições gravadas e anotações de aulas. Assim, o importante aqui é um deslocamento contínuo da questão do suporte material em si – a pseudocontradição entre imagem e significante adia a própria questão da transmissibilidade e da compreensibilidade. Assim como o romance de Warhol foi entendido pelo *establishment* literário como mera bobagem, as transcrições enigmáticas dos seminários de Lacan também foram recebidas por seus seguidores mais ardorosos como *koans* enigmáticos de um mestre zen psicanalítico. Não é meu objetivo aqui decidir se as transcrições transmitem ou não meros absurdos ou sabedoria em excesso: o que eu gostaria de apontar é que talvez não haja tanta diferença entre um "blá

---

16 *Ibidem*.
17 Ver *Visual Culture: Images and Interpretation*. Ed. Norman Bryson, Michael Ann Holly e Keith Mosey. Hanover/Londres: Wesleyan University Press, 1994.

blá blá" e as parábolas de um sábio, quando eles persistem como resíduos de gravações.

A outra condição do suporte material é a emergência de um meio psicanalítico alternativo ou *underground* com um mestre carismático em seu centro, cujo trabalho e personalidade representam uma certa relação de abertura absoluta a meios de gravação. Como o influente teórico da mídia Friedrich Kittler mostrou, o gravador permanecia ligado o tempo todo. A Factory de Warhol nos oferece boas lições de como entender a repetição, a distorção espaço/tempo transferencial e o *acting out*; o ensino de Lacan também criou um espaço alternativo para a psicanálise. Ao fundar sua própria escola, ele também viu pessoas talentosas gravitarem em torno de sua esfera de influência, dispostas a trabalhar sob sua tutela, inspiradas por seu ensino. No caso de Warhol, os frequentadores da Factory eram inspirados pelo carisma negativo de Warhol e por sua incrível habilidade em instigá-los a fazer de si mesmos o material de seu próprio trabalho. A inspiração de Lacan funcionava da mesma maneira por conta de uma posição ética que ele assumia em relação à Associação Internacional de Psicanálise de um lado, e à linguagem da psicanálise do outro. A posição ética de Warhol em relação à originalidade e à repetição implica, como mostramos, um certo ascetismo que por si só era inspirador. Sua posição ética certamente entra em conflito com sua posição moral – ele não tinha interesse em ser *bom* ou sequer em ser um bom artista, e muitas vezes pareceu, no final de sua vida, que ele estava muito mais interessado em sucesso, fama e dinheiro. Ele era eticamente coerente: adotou uma admiração pela *Business Art* e nunca se permitiu fingir que não estava só "trabalhando". Sua recusa à originalidade "mágica" do artista e à aura da produção artística era ao, mesmo tempo, assustadora e libertadora.

Para Gérard Pommier, o posicionamento ético de Lacan também permitia uma explosão de produtividade:

> Depois da guerra, e da cegueira da associação de Berlim com o nazismo ou de suas concessões a ele, a psicanálise só recuperou o terreno perdido na Alemanha com grande dificuldade. Por outro lado, a posição ética de Lacan foi suficiente para produzir uma expansão significativa [da psicanálise] na França. A ética [...] evoca

uma coragem socrática, e mais simplesmente a força que certos homens sempre tiveram para resistir à impostura.[18]

Pommier se refere ao confronto de Lacan com os impostores da psicologia do ego, que cobiçaram a posição de Freud na Associação Internacional de Psicanálise após sua morte. Em vez de se enlutarem por Freud, Hartmann e companhia preencheram o vácuo com a imagem de sua filha, Anna Freud, cuja versão egossintônica da psicoterapia moldou a pauta de associações freudianas que queriam seu apoio. No contexto da anedota de "Radiophonie", também podemos entender a ética de Lacan como algo relacionado com sua recusa em idealizar o imediatismo na esfera política.

A performance "ao vivo" dos seminários de Lacan era capturada e preservada de forma obsessiva. Friedrich Kittler identificava o som como o meio do Real: a tecnologia portátil de gravação de som foi o que tornou possível a própria disseminação das lições de Lacan. Kittler nos lembra que o seminário foi formado pela relação de Lacan com a amplificação e a gravação de sua voz.

> Somente cabeçotes de gravador são capazes de inscrever no real um discurso que passa por cima de cabeças compreensivas, e todos os seminários de Lacan foram falados através de microfones e gravados em fita. As mãos subalternas só precisam então tocar a fita e ouvir, para serem capazes de criar um elo de mídia entre gravador, fones de ouvido e máquina de escrever, relatando ao mestre o que ele já disse. Suas palavras, mal eram proferidas, se apresentavam a ele em letra de forma, pontualmente antes do início do seminário seguinte.[19]

A retroalimentação de Lacan ficava plugada nos diversos meios *low-tech*: a espontaneidade e a obscuridade de seu discurso eram garantidas pela transcrição feita somente para ele. Sua plateia precisava ouvir com atenção, ou senão trazer gravadores escondidos, o que se tornava cada vez mais possível à medida que os gravadores de rolo davam lugar ao gravador portátil de cassetes preferido

---

18 POMMIER, Gérard. *La Névrose infantile de la psychanalyse*. Paris: Point Hors Ligne, 1989, p. 62-3. Tradução do autor.
19 KITTLER, Friedrich. "Dracula's Legacy". *In*: JOHNSTON, John (Ed.). *Literature, Media, Information Systems*. Amsterdã: OPA, 1997, p. 50-1.

por Warhol em 1964,[20] como o instrumento com o qual ele escreveria um romance, este celebrado como sua tentativa na escrita:

> Fiz minha primeira gravação em fita em 1964 [...]. Acho que tudo começou porque eu estava tentando escrever um livro. Um amigo havia me enviado um bilhete dizendo que todo mundo que conhecíamos estava escrevendo um livro, então aquilo me fez querer correr atrás e escrever um também. Então comprei o gravador e registrei a pessoa mais interessante que eu conhecia na época, Ondine, durante um dia inteiro.[21]

Tanto Warhol quanto Lacan, como fãs de geringonças,[22] entendiam que o ato da escrita e da fala haviam sido transformados, para sempre, pelos avanços tecnológicos nos meios de gravação.

Parecia que, por algum tempo, Rosalind Krauss e a revista *October* haviam aceitado que uma versão zizekiana da teoria lacaniana superaria certos impasses alcançados pela *Ideologiekritik* neomarxista que eles haviam promovido. Mas, em sua análise crítica de 1996, ela conclui:

> Os Estudos Culturais sempre se proclamaram como revolucionários, a vanguarda que operava dentro da Academia – como uma insurgência – na esteira dos acontecimentos de Maio de 1968. Os Estudos Visuais pouco fazem para encontrar correspondentes no modelo de seu modelo (de Estudos Culturais), já que, como tentei sugerir, aquele modelo inicial já era completamente dependente de uma certa concepção não materialista da imagem: a imagem como fundamentalmente desencarnada e fantasmática. Mas se essa revolução seria de fato uma insurgência, ou se – como um caso não excepcional de 'revolução cultural' – ela serviria a uma estrutura

---

20 Para mais sobre a relação de Warhol com seu gravador, ver KRAPP, Peter. "Andy's wedding: Reading Warhol". *In*: SYROTINSKI, Michael; MACLACHLAN, Ian (Eds.). *Sensual Reading: New Approaches to Reading in its Relations to the Senses*. Lewisburg, Pa: Bucknell University Press, 2001, p. 295-310.
21 Warhol, *The Philosophy of Andy Warhol*, p. 94-5.
22 Ver RICKELS, Laurence. *The Case of California*. Minneapolis: University of Minnesota Press, 2001.

cada vez mais tecnologizada e ajudaria a aclimatar sujeitos desse conhecimento a condições cada vez mais alienadas de experiência (ambos requisitos do capital global), essa é uma pergunta que devemos continuar fazendo [...].[23]

Os sujeitos contemporâneos precisam de pouquíssima ajuda dos Estudos Culturais para se "aclimatarem" ao estranho tempo de alienação crescente: além disso, uma "estrutura tecnologizada" continua sendo um mal não examinado nessa versão da situação política. Se o argumento de Krauss parece desmoronar aqui é justamente porque ele cai em um dogmatismo não dialético que Žižek, juntamente com Fredric Jameson, identificou como o limite constitutivo do trabalho de Theodor Adorno, em que, ao tentar superar a "noção hegeliana de autotransparência, ele permanece completamente hegeliano".[24] Ao recorrer às "condições sociais" e ao "materialismo", Krauss invoca esses termos como um feitiço mágico e insinua que existe uma forma de crítica resistente que pode funcionar contra a adaptação dos sujeitos à tecnologia e, ao fazê-lo, lutar contra o capitalismo global em si. É autoevidente em seu argumento que a tecnologia é uma subordinada da alienação e do capitalismo global. Pensadores como Kittler e Žižek são capazes de abordar e jogar com o materialismo vulgar e seus limites. Não é coincidência que ambos tenham tido sua formação no antigo bloco soviético e que sua desilusão com as explicações materialistas da resistência crítica e das condições sociais tenha atuado como inspiração para superar os impasses a que chegaram as noções ortodoxas esquerdistas de análise crítica. É uma das ironias do final da Guerra Fria e certamente um sinal da vitória americana o fato de que tenha sido uma americana a dar uma lição de marxismo e revolução aos antigos cidadãos do bloco soviético.[25]

---

23 Krauss, "Welcome to the cultural revolution", p. 96.
24 ŽIŽEK, Slavoj. *Enjoy Your Symptom! Jacques Lacan in Hollywood and Out*. Nova Iorque: Routledge, 1992, p. 83-4.
25 Devo agradecer aos meus alunos do Seminário Básico, da classe de outono de 1999 na Universidade de Minnesota, por me fazerem reconhecer essa questão.

Žižek faz uma análise convincente da democracia representativa ao demonstrar a abstração insuportável da igualdade para sujeitos de tal estado. Ele insiste que a persistência de um desejo irracional por uma figura patriarcal forte em certos Estados-nações emergentes não pode ser esconjurada para longe pela varinha mágica do Iluminismo, e critica a aplicação generalizada de um modelo político europeu ocidental para países que não conseguiriam suportar a fragilidade do poder Executivo. Ao emprestar uma ideia de Carl Schmitt e enfatizar a leitura que Lacan faz da dialética senhor/escravo de Hegel, Žižek consegue advogar uma forma terapeuticamente correta de monarquia constitucional para as democracias emergentes do leste europeu e outros lugares.

Para Kittler, os estados de emergência e estados de exceção evocados pelos tempos de guerra produzem os maiores saltos na inovação tecnológica, enquanto os meios técnicos encontram correspondentes no esquema lacaniano do Simbólico, do Imaginário e do Real: a máquina de escrever é o meio do Simbólico, o filme é o meio do Imaginário e a gravação de som é o meio do Real.[26] Grandes avanços no progresso tecnológico se baseiam em uma psicologia da escassez e medidas extremas de tempos de guerra. Do telégrafo até o radar, do sonar ao foguete, passando pelas tecnologias e pela internet (um subproduto da Guerra Fria), Kittler mostra que a inovação sempre ocorre sob dificuldades. Ele sublinha o que Žižek, Krauss e os Estudos Culturais e Visuais perdem quando intelectualizam a mídia de massa e a cultura popular ao fazerem delas o pomo da discórdia acadêmica:

> As mídias técnicas não têm a ver nem com intelectuais, nem com a cultura de massa. Elas são estratégias do Real. As mídias de armazenamento foram criadas para as trincheiras da Primeira Guerra Mundial, as mídias de transmissão para os ataques-relâmpago da Segunda Guerra Mundial, as mídias de computação universal para a SDI [Iniciativa Estratégica de Defesa dos EUA]: *chu d'un desastre obscur*, como diria Mallarmé, caído de um desastre obscuro. Ou, como colocou o general Curtis D. Schleher em sua *Introdução à*

---

26 KITTLER, Friedrich. "Gramophone, Film, Typewriter". *In*: JOHNSTON, John (Ed.). *Literature, Media, Information Systems*. Amsterdã: OPA, 1997, p. 45.

Guerra Eletrônica: 'É um princípio militar universalmente aceito que a vitória em cada futura guerra esteja do lado que melhor consiga controlar o espectro eletromagnético'.[27]

Carisma estelar

A própria possibilidade de ensinar uma resistência crítica parece depender de uma noção de comunicação que Lacan procura minar. Lacan formulou de forma contundente as maneiras pelas quais a "comunicação desinteressada seria, no final, somente um testemunho malsucedido, ou seja, algo com que todos estão de acordo" (*SIII*, p. 38). A dificuldade das formulações lacanianas se presta a um certo tipo de explicação obsessiva, seja por meio de intermináveis "introduções", seja de demonstrações brilhantes que perscrutam as narrativas diversas e as imagens da cultura popular em busca do exemplo e da ilustração que desvendarão as formulações enigmáticas do mestre. Slavoj Žižek superou a dificuldade das lições de Lacan ao fazer do material do exemplo lacaniano a própria essência da cultura popular em si. Depois de ler bastante Žižek, pode parecer que o lacanianismo acadêmico seria o próprio destinatário da cultura popular em si. Se a pessoa não reconhece o aforismo lacaniano que Žižek está pondo à prova, ela reconhece mais facilmente os exemplos que ele opta por citar – e se identifica com a jubilação de seus poderes de interpretação. Indo do filme *noir* à ficção científica, de Hitchcock a Stephen King, passando pelo *jingle* publicitário, Žižek fez da cultura popular o material da lição lacaniana e ofereceu um certo tipo de iniciação ao ensino do mestre. Ele não só está envolvido com o contrabando dos objetos degradados da cultura popular para dentro dos corredores da academia, como sua abordagem aspira a nos libertar de um certo modo de crítica de esquerda ou materialista que se provou radicalmente incapaz de justificar os prazeres e as complexidades das construções do olhar da mídia em massa e da contingência da formação do sujeito.

A explicação de Žižek para a transferência e a intersubjetividade se deriva dos filmes de Hitchcock e da lógica de como "nós efetivamente nos tornamos

---

27 KITTLER, Friedrich. "Media wars." *In*: JOHNSTON, John (Ed.). *Literature, Media, Information Systems*. Amsterdã: OPA, 1997, p. 128-9.

algo ao fingirmos que já somos aquilo. Para entender a dialética desse movimento, temos de levar em conta o fato crucial de que esse 'fora' nunca é simplesmente uma 'máscara' que usamos em público, mas sim a ordem simbólica em si".[28] A afirmação das máscaras e da superficialidade em todas suas formas é um ataque direto a noções de sublimidade estética do alto modernismo, tanto em gesto quanto em representação. Em uma entrevista para Gretchen Berg, Warhol disse: "Se você quer saber tudo a respeito de Andy Warhol, é só olhar para a superfície de minhas pinturas, dos meus filmes e de mim, e lá estou eu. Não há nada por trás disso".[29] Lacan realizou um ataque à noção de autenticidade na intersubjetividade: os inícios do trabalho sobre o olhar o levariam a teorizar a superficialidade do sujeito em termos de topografia. A superfície, a pele ou o suporte de inscrição ao significante se tornaram um espaço liminar da diferença e da diferenciação, sobre o qual o significante se faria legível. A topografia e o matema se tornaram fórmulas enigmáticas de um tipo de subjetividade sem profundidade. Ele, assim como Warhol, atraía à sua pessoa, em razão de seu carisma pessoal, um grupo de seguidores fervorosos que representariam o movimento lacaniano, uma forma dissidente de psicanálise que seria chamada de École Freudienne de Paris. Em termos zizekianos, o subproduto da trivialidade de Warhol seria o campo transferencial da atração mágica ou o *objeto a*.

Tanto Krauss quanto Žižek parecem entender Lacan, ainda que por razões muito diferentes. O ensaio de Krauss para a teoria do olhar de Lacan corre sem problemas. Uma vez que se releem os seminários efetivos sobre o olhar, as coisas se tornam muito mais ambíguas. O famoso movimento retórico de Žižek muitas vezes começa com um "não é óbvio que...?", seduzindo-nos com um exemplo tirado do cotidiano em justaposição com algum paradoxo lacaniano. Para o próprio Lacan, a ambiguidade é uma condição da linguagem: Jean-Michel Rabaté mostrou que essa é uma das razões pelas quais Lacan privilegiou a literatura como

---

28 ŽIŽEK, Slavoj. *Looking Awry: An Introduction to Jacques Lacan through Popular Culture*. Cambridge, Mass.: MIT Press, 1991, p. 73-4.
29 BERG, Gretchen. "Andy: My True Story". *Los Angeles Free Press*, 17 de março de 1967, p. 3. Citada em Buchloh, "Andy Warhol's one-dimensional art: 1956-1966", p. 39.

uma forma de pensar e resolver problemas difíceis.[30] Também podemos reconhecer que a transcrição captura a espontaneidade do improviso e do extemporâneo em uma performance pedagógica: muitas vezes, o processo da descontextualização em si fornece às afirmações de Lacan uma aura de complexidade enigmática. É claro, o processo de edição de uma transcrição acrescenta uma camada a mais de complexidade às tentativas de se reconstituir a imprevisibilidade do pronunciamento. Warhol estava certo ao tentar "escrever" por meio do gravador.

A confusão de palavras e a impossibilidade de explicar certas expressões idiomáticas tornam muito difícil a compreensão daquilo que Lacan diz. Lacan mostra, no *Seminário III: As psicoses*, que as *précieuses* do século XVII tentaram refinar uma linguagem dos *salons* que seria uma marca de seu *status* de elite, mas certas expressões que elas inovaram, como "*le mot me manque*",[31] entraram para o francês contemporâneo do dia a dia. Em seguida, ele fala sobre quanta confusão há a respeito das palavras e de seus significados. Isso ocorre no contexto de uma discussão das memórias de Schreber e da leitura que Freud faz delas. A escorregadia relação do psicótico com o significado e a complexidade é mostrada em um *continuum* com confusões do uso cotidiano:

> O estado de uma língua se caracteriza tanto por suas ausências quanto pelas suas presenças. No diálogo com os famosos pássaros miraculados, você encontra coisas engraçadas [...] – quem entre vocês nunca ouviu *anistia* e *armistício* sendo comumente confundidos em uma linguagem não especialmente popular? Se eu perguntasse a cada um de vocês o que entendem por *superstição*, por exemplo, tenho certeza de que teríamos uma boa ideia da confusão que pode surtir em suas mentes essa palavra de uso corrente – ao fim de um certo tempo, o termo *superestrutura* acabaria aparecendo. (*SIII*, p. 115)

---

30 RABATÉ, Jean-Michel. *Jacques Lacan*. Nova Iorque: St. Martin's Press, 2001, p. 12.
31 Uma tradução livre seria "a linguagem não consegue fazer jus a..." ou "não tenho as palavras para..." ou, mais literalmente, "I am missing the word for...".

Kristin Ross chamou atenção para a negação francesa da cumplicidade com o conflito colonial após a Guerra da Argélia, e acrescentou uma nova dimensão ao nosso entendimento da situação francesa do pós-guerra; no entanto, sua condenação de certas posições intelectuais não leva em conta o fato de que a resposta a uma situação histórica muitas vezes ocorre posteriormente.[32] Em 1957, ano do *Seminário* sobre *As psicoses* e da Batalha de Argel, Lacan trabalhava no relato de Schreber sobre seu surto psicótico com a realidade. Após semanas sem conseguir dormir, ele cedeu à fantasia de que estava sendo transformado em uma mulher para poder fazer sexo com Deus e, assim, impedir a destruição do mundo. Lacan podia estar falando sobre a guerra no *Seminário* sobre *As psicoses*, mas se tratava do conflito intra-subjetivo do psicótico e tinha tudo a ver com proteger os limites da identidade de uma pessoa. Lacan de fato estava falando sobre a guerra no *Seminário* sobre *As psicoses*; simplesmente não era o tipo de guerra que Ross teria reconhecido.

A dificuldade dos seminários lacanianos é lendária, mas a obscuridade de sua linguagem adquiriu uma espécie de brilho próprio. Claude Lévi-Strauss relembra sua participação no primeiro seminário de Lacan em 1964, na École Normale Supérieure:

> O que surpreendia era o tipo de influência radiante que emanava tanto da pessoa física de Lacan quanto de sua dicção, de seus gestos. Eu já vi vários xamãs atuando em sociedades exóticas, e redescobri ali uma espécie de equivalente do poder do xamã. Confesso que, até onde ouvi, não entendi. E eu me vi no meio de uma plateia que parecia entender.[33]

A mágica que Žižek atribui ao *objeto a* é obviamente o que é produzido pelo próprio Lacan. Entender a dificuldade do mestre é a mágica que o mestre cria para seus mais devotos interlocutores e seguidores.

---

32 ROSS, Kristin. *Fast Cars, Clean Bodies: Decolonization and the Reordering of French Culture*. Cambridge, Mass.: MIT Press, 1998.

33 LÉVI-STRAUSS, Claude. "Entretien avec J.-A. Miller and A. Grosrichard". *L'Ane*, 20, jan.--fev. 1985 apud ROUDINESCO, Elisabeth. *Jacques Lacan & Co.: A History of Psychoanalysis in France, 1925-1985*. Trad. Jeffrey Mehlman. Chicago: University of Chicago Press, 1990, p. 362.

De acordo com Žižek,

> O nome lacaniano para esse subproduto de nossa atividade é *objeto a*, o tesouro escondido, aquilo que está 'mais em nós do que nós mesmos', aquele X esquivo, inatingível, que confere a todos nossos feitos uma aura de magia, embora não possa ser determinado a qualquer uma de nossas qualidades positivas [...]. O sujeito nunca pode dominar totalmente e manipular a forma como ele provoca a transferência nos outros; sempre há algo 'mágico' a respeito disso.[34]

Essa mágica que está além de nosso entendimento é também uma das condições materiais da aura de Lacan. Pois se Lévi-Strauss jurava sua incompreensão, ele também via que seus colegas de plateia eram capturados pela incompreensibilidade, pareciam entender para permanecer no círculo aurático.

Lacan e Warhol também colocaram em prática, pelo menos por algum tempo, uma espécie de afirmação radical e uma permissividade em relação aos fãs que, devido à crescente notoriedade de ambos, eram atraídos por suas pessoas. Existem muitos relatos sobre o início da Factory, mas talvez o de McShine seja o mais sucinto:

> Além de servir como um estúdio, a Factory se tornou o cenário hollywoodiano pessoal de Warhol, e o maestro se viu cercado por uma panelinha de conhecidos e amigos: uma juventude dourada (ou apagada), travestis glamorosos, *marchands* e colecionadores ávidos, damas vanguardistas da sociedade de Nova Iorque, jovens curadores visionários, protegidos precoces e os curiosos astutos. Esse elenco se tornou tema de seus filmes [...]. Cercado por 'gente bonita' e intrigado com seu próprio poder de atração, Warhol se via como diretor e empresário tanto dentro quanto fora da Factory, com o poder de inventar 'superastros'.[35]

---

34 Žižek, *Looking Awry*, p. 77.
35 MCSHINE, Kynaston. "Introduction". *Andy Warhol: A Retrospective*. Nova Iorque: Museum of Modern Art, 1989, p. 18.

Na descrição que Roudinesco faz do gabinete de Lacan após a fundação de sua escola, a EFP, é possível ver uma similaridade peculiar entre as duas cenas:

> [...] [A] porta na rue de Lille permanecia aberta a qualquer um, e sem horário marcado: para membros e não membros, para analisandos e 'enfermos', para ladrões, gatunos, psicóticos e problemáticos [...]. Em suma, qualquer um poderia aparecer em sua casa para discutir absolutamente qualquer coisa [...]. Desde o início, Lacan adotou o hábito de não atender mais com horário marcado. Ele não conseguia recusar ninguém e qualquer um podia aparecer em suas sessões de acordo com sua vontade e necessidade. A casa do Doutor era um imenso asilo no qual as pessoas podiam se movimentar livremente, suas portas ficavam abertas dia e noite, entre edições raras, obras de arte e pilhas de manuscritos.[36]

O caos de seus espaços de trabalho e especulação semipúblicos e semiprivados é baseado na questão do experimento: tanto para Lacan quanto para Warhol, a questão do imprevisível se tornou um fator da vida e do trabalho cotidianos. A idade e uma confrontação com a mortalidade viriam a diminuir sua abertura, mas no início dos anos 1960, a anti-institucionalidade de seus locais de trabalho apresentava uma ideia utópica de trabalho que era mais especulativa do que prática.

Friedrich Kittler ressalta a relação de Lacan com os dispositivos de gravação como uma condição da dificuldade do mestre; o que a anedota de Lévi-Strauss revela é a qualidade da escuta: os interlocutores extasiados de Lacan também tinham um efeito sobre os pronunciamentos do mestre. A escuta era inata à mágica do carisma lacaniano. Ou seja, Lacan não estava falando somente para os gravadores: sua performance era uma performance para aqueles que se deleitavam em entender o incompreensível.

Tanto Warhol quanto Lacan vinham trabalhando ideias a respeito do princípio da repetição, ainda que em espaços extremamente diferentes: para Lacan, as teorias da repetição de Freud tinham de ser amplificadas por uma

---

36 Roudinesco, *Jacques Lacan & Co.*, p. 418-19.

insistência no significante. Para reinvestir a linguagem com a contingência radical do significante, Lacan desfaz a noção cotidiana da comunicação, mostrando que a clínica é um espaço de interações que são irredutíveis à interpretação somente no nível do significado. Essa lição ostensivamente modesta, inassimilável pelos psicanalistas tradicionais, remoldou certas áreas dos estudos literários e culturais.

Para Warhol, a pintura se tornou um espaço em que estratégias *low-tech* de repetição, tais como a serigrafia, substituiriam o gesto autenticador da mão do artista. Pouco depois do sucesso de sua primeira exposição individual em Nova Iorque, Warhol "se aposentou" da pintura.[37] Tanto Lacan quanto Warhol representam diferentes faces de uma opacidade magistral em sua relação com os dispositivos de gravação: um fica perplexo com a complexidade de sua fala gravada, o outro com a simplicidade de suas falas (muitas vezes pontuadas meramente pela palavra "uau"). Contudo, ambos entendem que um certo desapego em relação à repetição é necessário na era da reprodução mecânica, em que os efeitos do que é político só podem ser registrados de uma forma negativa.

O sujeito da cultura popular e da mídia de massa é o sujeito barrado da política: a condição de sua impotência é transformada por sua consagração momentânea como um objeto de conhecimento. Ao apontar para a crescente sofisticação do consumo da cultura popular no discurso acadêmico, Krauss isola um problema com os Estudos Culturais e Visuais, mas o que ela ignora é a estrutura institucional de seus próprios argumentos. Uma leitura mais "correta" de Lacan não faz diferença na aplicação de suas teorias, se a historiografia da recepção lacaniana for negligenciada. De qualquer modo, o legado de Lacan continua a provocar reflexões e debates, e suas lições e sua carreira podem ser analisadas em relação ao alegórico encontro perdido com seu contemporâneo, Andy Warhol. A Escola de Frankfurt levou a crítica do prazer ao seu limite, ao demonstrar que a cultura de massa oferecia um veículo miniaturizado para o escape libidinal. "Diversão" se torna o nome dos prazeres diminuídos que são oferecidos a nós. Juntamente com a "diversão", vem uma esfera política enfraquecida.

---

37 McShine, "Introduction", p. 18.

Crítica é uma palavra relacionada à crise: a saturação do campo visual com imagens produzidas em massa e a tecnologização dos arquivos levaram a uma crise na universidade em si. Os Estudos Culturais tentam tornar o estudo mais "divertido", oferecendo transgressões fáceis dos limites disciplinares e institucionais. Talvez seja esse seu erro fatal? Se for, o corretivo de Krauss não parece mais eficaz em abordar a situação crítica na qual nos encontramos. Ela quer ser mais correta do que seus colegas, os quais ela acusa de terem oferecido uma falsa promessa de revolução: ao fazê-lo, ela exerce seu papel superegoico com entusiasmo e age como a ferrenha guardiã de uma ortodoxia política cuja territorialidade somente pode subsistir e persistir dentro dos limites da universidade. Como podemos renunciar a vitórias de Pirro como essa para promover um tipo mais experimental e generoso de pensamento e envolvimento com a história, a teoria e a produção estética? Lacan ensinou que o discurso da universidade está, de fato, fadado à escravidão, que, como sabemos, tem seus próprios prazeres.

LEITURA COMPLEMENTAR

Obras de Lacan

Há uma lista cronológica detalhada das publicações de Lacan e seus Seminários (com suas transcrições) disponível na obra de Elisabeth Roudinesco, *Lacan*, p. 511-34. Como o foco deste *companion* é nas traduções para o inglês, os textos aqui citados estão disponíveis em inglês. Cito todos os títulos dos Seminários (é possível encontrar um resumo dos trabalhos de Lacan em MARINI, Marcelle. *Jacques Lacan: The French Contexts*. Trad. Anne Tomiche. Novo Brunswick: Rutgers University Press, 1992, p. 139-249). Existe uma tradução para o inglês não publicada e não autorizada de todos os Seminários por Cormac Gallagher. As datas entre parênteses na primeira parte são as das publicações originais ou, no caso dos Seminários, da data nas quais eles foram realizados. Não listo os textos que estão disponíveis em *Ecrits: A Selection*.

(1932) *De la psychose paranoïaque dans ses rapports avec la personnalité, suivi de Premiers écrits sur la paranoïa*. Paris: Seuil, 1975.

(1946) "Logical time and the assertion of anticipated certainty" ("Le temps logique et l'assertion de certitude anticipée"), também em *Ecrits*, p. 197-213. Trad. Bruce Fink e Marc Silver. *Newsletter of the Freudian Field*, 2: 4-22, 1988.

(1952) "Intervention on transference" ("Intervention sur le transfert"), também em *Ecrits*, p. 215-226. Traduzido por Jacqueline Rose em *Feminine Sexuality, Jacques Lacan and the école freudienne*, editado por Jacqueline Rose e Juliet Mitchell (Nova Iorque: Norton, 1985, p. 61-73).

(1953) "Some reflections on the Ego". *International Journal of Psychoanalysis*, 34: 11-17.

(1953) "The individual myth of the neurotic, or poetry and truth in neurosis" ("Le Mythe individuel du névrose"), repr. em *Ornicar?*, 17-18, 1978, traduzido por Martha Evans em *Psychoanalytic Quarterly*, 48, 1979.

(1953-54) *Seminar I: Freud's Papers on Technique* (publicado em francês pela Seuil, *Les Ecrits techniques de Freud*, 1975), editado por Jacques-Alain Miller, traduzido e comentado por John Forrester (Nova Iorque: Norton, 1998).

(1954-5) *Seminar II: The Ego in Freud's Theory and in the Technique of Psychoanalysis* (publicado em francês pela Seuil, *Le Moi dans la théorie de Freud et dans la technique de la psychanalyse*, 1977), traduzido e comentado por Sylvana Tomaselli e comentado por John Forrester (Nova Iorque: Norton, 1998).

(1955) *Seminar on "The Purloined Letter"* (*Séminaire sur "La Lettre volée"*), também em *Ecrits*, p. 9-61, traduzido por Jeffrey Mehlman em *The Purloined Poe*, editado por John Muller e William Richardson (Baltimore: Johns Hopkins University Press, 1988, p. 28-54).

(1955-56) *Seminar III: The Psychoses* (publicado em francês pela Seuil, *Les Psychoses*, 1981); *Seminar III: Psychoses*. Editado por Jacques-Alain Miller, traduzido e comentado por Russell Grigg. Nova Iorque: Norton, 1993.

(1956) com Wladimir Granoff. "Fetishism: The Symbolic, the Imaginary and the Real". *In*: LORAND, S.; BALINT, M. (Eds.). *Perversions: Psychodynamics and Therapy*. Nova Iorque: Random House, 1956, p. 265-76.

(1956-57) *Seminar IV: Object Relations and Freudian Structures* (publicado em francês pela Seuil, *La Relation d'objet et les structures freudiennes*, 1984). Edição prevista em inglês pela Norton.

(1957-58) *Seminar V: The Formations of the Unconscious* (publicado em francês pela Seuil, *Les Formations de l'inconscient*, 1998).

(1958-59) *Seminar VI: Desire and its Interpretation* (*Le Désir et son interprétation*), parcialmente traduzido como "Desire and the interpretation of desire in Hamlet". *In*: FELMAN, Shoshana. *Literature and Psychoanalysis*. Baltimore: Johns Hopkins University Press, 1982,

p. 11-52. Os trechos *Hamlet sections* foram publicados na *Ornicar?*, 24-25, 1981-82.

(1959-60) *Seminar VII: The Ethics of Psychoanalysis* (publicado em francês pela Seuil, *L'Ethique de la psychanalyse*, 1986). *The Ethics of Psychoanalysis*. Editado por Jacques-Alain Miller, traduzido e comentado por Dennis Porter. Nova Iorque: Norton, 1992.

(1960) "Position of the unconscious" ("La Position de l'inconscient"), também em *Ecrits*, p. 829-50. Traduzido por Bruce Fink em *Reading Seminar XI: Lacan's Four Fundamental Concepts of Psychoanalysis*. Organizado por Bruce Fink, Richard Feldstein e Maire Jaanus. Albany: State University of New York Press, 1995, p. 259-82.

(1960-61) *Seminar VIII: Transference* (publicado em francês pela Seuil, *Le Transfert*, 1991).

(1961-62) *Seminar IX: Identification (L'Identification)*.

(1962-63) *Seminar X: Anxiety (L'Angoisse)*.

(1963) "Kant with Sade" ("Kant avec Sade"), também em *Ecrits*, p. 765-90. Traduzido e comentado por James Swenson em *October*, 51: 55-75, 1989.

(1964) *Seminar XI: The Four Fundamental Concepts of Psychoanalysis* (publicado em francês pela Seuil, *Les quatre concepts fondamentaux de la psychanalyse*, 1973). Editado por Jacques-Alain Miller, traduzido por Alan Sheridan. Londres: The Hogarth Press and the Institute of Psycho-Analysis, 1977.

(1964) "On Freud's Trieb and the psychoanalyst's desire" ("Du Trieb de Freud et du désir du psychanalyste"), também em *Ecrits*, p. 851--4. Traduzido por Bruce Fink em *Reading Seminars I and II: Lacan's Return to Freud*. Editado por Bruce Fink, Richard Feldstein e Maire Jaanus. Albany: State University of New York Press, 1996, p. 417-21.

(1964-65) *Seminar XII: Crucial Problems of Psychoanalysis (Les Problèmes cruciaux de la psychanalyse)*.

(1965) "Homage to Marguerite Duras". *Duras by Duras*. San Francisco: City Lights Books, 1987, p. 122-9.

(1965-66) *Seminar XIII: The Object of Psychoanalysis* (*L'Objet de la psychanalyse*).

(1965) "Science and Truth" ("La Science et la vérité"), sessão de abertura de *Seminar XIII*, também em *Ecrits*, p. 855-77. Traduzido por Bruce Fink. *Newsletter of the Freudian Field*, 3 (1-2): 4-29, 1989.

(1966) *Ecrits* (Paris: Seuil). Parcialmente traduzido como *Ecrits: A Selection*, por Alan Sheridan (Londres: Tavistock Publications, 1977). Uma tradução revisada e confiável de *Ecrits: A Selection* foi realizada recentemente por Bruce Fink (Nova Iorque: Norton, 2002). As notas de Fink são extremamente úteis (p. 313-55).

(1966) "Of structure as an inmixing of an otherness prerequisite to any subject whatever". *The Languages of Criticism and the Sciences of Man: The Structuralist Controversy*. Editado por Richard Macksey e Eugenio Donato. Baltimore: Johns Hopkins University Press, 1970, p. 186-201.

(1966-67) *Seminar XIV: The Logic of Fantasy (La Logique du fantasme)*.

(1967-68) *Seminar XV: The Psychoanalytic Act (L'Acte psychanalytique)*.

(1968-69) *Seminar XVI: From one other to the Other (D'un Autre à l'autre)*.

(1969-70) *Seminar XVII: The Reverse of Psychoanalysis* (publicado em francês pela Seuil, *L'Envers de la psychanalyse*, 1991).

(1970-71) *Seminar XVIII: Of a Discourse That Would Not Be Pure Semblance (D'un discours qui ne serait pas du semblant)*.

(1971-72) *SeminarXIX: ...or worse (...ou pire)*.

(1972-73) *Seminar XX: Encore* (publicado em francês pela Seuil, *Encore*, 1975). *On Feminine Sexuality: The Limits of Love and Knowledge 1972--1973. Encore, The Seminar of Jacques Lacan, Book XX*. Editado por Jacques-Alain Miller, traduzido e comentado por Bruce Fink. Nova Iorque: Norton, 1998.

(1973-74) *Seminar XXI: The Non-Duped Err* (*Les Non-dupes errent*, trocadilho com "*les noms du père*").

(1974) *Television* (publicado em francês pela Seuil, *Télévision*, 1974). Editado por Joan Copjec, traduzido por Denis Hollier, Rosalind Krauss e Annette Michelson; *A Challenge to the Psychoanalytic Establishment*. Traduzido por Jeffrey Mehlman. Nova Iorque: Norton, 1990.

(1974-75) *Seminar XXII: RSI. Ornicar?*, 2-5, 1975.

(1975-76) *Seminar XXIII: The Sinthome (Le Sinthome)*. *Ornicar?*, 6-11, 1976-77.

(1976) "Prefácio" da edição em inglês de *The Four Fundamental Concepts of Psychoanalysis*, p. vii-ix.

(1976-77) *Seminar XXIV: L'Insu que sait de l'une bévue s'aile à mourre* (trocadilho com "O insucesso [ou o não sabido que sabe] do *das Unbewusste* [o inconsciente como equívoco] é o amor"). *Ornicar?*, 12-18, 1977-9.

(1977-78) *Seminar XXV: The Time to Conclude* (*Le Moment de conclure*).

(1978-79) *Seminar XXVI: Topology and Time* (*La Topologie et le temps*).

(2001) *Autres écrits*. Editado por Jacques-Alain Miller. Paris: Seuil, 2001.

Sobre Lacan – obras históricas, bibliográficas e biográficas

CLARK, Michael. *Jacques Lacan: An Annotated Bibliography*. Nova Iorque: Garland, 1998.

CLÉMENT, Catherine. *The Lives and Legends of Jacques Lacan*. Trad. A. Goldhammer. Nova Iorque: Columbia University Press, 1983.

DOR, Joël. *Bibliographie des travaux de Jacques Lacan*. Paris: InterEditions, 1983.

_____. *Thésaurus Lacan: Nouvelle bibliographie des travaux de Jacques Lacan*. Paris: EPEL, 1994.

MACEY, David. *Lacan in Contexts*. Londres: Verso, 1988.

MARINI, Marcelle. *Jacques Lacan, The French Context*. Trad. A. Tomiche. Novo Brunswick: Rutgers University Press, 1992.

NORDQUIST, Joan. *Jacques Lacan: A Bibliography*. Santa Cruz: Reference and Research Services, 1987.

ROUDINESCO, Elisabeth. *Lacan & Co.: A History of Psychoanalysis in France 1925-1985*. Trad. Jeffrey Mehlman. Chicago: University of Chicago Press, 1990.

ROUDINESCO, Elisabeth. *Jacques Lacan.* Trad. Barbara Bray. Nova Iorque: Columbia University Press, 1997.

SCHNEIDERMAN, Stuart. *Jacques Lacan: The Death of an Intellectual Hero.* Cambridge, Massachusetts: Harvard University Press, 1983.

TURKLE, Sherry. *Psychoanalytic Politics: Freud's French Revolution.* Nova Iorque: Basic Books, 1978.

Publicações lacanianas em inglês

(a): The journal of culture and the unconscious (São Francisco)
Anamorphosis (São Francisco)
Bien Dire (Norfolk, Virgínia)
Clinical Studies: International Journal of Psychoanalysis (Nova Iorque)
Journal for the Psychoanalysis of Culture and Society (JPCS) (Columbus, Ohio)
Journal of European Psychoanalysis (Roma)
Lacanian Ink (Nova Iorque)
Newletters of the Freudian Field (Columbia, Michigan)
Other Voices (Filadélfia, Pensilvânia)
Papers of the Freudian School of Melbourne (Melbourne)
Umbr(a): A Journal of the unconscious (Buffalo, Nova Iorque)

Abordagens críticas

ADAMS, Parveen (Ed.). *Art: Sublimation or Symptom, a Lacanian Perspective.* Nova Iorque: The Other Press, 2002.

ADAMS, Parveen; COWIE, Elizabeth. *The Woman in Question.* Cambridge: MIT Press, 1990.

ALTHUSSER, Louis. *Writings of Psychoanalysis: Freud and Lacan.* Trad. Jeffrey Mehlman. Nova Iorque: Columbia University Press, 1996.

ANDRÉ, Serge. *What Does a Woman Want?.* Prefácio de Frances Restuccia. Trad. Susan Fairfeld. Nova Iorque: The Other Press, 1999.

APOLLON, Willy; FELDSTEIN, Richard (Eds.). *Lacan, Politics, Aesthetics.* Albany: State University of New York Press, 1996.

APOLLON, Willy; BERGERON, Danielle; CANTIN, Lucie; HUGHES, Robert. *After Lacan: Clinical Practice and the Subject of the Unconscious.* Ed. Kareen Malone. Albany: State University of New York Press, 2002.

BARNARD, Suzanne; FINK, Bruce (Eds.). *Reading Seminar XX, Lacan's Major Work on Love, Knowledge, Femininity, and Sexuality.* Albany: State University of New York Press, 2002.

BARZILAI, Shuli. *Lacan and the Matter of Origins.* Stanford: Stanford University Press, 1999.

BENVENUTO, Bice. *Concerning the Rites of Psychoanalysis, or The Villa of the Mysteries.* Cambridge: Polity Press, 1994.

BENVENUTO, Bice; KENNEDY, Roger. *The Works of Jacques Lacan: An Introduction.* Londres: Free Association Books, 1986.

BERRESSEM, Hanjo. *Lines of Desire: Reading Gombrowicz's Fiction with Lacan.* Evanston: Northwestern University Press, 1998.

BOOTHBY, Richard. *Freud as Philosophy: Metapsychoanalysis after Lacan.* Londres/Nova Iorque: Routledge, 2001.

BORCH-JACOBSEN, Mikkel. *The Freudian Subject.* Trad. Catherine Porter. Stanford: Stanford University Press, 1988.

_____. *Lacan: The Absolute Master.* Stanford: Stanford University Press, 1991.

BOUVERESSE, Jacques. *Wittgenstein Reads Freud: The Myth of the Unconscious.* Trad. Carol Cosman. Princeton: Princeton University Press, 1995.

BOWIE, Malcolm. *Freud, Proust and Lacan: Theory as Fiction.* Cambridge: Cambridge University Press, 1987.

_____. *Lacan.* Londres: Fontana, 1991.

_____. *Psychoanalysis and the Future of Theory.* Oxford: Blackwell, 1994.

BRACHER, Mark. *Lacan, Discourse, and Social Change: A Psychoanalytical Cultural Criticism.* Ithaca: Cornell University Press, 1993.

BRACHER, Mark; ALCORN, Marshall; CORTHELL, Ronald; MASSARDIER--KENNEY, Françoise (Eds.). *Lacanian Theory of Discourse: Subject, Structure, and Society.* Nova Iorque: New York University Press, 1994.

BRAUNSTEIN, Néstor. *La Jouissance: Un concept lacanien.* Paris: Point Hors Ligne, 1992. Lançamento previsto em inglês pela Verso.

BRENKMAN, John. *Straight Male, Modern: A Cultural Critique of Psychoanalysis*. Nova Iorque/Londres: Routledge, 1993.

BRENNAN, Teresa. *The Interpretation of the Flesh: Freud and Femininity*. Londres/Nova Iorque: Routledge, 1992.

_____. *History after Lacan*. Londres/Nova Iorque: Routledge, 1993.

BRIVIC, Sheldon. *The Veil of Signs: Joyce, Lacan and Perception*. Urbana: University of Illinois Press, 1991.

BUGLIANI, Ann. *The Instruction of Philosophy and Psychoanalysis by Tragedy: Jacques Lacan and Gabriel Marcel read Paul Claudel*. São Francisco: International Scholars Publications, 1998.

BURGOYNE, Bernard; SULLIVAN, Mary (Eds.). *The Klein-Lacan Dialogues*. Nova Iorque: The Other Press, 1997.

BUTLER, Judith. *The Psychic Life of Power: Theories in Subjection*. Stanford: Stanford University Press, 1997.

_____. *Subjects of Desire: Hegelian Reflections in Twentieth Century France*. 2. ed. rev. Nova Iorque: Columbia University Press, 1999.

_____. *Antigone's Claim: Kinship between Life and Death*. Nova Iorque: Columbia University Press, 2000.

CAUDILL, David S. *Lacan and the Subject of the Law: Toward a Psychoanalytic Critical Legal Theory*. Atlantic Highlands: Humanities Press, 1997.

CHAITIN, Gilbert D. *Rhetoric and Culture in Lacan*. Cambridge: Cambridge University Press, 1996.

COPJEC, Joan. *Read My Desire: Jacques Lacan against the Historicists*. Cambridge: MIT Press, 1994.

COPJEC, Joan (Ed.). *Supposing the Subject*. Londres: Verso, 1994.

DAVID-MÉNARD, Monique. *Hysteria from Freud to Lacan: Body and Language in Psychoanalysis*. Trad. Catherine Porter. Ithaca: Cornell University Press, 1989.

DAVIS, Robert Con. *The Fictional Father: Lacanian Readings of the Text*. Amherst: University of Massachusetts Press, 1981.

DAVIS, Robert Con. *Lacan and Narration: The Psychoanalytic Difference in Narrative Theory.* Baltimore: John Hopkins University Press, 1983.

DEAN, Tim. *Beyond Sexuality.* Chicago: Chicago University Press, 2000.

DEAN, Tim; LANE, Chris (Eds.). *Homosexuality and Psychoanalysis.* Chicago: Chicago University Press, 2001.

DERRIDA, Jacques. *The Postcard.* Trad. Alan Bass. Chicago: University of Chicago Press, 1987.

_____. *Resistances of Psychoanalysis.* Trad. Peggy Kamuf e Pascale Anne Brault. Stanford: Stanford University Press, 1998.

DOR, Joël. *Introduction to the Reading of Lacan: The Unconscious Structured like a Language.* Ed. Judith Feher-Gurewich e Susan Fairfield. Nova Iorque: The Other Press, 1999.

_____. *The Clinical Lacan.* Trad. Susan Fairfield. Nova Iorque: The Other Press, 1999.

_____. *Structure and Perversions.* Trad. Susan Fairfield. Nova Iorque: The Other Press, 2001.

DOSSE, François. *History of Structuralism.* Trad. Deborah Glassman. Mineápolis: University of Minnesota Press, 1997.

DUFRESNE, Todd (Ed.). *Returns of the French Freud.* Londres/Nova Iorque: Routledge, 1997.

EVANS, Dylan. *An Introductory Dictionary of Lacanian Psychoanalysis.* Londres/Nova Iorque: Routledge, 1996.

FEHER-GUREWICH, Judith; TORT, Michel (Eds.). *The Subject and the Self: Lacan and American Psychoanalysis.* Northvale: Jason Aronson, 1996.

FELDSTEIN, Richard; FINK, Bruce; JAANUS, Maire (Eds.). *Reading Seminar XI: Lacan's Four Fundamental Concepts of Psychoanalysis.* Albany: State University of New York Press, 1995.

_____. *Reading Seminars I and II: Lacan's Return to Freud.* Albany: State University of New York Press, 1996.

FELDSTEIN, Richard; SUSSMAN, Henry (Eds.). *Psychoanalysis and....* Londres/Nova Iorque: Routledge, 1990.

FELMAN, Shoshana. *Jacques Lacan and the Adventure of Insight.* Cambridge: Harvard University Press, 1987.

FELMAN, Shoshana (Ed.). *Literature and Psychoanalysis. The Question of Reading: Otherwise.* Baltimore: Johns Hopkins University Press, 1977.

FERRELL, Robyn. *Passion in Theory: Concepts of Freud and Lacan.* Londres/Nova Iorque: Routledge, 1997.

FINK, Bruce. *The Lacanian Subject: Between Language and Jouissance.* Princeton: Princeton University Press, 1995.

_____. *A Clinical Introduction to a Lacanian Psychoanalysis: Theory and Technique.* Cambridge: Harvard University Press, 1997.

FORRESTER, John. *The Seductions of Psychoanalysis.* Cambridge: Cambridge University Press, 1990.

_____. *Truth Games: Lies, Money and Psychoanalysis.* Cambridge: Harvard University Press, 1997.

GALLOP, Jane. *Reading Lacan.* Ithaca: Cornell University Press, 1985.

GHEROVICI, Patricia. *The Puerto-Rican Syndrome: Hysteria in the Barrio.* Nova Iorque: The Other Press, 2003.

GLOWINSKI, Huguette; MARKS, Zita M.; MURPHY, Sara; NOBUS, Dany (Eds.). *A Compendium of Lacanian Terms.* Londres: Free Association Books, 2001.

GROSZ, Elizabeth. *Jacques Lacan: A Feminist Introduction.* Londres/Nova Iorque: Routledge, 1990.

HALPERN, Richard. *Shakespeare's Perfume: Sodomy and Sublimity in the Sonnets, Wilde, Freud and Lacan.* Filadélfia: University of Pennsylvania Press, 2002.

HARARI, Roberto. *Lacan's Seminar on Anxiety: An Introduction.* Trad. Jane C. Lamb Ruiz. Nova Iorque: The Other Press, 2001.

_____. *How James Joyce Made His Name: A Reading of the Final Lacan.* Trad. Luke Thurston. Nova Iorque: The Other Press, 2002.

HARASYM, Sarah (Ed.). *Levinas and Lacan: The Missed Encounter.* Albany: State University of New York Press, 1998.

HARTMAN, Geoffrey (Ed.). *Psychoanalysis and the Question of the Text.* Baltimore: Johns Hopkins University Press, 1978.

HILL, Philip H. F. *Using Lacanian Clinical Technique: An Introduction.* Londres: Press for the Habilitation of Psychoanalysis, 2002.

HOGAN, Patrick; PANDIT, Lalita (Eds.). *Criticism and Lacan: Essays and Dialogue on Language, Structure, and the Unconscious.* Atenas: University of Georgia Press, 1990.

JULIEN, Philippe. *Jacques Lacan's Return to Freud: The Real, the Symbolic and the Imaginary.* Trad. D. Beck Simiu. Nova Iorque: New York University Press, 1994.

LACOUE-LABARTHE, Philippe; NANCY, Jean-Luc. *The Title of the Letter: A Reading of Lacan.* Trad. François Raffoul e David Pettigrew. Albany: State University of New York Press, 1992.

LANE, Christopher (Ed.). *The Psychoanalysis of Race.* Nova Iorque: Columbia University Press, 1998.

LAPLANCHE, Jean; PONTALIS, Jean-Baptiste. *The Language of Psycho-Analysis.* Trad. D. Nicholson Smith. Londres: Hogarth Press, 1973.

LEADER, Darian. *Why Do Women Write More Letters Than They Post?.* Londres: Faber & Faber, 1996. Publicado nos Estados Unidos como *Why do Women Write More Letters Than They Send? A Meditation on the Loneliness of the Sexes.* Nova Iorque: Basic Books, 1996.

LEADER, Darian; GROVES, Judith. *Lacan for Beginners.* Cambridge: Icon, 1995.

LECHTE, John (Ed.). *Writing and Psychoanalysis: A Reader.* Londres: Arnold, 1996.

LECLAIRE, Serge. *Psychoanalyzing: On the Order of the Unconscious and the Practice of the Letter.* Trad. Peggy Kamuf. Stanford: Stanford University Press, 1998.

LEE, Jonathan Scott. *Jacques Lacan.* Amherst: University of Massachusetts Press, 1990.

LEMAIRE, Anika. *Jacques Lacan*. Trad. D. Macey. Londres/Nova Iorque: Routledge, 1979.

LEUPIN, Alexandre. *Jacques Lacan and the Human Sciences*. Lincoln: University of Nebraska Press, 1991.

LUEPNITZ, Deborah. *Schopenhauer's Porcupines*. Nova Iorque: Basic Books, 2002.

LUPTON, Julia Reinhard; REINHARD, Kenneth. *After Oedipus: Shakespeare in Psychoanalysis*. Ithaca: Cornell University Press, 1993.

MACCANNELL, Juliet Flower. *Figuring Lacan: Criticism and the Cultural Unconscious*. Lincoln: University of Nebraska Press, 1986.

_____. *The Regime of the Brother: After the Patriarchy*. Londres/Nova Iorque: Routledge, 1991.

_____. *The Hysteric's Guide to the Future Female Subject*. Mineápolis: University of Minnesota Press, 2000.

MALONE, Kareen Ror; FRIEDLANDER, Stephen R. (Eds.). *The Subject of Lacan: A Lacanian Reader for Psychoanalysts*. Albany: State University of New York Press, 2000.

MATHELIN, Catherine. *Lacanian Psychotherapy with Children: The Broken Piano*. Trad. Susan Fairfield. Comentado por Judith Feher-Gurewich. Nova Iorque: The Other Press, 1999.

METZGER, David. *The Lost Cause of Rhetoric: The Relation of Rhetoric and Geometry in Aristotle and Lacan*. Carbondale: Southern Illinois University Press, 1994.

MILLER, Jacques-Alain. *Clear Like Day Letter for the twenty years since the death of Jacques Lacan*. Nova Iorque: Wooster Press, 2002.

MITCHELL, Juliet; ROSE, Jacqueline (Eds.). *Feminine Sexuality: Jacques Lacan and the Ecole Freudienne*. Londres: Macmillan, 1982.

MOLINO, Anthony; WARE, Christine (Eds.). *Where Id Was: Challenging Normalization in Psychoanalysis*. Londres/Nova Iorque: Continuum, 2001.

MULLER, John P.; RICHARDSON, William J. *Lacan and Language: A Reader's Guide to Ecrits*. Nova Iorque: International Universities Press, 1982.

MULLER, John P. *Beyond the Psychoanalytic Dyad: Developmental Semiotics in Freud, Peirce and Lacan*. Nova Iorque/Londres: Routledge, 1996.

MULLER, John P.; RICHARDSON, William J. (Eds.). *The Purloined Poe: Lacan, Derrida and Psychoanalytic Reading*. Baltimore: Johns Hopkins University Press, 1988.

NASIO, Juan-David. *Hysteria: The Splendid Child of Psychoanalysis*. Trad. Susan Fairfield. Northvale: Jason Aronson, 1997.

_____. *Hysteria from Freud to Lacan: The Splendid Child of Psychoanalysis*. Ed. Judith Feher-Gurewich e Susan Fairfield. Nova Iorque: The Other Press, 1998.

_____. *Five Lessons on the Psychoanalytic Theory of Jacques Lacan*. Trad. David Pettigrew e François Raffoul. Albany: State University of New York Press, 1998.

NEWMAN, Saul. *From Bakunin to Lacan*. Lexington: Lexington Books, 2001.

NOBUS, Dany (Ed.). *Key Concepts of Lacanian Psychoanalysis*. Nova Iorque: The Other Press, 1999.

_____. *Jacques Lacan and the Practice of Psychoanalysis*. Londres/Filadélfia: Routledge, 2000.

PETTIGREW, David; RAFFOUL, François (Eds.). *Disseminating Lacan*. Albany: State University of New York Press, 1996.

PLOTNISTKY, Arkady. *The Knowable and the Unknowable: Modern Science, Nonclassical Thought and the "Two Cultures"*. Ann Arbor: University of Michigan Press, 2002.

POMMIER, Gérard. *Erotic Anger: A User's Manual*. Prefácio de Patricia Gherovici. Trad. Catherine Liu. Mineápolis: University of Minnesota Press, 2001.

RABATÉ, Jean-Michel (Ed.). *Lacan in America*. Nova Iorque: The Other Press, 2000.

_____. *Lacan and the Subject of Literature*. Houndmills: Palgrave, 2001.

RAGLAND-SULLIVAN, Ellie. *Jacques Lacan and the Philosophy of Psychoanalysis*. Urbana: University of Illinois Press, 1986.

_____. *Essays on the Pleasure of Death: From Freud to Lacan*. Londres/Nova Iorque: Routledge, 1995.

RAGLAND-SULLIVAN, Ellie; BRACHER, Mark (Eds.). *Lacan and the Subject of Language*. Nova Iorque: Routledge, 1991.

RAJCHMAN, John. *Truth and Eros*. Nova Iorque/Londres: Routledge, 1991.

ROAZEN, Paul. *The Historiography of Psychoanalysis*. Novo Brunswick: Transaction Publishers, 2001.

ROSE, Jacqueline. *Sexuality in the Field of Vision*. Londres: Verso, 1996.

ROTH, Michael S. *Knowing and History: Appropriations of Hegel in Twentieth Century France*. Ithaca: Cornell University Press, 1988.

ROUDINESCO, Elisabeth. *Why Psychoanalysis?*. Trad. Rachel Bowlby. Nova Iorque: Columbia University Press, 2002.

ROUSTANG, François. *Dire mastery: Disciplineship from Freud to Lacan*. Baltimore: Johns Hopkins University Press, 1982.

_____. *The Lacanian Delusion*. Trad. Greg Sims. Oxford: Oxford University Press, 1990.

SAFOUAN, Moustafa. *The Seminar of Moustafa Safouan*. Ed. Anna Shane e Janet Mackintosh. Nova Iorque: The Other Press, 2002.

SAFOUAN, Moustafa; ROSE, Jacqueline. *Jacques Lacan and the Question of Psychoanalytical Training*. Houndmills: Palgrave, 2000.

SAMUELS, Robert. *Between Philosophy and Psychoanalysis: Lacan's Reconstruction of Freud*. Londres/Nova Iorque: Routledge, 1993.

SARUP, Madan. *Jacques Lacan*. Hemel Hempstead: Harvester, 1992.

SCHNEIDERMAN, Stuart (Ed.). *Returning to Freud: Clinical Psychoanalysis in the School of Lacan*. New Haven: Yale University Press, 1980.

SCHROEDER, Jeanne Lorraine. *The Vestal and the Fasces: Hegel, Lacan, Property and the Feminine.* Stanford: University of California Press, 1998.

SESHADRI-CROOKS, Kalpana. *Desiring Whiteness: A Lacanian Analysis of Race.* Londres/Nova Iorque: Routledge, 2000.

SMITH, Joseph H. *Arguing with Lacan: Ego Psychology and Language.* New Haven: Yale University Press, 1991.

SMITH, Joseph H.; KERRIGAN, William (Eds.). *Taking Chances: Derrida, Psychoanalysis and Literature.* Baltimore: Johns Hopkins University Press, 1987.

STATEN, Henry. *Eros in Mourning: Homer to Lacan.* Baltimore: Johns Hopkins University Press, 2002.

STAVRAKIS, Yannis. *Lacan and the Political.* Londres/Nova Iorque: Routledge, 1999.

STOLTZFUS, Ben. *Lacan and Literature: Purloined Pretexts.* Albany: State University of New York Press, 1996.

STURROCK, John (Ed.). *Structuralism and Since.* Oxford: Oxford University Press, 1979.

_____. *Structuralism.* Boulder: Paladin Press, 1986 (2. ed. Londres: Fontana, 1993; 3. ed. Oxford: Blackwell, 2002).

SULLIVAN, Henry W. *The Beatles with Lacan: Rock 'n' Roll as Requiem for the Modern Age.* Nova Iorque: Peter Lang, 1995.

TAYLOR, Gary. *Castration: An Abbreviated History of Western Manhood.* Nova Iorque/Londres: Routledge, 2000.

THURSTON, Luke (Ed.). *Re-inventing the Symptom: Essays on the Final Lacan.* Nova Iorque: The Other Press, 2002.

VAN BOHEEMEN-SAAF, Christine. *Joyce, Derrida, Lacan and the Trauma of History.* Cambridge: Cambridge University Press, 1999.

VAN HAUTE, Philippe. *Against Adaptation: Lacan's "Subversion of the Subject".* Trad. Paul Crowe e Miranda Vankerk. Nova Iorque: The Other Press, 2002.

VANIER, Alain. *Lacan*. Trad. Susan Fairfield. Nova Iorque: The Other Press, 2000.

VAN PELT, Tamise. *The Other Side of Desire: Lacan's Theory of the registers*. Albany: State University of New York Press, 2000.

VERHAEGHE, Paul. *Does the Woman Exist? From Freud's Hysteric to Lacan's Feminine*. Trad. Marc du Ry. Nova Iorque: The Other Press, 1999.

_____. *Beyond Gender: From Subject to Drive*. Nova Iorque: The Other Press, 2002.

WEBER, Samuel. *The Legend of Freud*. Mineápolis: University of Minnesota Press, 1982.

_____. *Return to Freud: Jacques Lacan's Dislocation of Psychoanalysis*. Trad. M. Levine. Cambridge: Cambridge University Press, 1991.

WILDEN, Anthony (Ed.). *The Language of the Self: The Function of Language in Psychoanalysis*. Baltimore: Johns Hopkins University Press, 1968.

WILLIAMS, Linda Ruth. *Critical Desire: Psychoanalysis and the Literary Subject*. Londres: Edward Arnold, 1995.

WRIGHT, Elizabeth. *Psychoanalytic Criticism: Theory to Practice*. Nova Iorque: Routledge, 1985.

_____. *Psychoanalytic Criticism: A Reappraisal*. Nova Iorque: Routledge, 1998.

_____. *Lacan and Postfeminism*. Cambridge: Icon, 2000.

WRIGHT, Elizabeth; WRIGHT, Edmond (Eds.). *The Žižek Reader*. Oxford: Blackwell, 1999.

WYSCHOGROD, Edith; CROWNFIELD, David; RASCHKE, Carl A. (Eds.). *Lacan and Theological Discourse*. Albany: State University of New York Press, 1989.

ŽIŽEK, Slavoj. *The Sublime Object of Ideology*. Londres: Verso, 1989.

_____. *Looking Awry: An Introduction to Jacques Lacan through Popular Culture*. Cambridge: MIT Press, 1991.

_____. *Enjoy Your Symptom! Jacques Lacan in Hollywood and Out*. Londres: Routledge, 1992.

ŽIŽEK, Slavoj. *Everything You Always Wanted to Know about Lacan (But Were Afraid to Ask Hitchcock)*. Londres: Verso, 1992.

_____. *The Plague of Fantasies*. Londres: Verso, 1997.

_____. *Cogito and the Unconscious*. Durham: Duke University Press, 1998.

_____. *On Belief*. Londres/Nova Iorque: Routledge, 2001.

ŽIŽEK, Slavoj; DOLAR, Mladen. *Opera's Second Death*. Nova Iorque/Londres: Routledge, 2002.

ZUPANČIČ, Alenka. *Ethics of the Real: Kant and Lacan*. Londres: Verso, 2000.

Índice remissivo

Abraão, 232
Abraham, K., 70, 79
Aquiles, 284-5, 300
Adorno, T. W., 102, 392, 398
agalma, 117, 330
Agrippa, 161-2
Aimée (Marguerite Pantaine-Anzieu), 17, 75-6, 79, 81, 85, 87-9, 96
Alexander, F., 117
Allaigre-Duny, A., 87
Allouch, J., 75
Althusser, L., 23, 59, 70, 74, 123, 207, 216, 253-4, 259-71, 273-78, 370, 394
Anna O. (paciente de Breuer), 133
Antígona, 208, 210, 280, 293, 295-98, 359
afânise, 216
Aristófanes, 279
Aristóteles, 55, 207-9, 211, 234, 248-50, 332, 350
Aubert, J., 26
Auffret, D., 92
Agostinho, St., 207
Aulagnier, P., 25
Babinski, J., 52, 75
Bacon, F., 162
Badiou, A., 207
Balibar, E., 207
Barthes, R., 68, 123
Baruzi, J., 15
Barzilai, S., 209, 345
Bataille, G., 18-9, 55, 82, 84, 86, 208-9
Baudelaire, C., 393

Baudrillard, J., 258
Beach, S., 16
Beaufret, J., 21, 22
Beauvoir, S. de, 45, 46, 343, 352
Benoit, P., 76
Bentham, J., 207, 208
Benveniste, E., 207
Berg, G., 401
Berkeley, G., 207
Berman, E. H., 391
Berressem, H., 85
Bersani, L., 377
Bétourné, F., 94
Bion, W. R., 19, 53
Bleuler, E., 179
Blondin, M. L., 17-9, 100
Boehme, J., 87, 157
Bolk, L., 97
Bonaparte, M., 20, 93
Boothby, R., 228
Borch-Jakobsen, M., 228
Borel, E., 160
nó borromeano, 25, 26, 56, 143, 145, 177-80
Bourbaki (grupo), 207-212
Boutonnier, J., 21
Bowie, M., 123
Breton, A., 16, 66, 81-7
Breuer, J., 133
Brick, D., 228
Brunschvicg, L., 160
Bryson, N., 394
Buchloh, B., 385-87
Burnyeat, M. F., 165-66
Butler, J., 213
Cage, J., 388

Caillois, R., 209
Canguilhem, G., 364
Cantor, G., 207
capitalismo, 48, 240, 255-7
Casey, E. S., 208
Castelli, L., 385
castração, 42, 45, 200, 204, 220-21, 237-40, 245, 286, 290, 307, 312, 314-15, 325, 330-31, 335-37, 348-50
Certeau, M. de, 384
Charcot, J. M., 52
Charraud, N., 143, 165
Chertok, L., 208
Chomsky, N., 26, 174
Church, A., 159
Cixous, H., 351
Claudel, P., 280, 293, 296, 359
Clavreul, J., 25
Clérambault, G. de, 17, 52
Coisa (ver também *Ding*), 196, 199, 201-2, 210, 280-5, 294-5
Colette, S. G., 351
Collin, F., 352
Copérnico, 157, 207-14
Copjec, J., 212-13, 367, 391, 394
Corbin, H., 209
contratransferência, 326
Crevel, R., 85, 86
Dalí, S., 17, 82-6
Davidson, A. I., 370, 378
Da Vinci, L., 86
Dean, T., 213, 228, 360
Derrida, J., 101, 128, 132, 207, 210-11, 241, 309-11
Descartes, R., 52, 92, 101, 153, 160-3, 166, 207, 213-14, 225
desejo, 55, 57, 71, 92, 115, 173, 189-99, 200-1, 204, 210, 223, 229-31, 240, 281-85, 301-12, 324-25, 329-30, 346-47, 368-70, 372-4, 376-8, 381
Dews, P., 228

Diatkine, R., 74
Ding (das)/Coisa, 175-6, 210, 280-85, 294-95, 346
Dolar, M., 214
Dolto, F., 20-21, 23, 55, 92
Dora (caso de Freud), 301, 357
Dosse, F., 123
Drieu La Rochelle, P., 17
Duchamp, M., 385, 388
Duflos, M., 17, 76
Dumézil, G., 209
Duras, M., 24, 352
ego, 20, 77-9, 93-7, 135, 215-16, 225, 231, 303-4, 307-9, 311-12, 327, 357, 370, 378-9, 386
Einstein, A., 273
Éluard, P., 81, 85-6
Engels, F., 261
Erasmo, 154
Eribon, D., 130
ética, 222, 234, 334, 354, 395-6
ética *da psicanálise*, 55, 91, 175, 192, 205, 208-18, 280, 371-3
Euclides, 207-14
Ey, H., 92, 101, 207-9
Pai (ver também *nome do Pai* e *assassinato (do pai)*), 312-13, 334-37
Febvre, L., 18
feminilidade (ver também *mulher*, *gênero* e *sexuação*), 237-51
feminismo, 234, 317, 341-61, 365
Fenichel, O., 79
Fink, B., 136, 142, 192, 214, 356
Flacelière, R., 65
Flaubert, G., 320
Fliess, W., 88, 132, 203
Forrester, J., 133
Foucault, M., 68-71, 101, 123, 213, 258-60, 363-82, 394
Frege, F. G., 24, 207-11
Freud, A., 20, 53, 376, 396

Freud, S., 17, 21-22, 51, 53, 56, 61, 64-71, 89, 93-6, 99-100, 103-6, 108-9-10-11-12-13, 115, 121, 123, 131-6, 147-9, 151-4, 157, 161, 163-4, 166, 170, 172-3, 177, 179, 183-4, 190, 192-5, 197, 202-3, 208, 214, 216-21, 225-28, 231, 234-40, 243, 245, 248, 257-60, 265, 267-9, 280-88, 301-8, 323-5, 341-2, 363, 368, 372-5, 383, 385-6
Galileu, G., 69
Gallop, J., 350, 360
Gaulle, C. de, 15, 62, 65
Gay, P., 88
estudos sobre diversidade sexual, 360, 364-82
gênero, 210, 236, 309-10, 316-17, 354, 374-75
Genet, J., 55
Gilligan, C., 359
Deus, 202, 242, 244, 326, 403
Gödel, K., 147
Goethe, J. W. von, 287
Granoff, W., 20
Green, A., 208, 217
Greenberg, V. D., 133
Greimas, J. A., 249
Grigg, R., 217-18
Grosz, E., 360
Guyon, Madame, 352
Haggard, R., 72
Hall, S., 392
Hamlet, 87, 115, 156, 156, 280, 287-92
Harari, R., 208
Harland, R., 123
Hartmann, H., 390, 396
H. D. (Hilda Doolittle), 351
Hegel, G. W. F., 18, 52, 65, 70, 93-5, 136, 196, 207-8, 211, 216, 219, 221, 225-28, 232, 262, 398-99
Heidegger, M., 21-2, 53, 55, 61, 64, 95, 102, 112, 209-10, 231-32, 241
Heráclito, 22
Hitchcock, A., 393, 400

Hitler, A., 85
Homem dos Lobos (caso de Freud), 113
homossexualidade, 354, 364
Horkheimer, M., 102, 392
Humbert, H., 317-19
Husserl, E., 53, 77, 95
Huygens, C., 207-14
Hyppolite, J., 207-8, 279-82, 295-96
identificação, 156, 172, 308, 347
identidade, 308, 347, 364, 372, 374, 377
ideologia, 261-78, 369, 397
imaginário, 56, 100, 155-6, 164, 170-80, 184, 203, 212-16, 221, 223, 232, 262-71, 324, 350-58, 370, 399
IPA (International Psychoanalytic Association), 18, 20, 22-3, 54, 91, 93, 95, 135-6, 179, 260, 383, 385, 395-6
Irigaray, L., 241-2, 351, 353-55, 359
Isaque, 232
Jacoby, R., 341
gozo (ver também *libido*), 55, 57, 61, 84, 87, 117, 120, 170-74, 183, 189-205, 216, 218, 231, 235, 240-43, 245-51, 257, 272, 280, 305-20, 324-38, 344, 351-52, 377-82
Jakobson, R., 55, 124-42, 161, 207
Jalley, E., 92, 94, 99
Jameson, F., 123, 259-60, 398
Janet, P., 52, 75
Jaspers, K., 77
Jocasta, 336
João da Cruz, São, 15, 352
Johns, J., 386
Jones, A. R., 355
Jones, E., 18, 91, 99, 216, 234
Joyce, J., 16, 26, 72, 179-86, 389
Julien, P., 228
Jung, C. G., 21, 183, 342
Kant, I., 55, 113, 201, 207, 209, 212, 222-23, 239, 293, 302

Kepler, J., 207-13
Kierkegaard, S., 207, 232
Kittler, F., 395-96, 398-99, 405
Klein, J., 166
Klein, M., 20, 53, 70, 93-4, 96-8, 100, 324, 342-43, 372
Klossowski, P., 209
Kohut, A., 96
Kojève, A., 18, 52, 92-6, 98-100, 157, 207, 209, 216, 228, 230-31, 233,
Kotz, L., 388
Koyré, A., 87, 157-63, 207, 209
Kraepelin, E., 179
Krafft-Ebing, R. von, 179
Krauss, R., 391-99, 401-7
Kreisel, G., 147
Kristeva, J., 55, 353-55
Kundera, M., 59
Laclau, E., 259
Lacoue-Labarthe, P., 128, 149-50, 152, 207
Laënnec, R. T. H., 402
Laforgue, R., 93, 221
Lagache, D., 20-1, 77, 93, 102
Laio, 336, 338
Lane, C., 69, 360
Laplanche, J., 69, 127, 373
Larbaud, V., 16
La Rochefoucauld, F. de, 78
Laurent, E., 217
lei, 198, 200-2, 204, 237-41, 245, 269-75, 284, 303, 307-8, 325, 334-35, 369
Leader, D., 356
Leclaire, S., 20, 25, 127
Lee, J. S., 207
Leibniz, G. W., 207
lesbianismo, 354, 360, 365
letra/carta, 57, 132, 150, 152, 176-78, 187-88, 276, 330-31, 334
Lévinas, E., 209

Lévi-Strauss, C., 19, 23, 55, 100, 106-21, 123, 126, 129-30, 161, 207, 216, 401, 405
Lévy-Valensi, J., 16, 85
libido, 99, 118-19, 172, 190, 231, 235-36, 242, 244-45, 248, 250, 350-52
Pequeno Hans (caso de Freud), 111-12, 154, 178, 301
Locke, J., 162
Loewenstein, R., 17-8, 93
Lolita, 317-18
amor, 187-88, 204-5, 229, 244, 250-51, 324, 329-37, 345, 353
Loyola, I. de, 326
Lugosi, B., 56
Llull, R., 117
Macey, D., 228
Malinowski, B., 112-13
Mallarmé, S., 64, 399
Mao, Presidente, 65
Marcuse, H., 51, 368
Marini, M., 207, 250
Marx (Irmãos), 300
Marx, K., 61, 65-6, 68-70, 207-13, 254-63, 370
Marxismo, 253-78, 389-92, 397-98
matemas, 57, 161, 164-65, 188, 190, 246, 401
Maupassant, G. de, 320
Mauss, M., 130-31
Maxwell, J. C., 71
McShine, K., 404
méconnaissance (desconhecimento) (ver *ideologia*), 264-68, 277
Merleau-Ponty, M., 19, 55, 67, 99, 207, 209-10, 231
Meyerson, E., 155-57, 160
Migault, P., 17, 85
Miller, J. A., 25-27, 55-56, 189, 193, 344
Millet, K., 341
Milner, J. C., 142
Minkowski, E., 207-9
estádio do espelho, 18, 20, 57, 70, 79, 91-102, 104, 198, 261-4, 275-78, 304-11, 343, 347-8

Mitchell, J., 234, 341-3
lógica modal (ver também *sexuação, fórmulas de*), 247-51, 270, 325, 329-39
Moebius, C., 207-14
Molière, 279
Monnier, A., 15
Montaigne, M. de, 161-2
mãe, 220, 288-9, 304-8, 310, 343-5, 353, 357-9
Mounin, G., 63-7, 80-1
assassinato (do pai), 240, 273, 281-4, 291-2, 301-11, 325, 329, 335, 346-7, 368-78, 381
discurso místico, 351-2
Nabokov, V., 317-20
Nacht, S., 20
Nadja, 81
Nome-do-Pai, 202, 308, 334, 344
Nancy, J. L., 128, 149-50, 152, 207
necessidade, 229-30, 346
negação, 208, 212, 219-22, 242-3, 38-9
Netz, R., 166
Newton, I., 209, 222
Nietzsche, F., 78, 207
Nobus, D., 208, 228
objeto a, 55, 118, 324, 329-30, 334-36, 372, 375, 381, 401, 403-4
Odier, C., 93
complexo de Édipo, 87, 103, 108-9, 112, 113-6, 120-1, 172, 179, 202, 272, 280-3, 286, 289, 303, 307-10, 335-6, 347-9, 353-9, 368
Olivier, L., 287
Ondine, 388-9
On Kawara, 388
Ofélia, 291
Outro (grande Outro), 55, 67, 71, 73-4, 89, 139, 187-8, 196-204, 215, 225, 231, 235-7, 242, 246, 273-4, 276-7, 289-92, 305-6, 310, 316, 326, 328-30, 357, 379-81
paranoia, 17, 75-6, 80, 82-9, 96, 98, 155, 201, 274
Parcheminey, G., 93

parlêtre (falasser), 57, 175, 202
Parmênides, 211
Pascal, B., 207
metáfora paterna, 319, 343-4
Peirce, C. S., 155
Perrier, F., 20, 25
perversão, 198, 202, 219, 301-21, 334, 363
Pessoa, F., 182, 185-7
Petocz, A., 133
Pfister, O., 86
falo, 55, 57, 200-3, 237-51, 272, 305-6, 313-4, 338, 342-52, 360
Phillips, J., 209
Piaget, J., 207
Picasso, P., 19
Pichon, E., 155
Pickmann, C. N., 360
Pinker, S., 235
Platão, 116, 158, 207, 329, 353
plus-de-jouir (ver também *mais-de-gozar*), 61, 255-6, 328, 338
Poe, E. A., 119, 177
Poincaré, J. H., 207-11
Pommier, G., 395-6
pulsão, 57, 118, 163, 171-2, 174-5, 192-5, 218-9, 230, 235, 373, 375-7
pulsão de morte (ver também *pulsão*), 195, 376-79, 381-82
Putnam, J., 35, 151
teoria queer, 316-7, 363-82
Queneau, R., 18
Quine, W. V. O., 26
Rabaté, J. M., 401
Rajchman, J., 213
Homem dos ratos (caso de Freud), 110-1, 301
Rauschenberg, R., 386
Real, 56, 117, 120, 142-5, 149, 155, 164-5, 167, 170, 174, 178-80, 184, 186-7, 197, 203, 217, 221, 232, 244, 264-7, 270-3, 280-1, 314, 324-5, 358, 399
Reich, W., 195, 368

repressão, 199, 216-7, 220-1, 226, 307, 367-8
Rey, P., 343
Richardson, W., 150, 214
Rickels, L., 384, 391, 393
Riguet, J., 150
Rimbaud, A., 83, 88
Roazen, P., 74
Rose, J., 234, 342
Ross, K., 403
Roudinesco, E., 75, 84, 92, 207, 209-10, 343, 387, 405
Rousseau, J. J., 182
Roussel, R., 183
Russell, B., 24, 158-9, 207, 247
Sade, D. A. F. de, 55, 201, 302
Sartre, J. P., 1, 207, 209, 232, 320, 383
Saunders, F. S., 390
Saussure, F. de, 63, 65, 100, 124-41, 207, 216, 227, 231, 233, 307
Scheler, M., 77
Schiff, P., 93
Schiller, F. von, 71
Schleher, C. D., 264
Schreber, D. P., 84, 88-9, 201, 349, 402-3
Schwab, G., 241
Schwarzenegger, A., 240
relação sexual (falta de), 171, 251, 371
sexuação (fórmulas de), 25, 57, 120, 324, 239, 330, 334-5, 355-6
Shakespeare, W. (ver também *Hamlet*), 287-90
significante, o, 124-9, 131-3, 176, 200, 284-95, 306-7, 323-6, 328-34, 349, 373, 386-406
sinthoma, 26, 198
Sócrates, 117, 154, 162
Soler, C., 217
Sollers, P., 55
Sófocles, 103, 208-16, 358
Spinoza, B., 15, 75, 77, 86, 207

Spitz, R., 212
Stengers, I., 208
Stokes, G. G., Sir, 119
estrutura e estruturalismo, 61, 121, 123-4, 126, 136-8, 142-4, 148-50, 153-5, 207-14, 219, 228, 233, 303-4, 307, 323, 384
estilo, 63-6, 185
sujeito do enunciado, 140
sujeito da enunciação, 140-1
sujeito-suposto-saber, 324, 327, 332
sublimação, 175, 318-9
mais-de-gozar, 61, 255-7
mais-valia, 61, 254-5
Swift, J., 207-8
Simbólico, 56, 80, 106-7, 149, 156, 170-80, 203, 207-16, 221, 228, 232, 234-43, 241, 244-5, 260-71, 276, 295, 307, 324-8, 355-8, 364, 399
sintoma, 57, 61, 81, 138-9, 155, 169-71, 174, 187, 202, 227, 334, 345
Sygne de Coûfontaine, 280, 293-8
Teresa, Santa, 352
Thurston, L., 143
topologia, 131, 142-5, 160, 190, 401
Trotter, D., 88
Turkle, S., 360, 387
Valéry, P., 159-60
Ver Eecke, W., 208, 212
Verhaeghe, P., 139
Wallon, H., 18, 92, 94, 97-8, 99
Warhol, A., 383-407
Watney, S., 268
Weil, A., 107-8
Whitehead, A. N, 159, 247
Whiteread, R., 298-300
Whitford, M., 355
Wilden, A., 207
Williams, R., 392
Winnicott, D., 175, 343, 345

Woolf, V., 351
mulher, 171, 331-3, 337-8, 351, 355-6, 365
Woody, M., 208
Wright, E., 356
Zermelo, E., 159
Žižek, S., 56, 253-9, 274-8, 297, 303-10, 379-80, 391-3, 398-401
Zupančič, A., 212

Esta obra foi composta em sistema CTcP
Capa: Supremo 250 g – Miolo: Polén Soft 70 g
Impressão e acabamento
Gráfica e Editora Santuário